Ulf Schiewe
Die Mission des Kreuzritters

Weitere Titel des Autors bei Lübbe:

Land im Sturm
Der Attentäter
Die Kinder von Nebra

Titel auch als Hörbuch-Downloads erhältlich

Ulf Schiewe

Die Mission
des Kreuzritters

Historischer Roman

Lübbe

Dieser Titel ist auch als Hörbuch-Download und E-Book erschienen.

Originalausgabe

Dieses Werk wurde vermittelt durch die
Literarische Agentur Thomas Schlück GmbH, 30161 Hannover.

Copyright © 2021 by Bastei Lübbe AG, Köln

Lektorat: Dr. Stefanie Heinen
Karte: Markus Weber, Guter Punkt, München
Umschlaggestaltung: Johannes Wiebel | punchdesign, München
Umschlagmotiv: © Kozlik/shutterstock.com; VetraKori/shutterstock.com;
javarman/shutterstock.com; Kozlik/shutterstock.com;
Kozlik/shutterstock.com; Sergei25/shutterstock.com;
konstantinks/shutterstock.com
Satz: Dörlemann Satz, Lemförde
Gesetzt aus der Berkeley Oldstyle
Druck und Einband: GGP Media GmbH, Pößneck

Printed in Germany
ISBN 978-3-7857-2759-1

2   4   5   3   1

Sie finden uns im Internet unter luebbe.de
Bitte beachten Sie auch: lesejury.de

INHALT

Niemand sollte daran zweifeln,
dass edle Frauen durchaus in der Lage sind,
sich vor Gefahren wenig zu fürchten,
dass sie hohen Mut besitzen,
Ehrbewusstsein und Urteilsvermögen.

Usama ibn Munqidh
(1095–1188)
Buch der Belehrungen
Autobiografie

PROLOG

Nordsyrien, nahe dem Dorf Sarmada, Juni 1119

Stechender, pulsierender Schmerz. Das ist die erste Wahrnehmung. Alles andere ist verworren und undeutlich wie in einem dichten Nebel. Das einzig Wirkliche sind der Schmerz im Kopf und das scharfe Stechen in der Brust, bei jedem Atemzug. Der Kopf fühlt sich an, als schlage jemand mit dem Hammer darauf. Immer und immer wieder. Und dann die Rippen. Sind sie gebrochen? Raol hört jemanden stöhnen und merkt nicht, dass er selbst es ist. Er versucht zu schlucken, doch die Zunge ist geschwollen und wie festgeklebt, der Rachen brennt wie Feuer.

Seine Lider flattern, als er versucht, die Augen zu öffnen. Die sind irgendwie zugekleistert. Mit einem Wimmern gibt er es auf und liegt still, nur mit Mühe atmend. Die Atemnot macht ihm Angst. Ein tonnenschweres Gewicht hält ihn niedergedrückt. Es lastet auf Brust, Bauch und dem linken Arm. In der Ferne krächzende Laute. Sind das Krähen?

Nach heftigem Blinzeln bekommt er das rechte Auge frei. Aber zu sehen ist nichts, nur Dunkelheit. Er versucht, den Kopf zu heben. Sofort überfällt ihn ein scharfer Stich in den Rippen. Er gibt es auf und bleibt liegen. Obwohl noch nicht ganz bei Bewusstsein, so versteht er doch, dass die Schmerzen erträglicher sind, wenn er sich nicht bewegt. Immer nur ruhig atmen, gegen das Gewicht, das auf ihm lastet, gegen den Schmerz in den Rippen, gegen das Hämmern in seinem Schädel. Ganz flach atmen und still liegen, dann ist es zu ertragen.

Langsam löst sich die Anspannung. Die Schmerzen sind noch

da, aber nicht mehr so schlimm. Auch die Angst ebbt ab und weicht einer müden Trägheit.

Nach einer Weile suchen ihn gespenstische Bilder heim, Bilder, die ihn erschrecken und doch gleich wieder verfliegen, bevor er sie greifen kann, grausige, verworrene, unverständliche Bilder wie in einem Traum. Sie tun ihm nicht gut, und er versucht, sie zu verbannen. Er muss sich weiter ruhig halten. Langsam ein- und ausatmen. Sein ganzes Wesen konzentriert sich jetzt darauf.

Und es hilft. Ein warmes, angenehmes Gefühl erfasst ihn. Vor seinem inneren Auge erscheint eine Burg, hoch auf einem Felsen, im Sonnenuntergang. Rocafort. Ein vertrautes Bild. Dort ist er aufgewachsen, dort war er glücklich. Bei seiner Mutter und seinem kleinen Bruder. Könnte er sich doch nur wie ein Vogel in die Lüfte schwingen und zu ihnen fliegen.

Plötzlich schreckt er auf. Sein Herz schlägt heftig. *Herr im Himmel, ich darf nicht schlafen! Nicht schlafen! Schlafen ist der Tod. O Gott, lass mich nicht sterben! Ich darf mich nicht gehen lassen.* Aber da ist auch eine andere Stimme: *Warum willst du dagegen ankämpfen? Das ist doch zwecklos. Lass alles von dir abfallen. Träum weiter von Rocafort. Du bist ohnehin schon tot. Im Himmel wirst du sie alle wiedersehen.*

Das Hämmern in seinem Schädel hat sich wieder verstärkt. Ihm ist schwindelig davon. Er kann immer noch nicht klar denken. Verzweifelt tastet er mit der Rechten neben sich. Anscheinend liegt er im Gras. In feuchtem, klebrigem Gras. Ist das Tau? Aber Tau ist nicht klebrig. Dann stößt er auf etwas Hartes, Metallisches. Eine Waffe? Vielleicht ein Schwert?

Etwas lenkt ihn ab, das er bisher vor lauter Kopfschmerzen nicht bemerkt hat. Etwas seltsam Warmes tropft ihm ins Gesicht. Auf die linke Wange neben der Nase und nicht weit vom Auge. Langsam und immer auf dieselbe Stelle. Von dort läuft es in den Bart, am Ohr vorbei und in den Nacken. *Tropf ... Tropf ... Tropf.*

Was ist das? Und was, zum Teufel, liegt da auf ihm und schnürt ihm die Luft ab? So schwer wie ein Dutzend Mehlsäcke.

Er tastet danach. Mehlsäcke sind es nicht, denn die fühlen sich nicht wie Stahlringe an. Stahlringe? Langsam dämmert es ihm. Stahlringe über ihm und eine Waffe neben ihm. Und das andauernde Tropfen. Dazu dieser durchdringende Gestank nach Schweiß und Blut. Mit einem Mal lichtet sich der Nebel in seinem gequälten Hirn. Es liegen keine Mehlsäcke auf ihm. Es ist eine Leiche. Vielleicht sogar mehr als eine. *Gott im Himmel, ich liege unter Leichen begraben!*

Die Erkenntnis erschreckt ihn so sehr, dass ihm übel wird. Eigentlich war ihm schon die ganze Zeit übel, aber jetzt würgt es ihn in der Kehle. Bittere Galle schießt ihm ins Maul und in die Nase, droht ihn zu ersticken. Er hustet, er würgt. Panik erfasst ihn. Mit einem Ruck versucht er, das Gewicht, das auf ihm liegt, loszuwerden, sich mit aller Kraft dagegenzustemmen.

Doch sofort bestrafen ihn die gebrochenen Rippen. Dazu ein höllisches Stechen im Oberschenkel, sodass er sich wieder zurückfallen lässt. Zumindest ist ihm gelungen, die Galle, oder was immer er da im Magen gehabt hat, auszuspucken. Viel kann es nicht gewesen sein. Zitternd bleibt er liegen und bemüht sich, Herz und Atem zu beruhigen.

Der stechende Schmerz im Oberschenkel wird schwächer und wandelt sich zu einem pulsierenden Pochen. Zumindest ist er jetzt klar genug bei Sinnen, um Bestand aufzunehmen. Er muss einen fürchterlichen Schlag auf den Kopf abbekommen haben. Die Rippen scheinen gebrochen zu sein. Hat ihn ein Pferd getreten? Er kann sich an nichts erinnern.

Und was ist mit seinem Bein? Noch eine Verletzung? Er versucht, danach zu tasten, muss Hand und Schulter strecken, bis er sie vorsichtig fühlen kann, eine Handbreit über dem Knie. Ein tiefer, klaffender Schnitt, soweit die zitternden Finger wagen, die Wunde zu erkunden, die bei jeder Berührung höllisch schmerzt.

Eine Menge Blut muss ausgetreten sein. Wahrscheinlich blutet die Wunde immer noch, denn seine Hand ist ganz nass. Auch der Stoff seiner Reiterhose ist völlig durchtränkt. Dazu die klebrige Feuchtigkeit im Gras – Blut, sein eigenes Blut. *Herrgott, ich verblute!*

Noch einmal strengt er sich an, mit einem Ruck die Leiche von sich zu wälzen. Es gelingt ihm auch diesmal nicht, verursacht nur wieder unsägliche Schmerzen. Er lässt los und stöhnt. Entweder ist er zu schwach, oder es liegt mehr als ein Kerl auf ihm.

Er zwingt sich, nicht in Panik zu geraten, versucht, sich zu erinnern, wieso er unter Leichen liegt, was ihm widerfahren ist. Und dann überwältigen ihn wirre, schemenhafte, aber vor allem grausige Bilder von Kampf, Schlachtenlärm und Gemetzel. Und das mit unerwarteter Heftigkeit. Brechende Lanzen und zerhackte Schilde. Pfeilgespickte Leiber. Das Schreien und Röcheln von Sterbenden, das Gebrüll der Kämpfer. Ein Gestank von Blut und Schweiß, von Angst und Urin. Die entsetzlichen Schreie tödlich verletzter Pferde, die vergeblich versuchen, auf die Beine zu kommen. Berge von Leichen, manche ohne Kopf, Gefallene mit klaffenden Wunden oder abgehackten Gliedern, einige noch am Leben. Das Gras scharlachrot von Blut. Und schließlich der Anblick einer Gruppe noch stehender, von allen Seiten bedrängter Christenkrieger, ein dicht zusammengedrängtes Häuflein, das sich verzweifelt wehrt und doch immer kleiner wird. Und er selbst ist mittendrin. Bestimmt auch der Kerl, der so schwer auf ihm lastet.

Endlich weiß er, wo er sich befindet und was geschehen ist. Sie sind in eine Falle getappt, das ganze stolze antiochenische Heer. Er selbst hat Roger di Salerno, den Regenten, fallen und sterben sehen. Dumm von ihm, sich in eine Falle locken zu lassen. Hochmütig, die Gefahren kleinzureden, bis es zu spät war. Für diesen Hochmut hat Rogers ganzes Heer bezahlen müssen, auch wenn er selbst heldenhaft und bis zuletzt gekämpft hat. Wie so viele andere, wie auch Raol. Ein ganzes Christenheer ist heute vernichtet worden. Antiochia ist nun ohne Schutz den Seldschuken ausgeliefert. *Herr im Himmel, warum hast du uns verlassen? Uns, die dein Reich gegen die Ungläubigen verteidigen?*

Dann packt ihn wieder der Schmerz, die Atemnot. Ihm ist klar, dass er elendig verbluten wird. Das heißt, wenn er nicht schon vorher unter dem Gewicht der Leichen erstickt. Sie kommen ihm immer schwerer vor. Wahrscheinlich liegt er hier schon seit Stunden, denn die Schlacht fand am späten Nachmittag statt. Vielleicht sollte er jetzt beten, sein Leben überdenken, seine Sünden bereuen, solange er kann. Aber es fällt ihm schwer, einen klaren Gedanken zu fassen. Zu anstrengend, über Sünden nachzudenken. Gott wird schon wissen, was er von ihm zu halten hat. Besser still liegen, den Schmerz aushalten und warten, bis der Tod kommt.

Wie das wohl ist, wenn man stirbt? Vielleicht wird er wieder bewusstlos und merkt am Ende gar nichts davon. Das wäre das Beste. Ein gnadenvoller Tod. Auf den Schwingen eines Engels gen Himmel fahren. Eine wundervolle Vorstellung.

Der Durst wird langsam unerträglich. Wenn er doch nur einen Tropfen Wasser bekäme! Aber da ist nichts, kein Wasser, keine Hilfe, nur das Krächzen der Krähen, die bestimmt schon angefangen haben, die Augen der Gefallenen auszupicken. Die Augen nehmen sie sich immer als Erstes vor. Das hat er schon öfter gesehen. Ab und zu hört er das Jammern und Stöhnen anderer Verwundeter, anderer armer Teufel, die wie er noch immer an ihrem kleinen, unbedeutenden Leben hängen. Auch für sie wäre ein schneller Tod das barmherzigste Ende. Statt eines langen Siechens. Statt bei lebendigem Leib von Krähen und Hunden angefallen zu werden.

Und dann hört er noch etwas anderes. Schritte im Gras. Männer, die Türkisch sprechen. Ein Verwundeter schreit auf, als sie ihn abstechen. Das Geräusch war eindeutig. Dann noch einer, der vergeblich um sein Leben bettelt, und kurz darauf wieder einer. *Es genügt ihnen nicht, dass sie uns besiegt haben. Sie wollen keinen von uns am Leben lassen.* Wieder steigt die Angst in ihm hoch. *Gleich werden sie auch mich finden und umbringen.* Sein Herz klopft heftiger. Ihn überkommt das überwältigende Bedürfnis, aufzuspringen und zu fliehen. Aber es geht nicht. Er ist eingeklemmt und kann sich nicht rühren. Besser, sich gar nicht zu bewegen, sich tot zu stellen.

Jetzt sind noch mehr türkische Stimmen zu hören. Einer lacht. Zweifellos fleddern sie die Leichen. Zwei der Männer hört er vor Anstrengung ächzen. Wahrscheinlich ziehen sie einem der Toten gerade die Rüstung vom Leib. Oder die Stiefel. Und natürlich durchsuchen sie die Taschen nach Silber. *Vater im Himmel, lass sie nicht in meine Nähe kommen!* Das Blut rauscht ihm in den Ohren. Er hat wieder Mühe, Luft zu bekommen. Nur keinen Laut machen, nur nicht bewegen.

Zu seinem Schrecken nähern sich Schritte. Ganz nahe reden zwei Seldschuken miteinander. Er kann sie deutlich hören, auch wenn er nicht versteht, was sie sagen. Und plötzlich bewegt sich die Leiche, die auf ihm liegt. Sie zerren an ihr, sodass sie ein Stück zur Seite rutscht. Wer weiß, was sie bei dem Kerl suchen. Seinen Dolch? Seinen Helm? Seinen Ringpanzer jedenfalls nicht. Dann merkt Raol, wie an seinen Stiefeln gezogen wird. Er beißt sich auf die Lippen, um nicht laut zu schreien, denn der Schmerz im Oberschenkel ist unerträglich. Einer nach dem anderen rutschen die Stiefel von seinen Füßen. Er spürt die kühle Nachtluft an den nackten Zehen. Langsam entfernen sich die Schritte und die Stimmen.

Herr, ich danke dir!

Auch wenn ich trotzdem bald sterbe.

Aber wenigstens in Würde.

Dass die Leiche auf ihm etwas zur Seite gerückt wurde, macht das Atmen leichter. Trotzdem bleibt Raol weiter reglos liegen und lauscht in die Nacht hinein. Von den Seldschuken ist nach einer Weile nichts mehr zu hören. Auch kein Stöhnen Verwundeter. Ist er der einzige Überlebende? Eine unheimliche Stille hat sich über das Schlachtfeld gesenkt, nur von den heiseren Schreien der Krähen unterbrochen. Und vom Bellen und Knurren wilder Hunde, die der Geruch des Blutes angelockt hat.

Vielleicht kann er sich doch noch retten. Die Ruhe der Nacht und die gelegentlichen Tierlaute haben ihm neue Energie gegeben, nicht aufzugeben. Der schreckliche Gedanke, von Hunden oder gar Ratten gefressen zu werden, flößt ihm neue, verzweifelte Kraft ein. Aber er muss zuerst sein Bein verbinden, wenn er nicht verbluten will.

Mit einem gewaltigen Ruck gelingt es ihm, die Leiche von sich zu wälzen. Eine Welle des Schmerzes wäscht über ihn hinweg. Tränen schießen ihm in die Augen. Aber endlich ist das elende Gewicht von seiner Brust. Auch wenn der linke Arm immer noch feststeckt. Er bemüht sich, weiter nach rechts zu rutschen, wo das Schwert liegt. Der Schmerz in den Rippen bringt ihn fast um, aber es gelingt ihm, den Arm zu befreien.

Raol setzt sich auf. Endlich kann er etwas sehen. Bleiches Mondlicht erhellt das Schlachtfeld. Überall Tote, ganze Haufen, die übereinanderliegen, zerborstene Schilde, Kadaver von Pferden, Helme. Dazwischen die dunklen Schatten flügelschlagender Krähen, die sich in Scharen um die besten Stücke balgen.

Raols Kopf dröhnt immer noch schmerzhaft. Mit Mühe gelingt es ihm, Helm und Kettenhaube abzuziehen. Der Helm hat an der linken Seite eine gewaltige Beule. Ein Schwert oder eine Axt muss ihn dort mit voller Wucht getroffen haben. Er versucht, sich auch des schweren Kettenhemdes zu entledigen. Aber das übersteigt seine Kräfte. Den Helm legt er achtlos zur Seite.

Plötzlich sieht er sich einem großen Köter gegenüber, der ihn wütend und zähnefletschend anknurrt. Das Biest sieht aus, als wolle es sich auf ihn stürzen. Raol tastet nach dem Schwert, bekommt es zu fassen, holt aus und schwingt es nach dem Viech. Aber das macht den verdammten Köter nur noch wilder. Seine Augen glühen im Dunkeln, als käme er direkt aus der Hölle. Noch einmal schwingt Raol das Schwert. Er muss getroffen haben, denn das Tier gibt plötzlich ein schrilles Winseln von sich und verschwindet.

Von Anstrengung und Schmerz wird es Raol einen Moment lang schwarz vor Augen. Er fühlt sich elendig schwach. Das muss der Blutverlust sein. Er lässt das Schwert fallen. Als es ihm besser geht, sieht er sich um. Neben ihm liegen vier oder fünf Tote übereinander. Unter denen hat er also gelegen. Er packt wieder das Schwert und säbelt an der Tunika der neben ihm liegenden Leiche herum, bis es ihm gelingt, einen langen Streifen abzureißen. Den bindet er über die immer noch blutende Wunde.

Ich muss hier weg. Bevor mich noch mehr Hunde anfallen, bevor am Morgen Seldschuken zurückkommen, um auch noch das Letzte an sich zu nehmen, was es hier zu plündern gibt. Unter großen Schmerzen und auf das Schwert gestützt gelingt es ihm, auf die Beine zu kommen. Das macht Mut. Neuer Lebenswille durchflutet ihn. Er kann es schaffen, wenn er nur will.

Humpelnd, mit nackten Füßen und unendlich langsam bewegt er sich über das Schlachtfeld, an Toten vorbei, an viel zu vielen Toten. Das Ausmaß der Vernichtung ist kaum zu fassen. An die zehntausend Mann hat Rogers Heer gezählt. Nur wenige haben aus dem Kessel der Seldschuken fliehen können, wie Raol sich jetzt erinnert.

Jeder Schritt verursacht Schmerzen, besonders im Bein, und ist nur mit zusammengebissenen Zähnen zu ertragen. Tränen laufen ihm über die Wangen. Immer wieder muss er anhalten, bevor ihm schwarz vor Augen wird. Dann müht er sich weiter. Noch ein Schritt und noch ein Schritt und noch ein Schritt. An verstümmelten Leichen vorbei, an Gesichtern, die leblos in den Nachthimmel starren, an zerborstenen Schilden.

Endlich erreicht er freies Feld. Doch deshalb wird das Gehen nicht leichter, denn hier ist das Gras nicht niedergetrampelt, sondern steht hoch. Er hält inne, um zu verschnaufen, tastet nach der Wunde am Bein. Sein behelfsmäßiger Verband ist völlig durchgeblutet.

Als ihm die Sinnlosigkeit seines Unterfangens bewusst wird, verlässt ihn der Mut. Wohin soll er sich wenden? Das Lager der Seldschuken dürfte nicht weit von hier liegen. Nur wo?

Sie werden mich entdecken, sobald es hell wird, sagt er sich. Doch er gibt nicht auf. Stunde um Stunde kämpft er sich weiter. Der Polarstern am Nachthimmel zeigt ihm Norden an und abgeleitet davon den Weg nach Westen. Zweimal sinkt er vor Schwäche ohnmächtig zu Boden, nur um sich nachher wieder auf die Beine zu kämpfen und weiterzuhumpeln. Einmal würgt es ihn heftig, doch mehr als ein wenig bittere Galle gibt sein Magen nicht her. Immer öfter muss er anhalten und verschnaufen. Er spürt, wie ihn die Kraft verlässt. Es wäre so schön, sich ins Gras zu legen, um auszuruhen. Aber nein. Er kämpft sich weiter durchs Gras und an Gestrüpp vorbei, schließlich durch ein Pinienwäldchen.

Als der Morgen anbricht, hat er es auf einen schmalen Feldweg geschafft. Dort verlassen ihn endgültig die Kräfte. Mehr als das. Zum dritten Mal seit Verlassen des Schlachtfeldes verliert er das Bewusstsein und stürzt schwer zu Boden.

Als er aufwacht, ist es heller Tag. Er liegt auf dem Rücken, und ein zerfurchtes Gesicht beugt sich über ihn. Der Mann betrachtet ihn eingehend. Nicht feindselig. Eher mit Sorge.

»Wasser«, murmelt Raol.

Der Mann nickt und verschwindet aus seinem Blickfeld. Dann taucht er wieder auf und träufelt etwas Wasser aus einem durchnässten Tuch auf seine Lippen. Raol kann es kaum fassen, dass er noch lebt. Und wie herrlich jeder einzelne Tropfen schmeckt. Dann hilft ihm der Mann aufzusitzen und stützt ihn, während er ihm einen Flaschenkürbis mit Wasser an die Lippen hält. Raol will gar nicht mehr aufhören zu trinken, während der Mann fröhlich grinst und auf ihn einredet. Irgendetwas auf Arabisch oder Aramäisch. Er muss ein Bauer sein, ein Fellache.

»*Shukraan!*«, bedankt sich Raol. Wenigstens dieses Wort weiß er auf Arabisch. »*Merci, merci!*«, fügt er noch hinzu.

Der Bauer nickt zufrieden. »*Merci*«, sagt er und grinst.

Dann deutet er mit sorgenvoller Miene auf Raols Wunde. Das gesamte Hosenbein ist von Blut durchtränkt, das meiste schon getrocknet. Nur über der Wunde ist der Notverband noch nass. Der Bauer macht eine unmissverständliche Geste.

Raol nickt. »Ich weiß. Muss genäht werden.«

Der Mann zeigt auf Raols Brust und anschließend auf einen Maulesel, der ein paar Schritte neben ihnen steht.

»Da soll ich drauf?«

Der Bauer nickt, als habe er verstanden. Dann zeigt er auf irgendetwas in der Ferne und redet wieder wie ein Wasserfall. Raol blickt, wohin der Mann deutet, und erkennt ein Feld mit heranreifendem Weizen. Sieht jedenfalls so aus. Dahinter eine Hütte. Und davor Kinder, die in der Morgensonne spielen. Ein Bild des Friedens. Raol bekreuzigt sich bei dem Anblick.

»Komm!«, sagt der Bauer. »Komm, komm!«

»Also gut«, murmelt Raol und packt sein Schwert, um sich zu stützen. »Aber scheiß auf den Maulesel.« Er reicht dem Mann die linke Hand. »Hilf mir auf, Samariter. Das letzte Stück schaff ich auch noch zu Fuß.«

DIE GRABESKIRCHE

Ihr wollt einfach nicht verstehen!«

Melisendes gereizter Ausruf hallt von den Wänden des großen Kirchenraums wider. Erschrocken sieht sie sich um. Doch außer dem alten Geistlichen, dem die Worte galten, und ihrer Magd Maria, die etwas abseits steht, ist im Halbdunkel des Kirchenschiffs niemand zu sehen.

In der Rotunde jedoch, an deren Eingangsportal sie stehen, befinden sich zwei Männer. Zweifellos Pilger, die schon zu früher Stunde gekommen sind, um am Grab Christi zu beten. Einer hockt auf Knien und hält eine brennende Kerze in der Hand. Er wendet den Kopf und blickt zu ihnen herüber. Der andere liegt bäuchlings und mit weit ausgebreiteten Armen vor dem Allerheiligsten, der Ädikula, unter der sich die Grabkammer befindet. Man hört ihn inbrünstig flüstern.

»Nicht hier!«, raunt der Geistliche und zieht Melisende am Ärmel ein paar Schritte weiter ins Hauptschiff hinein, wo Maria wartet. Er legt den Zeigefinger auf die Lippen. »Und nicht so laut. Wir stören die Andacht dieser guten Leute.«

Melisende wirft einen ungeduldigen Blick auf die Betenden, dann tritt sie mit zornig funkelnden Augen dichter an den Geistlichen heran. »Ich sage es noch einmal«, raunt sie, deutlich leiser, wenn auch nicht weniger eindringlich. Ihr vorgebeugter Oberkörper scheint vor innerer Anspannung zu beben. »Ich habe keine Lust, mich mit diesem Mann zu vermählen. Und ich werde es auch nicht tun. Das schwöre ich!«

Étienne de la Ferté, ihr Gegenüber, seit einem Jahr Patriarch von Jerusalem, weicht vor ihrem Ungestüm einen Schritt zurück und hebt Hände und Schultern in einer Geste der Hilflosigkeit, als wollte er sagen, das habe alles nichts mit ihm zu tun. Der Mann ist Anfang sechzig und kaum größer als Melisende. Das bodenlange, mit Goldfäden durchwirkte Gewand seines hohen Amtes ist fast zu groß für ihn. Er wirkt unbeholfen darin, als habe er sich an seine neue Rolle noch nicht gewöhnt. Sein hageres Mönchsgesicht ist glatt rasiert und von tiefen Furchen durchzogen. Vom Haupthaar ist nur ein weißer Kranz geblieben, dessen Strähnen ihm über die Ohren und bis in den Kragen hängen.

Mit einem Seufzer hebt er die buschigen Brauen und schüttelt den Kopf. »Mein Kind, es ist weder an mir noch an dir, das zu entscheiden. Dein Vater weiß, was das Beste ist. Und es ist deine heilige Pflicht, ihm zu gehorchen und dich zu fügen. Zum Wohle des ganzen Königreichs.«

Melisende ballt die Fäuste und tritt einen weiteren Schritt vor. »Meine Pflicht!« Sie speit ihm das Wort förmlich ins Gesicht. »Ich kann das nicht mehr hören. Für uns Frauen gibt es nichts als Pflichten. Das wird uns seit der Kindheit eingebläut. Immer sollen wir tun, was erwartet wird, brav nicken, alles mitmachen, alles ertragen, was den Herren gerade einfällt. Aber wo tun sie selbst ihre Pflicht? Sie huren und saufen und zetteln Kriege an.«

»Nicht so laut!« Der Patriarch sieht sich unsicher um. Dann wendet er sich ihr wieder zu. »Du übertreibst. Dein Vater –«

»Gut!«, unterbricht sie. »Reden wir von meinem Vater. Tut der etwa immerfort seine Pflicht? Da hab ich nämlich schon ganz anderes erlebt.«

»Ich denke, im Großen und Ganzen tut er das. Er hält das Reich zusammen.«

»Ach ja? Dabei seid Ihr oft gar nicht einverstanden mit ihm. Ich habe euch streiten hören.«

»Nun, in Kirchendingen sind wir nicht immer der gleichen

Meinung, das gebe ich zu. Aber immerhin ist er der König. Und er hat, was dich betrifft, entschieden –«

»Richtig!«, unterbricht sie ihn erneut. »Er ist der König. Aber ich bin die älteste Tochter des Königs. Und Erbin des Throns. Soll ich mir gefallen lassen, dass man mir irgendeinen dahergelaufenen Fürsten aufzwingt? Ich will selbst entscheiden, wen ich heirate.«

»Aber, mein Kind, was redest du? Der Comte d'Anjou ist nicht irgendeiner. Er ist ein mächtiger Mann. Der König von Frankreich selbst hat ihn empfohlen, und dein Vater hält große Stücke auf ihn. Foulques ist ein erfahrener Mann und ein guter Heerführer. Genau, was wir brauchen. Es geht schließlich um unser ganzes Land, um Palästina, um den Erhalt des Königreichs. Gerade du als Thronerbin solltest das verstehen.«

»Der Mann ist alt und hässlich. Ich will ihn nicht.«

»Tja, was soll ich sagen? Außer, dass es wahrlich Wichtigeres gibt als Schönheit bei einem Mann.«

»Ihr wollt mir also nicht helfen.«

Der Patriarch seufzt. »Ich fürchte, mir sind die Hände gebunden.«

»Die Kirche verlangt, dass auch die Braut ihr Einverständnis gibt. Wollt Ihr nicht auf mein Recht bestehen?«

Étienne de la Ferté ist die Unterredung inzwischen sichtlich peinlich und unangenehm. Er verdreht die Augen gen Himmel, als wollte er Gottes Beistand erflehen. Dann sagt er: »Ich bin sicher, mein Kind, du wirst am Ende dein Einverständnis geben. Wenn du erst einmal verstehst, wie wichtig für uns alle diese Verbindung ist.«

Melisende starrt ihn lange wortlos an. Sie wollte ihn für sich gewinnen. Das Wort des Patriarchen von Jerusalem hätte Gewicht gehabt, hätte ihren Vater vielleicht umgestimmt. Schon früh am Morgen ist sie deshalb zur Grabeskirche geeilt, um Étienne abzufangen, bevor sich die Mitglieder der Haute Cour versammeln. Denn, bei Gott, was weiß ein Foulques, ein Graf aus dem fernen Anjou, schon von Palästina? Der ist keiner von ihnen, keiner, der hier geboren ist. Und auch keiner der alten Kämpfer, die das Land für die Christenheit erobert haben. Keiner wie Bohemund oder Tankred, Joscelin oder ihr Vater. Mit diesem Mann das Bett zu teilen, die Vorstellung ist ihr ein Graus.

Sie schüttelt zornig den Kopf. »Ihr seid stur wie ein Esel!«

»Wie bitte? Wie nennst du mich?« Der Patriarch ist entrüstet.

»Jedenfalls benehmt Ihr Euch wie einer!«

»Jetzt reicht's aber. Das muss ich mir nicht sagen lassen.«

»Es bringt also nichts, noch weiter mit Euch zu reden.«

»Nein, das bringt in der Tat nichts«, erwidert Étienne erbost. »Zumindest nicht über diese Angelegenheit. Und nicht in diesem Ton!«

Melisende wirft ihm einen finsteren Blick zu, wirft den Kopf in den Nacken und wendet sich ab. »Na schön. Wenigstens ist der Frühling zurück, also genießt den sonnigen Tag, Monseigneur!«

Mit vor Zorn geröteten Wangen stolziert sie auf den Ausgang zu. Neben der schweren Eichentür taucht sie kurz die Finger ins Weihwasser, betupft sich die Stirn und schlägt das Kreuz.

Maria ist ihr gefolgt. »Das war gewiss nicht recht, Domina«, flüstert die Magd ihr zu.

»Und wieso nicht?«, zischt Melisende.

»Mit Verlaub, Domina. Er ist doch der Patriarch. Er verdient Respekt.«

»Und ich? Verdiene ich keinen Respekt?«

»Natürlich. Aber Ihr wart unhöflich und habt ihn einfach stehen lassen.«

»Stimmt«, murmelt Melisende, jetzt doch ein wenig zerknirscht. »Und dann habe ich ihn auch noch einen Esel genannt.« Eigentlich sollte sie sich entschuldigen, das ist ihr bewusst. Sie schaut sich nach ihm um. Doch der Patriarch ist nicht mehr zu sehen, hat sich wahrscheinlich in die Sakristei zurückgezogen. »Er wird sich beim König beschweren. Aber im Grunde hat er's verdient. Selbst mein Vater hält ihn für einen Esel.«

Tatsächlich war Étiennes Ernennung eine Notlösung, nachdem Warmund, sein langjähriger Vorgänger, gestorben war.

In diesem Augenblick fliegt die schwere Kirchentür so heftig auf, dass sie mit Wucht gegen Maria knallt. Mit einem Aufschrei taumelt die Magd zurück und reibt sich die schmerzende Schulter.

Im morgendlichen Sonnenlicht, das durch die offene Tür ins Innere der Kirche flutet, steht ein großer, kräftiger Mann, eine Hand noch an der bronzenen Klinke. Er trägt ein graues, formloses Gewand, das ihm bis auf die Stiefel fällt. Man würde ihn für einen Mönch halten, wären da nicht die Sporen, das lange Schwert an der Seite und das von Bart und dunklen Locken umrahmte wettergegerbte Gesicht, auf dem eine feine silbrige Narbe von der linken Wange bis in den Bart verläuft. Zweifellos ein Chevalier.

»Tut mir leid«, hört sie ihn brummen. Er hat eine sonore Stimme mit provenzalischem Einschlag.

Sie fährt ihn an. »Was fällt Euch ein? Stürmt Ihr immer so rücksichtslos in ein Gotteshaus? Fast hättet Ihr meiner Magd die Schulter zertrümmert.«

Mit gleichmütiger Miene starrt der Kerl auf sie hinab, dann wirft er einen flüchtigen Blick auf Maria. »Was muss sie auch hinter der Tür stehen? Außerdem sagte ich schon, es tut mir leid.«

Ohne ein weiteres Wort zwängt er sich an ihnen vorbei und schreitet mit langen Schritten in Richtung Rotunde, wobei er ganz leicht das rechte Bein nachzieht. Eine alte Kriegswunde, sagt sich Melisende. Sie beobachtet, wie er vor dem Allerheiligsten niederkniet, sich bekreuzigt und die Hände zum Gebet faltet.

»Wer, bei allen Heiligen, ist denn dieser Rüpel?«

»Kennt Ihr ihn nicht, Domina? Er war schon einige Male im Palast. In Begleitung des Großmeisters. Anscheinend hat er Euch genauso wenig erkannt. Erstaunlich eigentlich. Wo Euch doch alle Welt kennt.«

»Er ist ein Templer?«

Die Magd nickt. »Ganz recht. Ein Provenzale. Stammt aus der Corbières, nicht weit von Narbonne. Raol de Montalban ist sein Name.«

»Und woher weißt du das alles?«

Die Magd wird rot und kichert verlegen. »Nun ja. Er ist ein stattlicher Mann. Da ist man doch neugierig.«

»Aha! So ist das also.« Melisende grinst belustigt. »Wenn er ein Templer ist, sind deine Hoffnungen aber vergebens. Die leisten ein Keuschheitsgelübde.«

Maria tut unschuldig. »Aber woher denn? Ich will doch gar nichts von dem. Hab nur nach seinem Namen gefragt.«

Immer noch lächelnd zieht Melisende die Kapuze ihres langen Umhangs über die aschblonden Haare, die ihr in einem langen geflochtenen Zopf über den Rücken fallen, und schließt die Fibel vor der Brust. »Na komm! Mein Magen knurrt. Ich hab noch nichts gegessen heute. Vor der Versammlung haben wir gerade noch Zeit, etwas zu uns zu nehmen.«

✠

Drei Leibwachen, die draußen vor dem Kirchenportal gewartet haben, schließen sich den beiden jungen Frauen an. Es sind ausgesucht große, kräftige Kerle, mit Helm, Kettenpanzer und Speer bewaffnet, die zur Schutztruppe des Königs gehören. Ihr Anführer, ein hellhaariger Normanne, schreitet voran, um in den engen Gassen Platz zu schaffen. Seine beiden Kameraden bilden die Nachhut.

Melisende würde am liebsten auf Wachen verzichten, aber es

ist zu gefährlich. Zu viel Gesindel treibt sich in der Stadt herum. Unbegleitete Frauen, besonders wenn sie vornehm gekleidet sind, können überfallen, ausgeraubt oder gar zur Beute für Geiselnehmer werden. Also hat der König es so angeordnet: kein Ausgang ohne bewaffnete Eskorte. Deshalb trägt Melisende über der Kleidung auch einen unscheinbaren Umhang aus grobem Tuch. Maria ist ähnlich gekleidet.

Beim Anblick des blauen Himmels über den Dächern bleibt Melisende stehen und schlägt die Kapuze zurück. Das morgendliche Licht über der Stadt ist zu angenehm, um es nicht zu genießen. Es lässt alles in starkem Kontrast erscheinen: die grünen Hügel ringsum; das Meer der Dächer; die hellen Wände der Häuser, deren Läden meist noch verschlossen sind; das jahrhundertealte ausgetretene Pflaster; aber auch die langen Schlagschatten der Zypressen und Ölbäume; die dunklen Ecken, in denen Bettler und Obdachlose lungern; die finsteren Seitengassen, wo in der Nacht Huren und Zuhälter ihr Geschäft betreiben. Und über allem die Türme der vielen Gotteshäuser, in deren Schatten die Sünde blüht wie nirgendwo sonst.

Von den fernen Olivenhainen und den mit dunklen Pinien bedeckten Hügeln her streicht ein sanfter Wind über die sonnendurchflutete Stadt. Mit ihm ein Duft von Zitronen, von Thymian und wilden Blumen. Es sind diese Gerüche und das mediterrane Licht, die Jerusalem so besonders machen.

Und natürlich die Pilger aus aller Welt, das Gedränge in den engen Gassen, die Rufe der Händler, das Hämmern und Klappern der Handwerker in ihren offenen Werkstätten, die von Eseln gezogenen Karren der Bauern und im Gegensatz dazu die bunten Gewänder der aus Arabia kommenden Kaufleute, die mit ihren hochbeladenen Kamelen Halt machen, bevor sie nach Jaffa oder Akkon weiterreisen, wo Genuesen und Venezianer auf sie warten. Gewürze, Seide und Elfenbein aus dem Orient gegen Wein, Bernstein, Silber und Erze aus dem Westen.

Ob es zu Jesu Zeiten auch schon so war, dieses Jerusalem, fragt sich Melisende, als die Römer hier herrschten und die Hohen Priester unseren Heiland verrieten und ihn vom Volk verhöhnt durch die Gassen schleppen ließen? Oder war alles anders?

»Sollten wir nicht besser gehen, Domina?«, hört sie Maria fragen. »Ihr kommt sonst zu spät.«

»Ja, natürlich. Gehen wir.«

Sie biegen in eine der Hauptgassen ein. Hier sind schon wesentlich mehr Menschen unterwegs. Händler öffnen die Läden ihrer Stände, Bauern bringen Obst und Gemüse zum nahen Sankt-Georgs-Markt. Kinder spielen, rennen lachend auf nackten Füßen über das unebene Pflaster. Eine alte Vettel beugt sich aus dem Fenster ihres Hauses im ersten Stock, um den Nachttopf auszuleeren. Beinahe hätte es einen von Melisendes Leibwachen getroffen. Der Mann flucht, hebt drohend die Faust und beschimpft die Alte, die lautstark zurückkeift.

Kaum sind sie an ihr vorbei, kommt ihnen eine Gruppe Mönche der griechisch-byzantinischen Kirche entgegen. Beim Anblick der Leibwachen machen sie Platz, unterhalten sich aber lautstark weiter, lachen über eine Bemerkung. Sie tragen schwarze Gewänder und ebenso schwarze Hauben auf dem Kopf. Ihre Gesichter sind von langen Bärten umrahmt, die Haare im Nacken zu einem Knoten gebunden. Einer starrt Melisende im Vorbeigehen an. Mit dem abschätzenden Blick eines jungen Mannes, der einer Frau nachschaut. Dabei haben sie doch Keuschheit geschworen, denkt sie belustigt. Und sie tragen Schwarz, die Farbe des Todes. Weil sie der Welt entrückt sein sollen und im Grunde gar nicht mehr leben. Jedenfalls nicht in unserer Welt. Deshalb werden Bart und Haare auch nicht geschnitten. Wer tut das schon bei Toten?

Schade eigentlich. Der Mann hatte ein hübsches Gesicht. »Haben die nicht irgendwas Slawisches geredet? Die müssen vom Balkan sein.«

Maria nickt. »Serben vielleicht. Oder Bulgaren.«

»Manchmal denke ich, es gibt mehr Fremde in der Stadt als Einheimische. Und ich rede nicht nur von Pilgern.«

»Das stimmt. Aber ihr Franken habt sie doch alle vertrieben. Die Einheimischen, meine ich. So gut wie alle Muslime und die meisten Juden.« Maria ist selbst armenische Christin. Ihre Familie stammt aus dem Norden Syriens und ist vor den Türken hierher geflüchtet. Melisende spricht oft Armenisch mit ihr, schließlich ist sie selbst halb Armenierin und mit der Sprache ihrer Mutter aufgewachsen.

»Jerusalem ist jetzt eine christliche Stadt, vergiss das nicht. Hier ist der Heiland für uns gestorben. Hier steht die Wiege unseres Glaubens.«

»Ja, Domina. Natürlich.«

»Es war ein großer Sieg über die Ungläubigen. Die Befreiung der Heiligen Stätten. Für alle Christen.«

»Aber dieser Sieg hat viele Opfer gekostet. Auf beiden Seiten.«

»Ohne Opfer kann nichts Großes entstehen, Maria.«

Melisende weiß natürlich, welche Gräuel hier stattgefunden haben. Dass die Anführer des Christenheeres ihre Männer nicht mehr hatten zurückhalten können. Männer, die während des langen Kreuzzugs Hunger, Pestilenz, Tod und Verwundung erlitten und so viel Hass auf den Feind angesammelt hatten. Kaum hatten sie die Mauern bezwungen und die ägyptischen Verteidiger überwunden, waren sie in die Stadt geströmt und hatten in ihrem Blutrausch ein entsetzliches Gemetzel angestellt. Ob Muslime, Juden oder Christen, sie machten kaum einen Unterschied. Alles, was ihnen vor die Schwerter kam, wurde abgeschlachtet, Frauen wurden geschändet, Kinder erschlagen. Ströme von Blut rannen durch die Gassen und sammelten sich in großen Lachen. Überall wurde geplündert, gemordet und zerstört. Und das tagelang, bis die meisten zu erschöpft waren, um sich noch länger auf den Beinen zu halten, geschweige denn ein Schwert zu heben.

Die Eroberung hatte Jerusalem in eine Geisterstadt verwandelt. Wer nach dem Ansturm und den Plünderungen noch lebte, flüchtete oder wurde vertrieben. Die große, von Menschen aller Herkunft und Religionen wimmelnde Stadt war plötzlich wie leer gefegt. Danach gab es in Jerusalem jahrelang kaum mehr Einwohner als in einem großen Dorf. Das große Christenheer hatte sich aufgelöst, die meisten Krieger waren heimgekehrt. Nur eine Garnison hartnäckiger Abenteurer war geblieben. Jerusalems erster König, Baudouins Vetter gleichen Namens, hatte größte Mühe, genug Männer zusammenzutreiben, um sein Reich gegen die Heere der fatimidischen Ägypter zu verteidigen, die regelmäßig einfielen, um die Stadt zurückzuerobern. Erst am Ende seines Lebens war das Königreich einigermaßen gesichert.

»Ja, es hat Opfer gekostet«, fährt Melisende fort. »Und es liegen sicher noch harte Jahre vor uns. Die Sarazenen wünschen sich nichts sehnlicher, als uns ins Meer zu treiben. Solange das so ist, kann es keinen Frieden geben. Und vergiss nicht, wie grausam der Feind auch bei uns in Edessa gewütet hat. Besonders die Seldschuken. Da könnte ich dir Dinge erzählen ... Aber du weißt es ja selbst.«

Maria nickt. »Meine Eltern haben alles verloren, mussten fliehen. Nur mit den Kleidern am Leib sind sie entkommen. Dabei haben sie noch Glück gehabt. Andere aus meiner Familie haben die Überfälle nicht überlebt.«

Melisende legt den Arm um ihre Magd. »Aber nun bist du bei mir, und all das ist gottlob Vergangenheit.«

Maria lächelt. »Ich hoffe es.«

Schweigend gehen sie weiter, während Melisende sich an ihre Kindheit in Edessa erinnert. Sie gehört zur Generation derer, die im Land geboren wurden. Gewalt ist ihr nicht unbekannt. Nur durch ständige Kampfbereitschaft lassen sich die eroberten Gebiete und Fürstentümer halten. Mit Burgen versuchen die neuen Herren, ihre Grenzen zu sichern. Raubüberfälle und Kriegszüge gehören zur täglichen Wirklichkeit. Wenn ihr armenischer Großvater nicht regelmäßig Krieger geschickt hätte, wäre das Edessa ihrer Kindheit vielleicht schon verloren.

Sie weiß also, wie es ist, wenn Bauernhöfe und Felder brennen, wenn ganze Familien dem Schwert zum Opfer fallen, wenn elternlose Kinder um Brot bettelnd durch die Gassen irren und die eigenen Leute nach einem Scharmützel Tote und Verwundete heimbringen. Wie oft haben sie mit bangen Herzen den Vater unter den Gefallenen vermutet und Gott inbrünstig gedankt, wenn er dann doch hoch zu Ross durchs Tor geritten kam, stark und unverwüstlich selbst nach Niederlagen. Wie sehr hat sie ihn geliebt und wie laut hat sie gejauchzt, wenn er sie vor sich auf den Sattel hob, um mit ihr durch die Gassen bis zum Palast zu reiten, wo ihre Mutter Morphia wartete.

Wenn man jetzt, dreißig Jahre nach dem Fall Jerusalems, durch die friedlichen Gassen geht, erinnert nichts an den Krieg. Die Gräuel der Eroberung scheinen vergessen zu sein. Auf dem Land bestellen die Bauern ihre Äcker wie eh und je, ernten Oliven und pressen Öl. Sie haben sich an ihre neuen Herren gewöhnt, an deren Burgen, an die für sie seltsamen Gewohnheiten und an die feudale Herrschaft, die diese dem Land übergestülpt haben. Wie sie sich in den Jahrhunderten immer wieder an fremde Herren gewöhnt haben, an Griechen und Römer, an Araber und Ägypter. Und nun an Ritter aus dem Westen.

Nach der Eroberung haben sich Christen von überallher in Jerusalem angesiedelt; sie haben die Lücken gefüllt, die verlassenen Häuser besetzt und der Stadt neues Leben eingehaucht. Syrer, Griechen, Bulgaren, Ungarn, Armenier, Georgier, darunter Nestorianer, Maroniten, Kopten, Orthodoxe und natürlich Latiner aus dem Westen. Daher auch das Sprachengewirr in den Gassen, obwohl das Fränkische, die Lingua franca, zur allgemeinen Sprache der Levante geworden ist. Allerdings kann man es kaum mehr reines Fränkisch nennen, denn es hat sich angereichert mit arabischen und griechischen Brocken und sogar einigen türkischen.

Am Sankt-Georgs-Markt bleibt Melisende erneut stehen. Ihr ist eingefallen, dass sie nach byzantinischer Seide Ausschau halten wollte. Der Markt ist trotz der frühen Stunde voller Menschen, die sich zwischen den Ständen bewegen, Ware prüfen und um Preise feilschen. Unüberhörbar werben die Händler für ihr Angebot. Über den Markt zu gehen ist jedes Mal ein Erlebnis. Immer findet man etwas Ausgefallenes. Neben Fleisch, Obst und Gemüse gibt es Schmuck, bunte Stoffe und Schnitzereien, silberne Haarnadeln, Rosenkränze aus Bernsteinperlen, sogar Reliquien. Sie sind bei den Pilgern besonders beliebt.

Mit Bedauern reißt Melisende sich los. »Vielleicht kommen wir heute Nachmittag wieder«, sagt sie und bedeutet den Wachen, dass es weitergeht.

Sie lassen den Markt hinter sich und nähern sich dem Jaffator. Es ist seit Tagesanbruch geöffnet, und unter den aufmerksamen Augen der Torwache herrscht ein reges Kommen und Gehen. Direkt daneben erhebt sich die mächtige Davidzitadelle, eine gewaltige Festung, einst von Herodes erbaut und in ihrer langen Geschichte nie eingenommen. Etwas weiter südlich sind die Mauern des neuen Königspalastes zu sehen.

Beim Anblick des Palastes wird Melisende bange zumute. Was ihr Vater wohl sagen wird, wenn er erfährt, wie ungehörig sie sich dem Patriarchen gegenüber verhalten hat? Es war eine Dummheit, den Mann gegen sich aufzubringen. Ihr ungestümes Gemüt ist mal wieder mit ihr durchgegangen. Sie bereut das inzwischen. Besonders, dass sie ihn einen Esel genannt hat, Worte, die sie nicht mehr zurücknehmen kann. Vaters Zorn kann schrecklich sein. Und doch ist sie entschlossen, die Ehe mit diesem Angeviner zu verweigern, komme, was wolle.

»Domina, was ist Euch? Ihr seid so nachdenklich.«

»Ach, nichts! Ich muss nur plötzlich an meine Mutter denken.«

»Ihr vermisst sie?«

Melisende nickt.

Ja, ich vermisse sie, denkt sie. Wäre sie doch nur noch am Leben. Sie hätte mich verstanden. Sie war aus anderem Holz geschnitzt als diese blassen fränkischen Weiber. Eine Frau des Ostens voller Leidenschaft und Liebe, für ihren Mann genauso wie für uns Töchter. Eine Löwin, die, wenn nötig, nicht zögerte, die Dinge selbst in die Hand zu nehmen. Sie hätte mich verstanden.

Doch sie ist tot. Drei Jahre ist es schon her, dass sie gestorben ist. Vater hat es noch immer nicht verwunden. Sie wird mit ihm reden und in Mutters Namen an ihn appellieren. Er mag herrisch und cholerisch auftreten. Aber er weiß auch, wie es ist, jemanden zu lieben.

✠

Die zwei Pilger, die zuvor in der Rotunde waren, haben die Kirche verlassen. Der Patriarch, den er kennt und dem er kurz zugenickt hat, ebenfalls. Auch die beiden jungen Frauen am Kirchenportal sind zum Glück gegangen, wer auch immer sie sein mögen. Raol ist allein unter der hohen Kuppel der Rotunde, wo jedem Geräusch ein Echo folgt, jedem Schritt, jedem Räuspern, jedem Rascheln der Kleidung.

Dies ist das Grab Christi, der heiligste Ort der Christenheit. Die Ädikula, die kleine Kapelle über dem Grab, glänzt in Gold und Silber. Gott ist in seiner Erhabenheit nicht körperlich zu greifen, dieses aus dem Fels gehauene Grab aber ist wirklich und anfassbar. Genau so wie die Richtstätte Golgatha nebenan. Und der Stein, auf den sie den Leichnam des Herrn gelegt haben, um ihn für das Begräbnis zu salben und in ein Leinentuch zu wickeln. Hier ist es geschehen. Wo sonst in der Welt käme man Gott so nahe?

Raol liegt auf den Knien, hat die Hände im Schoß gefaltet. Den Kopf hält er gesenkt und die Augen geschlossen. Man sollte meinen, er befände sich tief im Gebet. Aber der Eindruck täuscht. Er betet nicht. Er kommt nicht oft hierher, und wenn, dann eher zum In-sich-hinein-hören, um auf seinen Atem zu lauschen, der im immer gleichen Rhythmus anschwillt und abebbt wie die Brandung des Meeres. Zum Nachdenken ist er gekommen. Als könne er hier in der Stille am Grab des Herrn Antworten finden. Dabei weiß er nicht einmal genau, auf welche Fragen er Antworten sucht.

Antworten auf die Fragen des Lebens vermutlich. Nein, nicht allgemein, sondern zu seinem eigenen Leben. Er ist an einem Punkt angelangt, an dem alles unklar geworden ist, irgendwie verworren. Wie soll es mit ihm weitergehen? Was will er vom Leben? Wozu ist er hier auf dieser Erde? Was hat Gott mit ihm vor, wenn er es schon selbst nicht weiß? Hat er mit einem abgehalfterten Gotteskrieger überhaupt etwas vor? Mit einem, der zu viel erlebt, zu viel gesehen, zu viel Blut vergossen hat? Immer im Namen des Herrn, obwohl es doch heißt, du sollst nicht töten.

Vielleicht gibt es gar keinen Plan Gottes. Weder für mich noch für andere. Vielleicht gibt es auch keinen Gott, und wir bilden uns das alles nur ein.

Laut würde er so etwas natürlich nicht sagen. Aber verborgen in seiner Seele gibt es Zweifel. Raol öffnet die Augen und hebt den Blick zur Kuppel empor, durch deren Mitte Licht ins Innere der Rotunde fällt. *Gibt es dich, Gott, da oben? Wenn ja, dann gib mir Antworten, auch wenn ich zu unbedeutend bin. Wenigstens die Antwort auf eine kleine Frage: Warum sind wir auf dieser Welt? Warum bin ich hier? Was erwartest du von mir?*

Natürlich ist das keine kleine Frage, sondern eine große, eine ganz große sogar. Warum sind wir hier auf Erden unter dem unendlichen Sternenzelt des Himmels? Christus hat unsere Sünden auf sich genommen und ist für uns gestorben. Und was jetzt? Hat es etwas verändert? Die Sünden der Welt hat sein Opfer bisher jedenfalls nicht verbannt. Das kann man jeden Tag von Neuem sehen.

Gott zu dienen war seine Bestimmung. Daran hat er geglaubt. Tatsächlich dient Raol seinem Gott seit Jahren. Und doch befriedigt es ihn nicht mehr. Es erfüllt ihn nicht mehr. Er fühlt sich wie eine ausgeleerte Amphore, die hohl klingt, wenn man daran klopft. Er hat alles gegeben, und nun ist nichts mehr da. Wenn seine Ordensbrüder beten, dann tut er nur so, aber er betet nicht.

Wozu auch? Wofür soll er denn beten? Dafür, dass sie eine Burg erobern, eine von vielen, die sie schon vor einem Jahr erobert und wieder verloren haben? Oder dass nicht noch mehr seiner Kameraden sterben? Besser, man gewöhnt sich nicht zu sehr an sie, an ihre Gesichter, an ihre Stimmen, an ihr Lachen. Dann ist es leichter, wenn man sie in ihrem Blut liegen sieht und später ihr Stuhl im Refektorium leer bleibt.

Soll er für sein Seelenheil beten? Oder gar für sein eigenes unwichtiges Leben? Es ist ihm egal, ob er lebt oder stirbt. Das Leben hat seinen Reiz verloren. Gott hat seine Bedeutung verloren. Die Hölle hat ihren Schrecken verloren, besonders wenn man die Hölle schon auf Erden erlebt hat.

Kurz schließt er erneut die Augen. Dann erhebt er sich und verlässt die Kirche.

✠

Die Mitglieder der Haute Court sind bereits versammelt, als Melisende, bevor die Tür geschlossen wird, noch schnell in den Saal schlüpft. Das Gemurmel verstummt, die Köpfe wenden sich ihr zu. Aber nur kurz. Dann achtet man nicht weiter auf sie, und die privaten Gespräche werden wieder aufgenommen.

Sie findet einen Platz gleich neben der Tür, weit weg von der Estrade am gegenüberliegenden Ende des Saals, auf der König Baudouin, der Patriarch und Graf Foulques sitzen. Auch sie unterhalten sich leise und scheinen Melisende nicht bemerkt zu haben. Dieser Foulques behandelt sie ohnehin wie Luft. Für ihn ist sie anscheinend nur Mittel zum Zweck und außer dem gelegentlichen Austausch höflicher Floskeln keine weitere Beachtung wert.

Melisende beobachtet, wie der Patriarch sich vorbeugt und ihrem Vater etwas ins Ohr raunt. Sofort blickt Baudouin zu ihr herüber. Ihr steigt das Blut ins Gesicht. Hat der verdammte Geistliche sie gerade verraten? Doch zu ihrer Erleichterung nickt der Vater ihr zu. Was auch immer Étienne gesagt hat, besonders gram scheint der König ihr nicht zu sein. Melisende atmet erleichtert auf.

Manchmal fragt sie sich, warum ihr Vater auf ihrer Anwesenheit bei diesen Beratungen besteht. Angeblich soll sie verstehen, welche wichtigen Entscheidungen im Königreich zu treffen sind und wie die politische und militärische Lage ist. Auch den Debatten soll sie lauschen, die Männer einschätzen lernen, auf deren Schultern das Wohl des Königreichs ruht. Schließlich ist sie die Thronerbin.

Gleichzeitig hat er ihr klargemacht, dass sie nur geduldet ist, solange sie im Hintergrund bleibt und den Mund hält. Denn eine junge Frau in dieser ehrwürdigen Runde, auch wenn es die Tochter des Königs ist, geht vielen der großen Barone gegen den Strich. Nun, sie müssten sich nicht sorgen. Sie hat auf keinen Fall vor, sich an dem endlosen, meist langweiligen Gerede zu beteiligen. Dem Himmel sei Dank, dass diese Zusammenkünfte höchstens zwei- oder dreimal im Jahr stattfinden!

Der Fußboden des eigens zu diesem Zweck eingerichteten großen Saals ist mit grauen und weißen Marmorplatten im Schachbrettmuster ausgelegt. Zu beiden Seiten steht eine Reihe aufsteigender Bänke, auf denen insgesamt an die hundert Personen Platz finden. Jeder Adelige des Königreichs hat das Recht, an den Beratungen teilzunehmen und zu allen wichtigen Entscheidungen seine Stimme abzugeben.

Heute sind jedoch deutlich weniger zugegen, denn die Zusammenkunft beschränkt sich wie meistens auf die Herren der großen Lehen, die direkten Vasallen des Königs, die ihn beraten und über neue Steuern und Abgaben abstimmen oder über größere kriegerische Unternehmungen.

Die Haute Court dient zugleich als eine Art Gericht unter Gleichgestellten. Es werden Dispute unter Edelleuten verhandelt, ebenso Landrechte, die Vergabe großer Lehen, die Anfechtung von Erbschaften, die Schlichtung von Fehden oder die Verletzung von Treuepflichten. Aber auch Mord, schwere Tätlichkeiten oder Vergewaltigungen werden verhandelt.

Die Zusammenkünfte werden je nach Bedarf vom König einberufen oder auf Verlangen der Barone, was aber selten vorkommt. Die durch eine Wahl getroffenen Entscheidungen sind auch für den König bindend. Das hat sich seit den Eroberungen im Heiligen Land so eingebürgert. Denn der König braucht seine Barone, ohne ihre Krieger kann er das Königreich wohl kaum verteidigen. Er ist also im Grunde so etwas wie ein *Primus inter Pares*, der Erste unter Gleichen. Das gilt nicht nur für Jerusalem, sondern noch viel mehr für die anderen christlichen Fürstentümer Tripolis, Antiochia und Edessa. Die sind eigenständig und dem König in keiner Weise lehnsverpflichtet und daher noch viel schwerer unter einen Hut zu bringen als die Barone, auch wenn sie dem König eine gewisse Führungsrolle zugestehen, besonders wenn ihnen Gefahr droht. Meist aber verfolgen sie ihre eigenen Ziele.

Melisende sieht sich unter den Anwesenden um. Die Herren der reicheren Lehen, die auch die größte Zahl an Rittern aufzubieten haben, sitzen vorn, dem König am nächsten. Fast alle tragen bunt schillernde seidene Gewänder nach byzantinischer Mode, die bis über die Stiefel fallen. Haare halblang, Bärte sorgsam getrimmt. Es blitzt vor Edelmetall: feine silberverzierte Gürtel, goldene Fibeln, mit Edelsteinen besetzte Ringe. Die Herren zeigen gern ihren Reichtum. Waffen sind nicht erlaubt, nicht einmal Dolche, seit es in der Vergangenheit einige Male zu blutigen Auseinandersetzungen gekommen ist.

Die Namen der bedeutenden Barone sind Melisende vertraut. Da ist zunächst Gerard Grenier, Herr über Sidon, ein noch junger Mann und in der Pflicht, hundert Krieger zu stellen. Sein Vater, dem die Baronie ursprünglich verliehen war, ist vor sechs Jahren gestorben.

Neben ihm sein Bruder Gauthier Grenier, Herr über Cäsarea, der dem König ebenfalls hundert Ritter schuldet.

Diesen beiden gegenüber hockt, mit den Ellbogen auf den Knien, Guillaume de Bures, Prinz von Galiläa. Sein Lehen hat ebenfalls hundert Ritter zu stellen. Der früh ergraute Endvierziger genießt das besondere Vertrauen des Königs. Im Stillen verflucht Melisende den Mann, denn er hat die Gesandtschaft angeführt, die ihr Vater letztes Jahr zum König von Frankreich geschickt hat, um einen Bräutigam für sie zu finden.

Neben Guillaume sitzt Gauthier de Brisebarre, Herr über Beirut. Auch er war Teil der Gesandtschaft. Er hat nur zwanzig Ritter zu stellen, gehört aber trotzdem zu den einflussreichsten Baronen.

Im Anschluss an die Brüder Grenier sitzt Robert de Troyes, Baron von Akkon, das zur königlichen Domäne gehört und hundert Ritter stellt. Er ist ein dickwanstiger alter Kämpe der ersten Tage mit einem vom Biergenuss geröteten Gesicht. Ihm fehlen zwei Finger an der rechten Hand. Irgendwie sieht er aus, als würde er sich in einem groben Lederwams wohler fühlen als in seinem feinen Aufzug.

Ihm gegenüber sitzt Onfroy de Toron, nördlich von Galiläa.

Er hat achtzig Ritter aufzubieten. Der Mann ist Normanne und wie viele von ihnen groß und kräftig, hat Hände wie Schaufeln und ein Kinn, das aussieht wie mit der Axt geformt. Dazu misstrauische, stechende Augen.

Er unterhält sich mit Robert de Brun, dem Herrn über Nablus, ebenfalls Teil der königlichen Domäne, achtzig Ritter wert, und Payens d'Oultrejordain, Herr über das neue Gebiet jenseits des Jordans, sechzig Ritter wert.

Kurz verweilt Melisendes Blick bei Henri d'Auric, Baron von Hebron, sechzig Ritter. Er ist ein finster blickender hagerer Mann von üblem Ruf und glühendem Hass auf Muslime. Hinter seinem Rücken nennen sie ihn den Schlächter von Hebron. Man kann sich denken, warum.

Einigen dieser Männer würde ich ungern im Dunkeln begegnen, denkt Melisende. Aber es sind erfahrene Kriegsherren. Und die braucht das Land.

Ebenfalls zugegen sind die Herren von Sabaste, Bethsan, Nazareth und von weiteren, kleineren Baronien. Deren Gesichter sind Melisende bekannt, die Namen allerdings weniger. Vergeblich sucht sie nach ihrem Freund, Hugues du Puiset. Er hat nach dem Tod des Vaters vor sechs Jahren die Grafschaft Jaffa geerbt. Hugues besitzt Sinn für Humor und hätte bestimmt etwas Frivoles über jeden der hier Anwesenden zu sagen oder hätte ihr den neuesten Klatsch berichtet.

Dass eine Grafschaft an den Sohn vererbt wird, ist nicht zwingend. Am Ende entscheidet der König, an wen die Grafschaft nach dem Tod des Barons geht, und wenn nötig die Haute Court, immer zum Wohle des Königreichs. Schwächlinge kann man unter den Baronen des Landes nicht brauchen. Hugues aber genießt Baudouins Vertrauen. Zudem waren beide Familien schon im alten Land miteinander befreundet. Melisende selbst kennt Hugues seit ihrem zwölften Lebensjahr, seit die Familie nach Jerusalem umgesiedelt ist.

Während sie vergeblich nach ihm Ausschau hält, fallen ihr in einer der hinteren Bänke zwei Männer auf. Über schlichten dunklen Gewändern aus grobem Stoff trägt jeder von ihnen ein ärmelloses Surcot aus gebleichtem Leinen mit einem großen roten Kreuz. Offensichtlich Ritter des Tempels. Zu ihrer Überraschung erkennt sie in einem der beiden den unhöflichen Kerl von heute Morgen, der Maria einen blauen Fleck beschert hat. Jetzt starrt er auch noch zu ihr herüber – mit der gleichen finsteren, sauertöpfischen Miene wie in der Grabeskirche. Doch dann scheint es ihm zu dämmern, wer sie ist, denn seine Brauen heben sich erstaunt, und er mustert sie genauer.

Ich hoffe, du bereust jetzt dein rüdes Benehmen, denkt sie. Dann blickt sie weg. Was hat der hier zu suchen? Und wie hatte Maria ihn genannt? Raol irgendwas. Dann fällt es ihr ein. Raol de Montalban. Ein Provenzale. Am liebsten würde sie ihm noch einmal die Meinung sagen, aber im Grunde ist der Kerl es nicht wert, sich mit ihm zu befassen. Es wundert sie nur, dass heute Templer zugegen sind. Ungewöhnlich. Ein Stimmrecht haben sie nicht.

In diesem Augenblick räuspert sich der König lautstark und hebt die Hand. Das leise Geraune privater Gespräche erstirbt. »Liebe Freunde und Kampfgefährten«, sagt er in seinem tiefen Bass. »Ich danke euch für euer Erscheinen und erkläre die Versammlung für eröffnet.«

Melisendes Vater ist groß und breitschultrig, sehr schlank bis hager, eher sehnig als besonders muskulös. Er ist ähnlich wie die anderen Herren gekleidet, trägt außer einem großen Siegelring aber keinen Schmuck. Die goldblonden Haare wie auch sein langer Bart, auf den er immer sehr stolz war, sind von Grau durchzogen, schließlich ist er nicht mehr der Jüngste. In seinen wasserblauen Augen blitzt es oft schelmisch, aber sie können auch Furcht einflößen, wenn er zornig ist. Die Sonne des Südens hat ihm übel mitgespielt. Das zeigt sich besonders auf Stirn und Nase und auf den Händen, die von braunen Flecken übersät sind. Alles in allem und trotz seiner sechsundfünfzig Jahre ist er ein beeindruckender Mann.

»Um was geht es denn heute?«, fragt der Baron von Caesarea. Seine Stimme klingt rau, als wäre er erkältet. »Ich hab was von einem Feldzug läuten hören.«

Baudouin nickt. »Da liegst du nicht ganz falsch, Gauthier. Aber zunächst etwas anderes.«

Er wendet sich Foulques zu und legt ihm die Hand auf die Schulter. »Ich möchte euch den Comte d'Anjou und zukünftigen Gemahl meiner ältesten Tochter vorstellen. Erst vor wenigen Tagen ist er bei uns angekommen.« Er hebt die Stimme und winkt kurz Melisende zu. »Und du, Tochter, hörst ausnahmsweise mal nicht zu. Am besten tust du jetzt so, als wärest du gar nicht anwesend.«

»Das tu ich doch immer«, entfährt es ihr.

Sie hört ein paar der Männer lachen. Auch Baudouin muss lächeln. »Da hört ihr's. Nicht auf den Mund gefallen, mein Töchterchen. Ich sage euch, vier Töchter aufzuziehen ist schlimmer, als einen Wurf Katzen zu hüten.« Er wendet sich Foulques zu. »Sei gewarnt, mein Lieber. Dich erwartet eine scharfe Zunge.«

Auch der Graf lächelt und blickt zu ihr herüber. Er sitzt zu weit entfernt, als dass Melisende hätte sagen können, ob das Lächeln echt oder vorgetäuscht ist. Eher vorgetäuscht, vermutet sie. Jedenfalls nach den ersten Eindrücken, die sie von ihm gewonnen hat. Höflich, aber kalt wie ein Fisch. Er soll vierzig Jahre alt sein, ist Witwer und hat vier Kinder, die er aber im alten Land zurückgelassen hat. Es heißt, er stehe sich gut mit dem König des Frankenreichs, noch besser mit dem englischen König, dessen Tochter erst vor einem Jahr seinen ältesten Sohn geehelicht hat.

Und nun soll ausgerechnet ich sein Bett wärmen, denkt Melisende. Dabei könnte der Gegensatz zwischen Foulques und ihrem Vater nicht größer sein. Im Vergleich zu Baudouin ist Foulques von bescheidenem Wuchs. Er wirkt gedrungen und hat krumme Beine, dazu feuerrote Haare, das Gesicht voller Sommersprossen, einen schmallippigen, verkniffenen Mund und kleine grüne Augen, die alles zu bemerken scheinen. Nein, so hat sie sich ihren Zukünftigen nicht vorgestellt. Eher wie den Sohn des Normannen Bohemund, den Alice geheiratet hat, einen blonden Helden. Alice hat mit diesem Prachtkerl von Mann wirklich Glück gehabt. Und jetzt ist sie auch noch Fürstin von Antiochia.

Der König verliert noch einige freundliche Worte über Foulques, die von der Versammlung wohlwollend aufgenommen werden. Dann meldet sich Robert de Troyes zu Wort. »Mein lieber Foulques, im Namen aller hier möchte ich sagen: Herzlich willkommen zurück in Jerusalem! Wann warst du das letzte Mal hier?«

»Muss vor zehn Jahren gewesen sein«, ist die Antwort.

»In Foulques haben wir einen, dem das Land und die Lage hier nicht unbekannt sind«, fügt der König hinzu. »Ich denke, das ist wichtig.«

»Auf jeden Fall«, brummt Robert. »Vor allem ist er kein Grünschnabel. Ein gestandener Mann und Heerführer.«

»Das kann ich bestätigen«, fügt Brisebarre hinzu.

»Außerdem ein Förderer unser Tempelritter«, sagt de Bures. »Hab ich nicht recht, Foulques?«

Der nickt. »In der Tat. Ich hatte mich eigentlich darauf gefreut, meinen alten Kampfgefährten, Großmeister Hugues de Payens, wiederzutreffen. Aber unsere Schiffe scheinen sich gekreuzt zu haben. Ich bin hier, und Hugues ist in Frankreich.«

Der König nickt. »Der Großmeister versucht, Geld und Krieger für den Orden aufzutreiben. Deshalb habe ich Robert de

Craon heute eingeladen. Er vertritt Hugues in dessen Abwesenheit.«

Alles blickt zu den beiden Templern hinüber. Robert de Craon verbeugt sich kurz. Er ist für diese Aufgabe noch recht jung, aber tatkräftig und mutig soll er sein. Und ein guter Anführer. »Wir Templer sind hocherfreut und möchten den Grafen ebenfalls herzlich willkommen heißen«, sagt er. »Auch und besonders im Namen Gottes. Denn er wird uns helfen, weiter Gottes Werk zu tun.«

»Und wir alle wissen«, fügt Baudouin hinzu, »wie wichtig uns der Orden geworden ist. Auch wenn er erst aus fünfzig Rittern besteht.«

»Ich habe mich beim fränkischen König für die Templer verwendet«, sagt Foulques. »Unser Freund, der Großmeister, wird dort offene Ohren für sein Anliegen finden.«

»Ausgezeichnet«, sagt Baudouin. »Vielleicht treffen Verstärkungen ja noch vor Ende des Sommers ein, rechtzeitig vor unserem Feldzug gegen Damaskus.«

»Ah, daher weht also der Wind«, knurrt der Baron von Hebron. »Ich hab mir schon so was gedacht.«

»Die Damaszener Seldschuken sind geschwächt, seit ihr Fürst letztes Jahr gestorben ist«, sagt Baudouin. »Eine Gelegenheit, auf die wir lange gewartet haben. Sollte es gelingen, das reiche Damaskus einzunehmen … Na, ich muss euch nicht erklären, was das für uns bedeuten würde.«

Zustimmendes Gemurmel füllt den Saal. Aber nicht alle sind überzeugt. Es gibt auch skeptische Mienen. »Wir können doch hoffentlich auf dich zählen, Foulques«, sagt Robert de Brun.

»Aber natürlich«, erwidert der Graf. »Ich bin bereit, das Kreuz nach Damaskus zu tragen. Gott wird auf unserer Seite sein und uns den Sieg schenken.«

Melisende hat langsam genug von dem Gerede. In ihr kocht

die Wut hoch. Was ist das hier? Ein Viehmarkt? Die tun gerade so, als hätten sie einen Preisbullen erstanden. Und sie soll die Kuh für ihn sein. Dabei verliert man über sie kein einziges Wort. Sie ist diesen Kerlen völlig unwichtig, solange sie nur einen Mann wie Foulques kriegen. Halten sie diesen rothaarigen Zwerg etwa für den Gesalbten, für den Retter der Christenheit? Da hat sie aber noch ein Wörtchen mitzureden.

Wütend erhebt sie sich und verlässt den Saal.

✠

»Was ist nur in dich gefahren?«, fährt der König seine Tochter an. Offensichtlich ist er ziemlich ungehalten. »Warum zum Teufel hast du den Saal verlassen?«

»Ich hatte genug von eurem Gegurre. Foulques hier und Foulques da. Das war ja nicht zum Aushalten.« Sie ist immer noch wütend.

Sie befinden sich in Baudouins privaten Gemächern, wohin er Melisende gleich nach der Versammlung bestellt hat. Der König sitzt vor einer Platte mit Hühnerkeulen und Brot. »Und den Patriarchen hast du auch beleidigt«, sagt er kauend und blickt zu Melisende auf, die vor ihm steht.

»Der hat's verdient«, murmelt sie verlegen.

»Was sagst du?«

»Ich sage, er hat's verdient.«

»Du hast ihn einen Esel genannt.« Baudouin legt den Hühnerknochen zurück, an dem er genagt hat, wischt sich die Hände an einem Tuch ab und nimmt einen Schluck aus einem silbernen Weinkelch.

»Weil er sich auch so benommen hat«, erwidert sie trotzig.

»Ach ja?« Plötzlich zuckt es um Baudouins Mundwinkel, und er muss grinsen. »In dem Punkt hast du recht. Er ist wirklich ein Esel.«

Erleichtert holt sie Luft. Er ist ihr also nicht böse. »Ich bin froh, dass du es auch so siehst, Vater.«

Doch Baudouin runzelt die Brauen. »Er mag ein Esel sein, aber das sagt man ihm nicht ins Gesicht. Das Amt des Patriarchen hat Gewicht. Und du weißt das. Ich will ihn mir nicht zum Feind machen.« Er seufzt und schüttelt den Kopf. »Ich vermisse meinen alten Freund Warmund. Das waren noch Zeiten.«

Warmund de Picquigny war zehn Jahre lang Patriarch von Jerusalem. Er und Baudouin haben sich gut verstanden und gemeinsam die Geschicke des Landes gelenkt. Sogar als Kriegsherr war Warmund tätig. Ihm ist die Einnahme von Tyrus zu verdanken. Mit Étienne dagegen, dem ehemaligen Abt des Klosters la Ferté, verbindet den König wenig. Sie streiten häufig. Besonders über Abgaben und über den Bau neuer Kirchen, die Étienne einfordert, während Baudouin die Errichtung befestigter Burgen für wichtiger hält.

»Um was ging es denn bei eurem Gespräch?«, fragt er streng.

»Hat er dir das nicht gesagt?«

»Nicht so deutlich. Er habe dir zu deiner geplanten Vermählung gratulieren wollen und darüber sei es zum Streit gekommen, behauptet er. Ich frage dich jetzt direkt: Was hast du gegen diese Vermählung? Du scheinst ja nicht gerade begeistert zu sein.«

Melisende steigt die Röte ins Gesicht. Sie schlägt die Augen nieder. Der bohrende Blick ihres Vaters ist schwer zu ertragen. Aber nun muss sie Farbe bekennen oder für immer schweigen. »Ich bin nicht mit ihm einverstanden.«

Baudouin lehnt sich zurück und sieht sie erstaunt an. »Aber du weißt doch seit Langem, dass wir den Grafen von Anjou für dich ausgesucht haben. Das habe ich dir nicht verheimlicht. Du schienst auch nichts dagegen zu haben.«

Melisende windet sich. »Das war, bevor ich ihn kennengelernt habe.«

Der König schüttelt den Kopf. »Du weißt, ich liebe dich, mein Kind. Wenn das nicht so wäre, müsste ich jetzt sehr ungehalten mit dir sein. Wir haben beträchtliche Mühen darauf verwandt, den Richtigen zu finden. Der Graf ist ein mächtiger Mann, ein erfahrener Kriegsherr und frommer Christ, den Idealen des Kreuzzugs verpflichtet. Es gibt keinen Besseren.«

Melisende starrt immer noch auf ihre Füße. »Vielleicht für dich und für die Barone«, sagt sie leise.

»Und nicht für dich? Wer dich heiratet, wird eines Tages mein Nachfolger und dieses Königreich regieren.«

»Er soll also König werden.«

»Natürlich. So ist das nun mal. Das ist doch nicht neu.«

»Und was ist mit mir?«

»Keine Frau kann ein Heer führen. Die Lage hier ist schwierig genug.«

Endlich fasst sie den Mut, ihm ins Gesicht zu sehen. »Ich bin deine älteste Tochter, Vater. Du hast mich zur Thronerbin erkoren. Mich, und nicht ihn. Ich bin dir in allem gefolgt, habe die Versammlungen besucht, wie du befohlen hast. Ich habe mich bemüht, von dir zu lernen. Mönche haben mich in der Schrift unterwiesen. Ich habe Verträge und Abkommen studiert. Hat das alles keine Bedeutung? Muss ich einfach hinnehmen, was und wen ihr für mich bestimmt? Ohne mich überhaupt zu fragen.«

»Bist du deshalb aus der Versammlung gerannt? Alle haben es bemerkt, auch Foulques. Es war mir wirklich sehr peinlich.«

»Ich mag ihn nicht.«

Baudouin hebt die Brauen.

»Dieser Mann ist nur auf den Thron aus«, sagt sie. »Ich bin ihm egal. Außerdem ist er hässlich. Er ist mir unangenehm.«

»Das ist völlig unwichtig!«, erwidert Baudouin barsch. »Du musst ihn nicht mögen. Er muss ein guter Herrscher sein und

Nachkommen zeugen können. Darauf allein kommt es an. Dass er beides kann, hat er bewiesen.«

Inzwischen regt sich auch bei Melisende der Zorn. »Ach! Zu mehr tauge ich also nicht. Nur zum Heiraten und zum Kindergebären. Das ist alles, Vater? Mehr bin ich dir nicht wert? Wozu habe ich mich dann bemüht?«

»Sag mal, wie redest du mit mir?«

»Du hast unsere Mutter geliebt. Und sie dich. Soll mir Ähnliches verwehrt sein?«

»Die Liebe wächst mit der Zeit.«

»Nicht mit dem, Vater.« Dann kann sie nicht länger an sich halten. »Versteh endlich!«, schreit sie. »Ich kann den Kerl nicht ausstehen. Er ist mir zuwider.«

Verblüfft starrt Baudouin seine Tochter an. Solchen Widerstand hat er nicht erwartet. Doch dann steigt ihm die Wut ins Gesicht. Die Ader auf seiner Schläfe pocht gefährlich, und seine Augen blitzen.

»Nicht ich, sondern du musst endlich verstehen«, sagt er scharf und steht auf. Er überragt sie um Haupteslänge und wirkt jetzt wie ein dunkles Gewitter kurz vor dem Ausbruch. »Wir haben viel Mühe auf die Angelegenheit verwendet. Ich habe eine Gesandtschaft geschickt. Der König in Paris hat ihn wärmstens empfohlen. Wir haben mit Foulques verhandelt, Verträge geschlossen. Er hat seine Grafschaft dem Sohn übergeben. Er bringt Gold und einige Hundert dringend benötigte Krieger. Auch die Haute Cour ist, wie du gesehen hast, mit ihm einverstanden. Sehr sogar!« Er starrt sie wutentbrannt an. »Und jetzt kommst du mit deinen kleinen Abneigungen?«

Seine zornigen Augen machen ihr Angst. Sie weicht einen Schritt zurück. Aber er packt sie an den Armen und schüttelt sie rau. »Verdammt noch mal, Tochter!«, brüllt er ihr ins Gesicht. »Du bist nicht irgendeine dumme Schäferin. Du bist die Erbin eines Königreichs! Und das bedeutet, du hast deine verdammte

Pflicht zu tun und dich zu fügen, hast du mich verstanden? Du wirst diesen Mann heiraten, und wenn ich dich an den Haaren zum Altar schleifen muss!«

Melisende sind Tränen in die Augen geschossen. Sie reißt sich los und rennt aus dem Gemach.

MUT ZUR UNERHÖRTEN TAT

Mit Tränen in den Augen stürzt Melisende in das Gemach ihrer Schwester und knallt die Tür hinter sich zu. Schluchzend lässt sie sich auf eine gepolsterte Sitzbank fallen. Hodierna, die vor einem Spiegel aus poliertem Silber hockt und sich die Brauen zupft, blickt erschrocken auf. »Um Himmels willen! Was ist passiert?«

Melisende wendet sich ab und schlägt sich die Hand vors Gesicht. Ihre Schultern zucken.

»Nun sag schon!«, ruft Hodierna. »Du bist ja ganz aufgelöst.«

Melisende antwortet nicht gleich. Schließlich, um Fassung bemüht, wischt sie sich die Tränen von den Wangen, atmet tief durch und wendet sich Hodierna zu. »Streit mit Vater.« Unglücklich und mit hängenden Schultern blickt sie zu Boden und schnieft hörbar durch die Nase.

Hodierna kramt ein sauberes Schnupftuch aus einer Schublade und hält es ihr hin. »Hier, nimm das.«

Melisende schnäuzt sich ausgiebig und lehnt sich zurück. »Danke.«

Durch das schmale Fenster zum Innenhof des Palastes fällt Sonnenlicht und lässt die Farben des handgewirkten persischen Teppichs leuchten, der den Boden bedeckt. Das Gemach ist mit orientalischen Bequemlichkeiten geradezu vollgestopft: Teppiche verschiedener Herkunft, nicht nur auf dem Boden, sondern auch an den Wänden. Goldene Leuchter, zierliche Beistelltische, auf denen herrliche Glaskaraffen und Kelche aus Jerusalemer Werkstätten stehen. Weich gepolsterte Lederhocker, Truhen voller Kleider, Mäntel und Schuhe. Im Kamin liegt Feuerholz aufgeschichtet, zum Anzünden bereit. Über dem Spiegel des Schminktisches hängt ein reich verziertes silbernes Kreuz. Es duftet nach wohlriechenden Salben, und in einer separaten Nische, halb durch eine bewegliche Stellwand verdeckt, lässt sich Hodiernas aus dunklem, poliertem Holz gefertigtes Bett erkennen.

Hodierna ist nicht nur die schönste der vier Töchter, sondern auch diejenige, die mehr als die anderen drei dem Luxus zugetan ist. Bezeichnenderweise ist es ihr gelungen, sich den größten Teil von Morphias Schmuck zu sichern.

»Willst du nicht endlich erzählen, weshalb ihr gestritten habt?«, fragt sie. »Obwohl ich es mir schon denken kann.« Sie grinst spöttisch, während sie einen mit Edelsteinen besetzten Goldreif über ihr schlankes Handgelenk schiebt.

Erneut betrachtet sie ihre Brauen im Spiegel, zeichnet sie mit einem Kohlestift nach und nimmt dann einen Hornkamm in die Hand, um ihre langen Haare zu kämmen.

Sie hat das gleiche wunderbar glänzende Haar wie Mutter, denkt Melisende, die ihr dabei zusieht. Und so viel davon. Eine richtige schwarze Löwenmähne. Ich wünschte, ich hätte auch etwas davon abbekommen. Ihre sind irgendwie mausgrau, und Melisende hasst die Farbe. »Wenn du's weißt, dann brauche ich dir ja nichts zu erzählen«, erwidert sie gereizt.

Hodierna legt den Kamm zur Seite und wendet der Schwester ihre volle Aufmerksamkeit zu. »Ich wette, ihr habt euch wegen eines gewissen Herrn aus Anjou gezankt, hab ich recht?«

Melisende nickt verdrossen. »Die Hochzeit soll Mitte Mai stattfinden.«

»Und du bist nicht glücklich darüber.«

»Natürlich nicht. Wärst du das?«

Hodierna lacht. »Um Himmels willen, nein! Der Kerl starrt mich zwar immer an, als wäre ich vom Himmel gefallen, aber den überlasse ich gerne dir, Schwesterchen.«

»Nenn mich nicht so. Ich bin älter als du.«

»Aber nicht unbedingt klüger.«

»Was soll ich denn machen? Vater war außer sich. So wie gerade eben hat er noch nie mit mir geredet. Wenn nötig, wolle er mich an den Haaren in die Kirche schleifen, hat er gedroht.«

»Dann habt ihr euch aber wirklich arg gestritten.«

Melisende nickt bekümmert.

»Dabei bist du sein Liebling.«

»Ach was! Das bildest du dir ein.«

»Ich bilde mir gar nichts ein. Du hast schon immer die meiste Aufmerksamkeit bekommen. Seit Mutters Tod noch mehr. Und von uns vieren liebst du ihn am meisten, gib's zu.«

Melisende antwortet nicht, starrt nur verdrossen auf das Muster des Teppichs unter ihren Füßen. Es stimmt. Sie hat ihn immer bewundert und geliebt. Seit er sie zum ersten Mal vor sich in den Sattel gehoben hat und mit ihr durch die Felder galoppiert ist. Keiner ihrer Spielkameraden hatte einen Vater wie ihn. So groß und stark und beliebt bei seinen Männern.

»Du verbringst viel Zeit mit ihm, wenn er zugegen ist«, fährt Hodierna fort, »sitzt in diesen öden Versammlungen alter Männer, studierst Akten. Manchmal denke ich, du versuchst, ihm den fehlenden Sohn zu ersetzen.«

Melisende zuckt mit den Schultern. »Ein wenig schon, das gebe ich zu. Aber er verlangt es auch von mir.«

»Wenn er dich lobt, blühst du auf wie eine Rose.«

»Wirklich? Ich glaube, du übertreibst. Bist du eifersüchtig?«

Hodierna lacht. »Überhaupt nicht! Du und Alice, ihr habt beide um seine Aufmerksamkeit gebuhlt. Ich hatte das nicht nötig.«

»Bist du so abgeklärt, oder tust du nur so?«

Nun zuckt Hodierna mit den Schultern. »Gegen euch beide konnte keiner ankommen. Ich hab's gar nicht erst versucht.«

»Und wer ist das Schmeichelkätzchen in der Familie? Vater

erlaubt dir alles. Auf unsere arme Ioveta achtet kaum jemand. Wenn nicht Mutter gewesen wäre ...«

Hodierna nickt. »Ja, unsere kleine Ioveta. Nicht gerade das hübscheste Kind. Wer weiß, was aus ihr mal wird.«

»Sprich nicht so über sie. Sie ist ein liebes Kind. Vielleicht die Beste von uns.«

»Lieb zu sein bringt einen nicht weit. Du bist die Thronerbin, vergiss das nicht. Ist dir nicht bewusst, was das bedeutet? Damit geht Verantwortung einher.«

»Du hast recht«, flüstert Melisende. »Vater hätte Alice wählen sollen. Sie hat den Willen zur Macht.«

»Ja, sie ist härter als du. Vielleicht weil sie ständig ihren Platz gegen dich verteidigen musste. Du hast alles auf dich genommen, nur um Vater zu gefallen und um immer die Erste zu sein. Natürlich bist du die Älteste von uns. Deshalb hat er dich gewählt und nicht Alice. Also musst du die Rolle übernehmen. Auch wenn sie dir nicht mehr schmeckt.«

»Hätten sie nicht einen anderen aussuchen können? Einen der Unseren hier aus dem Land? Muss es dieser krummbeinige Angeviner sein, doppelt so alt wie ich?«

Sie schweigen einen Augenblick, dann sagt Hodierna: »Sie werden dich zwingen, ihn zu heiraten, daran geht kein Weg vorbei. Also gewöhn dich an den Gedanken.«

Melisende seufzt niedergeschlagen. »Ich weiß.«

»Außer ...« Hodierna kaut auf der Unterlippe.

Melisende runzelt die Brauen. »Außer was?«

»Du könntest es vielleicht hinauszögern.«

»Du meinst die Hochzeit?«

»Wenn du sie lange genug hinhältst, verändern sich in der Zwischenzeit vielleicht die Dinge. Oder Vater ändert seine Meinung. Foulques enttäuscht die in ihn gesetzten Erwartungen. Oder er wird krank und stirbt. Bei einem Gefecht zum Beispiel. Plant Vater nicht einen Feldzug gegen Damasus?

»Du hast davon gehört?«

»Natürlich. Denkst du, ich kriege nichts mit?«

»Aber mit welcher Begründung könnte ich die Hochzeit hinauszögern?«

Hodierna erhebt sich und geht auf und ab, während sie überlegt. Dann fällt ihr etwas ein. »Du könntest Alice besuchen.«

»In Antiochia?«

»Alice hat uns zur Taufe ihrer Constance eingeladen. Das wäre doch ein guter Grund.«

»Du hast recht. Das hatte ich schon fast vergessen. Kämst du mit?«

»Ich? Nein! Das ist mir zu weit und zu beschwerlich. Aber du könntest die Reise unternehmen und dann einfach eine Weile wegbleiben. Sechs Monate vielleicht oder ein Jahr. Mit etwas Glück hat sich die Lage bis dahin verändert.« Hodierna setzt sich wieder und sieht ihre Schwester erwartungsvoll an. »Was hältst du davon?«

Melisende denkt nach. Der Gedanke gefällt ihr. Nach Antiochia wollte sie schon immer. Diese strahlende Stadt am Orontes, einst von Griechen gegründet, dann römisch geworden und schließlich jahrhundertelang byzantinisch, bevor es den Seldschuken gelang, sie zu erobern. Doch deren Herrschaft währte nur ein paar Jahre, dann wurde die Stadt zur ersten großen Eroberung des Kreuzzugs.

Ja, dieser Heirat entfliehen, bei Alice Zuflucht finden in der Hoffnung, dass das Blatt sich wenden möge, das ist ein wundervoller Gedanke. Wenn es nur möglich wäre.

Sie schüttelt den Kopf. »Vater wird das nie erlauben, Hodierna. Er wird den Plan durchschauen. Er ist so versessen auf diese Vermählung. Das ist mir heute klar geworden. Nichts wird ihn davon abbringen. Auch kein fadenscheiniger Vorwand wie Constances Taufe.«

Ihre Schwester seufzt. »Ich fürchte, du hast recht.«

Melisende schnäuzt sich noch einmal. Lange ist es still im Raum. Von draußen sind die Stimmen zweier Reitknechte zu hören und das Klappern von Pferdehufen auf dem Pflaster. Stäubchen tanzen im Sonnenlicht, das durch das Fenster fällt.

Hodierna fährt sich mit der Hand durchs Haar und legt nachdenklich den Kopf in den Nacken. »Dann hilft nur eines«, sagt sie schließlich, »du musst es heimlich tun.«

»Heimlich? Wie stellst du dir das vor? Ich allein auf dem langen Weg nach Antiochia?«

»Du brauchst natürlich Begleitschutz.«

»Niemand wird sich dafür hergeben.«

»Wir sollten Hugues fragen.«

»Ist der hier? Er war nicht in der Versammlung.«

»Ich hab erst vor einer Stunde mit ihm geredet. Hugues ist Graf von Jaffa. Er hat genug Krieger, um dir einen Begleitschutz zu stellen.«

»Mag sein, aber er wird nicht Vaters Zorn auf sich ziehen wollen.«

»Hugues schuldet uns etwas, vergiss das nicht.«

Unverhofft öffnet sich die Tür, und die elfjährige Ioveta betritt das Gemach.

»Ioveta! Du solltest klopfen, bevor du eintrittst«, sagt Melisende.

»Wieso? Habt ihr Geheimnisse?«

»Es gehört sich einfach.«

»Tut mir leid, Meli«, sagt die Kleine schüchtern. »Aber darf ich bleiben?«

»Natürlich.«

Ioveta zieht einen ledernen Hocker heran und lässt sich darauf nieder. Äußerlich ähnelt sie ihrem Vater. Sie hat seine goldblonden Haare geerbt und die weiße, empfindliche Haut, nicht aber sein gutes Aussehen und auch nicht seine dominierende Art. Sie ist eher still und zurückhaltend, fast scheu könnte man sie nennen.

»Worüber redet ihr?«, fragt sie.

»Nichts Besonderes«, erwidert Hodierna.

»Über den Grafen von Anjou?«

»Wie kommst du darauf?«

»Ich hab gehört, wie Vater und Meli sich gestritten haben.«

»Hast du gelauscht?«

»Die waren ja laut genug.«

»Aber behalt's für dich, Ioveta«, sagt Melisende. »Versprochen?«

Ioveta nickt. Plötzlich hat sie feuchte Augen. »Ich mag nicht, wenn ihr streitet. Vater wird so wütend. Er macht mir Angst.«

Melisende erhebt sich, kniet vor ihr und nimmt sie in die Arme. »Alles halb so schlimm. Unser Vater kann manchmal wütend werden, aber er ist ein guter Mann. Er liebt uns alle vier. Das weißt du doch.«

Ioveta nickt und wischt sich über die Augen.

In diesem Moment klopft es. Die Schwestern blicken zur Tür. »Erwartest du jemanden?«, fragt Melisende.

»Nein.«

Nach Hodiernas Aufforderung steckt eine Magd den Kopf herein. »Der Graf wünscht, Domina Melisende zu sprechen.«

»Welcher Graf?«

»Graf Foulques.«

»Er soll reinkommen«, sagt Hodierna, obwohl Melisende wild, aber lautlos den Kopf schüttelt. Doch Hodierna erbarmt sich ihrer nicht und wiederholt die Aufforderung. »Sag ihm, wir freuen uns, ihn zu empfangen.«

»Er wartet unten im Hof, Domina«, erwidert die Magd. »Und er wünscht, die Domina allein zu sprechen. Das hat er mir ausdrücklich aufgetragen.«

Melisende lässt die kleine Ioveta los und blickt mit großen Augen zu Hodierna hinüber. »Was im Himmel will er von mir? Du hättest nicht zustimmen sollen.«

»Stell dich nicht so an, Meli. Der Mann will dich sprechen. Das ist sein gutes Recht. Schließlich ist er dein lieber Bräutigam.« Sie grinst spöttisch.

Melisende zieht ärgerlich die Brauen zusammen. »Ja, lach nur über mich.« Sie steht auf und fährt sich mit der Hand durchs Haar. »Wie sehe ich überhaupt aus? Bestimmt hab ich verquollene Augen. Und meine Haare … Leih mir mal eine Haube von dir.«

Auch Hodierna erhebt sich und stellt sich ans Fenster. »Er steht tatsächlich da unten. Am Brunnen. Mitten in der Sonne, der Arme. Und jetzt hat er mich gesehen.« Sie hebt die Hand und winkt. Dann wendet sie sich der Magd zu. »Sag dem Grafen, die Domina kommt gleich. Und noch etwas … Finde den Grafen Hugues du Puiset. Er ist irgendwo im Palast. Sag ihm, ich wünsche, ihn auf der Stelle zu sprechen.«

»Ja, Domina.«

Nachdem die Tür sich hinter der Dienstbotin geschlossen hat, sagt Hodierna: »So schlimm siehst du nicht aus. Und besonders gefallen willst du ihm ja wohl auch nicht.« Sie bückt sich, um eine Truhe zu öffnen. »Hier, nimm das! Besser als eine Haube.«

Melisende nimmt das lange schleierartige Tuch entgegen und drapiert es sich um Kopf und Schultern. Hodierna öffnet eines ihrer Salbendöschen und reibt etwas davon auf Melisendes Wangen.

»Nicht so viel!«, warnt Melisende.

»Nur ein wenig. Damit du nicht wie eine Leiche aussiehst. Und nun geh schon. Zeig ihm die Zähne!«

»Und du redest mit Hugues?«

»Natürlich. Falls die Magd ihn findet.«

✠

Mit klopfendem Herzen eilt Melisende durch den verwinkelten, nur von zwei kleinen Fenstern erhellten Gang, an dem die Gemächer der Schwestern liegen. Sie fragt sich, was der Graf von ihr will. Bisher hat er sich ihr gegenüber nicht sehr gesprächig gezeigt. Und wie soll sie sich verhalten?

Auf dem Absatz der steinernen Treppe bleibt sie einen Moment stehen. Soll sie sich freundlich zeigen? Oder abweisend? Am besten irgendwie dazwischen. Auf jeden Fall zurückhaltend. Vor allem wird sie ihn reden lassen. Sie selbst wird nur zuhören und sich möglichst bald wieder zurückziehen.

Sie legt die Hand auf die Brust und spürt ihr Herz schlagen. Vielleicht hat Vater ihm von ihrem Streit erzählt, und deshalb ist er gekommen, um ihr Vorwürfe zu machen. Nein, das wird Vater nicht getan haben. Das wäre wirklich zu peinlich. Am liebsten würde sie auf diese Begegnung verzichten.

Doch dann erinnert sie sich an Hodiernas Worte: »Zeig ihm die Zähne!«

Natürlich war das nicht wörtlich gemeint. Und überhaupt: Eine Auseinandersetzung sollte sie tunlichst vermeiden. Aber sie tut gut daran, sich an ihren hohen Rang zu erinnern. Schließlich ist sie die Erbin des Königsthrons von Jerusalem, und dieser Foulques ist nur ein Graf. Zwar ein mächtiger, aber doch nur ein Graf, der durch die Verbindung mit ihr hohen Rang und Titel zu erwerben sucht. Ohne mich kann er nicht König werden, sagt sie sich. Und das sollte ich ihm zeigen. Nicht in Worten, aber doch durch Haltung. Keine Hemmungen also, ihm gegenüberzutreten!

Sie atmet tief durch und fühlt sich besser. Mit der Rechten hebt sie den Rocksaum ihres leichten Baumwollgewands und schreitet würdevoll und erhobenen Hauptes die Treppe hinunter. Sie erreicht die kleine Vorhalle zum Hof, einen schlichten Raum, von dem ein Gang weiter an der Küche vorbei in den Palast führt. Einige Geweihe hängen an den Wänden, ein paar

Sitzmöbel gibt es und natürlich den Durchgang zum Hof und zu den Pferdeställen. Es ist niemand zu sehen, stellt sie erleichtert fest. Mit wenigen Schritten erreicht sie die offene Tür und blickt hinaus.

Graf Foulques steht mit dem Rücken zu ihr, eine Hand auf den Brunnenrand gestützt. Es ist früher Nachmittag, und hier im Palasthof, wo kaum ein Lüftchen weht, ist es heiß wie in einem Backofen. Außerdem trägt er auch noch wollene Beinlinge, schwere Stiefel und ein gefüttertes Wams über einer wollenen Tunika – Kleidung, die gut für Anjou sein mag, aber nicht für einen warmen Frühlingstag in Jerusalem. Er muss sich schrecklich unwohl fühlen. Fast tut er ihr leid.

Plötzlich dreht er sich um und sieht sie in der Tür stehen. Er holt ein Sacktuch hervor und betupft sich die Stirn. Dann steckt er das Tuch wieder weg und nähert sich ihr. »Ich hatte vergessen, wie warm es hier sein kann«, sagt er und lächelt verlegen.

Melisende lässt ihn eintreten und deutet auf die Sitzgelegenheit an der Seitenwand, eine Bank, zwei unbequeme Stühle und ein Beistelltisch. »Ihr wolltet mich sprechen?«

»In der Tat. Wir haben bisher kaum Gelegenheit gehabt …« Er spricht den Satz nicht zu Ende und lässt sich mit einem Seufzer auf die Bank fallen. »Hier ist es angenehmer.«

Melisende ruft nach einer Magd und trägt ihr auf, Wasser zu bringen. »Oder möchtet Ihr lieber Wein?«

»Bei der Hitze? Nein, Wasser genügt vollauf. Das heißt, wenn man es trinken kann.«

»Unser Wasser hier ist frisch und klar.«

»Umso besser.«

Melisende hat sich immer noch nicht zu ihm gesetzt. Sie sieht zu, wie er sich ein zweites Mal die Stirn wischt. Wie hässlich er ist! Die scharfen Gesichtszüge und diese schmalen, blutleeren Lippen. Sein Haupthaar ist auch schon ziemlich gelichtet. Und sie kann seinen sauren Schweiß riechen. Die Leute im Mutterland waschen sich nicht so häufig wie die Einheimischen, das hat man ihr berichtet.

»Worüber wünscht Ihr mit mir zu reden?«, fragt sie in kühlem Ton.

»Wollt Ihr Euch nicht setzen?«

»Wird es denn ein längeres Gespräch?«

Eine solche Antwort hat er nicht erwartet. Einen Augenblick lang fehlen ihm die Worte. »Nun, ich …« Er leckt sich über die Lippen. »Seid Ihr etwa in Eile?«

Melisende ist sich ihrer Unhöflichkeit bewusst. Sie kann ihn schließlich nicht wie einen Dienstboten behandeln. Sie tritt einen Schritt näher und lässt sich auf einem der harten Stühle nieder. Aber nur auf die Kante, ohne sich zurückzulehnen, als habe sie nicht vor, lange zu verweilen.

Die Magd kehrt aus der Küche zurück und stellt eine Karaffe mit Wasser und zwei Becher auf den Beistelltisch. Einen davon füllt sie und reicht ihn dem Grafen. »Und Ihr, Domina?«, fragt sie.

»Nein, danke, Fatima.« Die Magd entfernt sich.

Foulques nimmt einen langen Schluck und stellt den Becher ab. »Fatima?«, fragt er und runzelt die Stirn. »Ihr habt Muslime unter dem Gesinde?«

»Natürlich.«

»Aber dies ist eine christliche Stadt. Haben wir nicht gekämpft, um sie von diesen … diesen ungläubigen Teufeln zu befreien.«

»Für die sind wir die ungläubigen Teufel«, erwidert Melisende. »Und was Jerusalem angeht, so ist die Stadt ein heiliger Ort auch für andere Religionen. Es wohnen auch wieder Juden hier. Was Muslime angeht, so haben sie freien Zugang zu ihrer Moschee.«

»Ist das so?« Foulques' Miene verfinstert sich. »Als ich vor zehn Jahren hier war, war das noch anders.«

»Da war unsere Lage auch noch nicht so gut gesichert wie jetzt.«

»Ist der König so nachsichtig geworden?«

»Habt Ihr etwas dagegen, Monseigneur?«

»Ich halte das für Schwäche. Wie übrigens vieles hier.«

»Was zum Beispiel?«

»Die Art, sich zu kleiden, das Essen, der orientalische Luxus.«

»Was soll daran nicht gut sein?«

»Ihr verweichlicht und lebt wie halbe Beduinen. Aber ich denke, das werden wir ändern.«

»Wir?«

»Wenn ich erst einmal König bin.«

Melisende spürt, wie ihr die Röte ins Gesicht steigt. Was für eine Anmaßung! Was bildet der Kerl sich ein? »Noch seid Ihr es aber nicht«, erwidert sie hitzig. »Mein Vater hat keineswegs vor, bereits das Zeitliche zu segnen. Und Ihr … Ihr seid nicht einmal mein Gemahl.«

Die letzten Worte sind ihr heftiger entfahren als beabsichtigt. Doch den Grafen scheint ihr angriffslustiger Ton nicht sonderlich getroffen zu haben. Er lächelt gönnerhaft. »Ich habe schon gehört, dass Ihr noch etwas Überredung braucht, Altesse.«

»Von wem habt Ihr das gehört?«

»Von unserem guten Patriarchen. Er hat mich vorgewarnt.«

»So, hat er das.« Eigentlich hatte sie vorgehabt, sich vornehm zurückzuhalten und nicht mit Foulques zu streiten. Aber diese Frechheit! Der Kerl kommt her und meint, er kann ihre Art zu leben ändern! Und dazu dieses hochmütige, selbstgefällige Auftreten, als sei alles schon geregelt. »Dann wird er Euch wohl auch gesagt haben, dass ich mit dieser Vermählung nicht einverstanden bin.«

»Euer jugendlicher Zorn steht Euch gut, meine Liebe«, sagt der Graf und lacht vergnügt. »Aber er wird Euch nichts nützen.«

»Das werden wir ja sehen!« Melisende ist jetzt richtig aufgebracht. »Seid Euch Eurer Sache nicht so sicher, Monseigneur Foulques!«

»Die Sache ist abgemacht. Daran werdet Ihr nichts ändern.«

»Mit mir ist gar nichts abgemacht.«

Nun scheint auch Foulques die Geduld zu verlieren. Sein Gesicht verfinstert sich, und er erhebt sich von der Bank. »Sind in Outremer alle Weiber so aufmüpfig? Schlechte Erziehung, würde ich sagen. Das kommt davon, wenn man irgend so eine … Armenierin heiratet.«

Melisende springt auf. Das Blut pocht ihr in den Ohren. »Wollt Ihr jetzt auch noch meine Mutter beleidigen? Was fällt Euch ein? Ich glaube, Ihr geht jetzt besser.«

Sie dreht sich um und marschiert wutentbrannt zur Treppe. Als sie die ersten Stufen nimmt, hört sie Foulques sagen: »Wir werden uns schon noch zusammenraufen, mein Täubchen.«

Sie bleibt stehen. *Mein Täubchen?* Aber statt sich umzudrehen, schluckt sie die scharfe Bemerkung herunter, die ihr auf der Zunge liegt, und steigt steif und mit kerzengeradem Rücken die Treppe hinauf. *Täubchen!*

»Wir müssen uns nicht mögen«, hört sie ihn noch rufen. »Nur den Vertrag erfüllen.«

✠

»Die sind alle so«, sagt Hugues und zuckt mit den Schultern.

Hodierna wirft ihm einen fragenden Blick zu. »Die aus dem Mutterland, meinst du?«

Hugues nickt. »Foulques hat ja einiges an Gefolge mitgebracht. Ich habe mit ihnen geredet. Die schauen auf uns herab, sag ich euch. Das ist deutlich zu spüren. Auch bei den Pilgern merkt man das. Das heißt, nicht beim einfachen Volk, aber bei den Adeligen und höheren Geistlichen.«

»Und was haben die an uns auszusetzen?«

»Die kommen hierher und erwarten, dass es wie in Paris oder Poitiers ist. Sie wundern sich, dass es hier nur so wenige Franken gibt, dass wir Armenier in unseren Heeren haben und sogar türkische Mischlinge. Dass wir uns den levantinischen Sitten angepasst haben, dass es koptische und orthodoxe Kirchen gibt, Synagogen und Moscheen. Unser Essen mögen sie auch nicht, stattdessen verlangen sie nach Bohneneintöpfen mit Pökelfleisch und Schweinswürsten. Wir hätten unsere Herkunft vergessen, sagen sie, und seien hier im Osten entartet, nicht besser als die Eingeborenen, und liefen herum wie Beduinen. Nur weil sie nicht wissen, wie man sich in der Hitze kleidet.«

»Stinken tun sie auch«, sagt Melisende, immer noch aufgebracht von ihrer Begegnung mit Foulques.

Hugues lacht. »Ich sehe schon, dein Herz schlägt nicht für unseren wackeren Grafen.«

Melisende zieht eine Grimasse. »Eher schneide ich mir die Pulsadern auf, als den zu heiraten.«

Hugues gießt sich von dem Wein ein, den Hodierna hat bringen lassen. »Das wäre aber schade um deine hübschen Pulsadern.«

»Ich meine es ernst.«

»Ach, Meli«, sagt er mit einem Augenzwinkern. »Du weißt doch, Ehen sind nichts als Zweckverbindungen. Mit Liebe hat das wenig zu tun.«

»Unsere Eltern haben sich geliebt. Sehr sogar.«

Er hebt die Brauen. »Wirklich? Das ist ungewöhnlich.«

»Für uns nicht«, springt Hodierna ihrer Schwester bei. »Vater war zwar immer unterwegs, aber wenn er heimkam, hatte er nur Augen für unsere Mutter. Und umgekehrt auch.«

»Na, so was!« Hugues zieht erstaunt die Stirn kraus. »Bei meinen Eltern kann ich mich an so was nicht erinnern. Ich weiß nicht, wie oft sie das Bett geteilt haben, aber sehr oft kann es nicht gewesen sein. Ein Wunder, dass sie mich gezeugt haben.«

»Dann kann man sie nur bedauern«, sagt Hodierna.

»Aber so ist das eben. Wenn du Liebe suchst, meine schöne Hodierna, dann nimm dir einen Liebhaber, vielleicht einen blendend aussehenden Troubadour. So einen wie mich zum Beispiel.« Er schenkt ihr ein freches Grinsen.

Hugues ist tatsächlich ein hübscher Bursche. Er hat einen Engelkopf voll dunkler Locken und seelenvolle braune Augen, auch wenn aus ihnen nicht selten der Schalk blitzt.

Hodierna lacht. »Ha! Deine Verse sind abscheulich, mein Lieber, und Laute spielen kannst du auch nicht.«

Hugues zieht einen Schmollmund. »Du weißt mich einfach nicht zu schätzen. Dabei liege ich dir seit Jahren zu Füßen.«

»Lüg nicht! Deine heimliche Liebe ist Melisende, gib's zu!«

»Es ist aber auch wirklich schwer, sich zwischen euch zu entscheiden«, sagt er mit bekümmerter Miene.

»Könnt ihr jetzt bitte wieder ernst werden?«, fährt Melisende unwirsch dazwischen. »Wir haben Wichtigeres zu besprechen. Ich hab mich nämlich entschieden. Und ich brauche deine Hilfe, Hugues.«

»Meine Hilfe? Natürlich gern, aber wozu?«

»Ich muss hier raus. Ich halte es hier nicht länger aus.«

»Wo willst du denn hin?«

Hodierna mischt sich ein. »Melisende will unsere Schwester Alice besuchen. Zur Taufe ihrer kleinen Tochter.«

»In Antiochia?«

»Ganz recht.«

»Aber der Weg ist nicht ungefährlich, du weißt das. Es herrscht im Augenblick zwar kein Krieg, aber erst letztens wurden wieder Leichen von ausgeraubten Pilgern gefunden. Und nach Antiochia bist du mindestens zwei Wochen unterwegs. Jetzt haben wir Ende März, da wird es knapp bis zu deiner Vermählung. Die soll doch Mitte Mai stattfinden, hab ich gehört.«

»Dann muss sie eben verschoben werden«, erwidert Melisende. »Oder sie findet gar nicht erst statt.«

Hugues starrt sie überrascht an und runzelt gleich darauf misstrauisch die Brauen. »Was habt ihr beide euch da ausgedacht? Weiß euer Vater davon?«

Die Schwestern tauschen einen vielsagenden Blick. »Sollen wir ihn einweihen?«, fragt Hodierna.

Melisende nickt. »Ja, aber sag du es ihm!«

»Was ist das?«, fragt Hugues. »Eine Verschwörung?«

»So ähnlich«, erwidert Hodierna. »Melisende will heimlich reisen, und zwar inkognito.«

Jetzt macht Hugues große Augen. »Hast du etwa vor …?« Er schüttelt heftig den Kopf und winkt ab. »Nein, nein! Zieht mich bloß nicht in so was rein. Bei aller Freundschaft, aber darauf lasse ich mich nicht ein.«

»Melisende braucht Geleitschutz, Proviant, Zelte und was sonst so nötig ist. Du weißt das besser als wir.«

Hugues beugt sich vor. »Hör zu, Meli. Ich fände es großartig, wenn du diesem Angeviner die Ehe verweigertest. Ich kann den Kerl nämlich auch nicht leiden. Deshalb war ich heute auch nicht in der Versammlung. Aber du kannst nicht von mir verlangen –«

»Hugues!«, unterbricht Hodierna ihn scharf. »Du schuldest uns etwas.«

»Ich? Wieso? Wovon redest du?«

»Du hast geschworen, es uns eines Tages zu vergelten. Das hast du doch wohl nicht vergessen.«

»Du meinst doch nicht diese alte Geschichte?«

»Ganz recht. Diese alte, dunkle Geschichte, die du dir damals eingebrockt hast.«

»Aber das ist lange her, und das Mädchen ist längst verheiratet.«

»Das Mädchen ist die Tochter eines Barons. Dank unserer

Kräuterfrau wurde das Schlimmste vermieden, und niemand hat etwas gemerkt. Aber das lässt sich ändern. Was, wenn ihr Ehemann erfährt, dass sie nicht mehr unschuldig war, als er sie geheiratet hat?«

Hugues ist plötzlich sehr nervös. »Ihr wollt mich erpressen.«

»Keinesfalls«, sagt Melisende. »Wir wollen dich nur an dein Versprechen erinnern. Alles könnten wir von dir verlangen, hast du damals gesagt, einfach alles. Du warst so dankbar. Erinnerst du dich nicht?«

Hugues schließt die Augen und nickt ergeben. »Aber euer Vater wird mich umbringen, das wisst ihr.«

»Du musst sie ja nicht selbst nach Antiochia bringen. Du stellst einfach ein paar gute Leute zusammen, die das für dich tun. Mit etwas Glück erfährt mein Vater gar nicht, wer dahintersteckt.«

»Und wenn es doch herauskommt?«

»Du sagst einfach, Melisende hätte dir weisgemacht, sie hätte sein Einverständnis, und sie hätte versprochen, rechtzeitig zur Hochzeit zurück zu sein.«

»Aber in dem Fall hätte auch eine Truppe des Königs sie begleiten können.«

»Mein Vater weiß doch, dass wir Jugendfreunde sind. Behaupte einfach, Melisende hätte dich nett gebeten und du hättest nicht weiter drüber nachgedacht. Schließlich tut man sich gern einen Gefallen unter Freunden.«

»Mmh, ich weiß nicht. Klingt irgendwie fadenscheinig.«

»Verdammt, Hugues!«, zischt Melisende ihn an. »Willst du nun helfen oder nicht?«

»Ja, doch. Aber dein Vater –«

»Mein Vater hat andere Sorgen. Er plant einen Feldzug für Ende des Sommers. Wie viele Ritter stellt Jaffa?«

»Etwas über hundert. Und dreihundert Mann Fußvolk.«

»Na, siehst du. Er braucht dich und deine Krieger. Darauf

wird er doch wohl nicht verzichten. Also mach dir keine Gedanken.«

»Himmelherrgott!« Hugues birgt das Gesicht in den Händen. »Ich fasse es nicht, dass ich bei so was mitmache«, stöhnt er.

Dann blickt er auf. »Wenigstens ist es zurzeit ruhig. Keine feindlichen Heere im Anmarsch, keine Raubzüge, von denen ich wüsste, die dir gefährlich werden könnten. Ein halbes Dutzend Reiter zu deinem Schutz sollte ausreichen.« Er überlegt einen Moment. »Also gut. Geh morgen früh bei Sonnenaufgang durchs Jaffator. Wir warten draußen auf dich. Umhang mit Kapuze, hörst du? Muss ja nicht jeder sehen, dass du das bist. Und kein Gepäck.«

»Kein Gepäck? Dann hab ich ja nichts anzuziehen in Antiochia.«

»Du kannst den Palast nicht mit Gepäck verlassen. Das fällt sofort auf. Kleider kann dir Alice leihen.«

Melisende nickt. »Na schön.« Dann atmet sie tief durch und sieht ihre Schwester an. »Oh Gott! Ich bin so aufgeregt!«

✠

In dieser Nacht findet Melisende wenig Schlaf. Sie wälzt sich von einer Seite auf die andere und fragt sich immer wieder, ob sie die Reise wirklich unternehmen soll. Was, wenn sie erwischt wird? Was, wenn man ihr schnelle Reiter hinterherschickt, die sie gefangen nehmen und zurückholen? Vaters Zorn würde schrecklich sein. Der Streit vom Morgen wäre dann sicher nur ein Vorgeschmack.

Andererseits wird niemand wissen, wohin sie unterwegs ist. Hodierna hat geschworen, es vorerst nicht zu verraten. Wenn Vater nach ihr fragt, soll sie sagen, sie sei krank.

Nein, nicht krank. Denn dann würde er ihr eine Kräuterfrau schicken oder gar einen Medicus. Also soll Hodierna sagen, sie sei fürchterlich unpässlich, aber keine Sorge, es wäre nur das übliche Frauenleiden. Das dürfte dem Vater nicht unbekannt sein, denn Mutter hat ebenfalls einmal im Monat unter solchen Anfällen gelitten: Bauchkrämpfe, schreckliche Kopfschmerzen, überhaupt nur zu ertragen im Bett und bei zugezogenen Vorhängen. Vor allem könne Melisende keine Besucher ertragen, soll Hodierna sagen, und nur sie selbst werde ihr gelegentlich etwas zu essen bringen und sich um sie kümmern. Das wird ihr hoffentlich drei oder vier Tage Vorsprung vor irgendwelchen Suchtrupps verschaffen.

Dann wieder kommt ihr das Vorhaben völlig verrückt und kindisch vor, einer Thronerbin unwürdig. Wie würde sie vor den Großen des Landes aussehen? Wie ein kleines Mädchen, das wegläuft und sich versteckt, statt sich der Lage zu stellen. Aber was soll sie denn sonst tun? Stillhalten und hinnehmen, was die Herren, ohne sie zu fragen, beschließen? Nein, dazu ist sie nicht bereit. Schließlich ist sie Morphias Tochter, die Tochter einer allerseits geachteten Königin, die vor Jahren selbst und gegen den Rat der Barone das Heft in die Hand genommen hat, um Vater aus der Geiselhaft zu befreien.

Dann denkt Melisende an Hugues und fühlt sich etwas unwohl dabei, den armen Kerl in die Angelegenheit hineinzuziehen. Und leider wird Hodierna Vaters Wutanfall ertragen müssen, doch um sie muss man sich keine Sorgen machen. Sie ist härter, als man es bei ihrem hübschen Gesicht vermuten würde. Nein, im Gegenteil, Hodierna scheint das alles großen Spaß zu machen. Die lässt sich nicht so schnell einschüchtern. Auch nicht von Vater.

Melisende ist vom vielen Grübeln immer noch hellwach. Sie hat Durst und setzt sich auf. Sie tastet im Dunkeln nach dem Becher Wasser, den Maria für gewöhnlich auf ihr Nachttischchen stellt, und nimmt ein paar Schlucke zu sich. Dann stellt sie ihn ab und lässt sich wieder auf den Rücken fallen.

Dem König wird die Affäre eine große Peinlichkeit bereiten, das ist ihr klar. Wie wird er angesichts ihrer Flucht vor der Haute Cour und natürlich vor diesem Widerling aus Anjou dastehen? Wer weiß, was sie dem alles versprochen haben. Fast tut Vater ihr leid. Hat er das verdient?

Doch dann wieder denkt sie: Ja, verdammt, er hat es verdient. Hat er sie nicht zur Thronerbin gemacht, sie in alle Belange des Reichs eingeweiht, sie ständig gedrängt, sich mit Dingen zu beschäftigen, die sie meist gelangweilt, oft überfordert haben?

Wie sehr hat sie sich bemüht, ihm alles recht zu machen! Sie sollte lesen und schreiben lernen und sich nicht auf Mönche verlassen. Das hat sie getan. Sie hat sich Latein beibringen lassen, sogar ein wenig Türkisch und Arabisch gelernt. Während der langen Abwesenheiten ihres Vaters hat sie bei Kerzenlicht im Kontor des Palastes gesessen und staubige Pergamentrollen studiert, Urkunden über Lehen und Schenkungen, Auflistungen von Steuern und Abgaben. Sie hat wichtige Angelegenheiten für ihn erledigt, mit Bischöfen verhandelt, mit Kaufleuten und Handwerkern. Sogar in der Waffenkunst hat sie sich unterweisen lassen. Schwerter waren zu schwer und unhandlich, aber mit dem Dolch kann sie einigermaßen umgehen. Fehlt nur noch, dass sie mit dem Vater in den Krieg gezogen wäre.

Oft genug hat er sie gelobt, war zufrieden mit ihr. Das hat sie bestärkt. Und es hat sie stolz gemacht, ihm ein wenig den fehlenden Sohn zu ersetzen. Den Männern ebenbürtig hat sie sich gefühlt. Doch welch ein Irrglaube, welche Verblendung! *Den Männern ebenbürtig?* Ha! Wozu all ihre Bemühungen in den letzten Jahren? Jetzt zeigt sich, was sie wirklich wert ist: nicht mehr als ein Stück Vieh, das man ungefragt verschachern kann. An einen Mann, den sie verachtet. Und das für den Rest ihres Lebens?

Dass es vielen Frauen so geht, weiß sie. Und doch will sie es für sich nicht hinnehmen.

Ja, Vater, sagt sie sich, du hast es verdient, dass ich dich in

Verlegenheit bringe, dass ich mich wehre und gegen eine solche Missachtung rebelliere. Ich bin schließlich keine Magd, über die man nach Gutdünken verfügen kann, keine Schäferin, wie du gesagt hast, sondern die Erbin deines Throns.

Mit klopfendem Herzen stellt sie sich vor, wie es sein wird, den goldenen Käfig zu verlassen, in dem sie gelebt hat, und ihren Willen durchzusetzen, allein nach Antiochia zu reisen, ohne Rücksicht auf Konsequenzen, allen zum Trotz, auch wenn man sie für verantwortungslos hält. Sie faltet die Hände und bittet Gott, sie zu verstehen und zu beschützen.

Irgendwann ist sie so erschöpft von den vielen Gedanken, dass sie trotz aller Unruhe einschläft, nur um kurz darauf – so kommt es ihr vor – von Maria geweckt zu werden.

»Es ist Zeit, Domina«, hört sie die Magd flüstern.

Verstört fährt Melisende hoch. Mit einer flackernden Kerze in der Hand, die die Kammer nur spärlich erhellt, sieht sie Maria neben dem Bett stehen. »Aber es ist noch tiefe Nacht«, murrt sie schlaftrunken.

»Nicht mehr lange.«

»Ich bin so müde«, stöhnt sie. »Hab kaum geschlafen. Und du?«

»Ich konnte ein wenig ruhen.«

Mit einem Seufzer schwingt Melisende die Beine aus dem Bett. Dann wird ihr wieder bewusst, was sie vorhat, dass Hugues am Jaffator wartet, dass sie sich gleich aus dem Palast schleichen und auf eine lange Reise begeben wird. Mit beiden Händen rubbelt sie sich übers Gesicht, um den Schlaf zu vertreiben. »*Mon Dieu!*«, murmelt sie. »Jetzt ist es so weit.«

Sie reißt sich das Nachthemd vom Leib und legt einen Moment lang frierend die Arme vor die nackten Brüste. »Schnell, reich mir mein Unterkleid.« Doch dann erinnert sie sich, dass Hugues gesagt hat, sie würden reiten. »Nein, warte. Ich brauche die Männerkleider.«

»Hier, Domina.«

Maria hat von der Leine, auf der das Gesinde seine Wäsche trocknet, Unterwäsche und ein paar Reiterhosen stibitzt. Darüber wird Melisende eine knielange Tunika ziehen und einen Gürtel für Dolch und Feldflasche anlegen. An den Füßen wird sie kalbslederne Reitstiefel tragen. Zum Schluss kommt ein Umhang aus grober Wolle.

Während sie sich von der Magd beim Anlegen der ungewohnten Kleidungsstücke helfen lässt, fragt sie: »Bist du sicher, dass du mitkommen willst? Die Straßen sind schlecht, und es könnte beschwerlich werden.«

Maria grinst verschwörerisch. »Ganz sicher will ich mitkommen, Domina. Ich kann Euch doch nicht allein ins Abenteuer ziehen lassen. Außerdem habe ich Vettern in Antiochia. Ich freu mich, sie wiederzusehen. Wenn Ihr es erlaubt.«

»Und du glaubst, es wird ein Abenteuer?«

»Natürlich.«

»Du kannst doch gar nicht reiten.«

»Nein. Aber wenigstens hab ich mir Beinlinge wie die Euren besorgt.« Sie hebt den weiten Rock ihres Baumwollgewands und streckt das Bein vor. »Seht Ihr?«

Melisende lächelt. Marias Begeisterung für die Reise ist ansteckend. »Also gut. Ist alles bereit?«

»Alles so, wie Ihr es angeordnet habt.«

IN DEN BERGEN VON JUDÄA

Die Kapuze ihres Umhangs tief in die Stirn gezogen, hastet Melisende durch die frühmorgendlichen Gassen. Im Osten ist die Sonne schon über den Rand der Hügel gekrochen. Beweis, dass sie spät dran ist. Aber Hugues wird hoffentlich auf sie warten. Ein Bettler mit Holzbein humpelt ihr mit aufgehaltener Hand entgegen. Nachdem sie eiligst einen Bogen um ihn gemacht hat, schimpft er hinter ihr her.

Als sie sich an den hohen Mauern der Davidzitadelle vorbei dem Jaffator nähert, sieht sie, dass es längst geöffnet ist. Wer weiß, wie lange schon. Das Jaffator ist das geschäftigste der Stadt und doch nicht sehr breit. Kein Wunder also, dass sich davor eine lange Schlange der vielen Menschen staut, die ihr Tagwerk früh beginnen. Da der Verkehr in beide Richtungen läuft, kommt es zu Behinderungen. Auf Eseln oder klapprigen Karren bringen Bauern Obst und Gemüse zu den Märkten, treiben sie schlachtreife Schweine und Hammel durchs Tor, während in entgegengesetzter Richtung Lohnarbeiter zur Landarbeit hinausströmen.

Hinzu kommt eine Patrouille Reiter, die sich durch die Menge drängt. Der Vorderste teilt mit einer Reitgerte Hiebe aus, um sich und seinen Kameraden Platz zu verschaffen. Im Augenblick blockiert jedoch eine Fuhre Bauholz den Durchlass. Auch Melisende muss warten. Neben ihr flucht ein Fuhrmann, dessen Leiterwagen mit einem Rad in eine Kuhle geraten ist. Die Ladung droht zu verrutschen, zwei stinkende, von Fliegen umkreiste Bottiche, bis zum Rand mit menschlichen Fäkalien zum Düngen der Felder gefüllt.

Melisende hält sich die Nase zu und zwängt sich etwas rüde

durch eine Gruppe Pilger, die sich früh auf den Weg gemacht hat, wahrscheinlich um die lange und gefährliche Wanderung zurück in die Heimat anzutreten. Dann geht es auch für sie nicht weiter. Ängstlich dreht sie sich um. Hat jemand sie erkannt und folgt ihr womöglich?

Aber niemand achtet auf sie. Hausfrauen und Mägde mit Körben unterm Arm sind auf dem Weg zum Sankt-Georgs-Markt. Ein Wasserverkäufer setzt sein Joch mit den Eimern ab, um den Durst eines Geistlichen zu stillen. Gemächlichen Schrittes nähert sich eine Karawane hochbeladener Kamele, von mehreren arabischen Händlern geführt, alle bis an die Zähne bewaffnet.

Die müssen nach Jaffa oder Akkon unterwegs sein, wo Genuesen und Venezianer auf sie warten. Ganz gleich, ob Krieg herrscht oder nicht, nichts in der Welt vermag den Handel zu unterbrechen, den steten Strom von Gewürzen und anderen kostbaren Gütern von den Küsten des Indischen Ozeans bis zu den nimmersatten Märkten des Westens. Aber davon leben wir ja, sagt sie sich. Ohne die Steuern auf den Handel könnten König und Barone keine so große Kriegsmacht unterhalten.

Endlich geht es weiter, und Melisende schiebt sich zusammen mit anderen durchs Tor. Bemüht, nicht erkannt zu werden, zieht sie die Kapuze tief ins Gesicht, aber die Wachleute lassen ihre Blicke nur über die Ankommenden gleiten. Viele von ihnen kennen sie schon, besonders die Bauern und Hirten aus der Umgebung. Sie nicken ihnen zu oder scherzen mit ihnen und achten nicht auf die schlanke Gestalt im Kapuzenmantel, die das Tor passiert und die alten Stadtmauern hinter sich lässt.

Zutiefst erleichtert, dass sie es unbemerkt aus Palast und Stadt geschafft hat, sucht Melisende nach Hugues und kann ihn nicht entdecken. Hat er sie versetzt? Doch dann sieht sie etwas weiter die Straße entlang einige kostbar aufgezäumte Pferde und drei Männer unter Pinien stehen. Als sie sich nähert, erkennt sie Hugues, der aus dem Schatten der Bäume auf sie zutritt.

»Warum so spät?«, fragt er gereizt.

»Möchtest du mir nicht erst mal einen guten Morgen wünschen?«

»Verdammt, Melisende. Es ist ein wirklich anstrengender Tagesritt bis nach Jaffa.« Unruhig sieht er sich um. »Eben ist eine berittene Patrouille vorbeigekommen. Ich dachte schon … Mir ist fast das Herz stehen geblieben. Jedenfalls solltet ihr so schnell wie möglich von hier verschwinden, bevor dich jemand vermisst.«

»Keine Sorge, Hugues. Die Palastwache glaubt mich beim Morgengebet in der Kirche. Aber was heißt ›ihr‹?‹?«, fragt sie. »Du kommst nicht mit?«

»Besser, ich bleibe hier. Muss ja nicht gleich auffallen, dass ich dahinterstecke.« Er wendet sich einem Chevalier zu, der sich zu ihnen gesellt hat, und stellt ihn vor. »Das ist Armand d'Artois. Er wird dich nach Antiochia begleiten und dir in Jaffa eine kleine Truppe zusammenstellen. Armand ist ein guter Mann. Wir kennen uns seit Ewigkeiten. Du kannst dich blind auf ihn verlassen.«

Der Vorgestellte macht Anstalten, vor ihr höflich das Knie zu beugen, doch Hugues hält ihn zurück. »Keine Förmlichkeiten, Armand, jedenfalls nicht hier vor aller Welt.«

»Natürlich.« Armand nickt und lächelt verlegen.

Melisende mustert ihn. Der Mann ist zum Kampf gewappnet. Er trägt einen blank polierten Kettenpanzer, Kampfhandschuhe und ein langes Schwert an der Seite, aber keine Kettenhaube und auch keinen Helm. Die hängen wahrscheinlich am Sattel seines Pferdes. Er scheint nicht viel älter zu sein als sie selbst. Die Haare trägt er kurz geschnitten, sein Gesicht ist schmal und sonnengebräunt, mit harten Linien um den Mund. Ein erfahrener Krieger, so kommt er ihr vor. Und doch hat er Lachfalten an den Augen, und sein Lächeln ist warm, sein Blick der eines ehrlichen Mannes. Das beruhigt sie.

»Wir haben ein gutes Pferd für Euch, Altesse«, sagt er und zeigt auf eine braune Stute mit schlanken Beinen und einem schmalen Kopf. Unverkennbar aus arabischer Zucht. »Wollt Ihr sie Euch ansehen?«

»Ich vertraue Euch, Armand. Ihr werdet schon das Richtige für mich ausgesucht haben. Wie heißt sie?«

»Zephir.«

»Ah. Sie ist also schnell.«

»Wie der Wind!«

Sie lächelt. »Ich glaube, ich bin bei Euch gut aufgehoben, Armand.«

»Das seid Ihr, Altesse. Ich verspreche es.«

»Genug geredet!«, fährt Hugues dazwischen. »Ihr solltet euch jetzt endlich auf den Weg machen. Wenn ihr noch vor Einbruch der Dunkelheit ankommen wollt, müsst ihr euch sputen.«

Melisende schüttelt den Kopf. »Nein, Hugues, wir müssen noch warten.«

»Warten? Auf was denn?«

»Auf meine Magd Maria. Sie bringt meine Sachen.«

»Bist du verrückt?«, entrüstet sich Hugues. »Wenn die Palastwachen Gepäck sehen, wissen die sofort, was es geschlagen hat!«

»Das werden sie nicht. Vertrau mir.«

»Ach, ihr Weiber!«, stöhnt Hugues. »Hätte ich mir denken können, dass du nicht ohne deine verdammten Kleider reist.«

»Reg dich ab, Hugues!«, erwidert Melisende lachend. »Ich bin ja schon aufgeregt genug, aber du gebärdest dich wie ein altes Weib.«

Gereizt sieht er sie an. »Du hast gut reden. Du bist Baudouins Tochter. Dir wird er nichts tun. Aber ich, ich kann mir Besseres vorstellen, als den Zorn deines Vaters auf mich zu ziehen. Oder den der Haute Cour. Vielleicht klagt er mich des Treuebruchs an oder gar des Hochverrats.«

»Nun beruhige dich. Das wird er nicht.« Melisende schüttelt

den Kopf. Dann entdeckt sie Maria. »Ah! Da kommt sie schon, meine Magd.«

Maria trägt einen ähnlich einfachen Kapuzenmantel wie ihre Herrin und führt ein beladenes Maultier am Zügel.

»Was zum Teufel ist das?«, fragt Hugues und zeigt auf die unförmigen Ballen aus grobem Sacktuch, die auf den Rücken des Tiers geschnallt sind. Sie sehen zerschlissen und dreckig aus, sind an einigen Stellen von Mäusen angefressen.

Melisende muss grinsen. »Wir sammeln doch Lumpen im Palast und die abgetragenen Kleider des Gesindes. Die spenden wir der Kirche für die Armen Jerusalems. Und heute hat sich Maria erboten, sie wegzubringen.«

Hugues schüttelt den Kopf. »Ah! Und darunter stecken dann wohl ganz andere Sachen.«

Melisende nickt. »Meine Reisetaschen.«

»*Par Dieu!* Du bist gerissener, als ich es dir zugetraut hätte.«

»Unterschätz nie uns Frauen!« Melisende lächelt strahlend. »Aber jetzt können wir.« Zu Armand sagt sie: »Einer von euch muss Maria aufs Pferd nehmen. Sie kann nicht reiten.«

Hugues stöhnt. »Auch das noch!«

Maria wirft einen unsicheren Blick auf die Pferde. »Es tut mir leid, wenn ich zur Last falle, Monseigneur.«

Doch Armand lacht und winkt ab. »Wir schaffen das schon. Mein Knecht und ich können uns abwechseln. Und in Jaffa haben wir einen leichten Reisewagen für Euch.«

»Dem Himmel sei Dank! Ich hatte schon befürchtet, den ganzen Weg bis Antiochia im Sattel verbringen zu müssen.« Melisende wendet sich Hugues zu und küsst ihn auf beide Wangen. »Hugues, mein Lieber. Du bist meine Rettung. Wie kann ich dir nur danken?«

»Indem du dich auf dein Pferd setzt und endlich verschwindest«, brummt er. Doch dann umfasst er ihr Gesicht und küsst sie herzlich auf den Mund. »Geh mit Gott, Meli!« Er wendet sich zu Armand. »Pass gut auf sie auf. Sie ist meine Lieblingsprinzessin.«

Melisende lacht. »Ich dachte, das ist Hodierna.«

»Na ja, ihr beiden eben.«

Der Reitknecht führt die Stute heran, und Hugues hilft Melisende in den Sattel. Sie greift nach den Zügeln und streicht dem Tier über den Hals. »Leb wohl, Hugues. Das werde ich dir nicht vergessen.«

✠

Die staubige Straße, die von Jerusalem aus in die weite, fruchtbare Küstenebene führt, schlängelt sich im ersten Drittel durch die Berge von Judäa, um bewaldete Höhen herum und durch enge Täler, an schroffen Felsabhängen vorbei und über schmale Steinbrücken, die mehr als tausend Jahre alt sein müssen.

Auf den Hügeln wachsen Steineichen, Kiefern und Pinien, hier und da auch Pistazien und verwilderte Olivenbäume. Am Wegrand wuchert streckenweise undurchdringliches immergrünes Gestrüpp, dann wieder wird man vom Geruch des wilden Thymians überfallen, der auf lichten Hanglagen mit Rosmarin und Wildblumen um die Wette wächst. Ein Paradies für Vögel, Insekten und Schmetterlinge, überhaupt für allerlei Getier.

Es ist eine wilde, einsame Gegend, und doch ist sie nicht unbewohnt. In den zerklüfteten Bergen soll es aus dem Kalkgestein gewaschene Höhlen geben, in denen Einsiedler hausen. Aber auch Banditen. Man weiß nie, was einen hinter der nächsten Wegbiegung erwartet. Wachsamkeit ist geboten. Pilger tun gut daran, sich zu bewaffnen und zu größeren Gruppen zusammenzuschließen, denn immer wieder werden die Leichen erschlagener und ausgeraubter Wanderer gefunden.

Etwa drei Reitstunden von Jerusalem entfernt, in der Nähe eines kleinen Dorfes von Bergbauern und Ziegenhirten, befindet sich einige Schritte vom Straßenrand entfernt und etwas höher gelegen eine aus Feldsteinen errichtete, mit Steinplatten gedeckte Hütte. An der Außenwand steht eine strohgefüllte Raufe. Ein winziges Bächlein füllt die Pferdetränke und fließt dann weiter durch eine gemauerte Röhre unter der Straße hindurch ins Tal. Hinter der Hütte erstreckt sich eine Koppel, die ein Stück weit den Hang hinaufführt und in der zwei Pferde an spärlichen Grasbüscheln rupfen.

Was die Hütte von anderen in der Gegend unterscheidet, ist das große aufgemalte Kreuz auf der Brettertür, denn es handelt sich um einen Wachtposten der Templer, von denen es auf dem Weg nach Jaffa mehrere gibt. Dass es nur zu solch bescheidenen Unterkünften reicht, liegt an den eingeschränkten Mitteln des jungen Ordens. Nicht umsonst nennen sie sich »die Arme Ritterschaft Christi und des salomonischen Tempels zu Jerusalem«.

Eigentlich ist der Orden noch nicht offiziell von der Kirche bestätigt. Trotzdem erhält die Gemeinschaft frommer Ritter Zuwendungen, besonders seit sie sich als Kampftruppe einen Namen gemacht hat. Auch der Comte d'Anjou hat großzügig gespendet, aber der Unterhalt des Ordens ist kostspielig, obwohl die Brüder mehr als bescheiden leben. Sie versuchen, Handwerksarbeiten selbst zu erledigen. Doch allein die Pferde und deren Futter verschlingen Unsummen. Dazu kommen Waffen, Kleidung, Nahrung. Es bleibt nicht aus, dass sie ab und zu beim König betteln müssen.

Raol sieht zum Himmel auf. Bisher war es ein herrlicher, sonniger Morgen, doch im Westen ziehen Wolken auf. Bedeutet das Regen? Das Land könnte ihn brauchen.

»Wann gibt's endlich was zu essen?«, ruft er zur Hütte hinüber, von der ein dünner grauer Rauch aufsteigt. »Mir hängt der Magen bis in die Kniekehlen.«

»Ist gleich so weit!«, schallt es zurück.

Raol hockt auf einem flach abgesägten Baumstumpf, von wo aus er die Straße in beide Richtungen gute dreihundert Schritt weit im Blick hat. Den Schwertgürtel hat er abgenommen. Er liegt samt Schwert und Dolch neben ihm im Gras.

Da es im Augenblick an allen Grenzen ruhig ist, gilt die Aufmerksamkeit der Templer wieder verstärkt ihrer ursprünglichen Aufgabe, dem Schutz der Pilger. Raol, der sich einige Tage in Jerusalem aufgehalten hat, um sich mit Robert de Craon zu besprechen, ist seit Wochen Anführer dieses kleinen Wachtpostens in einer Gegend, in der sich Überfälle auf Reisende für gewöhnlich häufen.

Der Posten besteht aus vier Mann: zwei Ordensbrüdern, adeligen Chevaliers wie er selbst, und ihren beiden Sergeants. Man kann sie leicht unterscheiden, denn es herrscht eine strenge Kleiderordnung. Während die Ritter einen hellen Surcot über Gewand und Rüstung tragen, ist er bei den Sergeants, die meist bäuerlicher Abstammung sind, dunkelbraun oder schwarz. Beide Gruppen sind durch das Kreuzzeichen als Templer erkennbar. Inzwischen gibt es mehr Sergeants als Ritter im Orden. Sie dienen als Knappen und Schildträger, als Pferdeknechte, Maurer, Zimmerer und Hufschmiede.

Die beiden anderen Templer sind gerade auf Streife unterwegs, während Raol und Bernatz, so heißt sein Sergeant, bis zur Mittagszeit am Posten Wache halten, bevor sie die Kameraden ablösen und bis zur Abenddämmerung selbst Patrouille reiten. Eigentlich gehört Raol zu den Hauptleuten des Ordens und müsste diese Arbeit nicht verrichten, aber er hat sich freiwillig gemeldet, um der Langeweile in den dunklen Unterkünften des Tempels zu entgehen. Wie auch der Ordensdisziplin regelmäßiger Gebete zu jeder Tageszeit.

Wenn es wenigstens neue Rekruten zum Ausbilden gäbe! Das würde ihm eher gefallen. Aber hier in Outremer ist es in letzter Zeit schwer geworden, waffenfähige Männer zu finden, die nicht nur bereit sind, ihr Blut für Christus zu vergießen, sondern auch, sich den strengen Regeln eines Ordens zu unterwerfen, sich der Armut zu verschreiben und sämtlichen weltlichen Gelüsten zu entsagen. Man kann nur hoffen, dass es dem Großmeister im fernen Mutterland gelingt, genug kampfbereite Freiwillige für den entbehrungsreichen Dienst zu begeistern.

Raol erinnert sich, wie er selbst zum Ordensritter wurde. Es kommt ihm vor, als läge der Tag schon eine ganze Ewigkeit zurück. Auslöser war sein wundersames Überleben in der legendären Schlacht bei Sardana vor genau zehn Jahren, die als *Ager Sanguinis*, Blutfeld, in die Annalen eingegangen ist. Das Heer von Antiochia war damals in eine Falle geraten, fast alle Christenkrieger fanden den Tod. Wäre er nicht unter den Leichen seiner Mitstreiter unentdeckt geblieben, und hätte sich nicht ein Bauer der Gegend seiner angenommen, wäre auch er gestorben.

Ja, *Ager Sanguinis*, ein treffender Name für das grausame Massaker, von dem Antiochia sich lange nicht erholte. Allein die starken Mauern der Stadt verhinderten, dass der Feind seinen Sieg vervollkommnen konnte. Ihm selbst ist, im Gegensatz zu den vielen Gefallenen, ein zweites Leben geschenkt worden. Dass dies eine Bedeutung haben musste, dass Gott etwas mit ihm vorhatte, dessen war er sich sicher. Als er wenige Jahre später von Hugues de Payens und dessen neu gegründetem Kriegerorden hörte, sah er das als Zeichen des Himmels, und sein Entschluss, sich ihnen anzuschließen, stand fest.

Im Großen und Ganzen hat er es nicht bereut, obwohl ihm der glühende Eifer der ersten Jahre abhandengekommen ist. Es ist ein hartes und karges Leben, das ihm inzwischen jedoch zur Gewohnheit geworden ist, obwohl er sich manchmal dabei ertappt … Aber nein, solche Gedanken sind besser zu verbannen. Privatbesitz, abgesehen von den eigenen Waffen und Rüstungen, haben die Ordensbrüder nicht, auch keine persönlichen Freiheiten. Natürlich entschädigen Kameradschaft und Männerfreundschaften für diese Entbehrungen – und die tägliche Gewissheit, dass man ein gutes Werk vollbringt. Das ist das Ideal des Ordens: ein gutes Werk für Gott und für die Christenheit.

Ein Vogel landet auf der gegenüberliegenden Seite des Weges, starrt misstrauisch zu Raol herüber und pickt dann eine fette Raupe aus dem Gras. Bei dem Anblick meldet sich von Neuem Raols Magen. »Verdammt, Bernatz!«, ruft er. »Was treibst du eigentlich?«

»Ich komme ja schon!« Bernatz tritt aus der Hütte. In der Linken hält er eine Pfanne mit gebratenen Eiern und zwei dicken gerösteten Speckscheiben, in der Rechten einen Holzteller mit Fladenbrot und Ziegenkäse. »*Nom de Dieu!* Was schreit Ihr so? Bin ich etwa taub? Und zaubern kann ich auch nicht.«

»Na endlich!«, brummt Raol. »Und pass auf, wo du hintrittst.« Denn beinahe wäre Bernatz über eine Wurzel gestolpert.

Raol erhebt sich von seinem Baumstumpf, um Platz für die heiße Pfanne zu machen. Den Teller stellt Bernatz daneben auf den Boden. Beide Männer hocken sich ins Gras. Raol murmelt ein kurzes Dankgebet, dann nehmen sie ihre Messer zur Hand, greifen jeder nach einem Stück Fladenbrot und machen sich mit Heißhunger über Speck und Eier her.

»Nicht viel los im Moment«, äußert Bernatz mit vollem Mund.

»Wart's ab. In ein paar Stunden kommen die ersten heimreisenden Pilger vorbei. Die Stadt war gestern voll von ihnen.«

»Die könnten ja auch in die andere Richtung unterwegs sein, um sich im Jordan taufen zu lassen.«

Bernatz ist etwas kleiner als Raol. Kinn und Wangen sind mit Stoppeln übersät, und seine Oberlippe ziert ein blonder Schnauzbart, an dem jetzt etwas Ei klebt. Die Haare hängen ihm unordentlich in Stirn und Nacken, seine Hände sind breit und kräftig, die Nägel rissig und nicht selten schmutzig. Auffallend sind seine unschuldig wirkenden blauen Augen. Wenn er lacht, blitzen gesunde Zähne.

»Möglich«, brummt Raol. »Und wie steht's mit dir? Hast du dich auch im Jordan taufen lassen?«

»Natürlich. Aber das wisst Ihr doch, Herr.«

»Stimmt. Ich erinnere mich, jetzt wo du's sagst.«

»Es war ein wunderbarer Augenblick. Hat mich direkt zu Gott geführt. Die Taufe hat all meine Sünden abgewaschen.«

Raol wirft ihm einen spöttischen Blick zu. »Ich wette, das waren 'ne Menge. Das Wasser muss ganz schön braun davon gewesen sein.«

Bernatz gibt sich entrüstet. »Macht Euch nur lustig!«

»Eigentlich solltest du's noch mal tun.«

»Wieso?«

»Das ist schließlich eine Weile her. Seitdem hast du bestimmt schon wieder einiges auf dem Kerbholz.«

»Hach, von wegen! Meine Seele ist seit der Taufe so rein wie ein Kinderpopo und noch reiner, seit ich bei den Templern bin. Auch wenn Ihr Euch weigert, es zu glauben.«

»Du meinst also, du bist noch zu retten«, stichelt Raol belustigt weiter, während er mit einen Stück Brot das Eigelb aus der Pfanne wischt. »Na ja, man soll die Hoffnung nicht aufgeben. Manchmal geschehen noch Wunder. Und vielleicht hat Gott Erbarmen mit dir.«

Bernatz bläst die Backen auf und lässt die Luft hörbar entweichen. »Was man sich alles sagen lassen muss!« Er schneidet ein weiteres Stück von seinem Speck ab, spießt es aufs Messer und steckt es sich in den Mund. »Außerdem hab ich letzten Sonntag gebeichtet.«

»Wirklich?« Raol wirft ihm einen zweifelnden Blick zu. »Und wer hat dir die Beichte abgenommen?«

»Bruder Anselm.«

»Ach der. Der ist genauso schlimm wie du.«

»Aber er ist geweiht.«

»Tja. Da hast du recht.«

Seit drei Jahren dient Bernatz ihm als Sergeant. Sie haben sich zusammengerauft. Dass Bernatz ebenfalls Provenzale ist, hat geholfen. Obwohl es nicht immer leicht war, denn Raol kann ein strenger Herr sein, und Bernatz hat das Gemüt eines Schlingels, auch wenn er sich dank seiner fröhlichen Natur allgemeiner Beliebtheit erfreut. Er hat die Gabe, Menschen mit gefälligen Worten für sich einzunehmen, selbst vor schamloser Schmeichelei schreckt er nicht zurück, wenn es ihm nützt. Aber er ist ein guter Schildträger und Kämpfer, weshalb Raol es mit ihm aushält.

Und er hat noch andere nützliche Eigenschaften: Wer mit Bernatz unterwegs ist, muss niemals Hunger leiden. Nicht zu verachten bei der kargen Verpflegung des Ordens, die nur aus Mehl, getrockneten Bohnen und ein bisschen Speck besteht. Irgendwie schafft er es immer, den eintönigen Speiseplan zu erweitern – mit einem Huhn, einer Hammelkeule, einem gereiften Käse oder mit Eiern, so wie heute. Besser, man fragt nicht, wie ihm das gelingt. Bernatz behauptet steif und fest, er habe noch nie jemanden bestohlen, die Welt sei einfach voll freundlicher Bauern, die ihm, einem edlen Anhänger der Templer, das Nötige geradezu aufdrängten. »Wir beschützen sie doch«, pflegt er zu sagen. »Da geben sie mit Freuden.«

Wenn Bernatz gelegentlich mit einer aufgeplatzten Braue oder einer blutigen Lippe von einem seiner Besuche bei den Bauern zurückkehrt, vermutet Raol dahinter, wenn nicht Diebstahl, so doch das Werk aufgebrachter Ehemänner, denn Bernatz ist für alles Weibliche mehr als empfänglich. Raol hat es längst aufgegeben, seinen Sergeanten daran zu erinnern, dass Fleischeslust eine Sünde ist. Und im Fall von Bauernweibern gleich dreimal: zum einen ein Verstoß gegen seinen Ordensschwur, im Weiteren gegen das sechste Gebot: Du sollst nicht ehebrechen, und schließlich auch noch gegen das neunte: Du sollst nicht begehren deines Nächsten Weib.

Wer weiß, wo er die Eier heute aufgetrieben hat, fragt Raol

sich beim Kauen. Egal, ein Mann muss sich ernähren. Und solange sich niemand beim Orden beschwert ... Er schluckt den
letzten Bissen hinunter und horcht auf. Dann blickt er nach
Osten und legt eine Hand ans Ohr. »Ich glaube, da nähert sich
jemand.« Er lauscht. »Ja, Hufgeräusche. Hört sich nach mehreren Reitern an.« Er wischt sich mit dem Ärmel über die fettigen
Lippen und steht auf. »Hol deine Waffe. Wer weiß, wer das ist.«

Er selbst gürtet sich mit dem Schwert, während Bernatz noch
schnell die Reste aus der Pfanne verschlingt und dann mit ihr
und dem Teller in der Hütte verschwindet. Kurz darauf taucht
er wieder auf, diesmal gewappnet, mit Kettenhaube und Helm
auf dem Kopf. Auch Raols Haube und Helm bringt er mit. Beide
Männer tragen Ringpanzer unter ihrem Surcot der Templer. Die
mit einem Kreuz bemalten Schilde lehnen in greifbarer Nähe an
der Hüttenwand.

»Zeigt sich schon was?«, fragt Bernatz.

»Noch nicht«, brummt Raol. Doch die dumpfen Hufschläge
werden rasch lauter. »Die scheinen es eilig zu haben.«

Noch sind die Reiter nicht zu sehen, aber über dem Gestrüpp,
hinter dem sich der noch ferne Teil der Straße verbirgt, steigt
bereits feiner Staub hoch. Dann taucht der erste Reiter auf, dicht
gefolgt von zwei weiteren und einem Packtier, das einer mit sich
führt. Sie nähern sich in leichtem Galopp. Es sieht fast so aus, als
würden sie grußlos vorbeireiten, doch dann zügelt der Anführer
sein Pferd, und der kleine Trupp kommt zum Stehen.

»Gott zum Gruß!«, ruft der Mann, gekleidet und gewappnet
wie ein Chevalier. »Wie sieht's aus? Ist die Straße sicher?«

Der zweite Kerl muss sein Reitknecht sein, er führt auch das
beladene Maultier an der Leine. Auf dem dritten Pferd, einem
schönen Araber, erkennt Raol zu seiner Überraschung zwei
Frauen. Beide sind in weite Umhänge gehüllt. Die etwas größere
hält die Zügel und zieht sich nun die Kapuze, die beim schnellen
Ritt heruntergerutscht sein muss, über die aschblonden Haare.

Vor ihr auf dem Sattel sitzt eine kleinere dunkelhaarige Frau, sie hat die Hände in die Mähne des Pferdes gekrallt.

Raol wendet sich wieder dem Anführer zu. »Alles ruhig. Weiter westlich solltet Ihr in einer Stunde oder so auf unsere Streife stoßen.«

»Gut.« Der Ritter nickt. Er dreht sich im Sattel zu den Frauen um. »Habt Ihr gehört? Es besteht keine Gefahr.«

Raol fragt sich, wer wohl die Frauen sein mögen und warum sie sich ein Pferd teilen. Und warum sehen die Packen auf dem Rücken des Maultiers wie von Mäusen angefressene Mehlsäcke aus? Irgendwie kommt ihm die Sache seltsam vor. Verdächtig.

»Fehlt Euch ein Pferd?« Er deutet auf die beiden Reiterinnen.

»So ist es«, erwidert der Ritter. »Eines fing an zu lahmen. Wir mussten es zurücklassen.«

Zurücklassen? Einfach so? Raol wundert sich. Pferde sind verdammt wertvoll. Aber es geht ihn natürlich nichts an, wie ein Mann mit seinem Eigentum umgeht. Diese hier scheinen es mächtig eilig zu haben. Jedenfalls sehen die Gäule aus, als seien sie scharf geritten worden. Ihre Flanken sind schweißüberströmt. Besonders die Araberstute lässt den Kopf hängen und hat Schaum vor dem Maul.

»Die Stute da wird es nicht mehr lange machen, wenn Ihr auf ihr zu zweit und so schnell reitet«, sagt er.

»Stimmt. Aber keine Sorge, wir wechseln regelmäßig ab.«

Raol merkt, dass die größere der beiden Frauen ihn aufmerksam mustert. Irgendetwas an ihr kommt ihm bekannt vor. Als er genauer hinsieht, dreht sie den Kopf zur Seite.

»Wir danken Euch für die Auskunft. Und vergelt's Euch Gott!«, hört er den Ritter sagen.

Bevor Raol antworten kann, haben die vier sich bereits in Bewegung gesetzt. Die Frauen ziehen an ihm vorbei, ohne ihn eines weiteren Blickes zu würdigen.

»Hübsche Weiber, habt Ihr gesehen?«, sagt Bernatz.

Raol schaut ihnen nach. Ja, sehr hübsch. Besonders die Größere der beiden Frauen. Auf einmal trifft ihn die Erkenntnis wie
ein Blitz. Verdammt will er sein, wenn das nicht die Thronerbin
war. Aber die würde doch nicht mit einer anderen auf einem
Gaul sitzen. Im Gegenteil, die würde sich in einem schönen Reisewagen fahren lassen. Er schüttelt den Kopf. Er muss sich irren.
Und doch …

»Was ist?«, fragt Bernatz. »Ihr seht aus, als ob Ihr einen Geist
gesehen hättet.«

»Ach nichts. Hab mich nur über das arme Tier gewundert.
Mit zwei Reitern auf dem Rücken.«

»Müssen aber Reiche gewesen sein. Habt Ihr das silberverzierte Zaumzeug gesehen?«

Hab ich, denkt Raol. Auch die Pferde waren alles andere als
Ackergäule. Die Araberstute allein muss ein kleines Vermögen
wert sein. Doch wie passt das zu den schäbigen Säcken auf dem
Maultier? Der Hinweis auf den lahmenden Gaul, den sie angeb-
lich zurücklassen mussten, kommt ihm wie eine Ausrede vor.
Und das Gesicht der jungen Frau hat verdammt nach dem der
Thronerbin ausgesehen. Ein Gesicht, das man nicht so schnell
vergisst.

Dann fällt ihm ein, dass die andere auf dem Pferd diese Magd
sein könnte, die er aus Versehen in der Kirche angerempelt hat.
Wie kommt die Thronerbin dazu, wenn sie es denn wirklich war,
mit ihrer Magd und von nur einem Ritter und dessen Knecht
begleitet …? Der König würde das nie erlauben.

Raol zieht die Stirn in Falten. Das Ganze kommt ihm wie eine
hastige, schlecht geplante Flucht vor. Kann das sein? Und, wenn
ja, sollte er das nicht melden? Es wäre sicher seine Pflicht.

✠

Nur wenige Meilen von der Hütte der Tempelritter entfernt hält Armand im Schatten einiger Pinien an. »Der Templer hat recht, Altesse. Zeit, der armen Zephyr eine Pause zu gönnen. Eigentlich könnten wir alle eine kurze Rast brauchen.«

Er steigt aus dem Sattel und führt sein Pferd zu einem von Gras überwucherten Graben am Wegrand. Erst jetzt bemerkt Melisende, dass sich darunter ein munter fließendes Bächlein verbirgt. Armands Pferd steckt sofort das Maul hinein.

»Lass sie saufen, aber nicht zu lange«, weist er seinen Reitknecht an, der ebenfalls abgestiegen ist.

»Mir tut alles weh«, stöhnt Maria. Unbeholfen lässt sie sich von der Stute gleiten und wäre beinahe gestürzt, hätte Armand sie nicht aufgefangen.

»Jetzt schon müde?«, fragt er und grinst. »Wir haben nicht mal ein Viertel des Weges hinter uns.«

»*Que Dieu nous sauve!*«, murmelt sie und löst sich aus seinen Armen, nicht ohne ihm einen verschämten Augenaufschlag zu schenken. Dann lässt sie sich mit einem Seufzer auf der anderen Seite des Weges im Schatten der Pinien nieder.

Auch Melisende steigt ab und führt auf etwas unsicheren Beinen die erschöpfte Stute zum Bach. Auch ihr schmerzen Beine und Gesäß, und in einem unbeobachteten Augenblick reibt sie sich das Hinterteil. Langes Reiten ist auch sie nicht gewohnt. Dann gesellt sie sich zu Maria und lässt sich mit einem Seufzer unter den Bäumen ins Gras plumpsen.

»Es ist warm.« Sie schlägt den Umhang zurück und fächelt sich Luft zu.

Armand, der vor den beiden steht, wirft einen Blick in den Himmel. »Nicht mehr lang. Es scheint sich zuzuziehen. Hoffentlich kriegen wir keinen Regen.«

Melisende sieht zu ihm auf. »Ich bin sicher, der Templer hat mich erkannt.«

»Wirklich? Wie kommt Ihr darauf?«

»Er hat versucht, sich nichts anmerken zu lassen. Aber ich hab's in seinen Augen gesehen.«

»Und woher kennt der Mann Euch?«

»Wir sind ihm gestern Morgen in der Grabeskirche begegnet. Nicht wahr, Maria?«

»Ich erinnere mich nur zu gut.« Maria reibt sich in schmerzlicher Erinnerung die Schulter.

»Und etwas später in der Sitzung der Haute Cour.«

»Er hat daran teilgenommen?«, fragt Armand.

»Zusammen mit Robert de Craon.«

»Den kenne ich. Der vertritt den Großmeister. Den anderen kenne ich vielleicht auch. Wisst Ihr, wie er heißt?«

»Raol de Montalban.«

»Ah!«, erwidert Armand und nickt. »Von dem hab ich gehört. Ein guter Mann, so heißt es.« Er blickt nachdenklich den Weg entlang, den sie gekommen sind. »Hoffentlich bricht er nicht sofort nach Jerusalem auf, um dem König Meldung zu machen.«

»Aber die Templer geht das doch gar nichts an!«, entfährt es Melisende entrüstet. »Was haben die mit mir zu tun?«

»Der König zahlt einen Teil ihres Unterhalts. Sie sind ihm verpflichtet.«

Jetzt ist Melisende doch besorgt. »Und? Was sollen wir tun?«

»Lasst sehen …« Armand überlegt. »Bis Jerusalem sind es an die drei Stunden, hin und zurück wären es sechs. Der Templer wird vielleicht nicht gleich Gehör finden. Wir haben also sieben bis zehn Stunden Vorsprung. Ob das reicht? Wer weiß?«

Melisende kommt auf die Beine. Ihre Miene ist entschlossen. »Na los! Dann lasst uns nicht länger hier herumsitzen.«

✠

Eigentlich hatte Raol vorgehabt, nach dem Mahl ein Weilchen zu ruhen. So wie Bernatz, der sich hingelegt hat. Schließlich sind sie seit Tagesanbruch auf den Beinen und sollen ihre Kameraden später beim Streifendienst ablösen. Doch die Sache mit der Thronerbin lässt Raol keine Ruhe. Für ihn hat es wirklich wie eine Flucht ausgesehen.

Und wer war dieser Chevalier, mit dem sie unterwegs ist? Mit Sicherheit ein Adeliger, vielleicht der Sohn eines Barons. Könnte es ihr Liebhaber gewesen sein? Je länger er darüber nachdenkt, umso mehr scheint ihm das des Rätsels Lösung zu sein. Melisende flieht mit ihrem Liebhaber, um der anstehenden Vermählung mit Foulques zu entgehen. *Putain merda!*, geht es ihm in seinem Provenzalisch durch den Kopf. Ist das denn möglich?

Doch, doch. Sogar sehr gut möglich. Ein alter Brauch im Frankenreich, er erinnert sich. Man entführt das geliebte Mädchen in der Absicht, die Familien zur Vermählung zu zwingen. Meistens nur eine romantische Posse unter der stillschweigenden Billigung der betroffenen Klans. Manchmal aber ist die Entführung echt, wenn auch mit tatkräftiger Beteiligung der geraubten Braut. Ganz offensichtlich auch hier der Fall.

Was soll er tun? Geht ihn das überhaupt etwas an? Ob ihr Tun Sünde ist oder nicht, kann ihm egal sein. Lass die beiden ihre Liebe leben, das ist seine erste Eingebung. Diesem Neuankömmling aus Anjou schuldet er ohnehin nichts. Der Graf ist zwar ein wichtiger Spender der Templer, aber sie können ja so tun, als hätten sie nichts bemerkt.

Aber dann wird ihm bewusst, dass Melisende nicht irgendeine junge Frau ist, auch nicht irgendeine Adlige. Sie ist die vom König ernannte Thronerbin des Königreichs Jerusalem. Und Foulques d'Anjou ist der ihr bestimmte Ehemann und damit zukünftiger König. Hoffnungen und Fortbestand des Landes ruhen auf dieser Verbindung. Hat er, Raol de Montalban, nicht sein Leben der Aufgabe gewidmet, das Heilige Land für die Christenheit zu bewahren? Ebenso hat Melisende eine Verantwortung. Vor ihr kann sie doch nicht einfach ausreißen! Was zum Teufel geht in ihrem Kopf vor, mit irgendeinem Kerl durchzubrennen? Eine eigensinnige, kindische Flucht, wenn man's genau nimmt. Eine Flucht, die das ganze Königreich erschüttern könnte. Und wenn es ihr Liebhaber war, der sie dazu überredet hat, sollte man sie vielleicht vor sich selbst schützen.

Je länger er darüber nachdenkt, desto klarer wird ihm, dass es seine Pflicht ist, die Sache zu melden. Zumindest Robert, der den Großmeister vertritt, sollte davon in Kenntnis gesetzt werden. Der kann dann entscheiden, wie weiter vorzugehen ist.

Raol entschließt sich, seinen Hengst zu satteln und nach Jerusalem zu reiten. Das Tier ist ein kräftiger, etwa siebenjähriger Apfelschimmel aus bester arabischer Zucht, etwas größer als die meisten seiner Art. Raol hat ihn vor Jahren nach einem Scharmützel angetroffen, als der junge Hengst herrenlos und an der Schulter verwundet umherirrte. Er hat ihn gesund gepflegt und Ghalib genannt, was auf Arabisch so viel wie »Eroberer« bedeutet. Ein guter Name, denn das Tier hat das Herz eines Löwen.

Inzwischen sind sie unzertrennliche Freunde geworden. Raol liebt den Hengst, obwohl dieser oft seinen eigenen Willen zeigt und einige Macken hat. Eine davon ist, sich beim Satteln aufzublähen, damit die beiden Gurte des Kampfsattels nachher nicht so eng sitzen. Raol kennt das schon und weiß, dass man vor dem Aufsitzen, wenn das Tier es am wenigsten erwartet, die Gurte noch mal kräftig enger schnallen muss.

Als sie an der Raufe vorbeikommen, steckt der Hengst den Kopf zwischen die Stäbe, um ein Maul voll Stroh zu erwischen, und weigert sich weiterzugehen. »Komm schon, du hast genug gefressen«, knurrt Raol und zerrt ihn von der Raufe weg, lässt ihn aber noch kurz seinen Durst an der Tränke stillen, bevor er die Gurte nachzieht und aufsitzt.

»Halt die Stellung!«, ruft er Bernatz zu, der inzwischen erwacht ist und dem er seinen Verdacht erklärt hat. »Ich denke, am Nachmittag bin ich zurück. Vielleicht mit einer Reitertruppe des Königs, um die beiden Ausreißer einzufangen.«

Weiter kommt er nicht, denn bevor er sich auf den Weg machen kann, kommt eine Bande lärmender Fellachen in Sicht. Schreiend und gestikulierend kommen sie den Weg entlang auf sie zugerannt, allen voran eine junge Frau. Tränenüberströmt und schwer atmend bleibt sie vor Raol und Bernatz stehen, gleich darauf von den anderen Dörflern umringt. Sie alle reden nun gleichzeitig auf die beiden Templer ein.

Der Aufruhr der Leute macht den Hengst unruhig. Er bleckt die Zähne und beginnt zu tänzeln. Raol springt aus dem Sattel und beruhigt das Tier. Dann hebt er die Hand. »Was zum Teufel ist hier los?«, brüllt er laut genug, um das Geschrei der Leute zu übertönen.

Endlich wird es stiller.

»Mein Kind!«, stößt die Frau, die sie als Erste erreicht hat, hervor. Ihr Gewand ist am Hals eingerissen, als wäre sie in einen Kampf geraten, der Saum beschmutzt. Das übliche Kopftuch muss sie unterwegs verloren haben, sodass ihr die dunklen Haare wild in die Stirn hängen und über Schultern und Rücken fallen. Sie ringt die Hände und wirkt völlig aufgelöst. »Sie haben mein Kind gestohlen«, schluchzt sie. »Bitte, bitte, ihr müsst helfen!«

»Meins auch!«, hört Raol eine andere schreien.

»Und meine Enkelin!«, brüllt ein alter Mann.

Dann verfallen die Fellachen wieder in lautes Gejammer und Wehklagen, beschwören die Templer in einer Mischung aus Arabisch und Lingua franca.

Die Frau wirft sich vor Bernatz auf die Knie und hebt flehentlich die Hände, greift nach seiner Tunika und blickt tränenüberströmt zu ihm auf. »Bernatz, hilf!«, fleht sie ihn an.

»Sie scheint dich zu kennen«, sagt Raol erstaunt.

Bernatz nickt verlegen. »Sie heißt Farida. Eine Witwe aus dem Dorf. Die Eier, die ich gestern besorgt habe, sind von ihr.«

»Und der Käse?«

»Der auch.«

Raol schüttelt den Kopf. »Muss eine von deinen Eroberungen sein. Frag sie, was ihr widerfahren ist.«

Bernatz versucht es, aber Farida überfällt ihn mit einem hastigen Redeschwall, ständig übertönt von Zwischenrufen der anderen Dorfbewohner, von erneutem Heulen und Jammern, sodass man kaum etwas verstehen kann. Erst nach und nach wird deutlich, was geschehen ist. Anscheinend haben Beduinen das Dorf überfallen und fünf junge Mädchen geraubt, Kinder zwischen neun und zwölf Jahren.

Wahrscheinlich haben die Kerle vor, sie auf Sklavenmärkten in Homs oder Damaskus zu versteigern, wo jungfräuliches Fleisch besonders geschätzt wird. So was kommt häufig genug vor. Beide Templer wissen das. Es ist aber nicht ihre Aufgabe, sich um die Angelegenheiten der Fellachen zu kümmern. Sie sollen die Straße nach Jaffa sichern und Pilger vor Überfällen schützen, nicht jede in der Gegend verübte Untat verfolgen. Für so etwas ist der Lehnsherr des Dorfes zuständig, wer auch immer das sein mag. Natürlich ist der nicht zur Stelle. Was soll man sagen? Die Dörfler hätten besser auf ihre Kinder aufpassen sollen.

Und doch rühren Raol die Tränen der Frauen. Außerdem waren die Banditen so dreist, den Überfall in der Nachbarschaft eines Wachtpostens der Templer auszuführen. Noch dazu am helllichten Tag. Geradezu eine Herausforderung.

Raol, der immer noch die Zügel seines Pferdes hält, sagt dem alten Mann, er solle endlich die Weiber beruhigen, damit man was verstehen kann, und dann alles in Ruhe erklären. Doch der Alte stammelt selbst vor Aufregung. Die Anwesenheit der Templer scheint ihm die Zunge zu verknoten.

Am Ende ist es Farida, die Mutter der Zwölfjährigen, die sich etwas gefasst hat und die Lingua franca gut genug beherrscht, um stockend, aber verständlich den Hergang des Geschehens zu berichten. Fünf Männer seien es gewesen, sagt sie, Beduinen, alle schwer bewaffnet. Sie sprachen arabisch, schienen aber, nach ihrer Aussprache zu urteilen, nicht aus der Gegend zu sein.

Die anderen Dörfler stimmen ihr zu.

»Wie waren sie bewaffnet?«

»Schwerter und Dolche. Und Bögen, glaube ich.«

»Zu Pferde?«

»Zu Fuß.«

»Das Dorf liegt an einem Hang«, erinnert Bernatz seinen Chevalier.

Raol nickt. »Ich weiß. Kein gutes Gelände für Pferde. Aber ich wette, die haben ihre Gäule vorher irgendwo versteckt. Einen müssen sie zur Bewachung zurückgelassen haben. Also sind sie zu sechst.« Er blickt Farida an. »Erzähl weiter. Wie genau ist es abgelaufen?«

Da die Männer des Dorfes bei der Arbeit auf den Terrassen waren, hatten die Banditen leichtes Spiel. Einen jungen Burschen, der sich ihnen entgegenstellen wollte, haben sie gleich erschlagen. Der Anblick des Bluts hat die Frauen so erschreckt, dass sie nicht wagten, sich zu widersetzen, besonders nachdem die Banditen zwei Geiseln genommen und gedroht hatten, diesen die Kehle durchzuschneiden, sollten sie um Hilfe schreien. Dann befahl man ihnen, ihre Kinder zu rufen, die sich beim Anblick der Banditen versteckt hatten. Als die Kinder sich nicht heraustrauten, durchsuchten zwei der Kerle die Hütten und zerrten die Mädchen heraus. Den fünf hübschesten legten sie Stricke um den Hals und führten sie unter dem Wehklagen der Mütter mit sich fort. Aber nicht ohne vorher zu drohen, die Kinder umzubringen, sollte man ihnen folgen.

»Deine Tochter, wie heißt sie?«, fragt Raol.

»Aischa«, murmelt Farida mit tränenerstickter Stimme.

»Wie das jüngste Weib des Propheten.«

»Ja, Herr. Ihr wisst das?«

»Natürlich. Und wie lange ist es her, dass sie fort sind?«

Farida zuckt mit den Schultern. »Nicht lange.« Sie deutet kurz auf die Sonne und zeigt eine Handbreit an.

Eine Stunde etwa, denkt Raol. Wenn die Kerle tatsächlich irgendwo ihre Gäule versteckt hatten, werden er und Bernatz sich beeilen müssen, sie einzuholen. Farida sieht ihn so flehentlich an, dass es ihm fast peinlich ist. Er nickt ihr beruhigend zu.

»Sattel dein Pferd«, sagt er zu Bernatz. »Wir reiten zum Dorf, um dort ihre Spur aufzunehmen, und dann schnappen wir uns die Bastarde.«

»Seid Ihr sicher, Herr? Ihr wolltet doch nach Jerusalem.«

»Jetzt nicht mehr.«

»Die Thronerbin –«

»Die ist nicht in Gefahr. Aber die Kinder sind es. Also beeil dich.«

Wenig später erreichen sie das Dorf, gefolgt von Farida und den anderen immer noch aufgeregt durcheinanderschwatzenden Dörflern. Als die beiden Ritter durchs Tor reiten, werden sie von zwei Kötern mit wütendem Gebell begrüßt, bis jemand sie zum Schweigen bringt. Vor einer der Hütten ist eine magere Ziege angebunden, ein mit Körben beladener Esel starrt die Ankömmlinge gleichmütig an. Die Männer steigen von den Pferden und schlingen die Zügel um einen Pfosten.

Das Dorf liegt, wie Bernatz schon sagte, an einem Hang. Die Hütten stehen dicht beieinander, dazwischen winzige mit Steinen ummauerte Gemüsegärten, in der Mitte ein kleiner Dorfplatz. Die Behausungen sind aus groben Felsbrocken errichtet, die Fugen mit Lehm verschmiert, genau wie die dürftige Mauer, die das Dorf umgibt. Wenn das eine Befestigung sein soll, ist sie zum Lachen, denkt Raol.

Auf dem Dorfplatz, wo sonst die Hühner im Staub picken,

haben sich jetzt alle Bewohner versammelt. Aus den Hütten, aus Gärten und von den näher gelegenen Terrassen sind sie gekommen und scharen sich um die Ritter: Männer mit sonnenverbrannten Oberkörpern, mit Hacken und Sicheln in der Hand. Alte mit weißen Bärten in dunklen, zerfurchten Gesichtern. Frauen in formlosen Gewändern mit hastig um die Köpfe geschlungenen Tüchern, einige mit Säugling auf dem Arm. Alle starren sie die beiden Templer an. Manche ängstlich und misstrauisch, andere erwartungsvoll. Besonders den Frauen steht der Schrecken des Überfalls noch im Gesicht, die Sorge um die verschleppten Kinder.

Während Farida ihnen berichtet, dass die Templer helfen wollen, sieht Raol sich um. Oberhalb und unterhalb des Dorfes erstrecken sich schmale, von Mauern gestützte Terrassen. Auf einigen stehen Olivenbäume, auf anderen wächst junges Korn oder Gemüse. Auf dem Hang darüber weiden Ziegen und Schafe. Ganz in der Nähe verläuft das felsige Bett eines kleinen Bachs. Eine Felsplatte dient dem Dorf als Waschplatz. Vom dort aus zweigen schmale hölzerne Rinnen zur Bewässerung der Terrassen ab. Die Leute sind arm und leben doch nicht im Elend. Alles ist äußerst bescheiden, aber wohl geordnet.

Raol unterbricht das Gerede der Weiber und wendet sich an Farida. »Kannst du die Männer beschreiben?«

Sie zuckt mit den Schultern und überlegt. »Einer hatte einen schwarzen Bart und eine Nase wie … wie Habicht. Ich glaube, das war ihr Anführer. Die anderen … weiß nicht.«

Eine der Frauen mischt sich auf Arabisch ein. »Ach ja«, sagt Farida und nickt. »Dem, der Ahmed getötet hat, fehlt rechtes Auge.«

»Kleidung?«

»Wie Beduinen. Lange Gewänder, Gürtel, um die Köpfe Tücher.«

»Wie Beduinen, sagst du. Aber sie hatten Bögen.«

Farida nickt. »Ja, zwei, glaube ich.«

»Wie sahen die Bögen aus?«

Verwundert sieht Farida ihn an. Dann bückt sie sich und malt mit dem Finger die Kurven eines türkischen Kampfbogens in den festgestampften Sand.

Bernatz nickt grimmig. »Denkt Ihr, was ich denke, Herr?«

»Vielleicht. Wir werden sehen.« Raol wendet sich an den Alten, der mit Farida zum Wachtposten gekommen ist. »Wo könnten sie ihre Pferde versteckt haben?«

Der Mann kratzt sich den Bart und überlegt. »Wenn sie von Osten gekommen sind, dann unten am Waldrand.«

»Von Westen können sie nicht gekommen sein«, sagt Bernatz. »Da hätten sie zu dicht an unserem Posten vorbeigemusst.«

Das ist auch Raols Meinung.

Ein junger Bursche drängelt sich vor, deutet nach Osten, Richtung Wald, und spricht aufgeregt auf Farida und den Alten ein.

»Was sagte er?«, fragt Raol.

»Da ist eine kleine Schlucht«, erklärt Farida. »Manchmal verirren sich da Schafe. Ist vom Weg aus nicht leicht zu sehen.«

»Der Bursche soll uns dahinführen.«

Farida übersetzt es für den Jungen, der eifrig nickend zustimmt.

»Ist euch sonst noch etwas aufgefallen?«, fragt Raol und wartet geduldig, bis weitere Dörfler ihre Beobachtungen von sich gegeben haben. Aber es sind nur Kleinigkeiten, nichts von Bedeutung, nichts, was sie nicht schon wissen.

Bernatz wird ungeduldig. »Wir sollten uns jetzt wirklich auf den Weg machen. Sonst holen wir sie nie mehr ein. Außerdem könnte es bald regnen. Dann sind die Spuren verwischt.«

Raol nickt. »Du hast recht.« Er wendet sich wieder an die junge Witwe. »Geh zu unserer Hütte, und warte auf die beiden anderen Templer. Willst du das tun?«

»Ja, Herr.«

»Sag ihnen, was passiert ist. Aber sie sollen auf ihrem Posten bleiben und uns nicht folgen.«

Farida nimmt seine Hand und küsst sie inbrünstig und mit Tränen in den Augen. »Werdet Ihr die Kinder retten, Herr?«

Peinlich berührt zieht Raol die Hand zurück und schüttelt den Kopf. »Versprechen kann ich gar nichts«, sagt er schroff und blickt in die Runde. »Besser, ihr macht euch keine Hoffnungen.«

Bei diesen Worten senkt Farida den Kopf und schlägt sich die Hände vors Gesicht. Doch während Raol auf seinen Hengst zugeht, beugt Bernatz sich zu ihr und raunt: »Wenn einer sie retten kann, dann mein Herr.«

RAUB DER MÄDCHEN

Es ist früher Abend und noch Zeit bis zum festlichen Abendmahl mit dem Patriarchen und den Bischöfen des Landes, das Baudouin zu Ehren seines zukünftigen Schwiegersohns angeordnet hat. Sie sollen ihn persönlich kennenlernen.

In Wahrheit findet das Mahl auf Veranlassung des Patriarchen statt. Étienne hat die Bischöfe eingeladen, bevor der König es verhindern konnte. Zwar werden auch einige hochrangige Barone zugegen sein, aber im Grunde geht es dem Patriarchen darum, den Mann, der zukünftig eine bedeutende Rolle im Reich spielen wird, gleich zu Anfang auf die Belange der Kirche einzuschwören. Er soll den Bischöfen versichern, dass er alles tun werde, um den Stand der Kirche im Heiligen Land zu festigen, den Bau von Kirchen und Hospitälern zu fördern und vor allem die Privilegien der hohen Geistlichkeit zu erhalten.

Nur widerwillig hat Baudouin der Versammlung zugestimmt. Dieser Étienne ist wie eine lästige Fliege. In alles muss er seine Nase stecken. Demnächst wird er ihm eine gehörige Lehre erteilen müssen, ihm zeigen, wer hier das Sagen hat, wo er sich einmischen darf und wo nicht. Aber das Abendmahl wollte Baudouin nicht absagen. Das hätte Uneinigkeit gezeigt und wäre ein Affront gegenüber den Bischöfen gewesen.

Um die Zeit bis zum Eintreffen der Gäste zu überbrücken, hat er Foulques d'Anjou gebeten, einen Becher Wein mit ihm zu teilen. Er will ihn ein wenig auf den Abend vorbereiten. Schließlich ist der Mann mit den Gegebenheiten des Reichs wenig vertraut. Sie sitzen allein im Arbeitszimmer des Königs vor dem leeren Kamin und unterhalten sich. Baudouin empfiehlt ihm, nicht zu viel auf das Gerede des Patriarchen zu geben. Der Mann habe nur das Wohl der Kirche im Kopf und wenig Sinn für die eigentlichen Schwierigkeiten, mit denen die christlichen Fürsten des Landes zu kämpfen haben.

»Ich verstehe«, sagt Foulques und nickt. Nach einer kurzen Pause sagt er: »Ich nehme an, die verehrte Melisende wird heute Abend zugegen sein. Wird sie an Eurer Rechten sitzen oder an meiner?«

»Mein lieber Foulques«, erwidert der König und grinst jovial. »Lassen wir doch endlich die formelle Anrede. Wechseln wir zum vertrauten Du. Schließlich werden wir bald eine Familie sein.«

»Sehr gern, Baudouin, sehr gern!«

Der König hebt seinen Becher, und beide trinken sich zu, um die neue Nähe zu würdigen. »Um auf deine Frage zu antworten, mein lieber Foulques: weder das eine noch das andere. Melisende nimmt heute nicht an unserem Gelage teil, sosehr ich es bedaure. Sie ist leider unpässlich.«

»Unpässlich? Ich hoffe doch, sie ist nicht krank.«

»Nein, nein, nicht krank. Aber du weißt schon, wie das mit den Frauen ist … Schließlich warst du lange Zeit selbst verheiratet.«

»Ah, verstehe.« Der Graf bemüht sich um ein verständnisvolles Lächeln. Wer kennt nicht die mysteriösen Unpässlichkeiten der Weiber, die seltsamen Kopfschmerzen und anderen Leiden, die das Eheleben erschweren. Doch dann wird seine Miene ernst. »Da wir schon von ihr sprechen: Ich bin etwas beunruhigt.«

»Wegen Melisende?«

»Sie scheint gegen eine Vermählung mit mir zu sein.«

Baudouin stutzt einen Augenblick wie ein Jagdhund, der das Wild gewittert hat. Dann, mit einer wegwischenden Handbewegung, erwidert er: »Ach, dummes Zeug! Du weißt doch, wie die Weiber manchmal sind, hast ja selbst Töchter. Heute so und morgen anders. Wer könnte das ernst nehmen?«

»Nun ja«, sagt Foulques.

Der König beugt sich vor. »Ich habe erst gestern mit ihr gesprochen und kann dir versichern, dass sie sich darauf freut, deine Gemahlin zu werden und dir und dem Land tapfere Söhne zu schenken.«

Der Graf stellt den Becher ab und runzelt die Stirn. »Mir hat sie etwas ganz anderes gesagt.«

Des Königs Brauen ziehen sich ärgerlich zusammen. »Ich gebe zu, in letzter Zeit scheint sie nicht ganz sie selbst zu sein«, grollt sein tiefer Bass. »Hat sie sich etwa mit dir gestritten?«

»Mehr als das. Sie hat sehr deutlich gemacht, dass sie mit unserer Vermählung alles andere als einverstanden ist. Und dass ich vielleicht eine Abmachung mit dir hätte, aber nicht mit ihr.«

»Das ist doch Unsinn! Du nimmst so was doch nicht etwa ernst?« Baudouin setzt sich auf. Sein Bart zittert, er hat Mühe, sich zu beherrschen. Seine breiten Schultern und seine ganze Gestalt wirken groß und einschüchternd. In den Augen blitzt es vor aufkommenden Zorn. Ob über Melisendes Benehmen oder Foulques' Worte ist nicht erkennbar.

Doch der Graf lässt sich nicht beeindrucken. »Du kannst es drehen, wie du willst, Baudouin, aber das hat sie gesagt. Und danach ist sie wütend davongestürmt.« Foulques lässt das Gesagte einsinken, bevor er fortfährt. »Ich meine, du kannst sie natürlich verheiraten, wie und mit wem du willst. Sie ist deine Tochter. Aber wenn wir den Segen der Kirche wollen, sollte sie schon einverstanden sein. Ich frage dich also: Wie ist das zu verstehen? Muss ich mir Sorgen machen?«

Der König starrt ihn einen Augenblick lang mit zunehmend finsterer Miene an. Dann knallt er den Becher so hart auf den Beistelltisch, dass Wein spritzt und Tisch und Boden benetzt. »Himmelherrgott!«, brüllt er laut wie ein verwundeter Löwe. »Das kleine Luder!« Er springt auf. »Na warte!«

Damit stürmt er aus dem Audienzsaal und lässt den ratlos dreinblickenden Foulques zurück. Auf dem Weg zu den Stockwerken, wo die Kammer seiner Tochter liegt, rennt er beinahe eine Magd um und nimmt dann gleich zwei Stufen auf einmal. Ihr Frauenleiden ist ihm in diesem Augenblick völlig egal. Im Umgang mit widerspenstigen Töchtern gibt es nur ein Mittel.

Er stößt ihre Kammertür so heftig auf, dass sie krachend gegen die Wand knallt. Er blickt sich um, kann Melisende aber nirgends entdecken, obwohl genug Tageslicht in die Kammer fällt. Auch im Bett, wo er sie vermutet hat, liegt sie nicht.

»Melisende!«, brüllt er, als könnte sie ihn hören. »Wo zum Teufel steckst du?«

Wütend und frustriert verlässt er die Kammer und trifft draußen auf Hodierna, die bei dem Lärm herbeigeeilt ist.

»Vater!«, ruft sie. »Was tust du hier? Ich hab doch gesagt, sie will nicht gestört werden.«

Baudouin packt sie rau bei den Schultern und schüttelt sie. »Ach, sie will nicht gestört werden? Warum ist sie dann nicht in ihrer Kammer, he?«

»Du tust mir weh!« Hodierna versucht, sich ihm zu entziehen, aber Baudouin hält sie fest. Er macht ihr Angst. Seine Hände sind wie Schraubstöcke, seine Muskeln hart wie Stahl. »Lass mich los!«, schreit sie ihm ins Gesicht.

»Du hast gesagt, sie ist krank!«, brüllt er. »Wenn sie nicht in ihrer Kammer ist, wo ist sie dann? Und lüg mich nicht wieder an. Ich will sie sofort sehen!«

»Verdammt, Vater, du tust mir weh!«

Doch er schüttelt sie nur noch heftiger. »Ich tu dir gleich wirklich weh, wenn du mir nicht auf der Stelle sagst, wo sie ist.«

»Hör endlich auf!«, heult sie. »Ich sag's ja schon.«

✠

Melisende und ihre Begleiter nähern sich dem Meer und der Stadt Jaffa. Die Sonne steht nur noch knapp eine Handbreit über dem westlichen Horizont. Die Wolken, die am Vormittag aufgezogen waren, haben sich verflüchtigt. Geregnet hat es zum Glück nicht.

Es war ein schneller, anstrengender Ritt. Nicht nur für die Pferde, auch für ihre Reiter. Besonders aber für die beiden Frauen, die bisher nichts dergleichen gewohnt waren.

»Können wir mal anhalten?«, ruft Melisende dem Chevalier Armand zu, der vorausreitet.

»Warum? Wir sind bald da«, wirft er über die Schulter zurück.

»Nur einen Augenblick, Seigneur Armand.«

Er zügelt sein Pferd, und sie halten an. Vor ihm im Sattel hängt Maria wie ein Mehlsack in seinen Armen. »Ich glaube, ich werde drei Tage lang nicht gehen können«, stöhnt die Magd.

Melisende geht es kaum besser. Rücken, Oberschenkel, Gesäß, einfach alles tut ihr weh. Die Haut brennt an manchen Stellen wie Feuer. Ganz bestimmt hat sie sich auf dem harten Sattel wund gerieben. Am liebsten würde sie sich jetzt gleich vom Pferd fallen lassen und liegen bleiben, ohne jemals wieder aufzustehen. Ihr Gesicht ist grau vor Müdigkeit.

Armand sieht es ihr an. »Wir sind bald da«, sagt er von Neuem, um ihr Mut zu machen. »Dann könnt Ihr Euch ausruhen. Zumindest bis morgen früh bei Tagesanbruch. Dann müssen wir weiter.«

»Schon so früh?«, murmelt Melisende.

»Sollte Eure Flucht entdeckt worden sein, Altesse, dann sind vielleicht jetzt schon Reiter hinter uns her.«

Natürlich. Sie ist sich dessen bewusst. Nicht umsonst hat sie ständig das Bedürfnis, sich umzusehen, ob man sie schon verfolgt. Nur wegen dieser nagenden Angst hat sie den langen Ritt überhaupt ertragen. Vielleicht sollten sie gar nicht in Jaffa übernachten, sondern einfach weiterreiten. Aber das schafft sie nicht, und Maria noch weniger.

»Ihr habt einen Wagen versprochen«, erinnert sie ihn.

»Den bekommt Ihr auch.«

»Na, wenigstens das. *Dieu soit loué!*«

Nachdem sie die Berge hinter sich gelassen haben, ist die Straße wesentlich belebter geworden, besonders hier in der Küstenregion. Bauern, Pilger, Kaufleute, Verwalter von Gutshöfen, wandernde Mönche und Geistliche, hier und da bewaffnete Reiter, bei deren Anblick Melisende jedes Mal zusammenzuckt. Weshalb sie auch bemüht ist, ihr Gesicht unter der Kapuze des Umhangs zu verbergen. Unter den Reisenden könnte jemand sein, der sie aus Jerusalem kennt.

Unterwegs sind ihnen zwei berittene Streifen der Templer begegnet. Armand konnte nicht umhin, ein paar Worte mit ihnen zu wechseln, während sie selbst tunlichst vermied, die Männer anzusehen. Und doch spürte sie deren neugierige Blicke fast körperlich. Einmal wurde Armand gefragt, wer denn die Frauen in seiner Begleitung seien. Seine liebe Schwester und ihre treue Magd, beide auf dem Weg in ein Kloster, war seine Antwort.

Ein frischer Seewind kühlt ihr Gesicht. Sie blickt nach Norden. Dort, rund um einen Hügel, sind die Stadtmauern und Türme von Jaffa zu sehen, das vor dreißig Jahren vom Heer der Christen erobert wurde. Noch weiter nördlich, in der Entfernung kaum zu erkennen, liegt die Festung Arsuf. Auch sie ist für die Sicherung der Küste von großer Bedeutung. Seewärts, auf der anderen Seite der Stadt, befindet sich der für das Königreich so wichtige Hafen, wenngleich er bei starken Westwinden nicht sehr sicher ist. Seit der Einnahme von Akkon wird ein Großteil der Waren dort umgeschlagen.

Einen Augenblick lang ist Melisende ergriffen. Hier entlang ist das Christenheer marschiert, nach all den schrecklichen Kämpfen und Leiden und mit noch mehr Kämpfen vor sich auf dem steinigen Weg nach Jerusalem. Männer wie Godefroy de Bouillon, Raimond de Toulouse, Tankred d'Hauteville, der Enkelsohn des großen Robert Guiscard, und viele, viele andere, die ihnen gefolgt sind. Wie auch ihr eigener Vater. Sie denkt an die unzähligen Männer, die bei der gewaltigen Anstrengung, das Heilige Land zu befreien, den Tod gefunden haben. Während der Schlachten und Belagerungen, aber auch einfach an Erschöpfung gestorben, an Hunger und Seuchen oder in den Bergpässen Anatoliens erfroren. Sie spürt, wie ihr die Tränen kommen. Wir stehen auf den Schultern dieser Helden, denkt sie tief gerührt.

»Was ist Euch, Altesse?«, hört sie Armand fragen.

»Ach, nichts, Armand«, erwidert sie und wischt sich kurz über die Augen. »Ich muss nur an die tapferen Männer denken, die auf dem langen Weg nach Jerusalem ihr Leben ließen und irgendwo am Wegrand verscharrt wurden.«

»Nicht nur Männer, Altesse. Auch Frauen.«

»Frauen? Seid Ihr sicher?«

»Es gab Ehefrauen, die ihre Männer begleitet haben. Und zwar nicht wenige. Und dann die Trossweiber, Wäscherinnen und … Verzeihung … Huren.«

»Dann waren vielleicht auch Kinder dabei.«

»Ja, auch Kinder. Auf dem Kreuzzug gezeugt, geboren und gestorben.«

Melisende bekreuzigt sich.

Nach einem kleinen Moment des Gedenkens räuspert sich Armand. »Wenn Ihr erlaubt, Altesse, dann sollten wir jetzt die letzten Meilen in Angriff nehmen.«

»Natürlich.«

»Wenn Ihr einverstanden seid, bringe ich Euch in Jaffa in mein eigenes Haus. Dort ist es einfacher, Eure Anwesenheit geheim zu halten. Und meine Frau kann sich um Euch kümmern.«

»Ihr seid verheiratet, Seigneur?«

Armand nickt. »Seit drei Jahren. Wir haben auch einen kleinen Sohn.«

Melisende lächelt. »Ich freue mich, Eure Gemahlin kennenzulernen.«

✠

Baudouin hält Hodierna hart am Arm. »Also sprich endlich, verdammt noch mal!«

»Erst wenn du mich loslässt und dich beruhigst.«

Er lässt sie los. »Also schön, Töchterchen. Ich beruhige mich«, sagt er um Fassung bemüht. »Und jetzt raus mit der Sprache. Seit gestern hat niemand deine Schwester gesehen. Du hast behauptet, sie sei krank. Warum ist sie dann nicht in ihrer Kammer? Was, zum Teufel, geht hier vor? Habt ihr beiden irgendwas ausgeheckt?«

»Nichts haben wir ausgeheckt. Wie kommst du darauf?« Hodierna reibt sich die misshandelten Arme. »Du solltest nicht so grob sein, Vater. Warum bist du überhaupt so wütend?«

»Das will ich dir sagen. Graf Foulques hat sich gerade beschwert, deine Schwester weigere sich, ihn zu heiraten. Ich dachte, ich höre nicht richtig.«

»Das hat sie dir doch selbst auch gesagt.«

»Und ich hab ihr deutlich gemacht, dass sie ihn heiratet, ob sie will oder nicht.«

»An den Haaren in die Kirche schleppen willst du sie, nicht wahr?«

»Wenn es sein muss. Was hat sie an einem Mann wie Foulques auszusetzen?«

Hodierna zieht spöttisch die Brauen hoch. »Nun, er ist nicht gerade einer, von dem Frauen träumen.«

Baudouin schüttelt genervt den Kopf. »Manchmal denke ich, eure Mutter hat euch zu viele Freiheiten erlaubt. Eine Fürstenheirat hat nun wirklich nichts mit Träumen zu tun. Es ist eine politische Angelegenheit. Geht das nicht in euren Schädel? Ich muss schon sagen, ich bin sehr enttäuscht von deiner Schwester. Also, wo ist sie? Ich will mit ihr reden und die Sache ein für alle Mal klären.«

Hodierna zögert. Dann sagt sie: »Sie ist nicht hier, Vater.«

»Was heißt das, sie ist nicht hier? Ich dachte, sie ist krank. Hast du mich etwa belogen?« Er macht wieder einen drohenden Schritt auf sie zu.

Hodierna weicht zurück und hebt die Hände. »Fass mich bloß nicht wieder an, Vater! Sonst erfährst du von mir gar nichts. Auch wenn du mich zum Krüppel schlägst.«

»*Nom de Dieu!* Denkst du, ich will dich schlagen?«, ruft er aufgebracht. »Habe ich je eine von euch geschlagen?«

»Es sah aber gerade so aus.«

Betroffen blickt Baudouin sie an. Der größte Zorn hat sich gelegt. »Es tut mir leid«, murmelt er. »Ich war einfach nur wütend.«

Hodierna weiß seit jeher, wie sie ihren Vater nehmen muss. Auch jetzt. Sie legt ihm die Hand auf den Arm und blickt ihn verständnisvoll an. »Ich weiß doch, wie wichtig diese Verbindung für das Königreich ist. Und Melisende weiß es auch. Mach dir also keine Sorgen.«

»Dann sag mir, wo sie ist. Ich will selbst mit ihr reden. Ist sie in der Kirche? Oder auf dem Markt?«

»Sie ist gar nicht in Jerusalem.«

»Wie bitte?« Baudouin reißt ungläubig die Augen auf. »Nicht in Jerusalem? Was soll das heißen?«

»Sie ist zum Jordan aufgebrochen.«

»Zum Jordan? Ohne meine Erlaubnis? Was ist denn das jetzt wieder? Willst du mich zum Narren halten?«

»Nein, Vater. Sie hat gesagt, bevor sie heiratet, will sie sich im Jordan taufen lassen.«

»Sie ist doch schon getauft.«

»Aber nicht richtig. Nicht an der Stelle, wo Johannes unseren Heiland getauft hat. Alle Pilger, die ins Heilige Land kommen, lassen sich dort taufen. Umso wichtiger ist es für deine Thronerbin, bevor sie die Hand zum Ehebund reicht. Das siehst du doch wohl ein, Vater. Oder etwa nicht?«

Baudouin schüttelt genervt den Kopf. »Ihr beiden treibt mich noch zum Wahnsinn. Und ihre Krankheit? Was ist damit?«

»War nicht so schlimm wie sonst.«

»Wann ist sie denn los? Heute Morgen?«

»Ganz früh.«

»Mit wem? Doch wohl nicht allein. Es ist gefährlich.«

»Einige von Hugues Rittern begleiten sie. Vielleicht sogar Hugues selbst. Ich weiß es nicht genau.«

»Der junge Graf von Jaffa?«

»Ja, Vater. Er war uns immer ein guter Freund.« Hodierna hofft inständig, dass Hugues sich nicht mehr im Palast herumtreibt. Von einem Ausflug zum Jordan weiß er schließlich nichts.

Lange starrt Baudouin sie an. Dann kommt ihm eine Idee. »Eigentlich gar kein schlechter Gedanke«, sagt er. »Das mit der Taufe, meine ich. Das werde ich Foulques erzählen. Er soll ihr gleich morgen früh nachreiten. Nur ein Tagesritt, mehr ist es ja nicht. Eine gute Gelegenheit, sich mit seiner Zukünftigen zu versöhnen und mit ihr ein paar nette Tage zu verbringen. Vielleicht lässt er sich selbst auch gleich taufen.«

Oje!, denkt Hodierna. Da wird meine Notlüge aber gleich auffliegen, sobald dieser Foulques herausfindet, dass Melisende nie dort war. Was sage ich dann? Vaters Zorn wird noch viel schlimmer sein. Zumindest gibt es Melisende zwei Tage mehr, um ihren Vorsprung auszuweiten.

»Du hast völlig recht Vater«, sagt sie und lächelt ihn zuckersüß an. »Alles wird gut, wenn sie sich nur ein wenig näher kennengelernt haben.«

»Du sagst es.« Baudouin grinst zufrieden. »Warum ist mir das nicht früher eingefallen?«

✠

»Worauf warten wir? Ihr Feuer ist schon so gut wie runtergebrannt«, murmelt Bernatz.

»Sei geduldig«, knurrt Raol leise.

Seit Anbruch der Nacht, und das ist schon eine Weile her, halten sie sich auf einer kleinen Anhöhe zwischen dichten Büschen versteckt. Von hier aus haben sie einen guten Blick in die baumbestandene Senke unter ihnen, etwa zweihundert Schritt entfernt, wo die Banditen ihr Nachtlager aufgeschlagen haben.

Die Nacht ist kühl und sternenklar. Tau benetzt Gräser und Blätter. Bleiches Mondlicht liegt über den Hügeln. Raol hätte sich weniger davon gewünscht, aber wenigstens können sie so besser sehen, wo sie hintreten, später, wenn es darauf ankommt. Ihre Pferde haben sie in sicherer Entfernung zurückgelassen.

Die Lagerstelle der Beduinen ist gut gewählt. In dieser Senke zwischen hohen Hügeln und unter Bäumen ist ihr kleines Feuer erst zu bemerken, wenn man schon recht nahe ist. Eigentlich kann man es eher riechen als sehen. Allerdings gibt es unter den Pinien kein Gras für die Reittiere und auch kein Wasser. Der nächste Bach ist weit entfernt. Deshalb haben sie, wie Raol und Bernatz unterwegs an den Spuren ablesen konnten, die Tiere schon vorher grasen und saufen lassen.

Vor ihnen raschelt es auf dem Waldboden. Wahrscheinlich eine Maus. Dann ruft ein Käuzchen im Wald. Der Ruf kündigt den Tod an, wie es heißt. Es klingt unheimlich.

»Habt Ihr das gehört, Herr?«

»Sei ruhig. Es ist nichts.«

Nach einer Weile flüstert Bernatz: »Ich wundere mich, dass

sie überhaupt noch in der Gegend sind. Sie hätten die Berge doch bereits hinter sich lassen können. Fast jedenfalls.«

Raol antwortet nicht.

»Denken die etwa, niemand verfolgt sie? Scheinen sich ziemlich sicher zu fühlen.«

»Das glaube ich nicht«, raunt Raol. »Eher im Gegenteil.«

Bernatz wirft seinem Herrn, der nur eine Armlänge von ihm entfernt liegt, einen überraschten Blick zu. Raols bärtiges Gesicht ist unter den Zweigen der Büsche trotz Mondlicht kaum zu erkennen. »Wie meint Ihr das?«, fragt er.

»Die Kerle da unten wissen genau, was sie tun. Die machen das nicht zum ersten Mal. Deshalb lagern sie auch nicht in der Nähe von Wasserstellen, wo sie Wanderern begegnen könnten. Nein, sie nehmen sich Zeit und sind vorsichtig. Beinahe hätten wir sie selbst nicht entdeckt.«

Für einen kurzen Augenblick war das Feuer der Banditen hell aufgelodert und hatte einen schwachen Schein ins Geäst der Bäume darüber geworfen. Hätte Bernatz nicht zufällig in die Richtung geblickt, hätten sie es übersehen. Erst als sie das Feuer rochen und wenig später auch das leise Weinen von Kindern hörten, war klar, dass sie die Entführer gefunden hatten.

Es war allerdings alles andere als leicht gewesen. Ohne Raols langjährige Erfahrung im Spurenlesen hätten sie aufgeben müssen. In der kleinen Schlucht, zu der der Junge aus dem Dorf sie geführt hatte, fanden sich tatsächlich Hufspuren im Gras. Nach genauer Untersuchung war Raol der Meinung gewesen, dass die Entführer auf Maultieren unterwegs waren, was sich später auch bestätigte. Maultiere sind in bergigem, unwegsamem Gelände trittsicherer als Pferde.

Zuerst ließ sich die Fährte auf dem weichen Waldboden leicht verfolgen. Doch dann ging es über steinige Pfade weiter. Die üblichen Wege in den Tälern hatten die Männer gemieden, sich stattdessen auf schmalen Ziegenpfaden über die Berge bewegt. Raol und Bernatz hatten Mühe mit ihren Pferden, mussten häufig absteigen, den Boden nach Spuren absuchen oder die Tiere an abschüssigen Stellen am Zügel führen. Oft fanden sie gar nichts, folgten nur Raols Gefühl, bis sie wieder auf geknickte Zweige, einen einzelnen Hufabdruck oder frischen Kot stießen. Einmal trafen sie auf einen Knaben, der Ziegen hütete und die Bande gesehen hatte.

Die Wolken, die am Vormittag heraufgezogen waren, hatten sich am Nachmittag aufgelöst, und es war warm geworden. Bald schwitzten sie unter den schweren wattierten Lederwämsern, die sie unter den Ringpanzern trugen.

Irgendwann am Nachmittag hatten sie die Spur verloren, und das ausgerechnet an einer Gabelung des Tals, dem sie gefolgt waren. Welcher Weg war nun der richtige? Raol hatte Bernatz bei den Pferden zurückgelassen, war auf den Berg gestiegen und dann auf einen Baum, von wo aus er in beide Täler spähen konnte. Er musste lange warten, aber schließlich konnte er einen kurzen Blick auf sie erhaschen: sechs winzige Punkte auf einer Lichtung, weit in der Ferne. Das mussten sie sein. Sie hatten das nördlichere der beiden Täler gewählt. Rasch nahmen Raol und Bernatz die Verfolgung wieder auf.

In der Abenddämmerung waren sie schließlich auf das Lager der Kerle gestoßen. Sie versteckten ihre Pferde und schlichen sich so nahe an die Lagerstelle heran, wie die Vorsicht es erlaubte. Dann begann das Warten.

Inzwischen ist es tiefe Nacht. Nur spärlich durchdringt Mondlicht das dichte Dach der Pinien. Unten in der Senke, im schwachen Schein des Lagerfeuers, lässt sich erkennen, dass die Kinder an zwei Baumstämme gebunden sind. Wahrscheinlich mit gefesselten Händen.

»Glaubt Ihr, sie haben ihnen was zu essen gegeben?«

»Ich bezweifle es«, erwidert Raol, dem bei Bernatz' Worten plötzlich selbst der Magen knurrt. Seit dem Morgenmahl haben sie außer Wasser nichts zu sich genommen und es auch versäumt, Proviant mitzunehmen.

Etwas abseits der Lagerstelle lassen sich die schemenhaften Schatten der Maultiere ausmachen. Die Sättel hat man ihnen abgenommen. Raol ist entschlossen, noch in dieser Nacht die Kinder zu befreien. Sobald die Kerle da unten schlafen. Es wird nicht leicht sein, schließlich haben sie es mit sechs erfahrenen Männern zu tun, die zweifellos eine Wache aufstellen werden. Sie werden sich lautlos anschleichen müssen. Vor allem dürfen sie den Entführern keine Gelegenheit geben, die Mädchen als Schutzschilde zu missbrauchen.

Außerdem machen Raol die Bogenschützen Sorgen. Selbst Kettenpanzer schützen nicht vor einem gut platzierten Pfeil. Er fragt sich, wer die beiden Schützen sind. Aber die sechs Männer sind ähnlich gekleidet, und wo sie ihre Bögen hingelegt haben, ist nicht zu sehen. Eines aber ist deutlich: Sie tragen weder Helme noch Rüstungen und auch keine Schilde.

Noch ist von dort unten ein ständiges Raunen und Gemurmel zu hören. Vier der Männer sitzen ums Feuer und unterhalten sich. Zwei liegen etwas abseits. Aber auch sie scheinen noch wach zu sein. Einer steht auf und geht ein paar Schritte zur Seite, um Wasser zu lassen.

»Warum schlafen die Bastarde nicht?«, murmelt Bernatz.

»Geh doch runter und frag sie.«

»Sehr witzig.«

Plötzlich hören sie ein Kind kreischen, als sei es aus einem schlimmen Albtraum erwacht. Und ein zweites, das dadurch geweckt wurde. Dann eine andere, leisere Mädchenstimme, bemüht, die Kinder zu beruhigen. Das muss das ältere Mädchen sein, Aischa. Aber die erste Kleine schreit weiter, bis einer der Kerle aufsteht und hinübergeht. Raol hört seine raue Stimme, ein kräftiges Klatschen und das erneute Aufheulen des Kindes. Der Mann kehrt zurück und setzt sich wieder zu den anderen.

Bernatz holt tief Luft. »Das ist schwer zu ertragen«, murmelt er.

»Keine Sorge. Sie werden ihnen nichts Schlimmes antun. Wollen ja nicht ihre Ware beschädigen.«

»Eure Ruhe möchte ich haben, Herr.«

Die Ruhe ist nur äußerlich, denkt Raol. Dann fragt er: »Erinnert es dich an deine Schwester?«

Bernatz nickt beklommen. Raol kann es in der Dunkelheit unter den Zweigen nicht sehen, aber er weiß auch so, wie Bernatz sich fühlen muss. Sein Sergeant wurde in einem Dorf nahe Perpignan geboren. Die Mutter starb, als der Bub zehn Jahre alt und die Schwester zwölf war, so alt wie Aischa da unten. Der Vater, ein Hufschmied, war schon immer jähzornig und gewalttätig gewesen, besonders wenn er betrunken war. Die Mutter hatte das oft genug zu spüren bekommen. Im Dorf wurde sogar gemunkelt, die Frau sei keines natürlichen Todes gestorben. Aber das waren wohl nur Gerüchte.

Nach dem Tod der Mutter ging es mit dem Vater weiter bergab. Er trank mehr als zuvor und schlug die Kinder. Aufträge blieben aus, und im Dorf mied man ihn. Ab und zu steckten Nachbarinnen den Kindern Nahrhaftes zu, damit sie nicht verhungerten.

Um sich weiter mit Wein zu versorgen, hatte der Vater seine Tochter eines Tages an einen fahrenden Händler verkauft. Der fesselte ihr die Hände, legte ihr einen Strick um den Hals und führte sie fort wie ein Stück Vieh.

Den Jungen, der ihr helfen wollte, verprügelte der Vater und sperrte ihn tagelang ein. Für Bernatz' Schwester gab es keine Rettung. Alle im Dorf wussten, was mit dem Mädchen geschehen würde. In einem Freudenhaus würde sie landen und die schlimmsten Freier ertragen müssen, und falls sie sich weigerte, würde man sie weiterverkaufen oder als nutzlosen Esser im Fluss ertränken.

Bei der ersten Gelegenheit hatte Bernatz sich davongemacht,

um seine Schwester zu suchen. Monatelang irrte er umher, stahl, um zu essen, fragte nach ihr in den Dörfern, fror in den winterlichen Gassen von Perpignan. Vergebens. Sie war wie vom Erdboden verschluckt. Ein armer Söldner erbarmte sich seiner und nahm ihn als Pferdeknecht an. Als er vierzehn wurde, begann der Mann, ihm das Kämpfen beizubringen. Bald darauf schifften sie sich im Gefolge eines Grafen für die Überfahrt ins Heilige Land ein. Fünf Jahre blieb Bernatz im Dienst des Söldners, bis der in einem Gefecht gegen die Türken sein Leben ließ. Damals begegnete Raol ihm, nahm sich seiner an und machte ihn zum Sergeant bei den Templern.

Allerdings ist Bernatz kein besonders frommer Bursche, und die Ordensregeln bricht er, wann immer er glaubt, nicht erwischt zu werden. Trotz seiner traurigen Vergangenheit ist er meistens guter Laune, alles in allem ein Überlebenskünstler und Raol zutiefst verbunden. So gegensätzlich die beiden Männer auch sind, sie scheinen sich gut zu ergänzen. Raol mag den Jungen, dem es gelungen ist, sich mit Mut und Gewitztheit aus dem Elend zu winden, und verzeiht ihm seine Verfehlungen und Schwächen. Was zählt, ist, dass Bernatz sein treuer Knecht und Waffenbruder geworden ist, auf den er sich blind verlassen kann. Gemeinsam haben sie die Marschrouten der Pilger bewacht, so manchen Gefahren getrotzt und Schlachten geschlagen.

Plötzlich stöhnt Bernatz leise auf. Er dreht sich auf den Rücken, zieht das Knie an die Brust und hält sich die Wade.

»Was ist?«, fragt Raol.

»Ein verdammter Wadenkrampf.«

»Du sollst nicht fluchen.«

»Es tut aber weh!«

»Streck lieber das Bein, und drück die Ferse nach unten. Du musst den Muskel dehnen.«

Bernatz keucht vor Schmerz, tut aber wie geheißen. »Wer weiß, vielleicht ist es ein Zeichen Gottes«, japst er.

»Was für ein Zeichen?«

»Ein schlechtes Omen.«

»Red keinen Unsinn!«

Nach einer Weile flüstert Bernatz: »Muss das lange Liegen auf dem Bauch gewesen sein. Aber das Strecken scheint zu helfen.«

»Halt das Bein locker, und massier die Wade.«

Bernatz beugt und streckt das Knie. »Fast weg.«

»Na hoffentlich. Ich brauch dich gleich. Und nun bete zu Gott, dass er uns hilft, die Mädchen zu befreien.«

Eine Weile herrscht Stille. Das mit dem Beten ist eher für Bernatz' Gemüt gedacht als für Raol selbst. *Schlechtes Omen.* Abergläubischer Unsinn! Nur gut, dass hier keine schwarzen Katzen rumlaufen. Im Kampf ist Bernatz tapfer wie kein Zweiter, aber abergläubisch ist er wie ein altes Weib.

»Hast du gebetet?«

»Ja, Herr.«

»Gott ist auf der Seite der Templer. Vergiss das nicht.«

Bernatz grinst. »Natürlich. Hätte ich fast vergessen.«

»Noch ein Weilchen, dann ist es so weit.«

Der Mond ist ein ganzes Stück weitergewandert, seit sie zum letzten Mal etwas von den Männern in der Senke gehört haben. Auch die Kinder sind still. Entweder wagen sie nicht, sich zu rühren, oder sie schlafen. *An einen Baum gefesselt schlafen?* Ich könnt's nicht, denkt Raol, aber sie müssen erschöpft sein, nach allem, was sie heute durchgemacht haben.

Die Entführer scheinen seelenruhig zu schlummern. Außer einem, den sie wie erwartet als Wache aufgestellt haben. Raol hat ihn im aufflackernden Feuer gesehen, als der Mann ein paar kleine Äste nachgelegt hat. Dann hat der Kerl sich etwas abseits gegen einen Baumstamm gelehnt hingesetzt, mit dem blanken Schwert auf den Knien. Ihn selbst kann man kaum sehen, aber das Schwert glänzt ab und zu im schwachen Schein der Flammen.

Bernatz rollt sich wieder auf den Bauch. »Der Krampf ist weg.«

»Gut.«

»Wie gehen wir's an?«

Schon besser, denkt Raol. Keine Unsicherheit mehr in Bernatz' Stimme, kein Zweifel über den Ausgang ihres Unterfangens. Das Gebet scheint geholfen zu haben. »Ich weiß nicht, wann die Wache abgelöst werden soll«, sagt er. »Besser, wir warten nicht länger. Den Wachmann müssen wir auf jeden Fall unschädlich machen. Das übernehme ich.«

»In Ordnung.«

»Während die anderen schlafen, sammeln wir ihre Waffen ein. Vor allem die Bögen. Kein unnötiges Blutvergießen, hörst du? Du schützt die Kinder, während ich die Banditen in Schach halte. Verstanden?«

»Ihr wollt sie laufen lassen?«

»Wenn sie sich benehmen.«

»Also gut. Und dann setzen wir die Mädchen auf die Maultiere und verschwinden, oder?«

»Genau so machen wir's. Du siehst, ganz einfach.« Raol überlegt einen Moment. »Wir haben etwas Westwind«, sagt er. »Wir werden uns also in weitem Bogen von Osten anschleichen. Damit die Maultiere uns nicht riechen und unruhig werden.« Er starrt noch einmal nach unten zur Lagerstelle der Banditen. Nichts regt sich. »Also los. Und sei verdammt leise.«

»Ich dachte, wir sollen nicht fluchen.«

»Nun mach schon!«

Sie kriechen vorsichtig unter den Büschen hervor, stehen auf, rücken Schwertgürtel und Ringpanzer zurecht. Die Schilde haben sie bei den Pferden gelassen. Kettenhauben und Helme ebenfalls. Die würden das Hören beeinträchtigen. Auch seines hellen Surcots hat Raol sich entledigt. Sie nehmen etwas Walderde in die Hand und feuchten sie mit Spucke an, um sich damit Gesicht und Hände zu schwärzen.

Raol bekreuzigt sich. »Gehen wir!«

Sie müssen vorsichtig sein. Das kleinste Geräusch im stillen nächtlichen Wald könnte die Wache alarmieren. Zum Glück wächst unter den Pinien wenig Gestrüpp, und der Wind ist etwas stärker geworden, sodass das Rauschen in den Zweigen die leichten Geräusche ihrer Schritte übertönt.

Sie machen einen weiten Bogen um die Senke und nähern sich von Osten, langsam und vorsichtig, einen Schritt vor den anderen setzend, Blick auf den Boden, um jeden trockenen Zweig, jedes Gestrüpp und jede unsichere Stelle zu umgehen. Der Vollmond steht zwar immer noch am Himmel, aber durch das Nadeldach der Pinien dringt nur wenig Licht. Trotzdem lassen sie die Schwerter in den Scheiden. Ihr Widerschein, besonders in der Nähe des Lagerfeuers, könnte sie verraten.

Als sie sich auf zwanzig Schritt der Stelle genähert haben, wo sich zuletzt die Wache befand, hebt Raol die Hand, und sie bleiben stehen, um sich umzusehen. Er spürt den leichten Wind auf dem Gesicht. Immer noch aus westlicher Richtung. Er kann das fast niedergebrannte Feuer riechen, das Harz der Pinien, den Dung der Maultiere. Eines von ihnen hört er leise schnauben, dazu das Schnarchen eines Schläfers. Sonst ist alles still. Bis jetzt scheint keiner sie bemerkt zu haben.

Aber wo ist der Wachmann? Hockt er noch an seinem Baum? Raol schaut in alle Richtungen. Wo ist der verdammte Kerl?

Raol bedeutet Bernatz zu warten. Er selbst schleicht vorsichtig und mit der Hand am Schwertgriff weiter. Zwei Schritte vor dem besagten Baum bleibt er stehen, lässt lautlos das Schwert aus der Scheide gleiten. Dann macht er einen Schritt zur Seite, um zu sehen, ob der Kerl hinter dem Baumstamm steckt, und tritt dabei auf einen trockenen Zweig. Er erschrickt, denn das Knacken des brechenden Zweigs ist laut genug, um Tote zu wecken. So kommt es ihm vor. Sein Herz schlägt plötzlich schneller.

In diesem Augenblick sieht er den Wachmann.

Und der ihn.

Der Kerl kommt in der Nähe der angebundenen Maultiere aus dem Wald und bleibt ruckartig stehen. Beide Männer starren sich an. Raol mit dem Schwert in der Faust, der andere mit dem Arm voll trockener Äste fürs Feuer.

Einen kurzen Moment lang scheint der Beduine verwirrt zu sein, dann muss ihm dämmern, dass er einen Christenkrieger vor sich hat und warum der so plötzlich aufgetaucht ist. Er blickt wild um sich. Dann lässt er die Äste fallen und brüllt, um seine Kameraden zu wecken. Gleichzeitig zieht einen langen Dolch aus dem Gürtel – das Schwert muss er am Baum gelassen haben.

Raols sorgfältiger Plan ist zum Teufel. Gleich werden die Kerle aufspringen und zu den Waffen greifen. Er muss die Kinder schützen ...! Raol rennt los, stolpert über einen der Schläfer am Boden, springt über das nur noch schwach flackernde Feuer und versucht, dem Mann, der sich jetzt mit dem Messer auf die Mädchen stürzt, den Weg abzuschneiden.

Es gelingt ihm nicht. Der Kerl ist schneller.

Mit der Linken zerrt der Beduine eines der noch schlafenden, an den Bäumen gefesselten Mädchen an den Haaren, um dessen Hals zu entblößen. Die Messerklinge blitzt, als er sie der Kleinen an die Kehle hält. Das Kind, so brutal geweckt, schreit auf. Der Kerl starrt Raol mit wilden, dunklen Augen an und zischt ihm etwas zu. Auch wenn Raol kein Arabisch versteht, ist die Botschaft unmissverständlich: *Wage nicht, näher zu kommen, sonst stirbt die Kleine.*

Dann brüllt der Beduine laut genug, um seine schlaftrunkenen Kameraden aufzuscheuchen, während das Mädchen zu Tode erschrocken die Luft anhält und mit Panik in den weit aufgerissenen Augen um sich starrt.

Dass eines der Kinder bedroht werden könnte, damit hat Raol gerechnet, und er hat mit Bernatz besprochen, was in dem Fall zu tun ist. Sosehr es zu vermeiden gilt, so ist es doch besser, dass ein einziges Kind stirbt als alle fünf. Deshalb zögert er nicht einen Augenblick und tut das Unerwartete: Er lässt sein Schwert mit aller Kraft niederfahren. Die Waffe ist ein besonders edles Schwert, sein treuer Begleiter in all den Jahren. Etwas schwer für die meisten. Nicht für Raol. Mit aller Wucht trifft die scharfe Klinge den rechten Unterarm des Beduinen und geht durch Haut, Muskeln und Knochen, als wären sie nichts als Butter.

Mit einem schrillen Schrei stolpert der Mann zurück. Während er noch fassungslos auf das Blut starrt, das plötzlich aus seinem Armstumpf schießt, stößt Raol ihm das Schwert durch die Kehle. Röchelnd geht der Mann in die Knie. Raol zieht sein Schwert zurück und wirbelt herum.

Die Lage hat sich in ein wüstes und lautes Chaos verwandelt. Die Kinder sind aus dem Schlaf aufgeschreckt und kreischen vor Angst und Panik. Die Maultiere riechen Blut, wiehern ängstlich und zerren an den Zügeln, mit denen sie angebunden sind. Die Beduinen, jäh aus dem Schlaf gerissen, rappeln sich wild brüllend und mit Waffen in den Händen auf die Füße. Allerdings nicht alle, denn auch Bernatz ist nicht untätig gewesen. Zwei von ihnen liegen am Boden und regen sich nicht. Er muss sie noch im Schlaf erschlagen haben.

Raol stürzt sich auf den Mann mit der Hakennase, laut Farida der Anführer. Der sieht trotz seiner Kleidung gar nicht aus wie ein Beduine und schwingt ein langes gebogenes Reiterschwert, wie Türken es bevorzugen. Er muss ein abtrünniger Seldschuke sein oder ein entlaufener Verbrecher. Ist er einer der Bogenschützen?

Seine kurze Unaufmerksamkeit kostet Raol fast das Leben. Zu langsam reißt er das Schwert hoch, als dass er den Angriff noch parieren könnte. Im letzten Augenblick hebt er die Schulter, sonst hätte ihn der Hieb enthauptet. Mit Wucht trifft die Klinge auf die stählernen Ringe seines Panzers. Die Wattierung darunter dämpft den Schlag.

Statt auszuweichen, springt Raol vor und packt den Kerl mit

der linken Faust an der Gurgel. Einen Augenblick lang ringen sie Brust an Brust, den keuchenden Atem des jeweils anderen im Gesicht. Dann lässt Raol sein Schwert fallen und zieht den Dolch. Den stößt er dem Türken dreimal, viermal in den Rücken, bis der Mann vor Schmerz brüllt und kraftlos in die Knie bricht. Mit einem Tritt befördert Raol ihn zu Boden.

Auch Bernatz hat einen weiteren Entführer niedergeschlagen, einen, der noch zu schlaftrunken war, um sich wirksam zu wehren. Den letzten sehen sie in Panik davonlaufen und im Dunkel des Waldes verschwinden.

»Hat der einen Bogen?«, fragt Raol. »Nicht, dass er uns aus dem Hinterhalt beschießt.«

»Sieht nicht so aus. Hier liegen die vollen Köcher. Und da einer der Bögen.«

Als sie sich umsehen, finden sie auch den zweiten Bogen unter einem der Toten. Auch der ähnelt mehr einem Seldschuken als einem Beduinen. Unter den Banditen, die die Gegend unsicher machen, Pilger ausrauben und Dörfer überfallen, befinden sich nicht nur Beduinen, sondern alles, was sich an Abschaum an der levantinischen Küste und in den Bergen des Hinterlands herumtreibt, offensichtlich auch fahnenflüchtige Türken.

»Verdammtes Verbrechergesindel!«, knurrt Bernatz.

Einer der Kerle regt sich noch und versucht, sich aufzurichten. Bernatz tritt zu ihm, hebt das Schwert mit beiden Händen und rammt es dem Mann in die Brust. Der gibt noch ein grässliches Stöhnen von sich, das in einem von Blut erstickten Gurgeln endet, und fällt zurück. Bernatz stellt ihm den Fuß auf die Brust und zieht das Schwert aus dem Fleisch. Die Klinge wischt er an den Kleidern des Sterbenden sauber.

Raol blickt sich um. Rund um die Feuerstelle liegen Decken, Sättel, Feldflaschen, die Waffen der Banditen und eine rußige Pfanne. Dazwischen die Leichen der Erschlagenen, so wie sie gefallen sind.

Das haben wir so nicht gewollt, denkt er betroffen. Ein Blutbad anzurichten, hatten sie nicht vor. Aber nun hat Gott es so gefügt. Mit Kinderschändern und Mädchenhändlern muss man kein Mitleid haben. Sie haben ihren Weg gewählt, und der Herr hat sie bestraft.

Raol dreht sich zu den wimmernden Kindern um. Sie haben alles mitansehen müssen. Außerdem müssen er und Bernatz mit ihren geschwärzten Gesichtern, den blutigen Schwertern und von Leichen umgeben ein schreckliches Bild abgeben. Raol wischt sein Schwert, das er aufgehoben hat, ebenfalls sauber und lässt es in die Scheide gleiten. Mit dem Ärmel fährt er sich übers Gesicht, was den Dreck allerdings nur noch mehr verschmiert.

»Leg Holz aufs Feuer«, sagt er, »damit man was sieht.«

Langsam und mit Bedacht nähert er sich den Mädchen, die ihn mit verängstigten, weit aufgerissenen Augen anstarren. Eines schreit nach seiner Mutter. Einem anderen zittern die Lippen im von Tränen überströmten Gesicht. Ein drittes kneift die Augen zu und wendet den Kopf ab, als könne es seinen Anblick nicht ertragen.

Er kniet sich vor ihnen auf den Boden und versucht, ein freundliches Lächeln aufzusetzen. Er deutet auf die Älteste, die ihn mit dunklen Augen ansieht. Sie ist hübsch, etwas mager, aber kurz vor ihrer Blüte.

»Aischa? Bist du Aischa?«

Sie nickt beklommen. Sie versteht seine Sprache nicht, aber dass er ihren Namen kennt, scheint sie ein wenig zu beruhigen. Ängstlich fragt sie etwas auf Arabisch.

Raol hebt die Schultern, um zeigen, dass er sie nicht versteht. »Wir bringen dich heim, Aischa«, sagt er. »Zu deiner Mutter. Zu Farida. Dich und die anderen.«

Beim Namen ihrer Mutter verzerrt sich ihr Gesicht, und sie beginnt heftig zu schluchzen. Ihre mageren Schultern zucken. Aber es ist ein erleichtertes Weinen, weil endlich die schreckliche Angst von ihrer jungen Seele genommen ist. Raol rückt etwas näher. Er streicht ihr sanft über die Wange und redet mit leiser Stimme auf sie ein, auch wenn sie ihn nicht versteht.

Als sich ihr Schluchzen etwas beruhigt und sie keine Angst mehr vor ihm zu haben scheint, nimmt er seinen Dolch in die Hand und schneidet ihr die Fesseln durch. Sie reibt sich die geschundenen Handgelenke und blickt dankend zu ihm auf. Er reicht ihr den Dolch und zeigt auf die anderen Kinder. Besser, dass sie das macht. Er sieht zu, wie sie unsicher aufsteht und mit zitternden Händen einem Mädchen nach dem anderen die Fesseln durchschneidet und dabei immer wieder mit sanfter Stimme auf sie einredet.

Bernatz tritt an seine Seite und blickt auf die Kinder, die nun eng beieinanderstehen, sich die abgeschnürten Glieder reiben und scheu und immer noch misstrauisch zu ihnen herübersehen. Im Schein der neu auflodernden Flammen bemerkt Raol, dass Bernatz feuchte Augen hat.

»Ein gutes Werk, Seigneur Raol«, sagt der junge Sergeant. »Ein verdammt gutes Werk!«

Raol nickt. *Ja, ein gutes Werk. Nur mussten wir dafür fünf Männer umbringen.* Er steckt den Dolch, den Aischa ihm gebracht hat, zurück in die Scheide. »Dann lass uns für die Kinder die Maultiere satteln und von hier verschwinden.«

EINE UNERWARTETE BEGEGNUNG

Als sich am frühen Morgen die Sonne über die fernen Berge Judäas erhebt, ist die Reisegesellschaft längst unterwegs. Diesmal fahren Melisende und Maria in einem leichten vierspännigen Wagen, bequem mit Kissen und einem Sonnendach ausgestattet und genug Platz für ihr Gepäck.

Auf dem Bock sitzt Dawud, ein junger Mann von den Reitställen des Grafen, ein Bauernjunge aus der Gegend von Jaffa. Auf Melisendes Frage, ob es keinen erfahreneren Pferdeführer gebe, hat Armand gelacht. Nein, den gebe es nicht. Keiner habe mehr Pferdeverstand als Dawud. Er sei mit ihnen aufgewachsen.

Tatsächlich braucht der Bursche keine Peitsche, sondern redet mit den Tieren und feuert sie mit allerlei Worten und Lauten an. Sie wenden ihm die Ohren zu, und ihre Köpfe nicken, als würden sie verstehen. Dabei laufen sie in einem ausdauernden, meilenfressenden Trab, der die Landschaft entlang der Küste zügig vorbeiziehen lässt.

»Dem Herrn sei Dank, dass wir nicht mehr reiten müssen«, sagt Maria, die die Fahrt ganz offensichtlich genießt. »Mir tut alles weh.«

»Da bist du nicht allein«, erwidert Melisende.

»Dawud!«, ruft Maria. »Was meinst du, wie lange brauchen wir bis Antiochia?«

Es ist nicht das erste Mal, dass sie das Wort an ihn richtet. Melisende glaubt zu verstehen, warum. Dawuds ansprechendes Lächeln scheint es Maria angetan zu haben.

Er dreht sich kurz zu ihr um. »Ich weiß nicht«, erwidert er mit einem Schulterzucken. »Seigneur Armand meint, mindestens zehn bis zwölf Tage.« Dann grinst er. »So schnell werdet Ihr uns nicht los, Demoiselle Maria.« Dann wendet er den Blick wieder auf die Straße.

Belustigt merkt Melisende, wie Maria die Röte ins Gesicht steigt, während sie um eine passende Antwort ringt, es dann aber aufgibt. Als ihr bewusst wird, dass Melisende sie beobachtet, macht Maria ein verlegenes Gesicht. »Wollte mich nur erkundigen, Domina.«

»Und nun wissen wir's«, sagt Melisende und lacht.

Die Burg Arsuf haben sie gerade hinter sich gelassen, nun sind sie auf der alten Römerstraße unterwegs nach Caesarea. Hohe, mit Strandgras bewachsene Dünen versperren die Sicht auf die Strände. Nur hier und da gewähren sie einen Blick auf die blaue Weite des Meeres.

»Seht, Domina, wie schön das Meer ist! Und da ist ein Schiff!«, ruft Maria und deutet auf ein fernes Segel. »Wie das wohl ist, die Welt auf einem Schiff zu bereisen. Seid Ihr schon mal zur See gefahren, Domina?«

Melisende schüttelt lachend den Kopf. »Nein, bisher nicht. Es soll Piraten geben, habe ich mir sagen lassen. Und wilde Stürme. Seekrank kann man auch werden.«

»Seekrank? Was ist denn das für eine Krankheit?«

»Es ist die Schaukelei auf dem Schiff. Ganz unangenehm soll das sein. Es wird einem fürchterlich schlecht. Der Magen stülpt sich nach außen, und man ist tagelang krank.«

»Wirklich?« Maria wirft einen kritischen Blick auf das Meer. »Na dann können wir wohl froh sein, dass wir den Wagen haben.«

Wenig später fügt sie hinzu: »Trotzdem, eine Seereise würde mir schon gefallen. Das muss doch ein tolles Abenteuer sein, so übers weite Meer zu segeln.«

Melisende lächelt und schaut nach vorne. Armand reitet von zwei bewaffneten Reisigen begleitet voran. Hinter dem Wagen führen Reiterknechte ein halbes Dutzend Maultiere, die mit Zelten beladen sind, mit Proviant und allem, was man für ein bequemes Nachtlager braucht. Den Abschluss bilden drei weitere Bewaffnete.

»Glaubt Ihr, in Jerusalem wissen sie schon, dass wir die Stadt verlassen haben?«, fragt Maria.

»Ich hoffe, nicht.«

»Und wohin wir unterwegs sind?«

»Hodierna hat versprochen, es nicht zu verraten.«

Melisende blickt über die Schulter, um zu sehen, ob sie verfolgt werden. Die Räder des Wagens und die Hufe der Pferde wirbeln allerdings so viel Staub auf, dass hinter ihrem Trupp kaum etwas zu erkennen ist. Aber natürlich folgt ihnen niemand. Es ist nur ihre eigene Unruhe. Heute oder morgen wird Vater sicherlich alles erfahren. Was wird er tun? Ihr einen Trupp seiner Krieger hinterherschicken? Und wenn schon, denkt sie trotzig. Die werden mich ja wohl nicht umbringen.

Ab und zu treffen sie auf einen üblen Straßenabschnitt voller Löcher und Schlammfurchen vom letzten Regenguss. Dann lässt Dawud die Pferde langsam gehen, und die beiden Frauen werden gehörig durchgeschüttelt. Aber das tut der guten Laune keinen Abbruch, und mit fortschreitendem Morgen beginnt Melisende, sich zu entspannen. Sie zieht die Kapuze runter und löst den Knoten im Nacken, um ihre langen Haare im frischen Seewind wehen zu lassen.

»Warum lacht Ihr, Domina?«, fragt Maria.

»Weil ich mich zum ersten Mal im Leben frei fühle. Frei wie ein Vogel, der sich in die Lüfte schwingt. Ist das nicht wunderbar? Wir fahren nach Antiochia, weil ich es will, und niemand wird es mir verbieten. Mit dem heutigen Tag ist alles anders geworden, Maria. Ein neues Leben hat begonnen.«

✠

Hodierna hat dem Hauptmann der Wache am Stephanstor ausrichten lassen, er solle sie bei der Rückkehr des Comte d'Anjou von seinem Ausflug zum Jordan sofort benachrichtigen. Sie will auf die Auseinandersetzung vorbereitet sein, die zweifellos folgen wird.

Und nun ist es so weit. Am gestrigen Abend, drei Tage nach Melisendes Flucht, hat Foulques die Stadt kurz vor Schließung der Tore in Begleitung seines Gefolges erreicht, wie ein Bote ihr mitteilte. Überzeugt, dass der Graf sofort zum König eilen würde, überlegte Hodierna voll Bangen, wie sie dem unweigerlichen Wutausbruch des Vaters begegnen soll, wie ihm antworten, wie ihre Lüge erklären? Vielleicht sollte sie einfach sagen, sie selbst sei ein Opfer von Melisendes Täuschung geworden, hätte tatsächlich geglaubt, ihre Schwester wolle sich taufen lassen.

Doch bisher ist nicht eingetreten, was sie befürchtet. Weder gestern Abend noch heute Morgen. Obwohl es natürlich noch früh ist. Nicht einmal ihr Morgenmahl hat sie zu sich genommen. Obwohl sie ohnehin keinen Bissen runterkriegt, so nervös ist sie.

Anscheinend hat der Graf noch gar nicht mit dem Vater gesprochen. Sonst hätte der sie schon zur Rede gestellt. Dieser Foulques ist ein kalter Fisch, denkt sie. Der lässt sich nicht von Gefühlen leiten, überlegt sich jeden Schritt genau. Vielleicht grübelt er gerade darüber nach, wie er den König am besten unter Druck setzen kann, während ich hier auf glühenden Kohlen sitze.

Plötzlich klopft es heftig an der Tür. Erschrocken zuckt sie zusammen. Das war eine Männerhand, nicht die ihrer Magd. Muss eine von Vaters Leibwachen sein. Der Mann ist bestimmt gekommen, um sie vor den König zu zerren. Doch wohl nicht, um sie in ein Verlies zu werfen? Gleich darauf schilt sie eine Närrin. *Mon Dieu, er ist mein Vater und nicht mein Henker! Also reiß dich zusammen, altes Mädchen!*

»Wer ist da?«, ruft sie.

»Der König wünscht Euch zu sprechen, Domina«, hört sie eine raue Männerstimme. »Und zwar im Thronsaal. Eure Gegenwart ist auf der Stelle geboten, ohne Aufschub oder Ausrede, soll ich ausrichten. Tut mir leid, Domina, aber so ist des Königs Befehl.«

Im Thronsaal? Wieso im Thronsaal? Das ist schlimmer, als sie vermutet hat. Will ihr Vater sie öffentlich verhören und bloßstellen? Vor den versammelten Baronen des Landes? Vielleicht sogar bestrafen? Und das in Gegenwart dieses anmaßenden Grafen?

Ja, das wird es sein, denkt sie. Wir haben Vaters Autorität beleidigt, ihn in eine peinliche Lage gebracht. Jetzt will er dem Grafen zeigen, dass er Melisendes Verschwinden und die frechen Lügengeschichten, die ich ihm aufgetischt habe, nicht duldet. Dass er alles tun wird, um dem Grafen Genugtuung zu verschaffen.

Das Herz schlägt ihr bis zum Hals.

»Habt Ihr gehört, Herrin?«

»Ja, hab ich! Ich komme gleich!«

Sie merkt, wie kläglich und verunsichert ihre Stimme geklungen hat. Sie hört schwere Schritte, die sich entfernen, und legt die Hand aufs Herz, spürt, wie wild es klopft. Nun gibt es kein Entrinnen, keine Ausrede, jetzt muss sie sich erklären. *Oh Schwester, was ich für dich ertragen muss! Nach dieser Geschichte schuldest du mir etwas. Das heißt, wenn diese Schuld überhaupt zu begleichen ist.*

Wohlwissend, dass eine peinliche Aussprache mit dem Vater nicht zu vermeiden ist, hat sie sich schon früh von ihrem Lager erhoben und sorgfältig gekleidet. Auf ihre prächtigen Gewänder hat sie verzichtet, Schlichtes und Gedecktes gewählt. Ihr schönes Haar ist im Nacken zu einem züchtigen Knoten gebunden, auch Schmuck hat sie nicht angelegt. Da sie selten an die Sonne geht, ist ihre Haut zart und weiß. Ein wenig Bleiweiß könnte nachhelfen, aber sie hat sich dagegen entschieden. Es könnte aufgesetzt wirken. Sie wirft noch einen Blick in den Spiegel, prüft den Sitz des Gewandes und legt sich einen hauchdünnen Schal um Kopf und Schultern. Dann atmet sie tief durch, bekreuzigt sich und verlässt das Gemach.

Der Thronsaal ist etwas kleiner als der Versammlungssaal der Haute Cour, dafür wesentlich prunkvoller. Die Wände sind mit Seide behangen, der Fußboden mit gewachsten Eichendielen ausgelegt, an den Wänden hängen vergoldete Kerzenhalter. Hier hält der König Hof, empfängt Bittsteller, umgibt sich mit seinen treuesten Vasallen und lädt zu festlichen Gelagen.

Als Hodierna das eichene Portal erreicht, verweilt sie einen Moment und fragt sich mit bangem Herzen, was hinter der mächtigen Flügeltür auf sie wartet. Noch einmal atmet sie tief durch, um sich Mut zu machen, bittet die Jungfrau Maria um Beistand und bekreuzigt sich. Schließlich stößt sie eine der Flügeltüren auf und betritt erhobenen Hauptes den Saal, entschlossen, alles durchzustehen.

Noch in der offenen Tür bleibt sie jedoch abrupt stehen, zu erstaunt, um weiterzugehen. Eine Versammlung von Baronen und Geistlichen hat sie erwartet und einen vor Wut schäumenden Comte d'Anjou. Warum sonst wurde sie in den Thronsaal zitiert?

Aber der Saal ist leer. Es ist niemand zugegen, nur ihr Vater. Der sitzt zurückgelehnt auf seinem erhöhten, herrlich verzierten Thronsessel und blickt mit ernster Miene zu ihr herüber. Vor ihm steht ein einzelner harter Schemel.

»Schließ die Tür, und setz dich!«, befiehlt er. Seine Stimme hallt im leeren Saal, klingt kalt und streng, wenn auch nicht besonders wütend. Und doch wirkt es einschüchternd auf sie, weit mehr, als hätte er sie angebrüllt.

Hodierna schließt die Tür hinter sich und geht mit weichen Knien auf den Schemel zu. »Vater –«

»Setz dich!« Diesmal klingt die Stimme scharf und herrisch, keine Widerrede duldend.

Sie erreicht den Schemel und lässt sich darauf nieder. Warum empfängt er sie ausgerechnet hier? Auf diese erniedrigende Weise? Natürlich ist es Absicht. Wie eine erbärmliche Sünderin soll sie sich fühlen. Damit er, der König, auf sie herabblicken kann wie ein strenger Richter.

Für einen Augenblick weckt das ihren Widerstand. Aber nicht für lange. Vielleicht ist es ja auch Zufall. Vielleicht hat der Graf gerade erst unter vier Augen mit ihm gesprochen und dann den Saal verlassen. Sie wagt kaum aufzublicken, und als sie es für einen kurzen Moment doch tut, kommt ihr Baudouins Miene seltsamerweise eher traurig als zornig vor.

»Was hast du für dich vorzubringen?«, hört sie ihn mit einem müden Seufzer sagen. »Und diesmal bitte keine Lügen.«

Seine unerwartet sanfte Stimme treibt ihr Tränen in die Augen. Hätte er sie angeschrien, hätte sie dagegengehalten. Aber so … Plötzlich tut es ihr unendlich leid, dass sie ihn angelogen hat. Er war immer gut zu ihr. Zu allen Töchtern. Er hat es nicht verdient, dass seine eigenen Kinder ihn so hintergehen und ihm auch noch frech ins Gesicht lügen. Jetzt ist nicht der Moment, sich weiter in Unwahrheiten zu verstricken. Sie hat Melisendes Flucht gedeckt, nun soll es reichen.

»Es tut mir leid, Vater«, flüstert sie, ohne ihn anzusehen.

»Wo ist sie?«, fragt er nach einer Weile.

»Unterwegs nach Antiochia. Zu Alice.«

»Auf welchem Weg?«

»Auf der Küstenstraße.«

»Antiochia also. Das habe ich mir gleich gedacht, als Foulques sie am Jordan nicht vorgefunden hat.«

Hodierna wischt sich eine Träne von der Wange und blickt zu ihm auf. »Sie will diesen Mann nicht heiraten, Vater. Er ist ihr zuwider.«

Der König nickt. »Das hat sie deutlich gemacht. Und du hast ihr bei dieser kindischen Flucht geholfen.«

»Sie ist meine Schwester.«

»Ah, deine Schwester. Ich verstehe. Zu deiner Schwester bist du loyal, aber nicht zu deinem Vater und König.«

Hodierna senkt den Kopf. »Sie ist eben meine Schwester, Vater. Was soll ich sagen?«

»Du kannst froh sein, dass ich Loyalität im Grunde schätze. Auch wenn sie in diesem Fall fehl am Platz ist. Ausgerechnet zu Alice! Wenn ihr beide schon eigensinnig seid, dann ist Alice es noch viel mehr. Du weißt genau, wie oft sie sich mit mir gestritten hat. Eine widerspenstigere Tochter als Alice gibt es nicht. Ich bin wahrlich ein geschlagener Vater.«

»Es tut mir leid.«

»Das sagtest du schon.« Baudouin seufzt. »Und wer hat euch geholfen?«

»Hugues de Jaffa. Er hat ihr einen seiner Ritter und ein halbes Dutzend Söldner als Begleitschutz mitgegeben.«

»Hugues also. Auch der hintergeht mich. Wie enttäuschend.«

»Er wollte nicht. Wir haben ihn gezwungen.«

»Gezwungen habt ihr ihn. Und wie?«

»Besser gesagt: erpresst.«

»Ah! Wahrscheinlich mit einer seiner Weibergeschichten. Erspar mir die Einzelheiten. Die will ich gar nicht wissen.« Er schüttelt den Kopf. »Man glaubt es kaum: Zwei schwache Weiber setzen sich mit List und Tücke in den Kopf, das gesamte Königreich herauszufordern. Dir ist hoffentlich klar, dass ihr damit nicht durchkommt.«

Sie zuckt mit den Schultern. »Was wirst du tun, Vater?«

»Ich werde einen Trupp Bewaffneter ausschicken. Die werden sie zurückbringen. Foulques hat sich erboten, sie zu holen, wo immer sie sich aufhalten mag.«

»Nicht ausgerechnet der, Vater!«

»Natürlich nicht, Kind. So ungeschickt bin ich nun auch wieder nicht. Gauthier de Brisebarre hat sich erboten, die Sache zu übernehmen. Ein Mann mit Fingerspitzengefühl.«

»Und wenn Alice sich weigert, sie ziehen zu lassen?«

»Ihr Gemahl, der junge Bohemund, wird schon wissen, was gut für ihn und für uns alle ist. Da mache ich mir keine Sorgen.«

»Es war also alles umsonst.«

»Ganz recht. Ein dummer Streich wie von Halbwüchsigen. Von euch beiden hätte ich wirklich mehr Verstand erwartet. Und jetzt geh, und wasch dir das Gesicht.«

»Ja, Vater«, haucht Hodierna zerknirscht, erhebt sich, ohne ihn noch einmal anzusehen, und verlässt den Thronsaal.

✠

Die beiden Männer sind von der Jagd zurück und steigen im Zeltlager von den Pferden. Einer mit besonderer Vorsicht, denn er trägt einen edlen Falken auf dem ledernen Handschuh der linken Hand. Die Füße des Vogels sind an den Handschuh gefesselt, damit er nicht unverhofft davonfliegt.

Der Mann ist Mitte dreißig, breitschultrig und schlank. Um den Kopf trägt er ein weißes Tuch, am Leib ein kurzärmeliges ledernes Wams mit aufgenähten Bronzeplättchen.

Der andere ist ähnlich gekleidet aber wesentlich älter. Ein würdevoller Graubart, obwohl immer noch in guter körperlicher Verfassung. »Jetzt waren wir stundenlang unterwegs«, brummt er unwirsch. »Und was hast du als Beute? Nichts als ein paar Wachteln und ein Kaninchen. Das soll eine Jagd sein?«

»Aber Vater«, erwidert Usama ibn Munqidh. »Es geht doch überhaupt nicht um die Beute. Es geht um die Jagd. Oder, besser gesagt, darum, dem Vogel dabei zuzuschauen, wie er pfeilschnell aus der Höhe stürzt und seine Beute schlägt.«

»Bei Allah, mein Sohn, das ist doch nichts für Männer. Da lob ich mir eine Löwenjagd. Am besten zu Fuß mit dem Speer in der Faust. Mann gegen Bestie. Das ist eine Jagd. Obwohl ich langsam alt für so was werde.«

»Du bist ein großer Jäger und hast einige prächtige Löwen erlegt in deinem Leben. Außerdem zahllose Eber, Hirsche und Gazellen. Das will ich gar nicht leugnen. Im Gegenteil, ich bewundere es.«

»Als Junge warst du oft genug mit mir auf der Jagd. Genau wie deine Brüder. Du weißt, wie es sich anfühlt. Warum verschwendest du deine Zeit mit diesen Vögeln?«

Reitknechte nehmen die Pferde der beiden in Empfang und führen sie zum nahen Bach. Es ist später Nachmittag, und die Sonne nähert sich den Gipfeln der Berge, auf deren östlicher Flanke das Lager liegt. An die zwanzig Zelte sind hier aufgeschlagen. Sie beherbergen eine kleine Kriegsmacht aus drei Dutzend bewaffneten Reitern und deren Schildträgern und Knechten.

Vater und Sohn betreten das große, bequeme Fürstenzelt, das die Knechte in der Mitte der Lichtung aufgeschlagen haben. Usama stülpt dem Falken eine Lederkappe über den Kopf, löst die Fußfesseln und setzt den Vogel vorsichtig auf dessen Stange, wo er ihn erneut festbindet. Dann füttert er ihn mit einem Stückchen rohen Kaninchenfleischs und streicht ihm sanft über die Federn.

Sein Falkner, der mit ihnen auf der Jagd war, betritt das Zelt. »Soll ich den Vogel in seinen Käfig stecken?«

»Lass ihn noch ein Weilchen hier«, erwidert Usama.

Einem dunkelhäutigen Sklaven, der ebenfalls herbeigeeilt ist, befiehlt Murschid, Usamas Vater: »Bring uns zu trinken. Für mich keinen Wein. Und für meinen Sohn verdünnt, hast du gehört?«

»Wie befohlen, Herr«, erwidert der Sklave und eilt davon.

Usama lächelt. »Hältst du Wein immer noch für den Quell allen Übels in der Welt?«

128

»Natürlich! Übermäßiger Genuss hat schon so manchen ruiniert. Mit dem Wein beginnen das Laster und das sündhafte Leben. Im Grunde solltest du ihn nicht einmal verdünnt trinken. Aber du lässt dich ja nicht belehren.«

Usama seufzt. Sein Vater ist äußerst strenggläubig, befolgt alle Regeln des Islams und verbringt seine Abende für gewöhnlich mit der Lektüre des Korans. Nur die Jagd ist schon immer seine große Leidenschaft gewesen. Für sie hat er sogar seinen Anspruch auf den Thron von Schaizar aufgegeben. Die Banu Munqidhs sind die Herrscher von Schaizar, und beim Tod seines Oheims Nasr vor vielen Jahren hätte eigentlich Murschid Emir werden sollen. Doch er verzichtete zugunsten seines jüngeren Bruders Sultan. Weil ihm das Herrschen lästig und die Jagd wichtiger war. Und weil es ihn von seiner Hingabe für den Islam abgelenkt hätte. Das Wort des Propheten bedeutet ihm alles. Oft arbeitet er tagelang an einer persönlichen Abschrift der heiligen Worte. Jede Sure kennt er auswendig.

Der Boden des Zeltes ist mit weichen Teppichen ausgelegt. Seidene Kissen laden zum Sitzen ein. Die beiden Männer lassen sich mit untergeschlagenen Beinen auf ihnen nieder.

»Ich maße mir nicht an, es besser zu wissen als du«, sagt Usama höflich. »Aber lass mich noch einmal erklären, was für mich an der Falkenjagd so aufregend ist.«

Der Sklave kehrt mit einem beladenen Tablett zurück. Ihm folgt ein zweiter, der ein niedriges Tischchen aus einer Ecke des Zeltes holt und es zwischen den beiden Männern platziert. Der andere stellt Becher und zwei Karaffen darauf, eine mit Wein gefüllt, die andere mit Wasser. Dazu ein Schälchen mit Oliven.

»Etwas zu essen?«, fragt er.

»Nicht jetzt«, erwidert Murschid. »Es ist bald Zeit für das Abendgebet. Wir essen später.«

Beide Sklaven verlassen das Zelt.

»Sieh dir den Prachtvogel an«, sagt Usama und gießt sich etwas Wein in den Becher, den er mit Wasser auffüllt. »Weibchen wie dieses hier haben eine Spannweite von mehr als zwei Ellen.«

»Natürlich. Da erzählst du mir nichts Neues.«

»Es ist nicht nur die Jagd. Das Spannende ist die Abrichtung. Falken sind nicht wie Hunde, die dem Menschen treu sind. Normalerweise würde so ein Vogel einen Menschen überhaupt nicht in seiner Nähe dulden. Es braucht viel Geduld, bis sie ihre Scheu verlieren. Eigentlich geht das nur über das Futter.«

»Fressen sie nicht ihre Beute?«

»Wir nehmen sie ihnen weg. Futter bekommen sie nur aus der Hand des Halters.«

»Ihr macht sie abhängig.«

Usama nickt. »Sonst würden sie bei der nächsten Gelegenheit wegfliegen. Das kommt auch so noch manchmal vor.«

»Na schön. Danke für die Aufklärung. Mir wäre eine richtige Jagd in der Bekaa-Ebene lieber gewesen. Da gibt es noch Antilopen und Gazellen. Ich weiß nicht, warum wir uns hier in den Bergen herumtreiben müssen. Hier gibt's doch nur Schafe und Ziegen. Noch dazu auf dem Gebiet der Christen!«

»Ich hab dir doch gesagt, ich will ein wenig die Lage auskundschaften. Mir sind Gerüchte zu Ohren gekommen, dass der Graf von Tripolis sein Heer aufrüstet. Vielleicht haben sie etwas vor. Wir müssen wachsam bleiben.«

»Diese verfluchten Ungläubigen«, knurrt Murschid. »Sie werden alle in der Hölle brennen. Sei Allah ewig dankbar dafür, mein Sohn, dass wir als gute Muslime geboren wurden. Es gibt nur einen Gott, und Mohamed ist sein Prophet.«

»Allahu akbar«, erwidert Usama gewohnheitsmäßig. Doch dann sagt er: »Natürlich glauben sie dasselbe von ihrem Gott, Vater.«

»Ja, ja. Eine Irrlehre, du weißt das. Der Islam hat sich überall ausgebreitet und wird bald die ganze Welt beherrschen. So wie es der Prophet gesagt hat und wie es Allah gebührt. Sogar die verdammten Seldschuken haben sich Allah unterworfen. Die Christen werden es auch bald tun.«

Usama schüttelt den Kopf. »Das glaube ich nicht. Vergiss nicht, sie haben unsere heiligen Stätten erobert. Wieso hat Allah das zugelassen?«

»Um uns zu prüfen, mein Sohn. Wir müssen uns als stark erweisen und fest im Glauben bleiben. Dann werden wir sie ins Meer treiben. Es ist nur eine Frage der Zeit.«

Usama nickt. »Sicher hast du recht.«

Sie schweigen eine Weile. Usama nimmt einen Schluck von seinem verdünnten Wein. »Sie sind schon seltsame Leute, diese Christen«, sagt er nachdenklich. »Gute Kämpfer, ohne Zweifel. Aber wahre Barbaren. Keiner von ihnen kann lesen. Höchstens ihre Priester. Poesie, so wie wir sie schätzen, kennen sie nicht. Ihre Sprache hört sich an wie ein raues Krächzen. Sie waschen sich kaum, baden schon gar nicht, kannst du das glauben? Sie sind der Überzeugung, Wasser am Leib mache krank.«

»Du übertreibst.«

»Nein, wirklich. Am schlimmsten sind die, die erst kürzlich aus dem Westen gekommen sind. Dort müssen sie wie Tiere in Höhlen hausen. Auch von ärztlicher Behandlung haben sie keine Ahnung. Ihre Wundärzte machen jede Krankheit noch viel schlimmer, anstatt sie zu heilen. Ich war ein paarmal in Edessa und auch in Jerusalem, wie du weißt, und habe es mit eigenen Augen beobachtet.«

»Was hast du denn gesehen?«

»Einmal war ich zu Verhandlungen in einem ihrer Lager. Da war ein Kerl mit einer schweren Wunde am Bein, die nicht heilen wollte. Gefahr von Wundbrand, du kennst das. Die Priester haben Erde darauf gepackt, gebetet und das Kreuz darüber gehalten. Das hat natürlich nicht geholfen. Ganz im Gegenteil. Da haben sie beschlossen, das Bein mit einem Beil abzuhacken. Als der arme Kerl drei Tage später daran verendet ist, haben sie den

Mann glücklich gepriesen und behauptet, Gott habe ihn jetzt in sein Paradies aufgenommen.«

Murschid schüttelt den Kopf. »Was erzählst du für Geschichten? Selbst die Ungläubigen können nicht so dumm sein.«

»Ich schwör's, beim Bart des Propheten«, erwidert Usama, nicht ohne ein humorvolles Zwinkern in den Augen.

»Schluss mit dem Unsinn«, sagt sein Vater. »Die Sonne geht gleich unter. Zeit für unser Gebet.«

✠

Nach Hodiernas Beichte hält Baudouin es für angebracht, weitere Beteiligte an der Flucht der Thronerbin zu befragen und, wenn nötig, zu bestrafen. Deshalb hat er den Comte de Jaffa nach Jerusalem beordert, um ihn zur Rede zu stellen.

Noch staubig und erhitzt vom langen Ritt, betritt Hugues den Palast, wohlwissend, dass dies eine ziemlich unangenehme Unterredung werden wird. Nicht auszuschließen, dass Baudouin vorhat, ihn vor den Noblen der Stadt öffentlich zu befragen, zu erniedrigen und im schlimmsten Fall des Verrats anzuklagen.

Bereut er, Melisende geholfen zu haben? Eigentlich nicht. Sie war schon immer seine Freundin. Und Freundschaftsbande bedeuten Hugues viel. Trotzdem, in eine Schlacht zu ziehen, wäre ihm jetzt lieber als dieser Gang zum König. Er muss sich auf alles gefasst machen.

Auf dem Weg von Jaffa hat er mit sich gerungen, wie er sich verhalten soll. Soll er die Wahrheit sagen und eingestehen, dass Melisende und Hodierna ihn mit dieser alten Geschichte erpresst haben? Nein, das würde sein Geheimnis vor aller Welt ans grelle Licht zerren und weitere unangenehme Folgen nach sich ziehen. Nicht zuletzt für die betroffene Dame. Oder soll er sich dem König zu Füßen werfen, seine Schuld eingestehen und um Milde flehen?

Natürlich wird er seine Beteiligung an Melisendes Flucht gestehen müssen, daran führt kein Weg vorbei, aber wie ein Hund auf dem Bauch zu kriechen und um Gnade zu winseln geziemt sich für einen Chevalier nicht. Lieber erhobenen Hauptes alles hinnehmen, was auf ihn zukommt. Und seien es Entehrung und Verbannung. Manchmal ist es eben nur ein Moment im Leben, eine kleine Entscheidung, die alles verändert. Aber dann ist das eben so. Man muss es nehmen, wie es kommt.

Mit diesem Vorsatz, jedoch nicht ohne Herzklopfen, betritt er den Thronsaal. Er fährt erschrocken zusammen, als hinter ihm die Flügeltür mit einem ungewollt lauten Krachen schließt, einem Geräusch, das in dem großen leeren Raum von allen Seiten widerhallt. Der Saal mit dem hohen, von Pfeilern gestützten Gewölbe liegt im Halbdunkel.

Hugues ist überrascht, keine Versammlung der Noblen vorzufinden, sondern nur den König auf seinem Thron, flankiert vom Comte d'Anjou, dem Patriarchen und Gauthier de Brisebarre, dem Grafen von Beirut. Sie sitzen auf der erhöhten Estrade wie strenge Richter, die in dieser Stunde über sein Leben urteilen werden.

Nun, das war zu erwarten. Hugues holt tief Luft und schreitet, mit der Linken auf dem Schwertknauf, gemessenen Schrittes in die Mitte des Saals. Dort fällt er auf sein Knie und verbeugt sich tief vor dem König. Lange verharrt er mit klopfendem Herzen in dieser Haltung. Es ist still im Saal. Niemand spricht.

Erst nach einer schier endlosen Weile bricht der König das Schweigen. Seine Stimme klingt tief, aber seltsam ausdruckslos. »Steh endlich auf, Hugues, und tritt näher.«

Hugues befolgt die Aufforderung und bemüht sich, dem König respektvoll, aber ohne Furcht ins Gesicht zu blicken. »Sire, Ihr habt mich herbestellt.«

»In der Tat«, knurrt Baudouin. Seine Miene ist finster.

Der Comte d'Anjou, der zur Rechten des Königs sitzt, starrt

Hugues mit kleinen, giftig grünen Augen an wie ein rothaariges Reptil, das seine Beute fixiert. Der Patriarch dagegen betrachtet ihn mit so kummervoller Miene, als hätten die Vergehen dieses armen Sünders ihn tief in der Seele getroffen. Nur aus Gauthiers Gesichtsausdruck lässt sich nichts entnehmen. Er sitzt entspannt auf seinem Stuhl und mustert Hugues neugierig und mit einem kaum merklichen Lächeln.

In Hugues Kehle scheint ein Schleimkloß zu sitzen. Er räuspert sich umständlich. Dann sagt er: »Ich kann mir denken, um was es geht.«

»Ach, wirklich? Du kannst es dir denken?« Die Stimme des Königs trieft vor Hohn. »Na, dann bin ich ja beruhigt. Dann scheinst du ja noch nicht ganz von Sinnen zu sein.« Er betrachtet Hugues mit kalten Augen. »Und was hast du für dich vorzubringen?«

Hugues hat sich auf diese Frage vorbereitet, sich alles zurechtgelegt. Doch im entscheidenden Moment lässt sein Hirn ihn im Stich. Sein Mund ist trocken wie Staub, nichts fällt ihm mehr ein.

»Nun rede schon, verflucht noch mal!«, schnauzt Baudouin, dessen Selbstbeherrschung langsam am Ende ist. Mit Hodierna ist er noch milde umgegangen. Inzwischen aber muss er andauernd Fragen über den Verbleib der Thronerbin über sich ergehen lassen, Foulques stichelt ohne Unterlass über Vertragsbruch und ungehorsame Töchter. Und natürlich macht er sich Sorgen um Melisende, das verdammte Gör. Ist sie sicher auf der langen Reise, wird Alice ihr noch mehr Rebellion einflüstern? Er hat das Gefühl, die Kontrolle zu verlieren.

Vor ihm steht nun der Mann, der all dies ermöglicht hat. Ohne ihn wäre Melisendes Flucht unmöglich gewesen. Dabei steht der Kerl da wie ein Ochs und sagt kein Wort!

»Mach endlich den Mund auf!«, brüllt Baudouin. Sein Gesicht hat sich gefährlich gerötet, die hellen Augen schleudern

Blitze in Hugues' Richtung. »Wie, zum Teufel, konntest du mich so hintergehen?«

Baudouins langer Bart zittert vor Erregung. Sein hagerer Körper scheint unter Spannung zu stehen, als wolle er sich gleich auf sein Opfer stürzen. Nur die großen, kräftigen Hände, die die Seitenlehnen des Hochsitzes umklammern, scheinen ihn davon abzuhalten.

»Erklär es mir, Hugues«, donnert der König. »Wie konntest du mich so verraten?«

Hugues ist totenbleich geworden. Seine Knie fühlen sich weich wie Butter an. Er muss heftig schlucken. »Ich … Ich wollte Euch doch nicht verraten, Sire«, stottert er gequält. »Ich hab mir nichts dabei gedacht –«

»Nichts dabei gedacht?«, faucht der König. »Das kann ich nicht glauben. So dumm bist du nicht.«

Hugues schluckt und bemüht sich um Beherrschung. Ihm fällt wieder ein, was er sich zu sagen vorgenommen hat, und er strafft die Schultern. »Sire, ich bin seit Jahren mit Euren Töchtern befreundet und hatte keinen Grund, Melisende zu misstrauen. Sie hat gesagt, sie wolle ihre Schwester besuchen. Daran ist nichts auszusetzen. Dachte ich jedenfalls. Selbstverständlich nahm ich an, sie hätte Eure Erlaubnis.«

»Anscheinend bist du doch so dumm! Denkst du wirklich, ich lasse meine Tochter bei Nacht und Nebel und in Männerkleidern die Stadt verlassen? Kurz vor ihrer Vermählung? Und dann auch noch ohne Begleitschutz?«

»Ich habe ihr fünf Bewaffnete mitgegeben. Einer meiner Ritter führt sie an. Und einen Reisewagen.«

»Na, wenigstens etwas. Aber du musst doch gewusst haben, dass da etwas faul ist, dass sie eine verdammte Ausreißerin ist!«

Einen Augenblick lang fragt sich Hugues, ob er lügen soll. Ob er weiter behaupten soll, nichts gewusst und auch keinen Verdacht geschöpft zu haben. Er entscheidet sich, ehrlich zu sein.

»Nun, ich gebe zu, das Ganze kam mir in der Tat seltsam vor, als Hodierna und Melisende mich um Unterstützung baten. Deshalb habe ich mich auch geweigert, Sire. Aber dann haben sie –«

»Ich weiß, ich weiß«, unterbricht der König ungehalten. »Hodierna hat mir alles gebeichtet. Sie haben dich erpresst, meine beiden gewitzten Töchter.«

Wie gut, dass er nicht gelogen hat. Innerlich stößt Hugues einen Stoßseufzer der Erleichterung aus. »Ja, Sire. So ist es.«

»So leicht lässt du dich also von zwei jungen Weibern an der Nase herumführen? Was kann denn so bedeutend sein, dass du dich hinreißen lässt, deinen König zu hintergehen?«

Die Frage musste ja kommen, denkt Hugues. »Bei allem Respekt, Sire, aber das möchte ich nicht verraten«, sagt er und fühlt sich mehr als unwohl dabei. Des Königs stechender Blick bohrt sich in seine Seele und treibt ihm den Schweiß auf die Stirn.

»Ach, das möchtest du uns nicht sagen«, knurrt Baudouin. »Muss ja wirklich was Schlimmes sein, wenn du bereit bist, deshalb meinen Zorn herauszufordern.«

»Es geht dabei weniger um mich, Sire.«

»Aha!« Der König starrt ihn eine Weile schweigend an. »Nun, ich kann mir schon denken, um was es geht«, sagt er schließlich. »Aber keine Sorge, von deinen Weibergeschichten wollen wir gar nichts wissen. Es geht um viel Wichtigeres. Ist dir nicht klar, dass du zu mir hättest kommen sollen? Wir hätten das von Mann zu Mann geregelt. Du hast mir einen Treueid geschworen. Schon vergessen?«

»Nein, Sire.«

»Dein Vater, Gott hab ihn selig, war mein guter Kamerad. Ich habe ihn sehr geschätzt. Unsere Familien sind befreundet, und über dich habe ich immer die Hand gehalten. Jetzt allerdings muss ich mich fragen, ob du es noch verdienst, Graf von Jaffa zu sein. Ich sollte die Grafschaft einem anderen geben, einem, auf den man sich verlassen kann.«

Hugues senkt den Blick zu Boden. »Ja, Sire. Ich habe falsch gehandelt. Es tut mir leid.«

Nun meldet sich der Comte d'Anjou zu Wort. »Denkt Ihr etwa, damit ist es getan? Ihr habt den König hintergangen. Das verdient eine schwere Bestrafung.«

Wieder herrscht Schweigen im Thronsaal, während Hugues angestrengt auf seine Stiefelspitzen starrt und das Schlimmste befürchtet. Zumindest muss er sich später nicht vorwerfen, gelogen und unredlich gehandelt zu haben.

»Bereust du es denn, mein Sohn?«, fragt der Patriarch in die Stille hinein.

Hugues sieht ihn an. Hoffnung keimt auf, als hätte der Patriarch ihm ein rettendes Seil zugeworfen. »Ja, Hochwürden, ich bereue es, den König hintergangen zu haben«, sagt er. Aber nicht, dass ich Melisende geholfen habe, denkt er mit einem kurzen Seitenblick auf den Comte d'Anjou. Er wendet sich wieder an den König. »Sire, ich wünsche mir nichts mehr, als es wiedergutzumachen. Lasst mich nach Antiochia reiten, um sie auf der Stelle zurückzuholen. Wenn nötig mit Gewalt.«

Baudouin schüttelt den Kopf. »Du denkst schon wieder nicht nach, Hugues. Was willst du denn mit Gewalt erwirken? Willst du etwa die Stadt erobern? Die Normannen lachen dich aus. Mein guter Freund Foulques hier hat bereits dasselbe angeboten. Und ich habe es ihm aus demselben Grund verweigert. Nein, Gauthier wird nach Antiochia reiten. Er hat oft genug seinen kühlen Kopf und sein Verhandlungsgeschick bewiesen. Er wird meine Tochter überzeugen und sie zurückholen.«

Hugues nickt. »Dann lasst mich mit ihm reiten.«

»Kommt nicht infrage. Du bleibst hier in meiner Nähe, damit du nicht noch mehr Dummheiten anstellst.«

Foulques ist empört. »Willst du ihn davonkommen lassen? Du solltest ihm Land und Titel nehmen! Einer, der den König verrät, hat keine Gnade verdient. Vor allem keine Grafschaft.«

»Vielleicht hast du recht«, erwidert der König, jetzt wesentlich ruhiger als zuvor. »Aber ich halte ihm zugute, dass meine durchtriebenen Töchter ihn wegen seiner dummen Weibergeschichte erpresst haben. Und ich halte ihm zugute, dass er die Person, um die es wohl geht, nicht bloßstellen will. Lieber nimmt er eine Bestrafung in Kauf. Das zeugt von Charakter.«

»Soll das etwa eine Rechtfertigung sein?«, ereifert sich Foulques.

»Nein, soll es nicht. Nur mildernde Umstände. Eine Strafe hat er natürlich verdient.« Baudouin wendet sich wieder Hugues zu. »Ich verdopple deine diesjährigen Abgaben, Hugues. Und keine Schummelei! Wir werden es genau überprüfen.«

Hugues schluckt. Die Abgaben sind schon heftig genug. Und nun soll er doppelt zahlen? »Ich will es versuchen, Sire. Meine Bauern werden hungern, aber wenn es Euer Befehl ist –«

»Rede keinen Unsinn. Jaffa ist eine Hafenstadt. Du verdienst genug am Handel der Venezianer. Also nimm's gefälligst von ihnen oder aus deinem privaten Säckel, hast du mich verstanden?«

»Ja, Sire!«

»Zum kommenden Feldzug bist du mit all deinen Rittern zur Stelle.«

»Natürlich, Sire! Ich werde im Kampf nicht von Eurer Seite weichen, das verspreche ich.«

»Und solltest du mich noch einmal hintergehen, dann weißt du, was dir blüht.«

Hugues nickt. Er möchte nicht zeigen, wie erleichtert er ist, aber ein kleines Lächeln kann er nicht unterdrücken. »Ich danke Euch, Sire.«

»Gut. Und vergiss nicht: doppelte Abgaben. Jetzt geh. Und falls du die Templer draußen siehst, schick sie zu uns herein.«

✠

In der Tat warten vor dem Portal zum Thronsaal Robert de Craon und Raol de Montalban. Auch sie wurden zum König zitiert. Nachdem Robert ihm gestern von Raols Beobachtung berichtet hat, will Baudouin heute aus Raols Mund erfahren, was sich zugetragen hat.

Robert hat Raol schon gewarnt, dass der König wegen der Flucht seiner Tochter außer sich ist. Und das mit Recht, ist es doch mehr als nur eine Familienaffäre. Es könnte also zu einer peinlichen Aussprache kommen, denn nach Ansicht des Königs hätte Raol sofort Bericht erstatten sollen. Auch Robert hat ihn deshalb schon getadelt.

Der Türflügel öffnet sich, als Hugues de Jaffa den Saal verlässt. »Ihr seid dran«, sagt er. »Aber nehmt euch in Acht, dass sie euch nicht auffressen.« Trotz der drohenden Worte wirkt er selbst ziemlich erleichtert.

Raol und Robert de Craon blicken ihm nach. »Der scheint noch mal davongekommen zu sein«, raunt Robert, denn auch er weiß inzwischen, welche Rolle Hugues in dem königlichen Drama gespielt hat. »Also los, bringen wir es hinter uns.«

Sie öffnen die Tür und betreten den Saal. Raol spürt sofort die seltsame Stimmung. Nachdem sie eingetreten sind und den erforderlichen Kniefall vor dem Hochsitz hinter sich haben, mustert der König sie mit strenger Miene. Der Graf von Beirut hält sich bedeckt, während der Patriarch ihnen einen wohlwollenden Blick schenkt. Graf Foulques dagegen sitzt vom Thron halb abgewandt und starrt mit trotziger Miene ins Leere.

Irgendetwas muss vorgefallen sein, denkt Raol, und zwar zwischen dem König und seinem zukünftigen Schwiegersohn. Dann fällt ihm ein, wie erleichtert der Graf von Jaffa gewirkt hat, als er den Saal verließ. Der König muss ihm verziehen haben. Und Foulques ist darüber verärgert.

»Darf ich Euch Raol de Montalban vorstellen, Sire?«, fragt Robert.

»Ich glaube, ich kenne ihn«, erwidert der König und sieht Raol forschend an. »Ihr seid schon mit mir geritten, wenn ich mich nicht irre.«

»Nicht nur einmal, Sire.«

»An Eurer Sprache höre ich, dass Ihr Provenzale seid. Aus welcher Gegend stammt Ihr?«

»Meine Familie hält eine Burg in der Corbières.«

»Dann gehört Ihr zu den Tolosanern, oder?«

Raol nickt. »Graf Bertrand von Tripolis kannte meinen Vater. Bei ihm hab ich eine Weile gedient. Später bei den Normannen von Antiochia.«

»Raol hat das Blutfeld von Sarmada überlebt«, erklärt Robert. »Er ist einer unserer Besten.«

Der König nickt. »*Ager Sanguinis*. Diese verdammte Niederlage haben nur wenige überlebt. Gott hat ganz offensichtlich seine Hand über Euch gehalten.«

Raol nickt. »Deshalb bin ich Templer geworden.«

»Sehr lobenswert. Wir brauchen euch Templer mehr denn je.« Doch dann wird sein Blick schärfer und seine Stimme lauter. »Weniger lobenswert ist, dass Ihr meine Tochter auf ihrer dummen Flucht beobachtet und nicht gleich davon berichtet habt. Erst gestern musste ich es erfahren. Habt Ihr eine Erklärung dafür, Chevalier?«

»Ich hatte vor, sofort nach Jerusalem zu reiten und Robert davon zu erzählen. Er vertritt ja zurzeit den Großmeister und hätte Euch sogleich in Kenntnis gesetzt. Mein Pferd war schon gesattelt, als mir etwas Wichtiges dazwischengekommen ist.«

Foulques, der ihn die ganze Zeit schon misstrauisch gemustert hat, fährt ihn plötzlich an. »Was zum Teufel kann es Wichtigeres geben als die Sicherheit der zukünftigen Königin?«

Robert macht ein verlegenes Gesicht. Raol dagegen hat nicht vor, sich aus der Ruhe bringen zu lassen. »Es sah nicht so aus, als ob sie in Gefahr gewesen wäre. Ganz im Gegenteil.«

»Natürlich war sie in Gefahr«, erwidert Foulques hitzig. »Ist sie womöglich immer noch. Schließlich war sie von nur einem einzigen Ritter begleitet. Was habt Ihr Euch nur dabei gedacht? Habt Ihr denn nicht gemerkt, dass sie auf der Flucht ist? Oder dass dieser Ritter möglicherweise dabei war, sie zu entführen?«

»Nein, Monseigneur. Prinzessin Melisende schien weder in Gefahr zu sein, noch schien sie etwas gegen ihren Begleiter zu haben. Der Mann hat sogar ein paar freundliche Worte mit mir gewechselt und sich erkundigt, ob die Straße sicher sei. Sie hätte um Hilfe rufen können, wenn es anders gewesen wäre.«

»Aber am Ende habt Ihr doch Verdacht geschöpft«, mischt sich der König ein. »Warum?«

»Ich habe etwas später noch mal darüber nachgedacht. Sie hat versucht, ihr Gesicht zu verbergen. Daran konnte ich mich erinnern. Außerdem ritten die Magd und der Knecht zusammen auf demselben Gaul, angeblich, weil sie ein lahmendes Pferd hatten zurücklassen müssen. Das kam mir dann doch verdächtig vor. Und schließlich kam mir der Gedanke … Verzeiht, wenn ich das so direkt sage … der Ritter könnte vielleicht ihr …« Er zögert weiterzureden.

»Ihr was? Ihr Liebhaber sein?«, fragt der König.

»So etwas in der Art, Sire.«

»Liebhaber!«, schnaubt Foulques. »Das wäre ja noch schöner.«

»Soll schon vorgekommen sein«, meint Raol.

»Nein, Montalban«, sagt der König. »Der Ritter, den Ihr gesehen habt, gehört zu Hugues de Jaffa und begleitet sie angeblich nach Antiochia, zusammen mit anderen Bewaffneten, die sich ihnen in Jaffa anschließen sollen. Melisende will nur ihre Schwester besuchen.«

»Dann bin ich erleichtert, Sire. Dann ist ja wohl alles gut«, sagt Raol.

»Nein, ist es nicht!«, fährt Foulques ihn an. Seine Stimme

klingt scharf, fast schrill. »Gar nichts ist gut! Ihr hättet sie aufhalten, sie festnehmen müssen!«

Raol wundert sich nicht, dass der Mann sich so aufregt. Angesichts der Flucht der Thronerbin schwimmen ihm die Felle weg, wie die Gerber sagen. Da fliegt die Krone Jerusalems aus dem Fenster. Das muss frustrierend sein.

»Dazu gab es keinen Anlass, Monseigneur«, antwortet er ruhig. »Mir ist ohnehin erst hinterher aufgegangen, dass es tatsächlich Melisende war. Außerdem habe ich keine Berechtigung, die Thronerbin von Jerusalem festzunehmen.«

»Das mag unter normalen Umständen so sein«, sagt der König. »Hier lagen die Dinge aber anders. Zumindest hättet Ihr Euch gleich auf den Weg machen müssen, um uns zu warnen. Dann hätten wir die Möglichkeit gehabt, sie noch einzuholen. Besonders wenn sie in Jaffa übernachtet haben, was zu vermuten ist. Jetzt ist es zu spät.«

Raol nickt. »Ich hatte es auch vor. Aber dann ist mir, wie gesagt, etwas dazwischengekommen.«

Nun ist auch der König irritiert. »Was zum Teufel könnte so wichtig sein, dass Ihr Eure Pflicht gegenüber Eurem König vernachlässigt?«

Plötzlich mischt sich der Patriarch ein. »Nicht einverstanden, Sire! Eine Mönchsgemeinschaft ist der Kirche verpflichtet, nicht dem König.«

Baudouin scheint der Einwurf mächtig zu ärgern. »Noch nicht, Hochwürden!«, schnauzt er den Patriarchen an. »Noch ist die Gemeinschaft der armen Ritter allein mir verpflichtet. Ich habe die Erlaubnis zur Gründung gegeben und stelle einen Gutteil der Mittel. Ohne mich gäbe es überhaupt keine Tempelritter, verdammt noch mal! Und ob Hugues de Payens jemals die Erlaubnis des Papstes für seinen Orden erwirkt, steht völlig in den Sternen. Bis dahin gehorchen sie mir!«

Der Patriarch macht ein beleidigtes Gesicht, widerspricht

aber nicht. »Also, was ist, Montalban«, fährt Baudouin ärgerlich fort. »Was war so verdammt wichtig?«

Raol leckt sich unsicher die Lippen. Er würde sich gewiss wieder so entscheiden, aber ob die Herren das genauso sehen, ist mehr als fraglich. »Nun, Sire, ich wollte gerade losreiten, als Fellachen aus dem Nachbardorf uns händeringend um Hilfe baten. Beduinen hatten fünf ihrer Töchter, noch Kinder eigentlich, entführt. Ihr wisst, wie das ist: Die Kinder wären auf den Sklavenmärkten gelandet und für immer in den Harems der Araber oder Türken verschwunden. Es waren keine Frauen, Sire, sondern Kinder! Das jüngste acht oder neun Jahre alt.«

Stumm starrt der König ihn an. Immer noch steht ihm eine Zornesfalte auf der Stirn.

»Und da die Thronerbin nicht in Gefahr war«, fährt Raol fort, »empfand ich es als meine Pflicht, alles zu tun, um die Kinder zu retten.«

Der Patriarch bekreuzigt sich. »Und?«, fragt er. »Ist es Euch gelungen?

»Ja, Hochwürden. Mit Gottes Hilfe haben mein Sergeant und ich die Mädchen befreien und wohlbehalten heimbringen können.«

»Einfach so? Haben die Beduinen sich denn nicht gewehrt? Wie viele waren es überhaupt?«

»Sie waren zu sechst, Hochwürden, und natürlich bewaffnet. Wir haben sie in den Bergen aufgespürt und in der Nacht ihr Lager überfallen. Einer ist uns leider entkommen.«

»Nur einer?«, fragt der König. »Und die anderen fünf?«

»Die leben nicht mehr, Sire. Mögen sie in Frieden ruhen.« Jetzt bekreuzigt sich auch Raol.

»Ihr wart zu zweit und habt sechs Mann besiegt? Ist eines der Kinder dabei verletzt worden?«

»Nein, alle sind wohlauf und bei ihren Müttern.«

Einen Augenblick lang herrscht Stille. Dann sagt Baudouin:

»Diese gottverdammten Banditen! Man sollte sie ausräuchern wie die Ratten.«

Foulques, der den Sinneswandel des Königs wittert, knurrt aufgebracht: »So ein Aufhebens um ein paar Bauerngören! Als würden in diesem Land nicht jeden Tag irgendwo welche verschleppt. Wir können es kaum verhindern. Spielt mir nur nicht den Samariter, Montalban. Ihr wart pflichtvergessen, das ist die Wahrheit. Und davon weiche ich nicht ab.«

»Der gute Chevalier hat einem höheren Gebot gehorcht«, sagt der Patriarch. »Gottes Gebot, Satans Werk zu verhindern, Gutes zu tun und Menschen, die in Not sind, zu Hilfe zu eilen. Das ist ritterliche Pflicht. Daran möchte ich erinnern. Gerade dafür sind die Templer gegründet worden.«

Foulques wirft ihm einen gereizten Blick zu. Der König aber schweigt und scheint nachzudenken. Schließlich sagt er: »Ich verstehe. Zwischen zwei Zwängen habt Ihr Euch für die Kinder entschieden. Das ist einerseits lobenswert. Andererseits aber habt Ihr Eure Pflicht mir gegenüber vernachlässigt. Auch das darf man nicht vergessen. Darin muss ich Graf Foulques recht geben.«

»Ihr werdet ihn doch wohl nicht bestrafen«, sagt der Patriarch. »Nicht für ein Werk der Nächstenliebe!«

»Ich wünschte, Ihr würdet Euch nicht dauernd einmischen!«, faucht der König ihn an. »Ich habe langsam genug davon!« Zu Raol sagt er: »Ihr schuldet mir etwas für Euer Fehlverhalten, damit das klar ist. Ich will Euch nicht bestrafen, aber eines Tages werdet Ihr nachholen, was Ihr in diesem Fall versäumt habt. Ihr werdet die Scharte auswetzen und mir einen besonderen Gefallen tun, wenn ich es von Euch verlange, und zwar ohne Rücksicht auf Eure eigene Person. Habt Ihr mich verstanden?«

Raol verbeugt sich. »Es soll mir eine Ehre sein, Sire. Ihr habt mein Wort darauf.«

Seit acht Tagen sind sie unterwegs und besser vorangekommen als erwartet. Armand ist sichtlich zufrieden. Mit Ausnahme einiger Regengüsse war das Wetter gut, der Wagen hat gehalten, Mensch und Tier sind zwar müde, doch ebenfalls in guter Verfassung. Da sie seit Jaffa im Wagen unterwegs sind, haben Melisende und Maria auf Männerkleider verzichtet und Weiblicheres aus dem Gepäck hervorgekramt.

Vor allem Melisende hat die Reise genossen. Die Weite des Meeres, auf das sie ab und zu einen Blick werfen konnten, der Wind auf der Haut, der freie Himmel. All das ist so anders als die Enge der düsteren Gemächer im königlichen Palast. Und dann die Landschaften, die vielen Eindrücke, die Menschen, denen sie begegnet sind, besonders auf der belebten Straße entlang der Küste. Reiche zu Pferde und andere zu Fuß, Maultier- oder Kamelkarawanen, Ochsenkarren, Fellachen, fromme Pilger und Mönche.

Einmal haben sie an einem Strand gelagert, wo sie und Maria die halbe Nacht auf dem Rücken liegend dem Rauschen der Brandung gelauscht, in den von Sternen übersäten Nachthimmel gestarrt und Sternschnuppen gezählt haben. Je weiter sie sich von Jerusalem entfernen, umso freier fühlt sich Melisende. Das Einzige, was ihr fehlt, ist die Gelegenheit, sich ordentlich zu waschen, am ganzen Körper, so wie sie es gewohnt ist. Aber man kann nicht alles haben.

Dem jungen Chevalier ist sie dankbar für die umsichtige Art, mit der er die kleine Truppe anführt. Armand ist nicht nur Krieger, sondern auch ein nachdenklicher junger Mann, mit dem sie sich gern unterhält. Vom Standesunterschied abgesehen könnte man sagen, dass sie während der Reise Freunde geworden sind.

Sie befinden sich inzwischen auf dem Gebiet der Grafschaft Tripolis. Armand hat es an diesem Nachmittag vorgezogen, ein gutes Stück von der Küstenstraße abzuweichen, um die Stadt zu umgehen, wie sie bisher alle Städte entlang der Küste vermieden haben. Nach einer Fahrt über holprige Wege haben sie in den Fußhügeln des Libanon einen Platz zum Lagern gefunden, auf einer Wiese am Rande eines abgelegenen Zedernwaldes mit Blick über die Küstenlandschaft bis hin zum Meer. Weiter südlich sind in der Ferne die Türme von Tripolis zu sehen, davor, außerhalb der Stadt, die dunkle Festung Mons Peregrinus, die einst Graf Raimund von Toulouse errichtet hat.

Während die Reisigen die Pferde zu einem nahe gelegenen Bach führen, sind die Knechte damit beschäftigt, die Zelte aufzuschlagen und ein Kochfeuer in Gang zu bringen. Melisende und Maria haben ihr eigenes bequemes Zelt aus dem Bestand des Grafen von Jaffa. Armand und die Reisigen teilen sich ein zweites großes, allerdings schon ziemlich zerschlissenes.

»Das gehörte schon meinem Vater, Gott hab ihn selig«, sagt Armand. »Mit dem ist er jahrelang unterwegs gewesen.«

»Er ist verstorben?«, fragt Melisende.

»Bei einem der Feldzüge des Königs. Gegen Damaskus.«

»So einen hat der König auch jetzt wieder vor. Damaskus zu erobern ist sein Ehrgeiz.«

Armand nickt. »Dann werde ich natürlich dabei sein.« Er sagt es mit einem Schulterzucken und schiefem Grinsen, als begeistere ihn der Gedanke nicht unbedingt.

»Wart Ihr schon oft an Kämpfen beteiligt?«

»Mehr, als mir lieb ist.«

Melisende seufzt. »Ich wünschte, wir könnten hier in Frieden leben und Männer wie Ihr müssten nicht andauernd in den Krieg ziehen.«

»Das würde ich mir auch wünschen, Altesse. Leider ist das unwahrscheinlich. Seldschuken und Araber hassen uns. Und wir Christen wollen das einmal Eroberte nicht hergeben.«

Natürlich nicht, denkt Melisende. Wir beide sind hier geboren. Dies ist unsere Heimat. Wie für so viele andere auch. Palästina ist der Ort und die Wiege des christlichen Glaubens. Unser

Herrgott ist hier gewandelt und hat zu den Menschen gepredigt. Wie könnten wir das Land, das ihn hervorgebracht hat, jemals aufgeben? Es wäre Verrat an unserem Glauben, Verrat an Gott selbst.

Bei einem Bauern haben sie für ein paar Münzen ein geschlachtetes Lamm erstehen können. Einer der Knechte macht sich daran, es zu zerteilen und die Stücke auf einem eisernen Rost zu grillen. Bald wabert ein köstlicher Geruch durch das Lager. Als es so weit ist, essen sie zum Fleisch die Reste des Fladenbrotes vom Vortag, eingelegte Oliven und etwas Ziegenkäse, den sie ebenfalls erstanden haben.

Die fünf Krieger, die Knechte und Dawud sitzen ein paar Schritte abseits des Feuers und reichen einen Weinschlauch reihum. Maria hat sich zu ihnen gesellt. Überhaupt verbringt sie seit Tagen mehr Zeit mit Dawud als mit ihrer Herrin. Melisende stört es nicht.

Eine angenehme Stille liegt über der Landschaft. Kaum ein Lüftchen regt sich. Man hört nur, wie die Pferde am Gras rupfen. Damit sie sich nicht entfernen, haben die Knechte ihnen Hobbel an die Vorderfüße gelegt, kurze besonders weiche Stricke, die nicht scheuern. Melisende und Armand sind am Feuer sitzen geblieben.

Der junge Chevalier trägt immer noch seinen Ringpanzer. Den scheint er nie abzulegen. Nur Helm und Kettenhaube hat er abgenommen und zusammen mit dem Schwert neben sein Zelt gelegt. Die fünf Reisigen haben sich ihrer Rüstungen jedoch vollständig entledigt. Schließlich ist dieses Gebiet immer noch Freundesland. Der Graf von Tripolis scheint gut über sein Land zu wachen, denn unterwegs sind ihnen zwei christliche Patrouillen begegnet. Hier, wo sie lagern, ist es jedoch ruhig. Kein Mensch zu sehen.

Melisende und Armand beobachten den Sonnenuntergang über dem fernen Meer. An diesem Abend scheint der ganze

Himmel in Flammen zu stehen. Selbst das Meer leuchtet golden, wo es von der scheidenden Sonne berührt wird. Im Süden und Norden dagegen ist es dunkelgrau, fast schwarz und scheint mit dem Himmel zu verschmelzen. Hinter ihnen steigen die grünen, bewaldeten Hänge des Libanon hoch hinauf bis zu den schneebedeckten Spitzen, die jetzt in strahlendem Rosa leuchten.

Melisende seufzt. »Ich könnte ewig so weiterreisen.«

»Noch zwei Tage, dann sind wir in Antiochia.«

»Wie schade. Ich habe die Reise wirklich genossen.«

»Das freut mich, Altesse. Ich hatte befürchtet, es könnte zu ermüdend für Euch sein.«

»Oh nein. Ganz im Gegenteil. Für Euch ist es bestimmt nichts Besonderes. Aber wenn man so behütet aufgewachsen ist wie ich, bedeuten Tage wie diese einen Hauch von Freiheit.«

Armand lächelt. »Ich glaube, ich weiß, was Ihr meint.«

»Und Ihr, Seigneur Armand, werdet Ihr auf direktem Weg heimkehren?«

»Das werde ich wohl. Graf Hugues wird begierig sein zu erfahren, ob Ihr heil angekommen seid.«

»Und natürlich wird sich Eure Frau freuen, Euch wieder daheim zu haben. Sie hat mir ausgesprochen gut gefallen. Wie auch Euer kleiner Sohn.«

Armands Augen leuchten auf, und er lächelt. »Wir lieben einander, Altesse. Das ist ein großes Glück. Leider ist das nicht jedem Ehepaar beschieden.«

Bestürzt blickt Melisende weg, denn seine Worte erinnern sie an das, was ihr bevorsteht: die Vermählung mit einem Mann wie dem Comte d'Anjou. »Nein, nicht jedem«, murmelt sie.

Armand versteht sofort. »Es tut mir leid, Altesse. Ich wollte nicht ...«

»Schon gut, Armand.« Sie sieht ihn an, blickt in sein freundliches, offenes Gesicht. Wie es wohl ist, von einem wie Armand geliebt zu werden? Das Ehebett mit ihm zu teilen, sein Kind zu

tragen? Verlegen schaut sie weg. »Und wie geht es Eurer Gemahlin, wenn Ihr weit von ihr seid? Vermisst sie Euch? Sie muss
doch Angst um Euch haben, wenn Ihr in den Krieg zieht.«

»Es ist jedes Mal, als wäre es ein Abschied für immer.«

Melisende nickt mitfühlend. »Ich weiß, wie das ist. Meiner
Mutter ging es ähnlich.«

Armand seufzt. »Als Edelmann ist man dem Krieg verpflichtet. Besonders hier im Heiligen Land. Niemand kann sich drü-
cken. Männer wie Euer Vater, Altesse, sind zu bewundern. Nicht
nur gehört er zu denen, die das Land einst von den Muslimen
befreit haben, sondern er scheut auch keine Mühe, es für uns zu
sichern. Das geht nicht ohne Mut und die Bereitschaft, jederzeit
in die Schlacht zu ziehen.«

»Was wären wir ohne unsere Helden?«, erwidert Melisende.
»Aber diese Dinge gehen auch an uns Frauen nicht spurlos vorüber. Das bange Warten auf die Heimkehr der Männer, der
schreckliche Schmerz, wenn der Geliebte gefallen ist. Meine
Mutter war nicht zu gebrauchen, wenn mein Vater sich auf irgendeinem Kriegszug befand. Am schlimmsten war es vor sechs
Jahren, als er bei einer Grenzpatrouille den Seldschuken in die
Hände fiel und sie ihn ein Jahr lang gefangen hielten. Meine
Mutter ist fast verrückt geworden. Sie hat Gold aufgetrieben,
wo es nur ging, und alles getan, um ihn wieder frei zu bekommen. Sie hat dem Emir von Schaizar, der sich als Mittler
angeboten hatte, sogar meine kleine Schwester als Pfand überlassen.«

Armand nickt. »Ich erinnere mich. Sie muss eine bemerkenswerte Frau gewesen sein. Aber es war nicht die erste Gefangenschaft Eures Vaters.«

»Das erste Mal war nach der Schlacht von Harran, im Jahre
1104, nur wenige Monate vor meiner Geburt. Damals haben sie
ihn vier Jahre lang in Geiselhaft gehalten. Ich war natürlich zu
klein, um mich daran zu erinnern, aber meine Mutter hat uns oft

genug davon erzählt. Und dann das zweite Mal ... Sie konnte es nicht ertragen. Vielleicht ist sie deshalb so früh gestorben.«

Sie schweigen eine Weile. Armand stochert nachdenklich mit einem Zweig in der Glut des Feuers, während Melisende zusieht, wie der letzte gleißende Zipfel der Sonne im Meer versinkt.

Wird es denn niemals Frieden geben?, fragt sie sich. Werden wir Christen hier überhaupt bestehen? Wir sind zu wenige in einem Meer von Andersgläubigen, die danach trachten, uns zu vernichten. Was uns rettet, so behauptet Vater, ist die Uneinigkeit der Muslime. Besonders die Fürsten der Seldschuken bekämpfen einander bei jeder Gelegenheit. Ab und zu paktiert einer sogar mit uns Christen, wenn es seiner Sache zuträglich ist. Und wenn einer ihrer Fürsten stirbt, kommt es oft zu jahrelangen Auseinandersetzungen unter den Söhnen.

Armand legt einige trockene Äste nach, die die Knechte gesammelt haben, bis das Feuer hell auflodert. Mit dem schwindenden Tageslicht wird es kühler. Melisende zieht sich ihren Schal enger um die Schultern. Die ersten Sterne zeigen sich am Himmel.

»Ich bin schon sehr auf Antiochia gespannt«, sagt sie. »Und auf meine kleine Nichte. Nicht mal ein Jahr alt ist sie. Ich kann gar nicht abwarten, sie in den Armen zu halten.«

»Ihr seid vier Schwestern in Eurer Familie. Wie ist das? Seid ihr einander sehr verbunden?«

»Nicht immer, aber meistens schon. Besonders wir drei älteren. Alice war immer die wildeste. Man musste sie ständig bremsen. Ich frage mich, ob Ehe und Mutterschaft sie gereift haben. Bald werde ich es herausfinden.«

»Ich hätte gern eine Schwester gehabt«, sagt Armand. »Wir sind nur Brüder in meiner Familie. Wir haben uns oft geprügelt. Jeder wollte der Bessere sein.« Er lacht. »Ich bin der Jüngste und hab am meisten auf die Nase gekriegt.«

Melisende lächelt bei der Vorstellung und erinnert sich an

gewisse Momente aus ihrer eigenen Kindheit. An Hodierna, die schon als kleines Mädchen eitel war. Und an Alice, die die Bevormundung durch ihre ältere Schwester nie hinnehmen wollte. Auch zwischen ihnen gab es einen Wettstreit, meist um die Gunst des Vaters.

Sie wird aus ihren Gedanken gerissen, als Armand sich plötzlich im Sitzen aufrichtet und lauschend den Kopf wendet. Irgendetwas im Wald hinter ihrem Lager hat seine Aufmerksamkeit erregt.

»Was ist?«, fragt sie.

Er hebt die Hand mit der stillen Bitte um Schweigen und lauscht weiter. Melisende wundert sich, denn neben dem Knistern des Feuers, dem Gerede der Männer und dem Schnauben eines der Pferde hat sie nichts gehört. Nichts Verdächtiges jedenfalls.

»Vielleicht ein Tier im Wald«, sagt sie.

Er schüttelt den Kopf. »Klang irgendwie anders. Kann sein, dass ich mich irre, aber es schadet nicht, mal nachzusehen.«

Er steht auf, geht die paar Schritte bis zum Mannschaftszelt, neben dem er sein Schwert gelassen hat, bückt sich und zieht es aus der Scheide. Melisende erschrickt, als sie ihn plötzlich mit blanker Klinge in der Faust sieht, aber er winkt ihr beruhigend zu. Nur zur Vorsicht will er sich mal umsehen, soll das wohl heißen.

Die anderen haben nichts bemerkt, nicht einmal, dass Armand aufgestanden ist. Sie hören einem der Reisigen zu, der etwas erzählt. Aber die Pferde sind unruhig geworden, das fällt ihr jetzt auf. Zum ersten Mal auf dieser Reise fühlt sie sich unsicher. Warum, kann sie sich nicht erklären. Es ist doch alles still und friedlich.

Plötzlich zerreißt ein Zischen die Stille, wie etwas, das heranjagt und mit einem dumpfen Aufschlag endet. Sie hört Armand kurz ächzen, sieht, wie er sich an die Seite fasst und taumelt.

Ihre Hand fliegt zum Mund, denn als er sich halb zu ihr dreht, ragt ein Pfeil aus seinem Kettenpanzer, unterhalb des Rippenbogens.

Sie schreit auf vor Schreck. Schon surrt ein zweiter Pfeil heran, streift Armands eisenbewehrte Schulter und verliert sich in der Dunkelheit der zunehmenden Dämmerung.

»Unter den Wagen, Altesse. Schnell!«, hört sie ihn rufen.

Wagen? Was meint er …? Dann versteht sie. Der vierrädrige Reisewagen steht nur ein paar Schritte hinter ihr. Sie springt auf, verheddert sich in ihren Röcken, stürzt zu Boden, kriecht weiter und rollt sich dann zwischen den Rädern hindurch unter den Wagen.

Ihr folgt ein schwerer Gegenstand, Armands langer Schild. »Schützt Euch damit!«, schreit er ihr zu, statt sich selbst zu schützen.

Sie zieht den Schild zu sich heran und macht sich dahinter so klein wie möglich. Angsterfüllt blickt sie über den Schildrand und sieht zu, wie Armand sich mit erhobenem Schwert einer Horde von Angreifern entgegenstellt, die aus dem Wald stürmen. Der Anblick versetzt sie in noch größere Panik. Ihr Herz hämmert wie wild, und doch versucht sie, keinen Laut von sich zu geben.

Im Nu verwandelt sich das bisher so beschauliche Lager in einen Ort des Schreckens. Auch die Reisigen sind aufgesprungen und suchen nach ihren Waffen, die sie vorher so achtlos irgendwo hingelegt haben. Sie hört Maria kreischen, beobachtet, wie einem der Reisigen ein Pfeil in die Brust fährt, einem anderen in den Unterleib. Unter Gebrüll stürzen die Angreifer auf sie los. Einer der Männer hat sein Schwert nicht schnell genug gefunden. Er versucht, sich mit dem Dolch zu wehren, wird aber mit einem Schwertstreich niedergemacht.

Ihr Blick fliegt zurück zu Armand. Der ist von fremden Kämpfern umringt. Er dreht sich im Kreis, wehrt sich trotz des

Pfeilschafts, der ihm aus dem Leib ragt. Es gelingt ihm, einen der Gegner zu töten, einen anderen zu verwunden. Doch es sind zu viele. Sobald er sich in die eine Richtung wendet, droht ihm ein Angriff von der anderen Seite. Ein wenig noch schützt sein Ringpanzer ihn gegen die Klingen, die ihn treffen, aber nicht mehr lange. Blut quillt an den Stellen hervor, wo sie ihm Stiche zugefügt haben. Seine Bewegungen werden langsamer.

Melisende muss mit Entsetzen zusehen, wie ihr tapferer Beschützer verzweifelt um sein Leben kämpft und dabei immer wieder verwundet wird. Bis er langsam schwächer, sein Schwertarm zu schwer für ihn wird und er wie ein Betrunkener taumelt. Bis ein letzter, tödlicher Hieb ihn am Hals trifft und fast enthauptet. Die Männer, die ihn umringen, schauen schweigend zu, wie er in die Knie bricht und mit dem Gesicht zuerst ins Gras fällt. Blut pumpt aus dem klaffenden Schnitt am Hals, eine Hand regt sich noch, als wollte er ihr zuwinken, dann liegt er still.

Melisende presst die Faust vor den Mund, um keinen Laut von sich zu geben. Auch die Lider kneift sie fest zusammen, will nicht wahrhaben, was gerade geschehen ist. Dann hört sie Schritte im Gras. Schritte, die sich nähern. Jemand reißt ihr den schützenden Schild weg. Sie schreit auf vor Angst, spürt, wie ihre Blase sich entleert und ihr warmer Urin an den Beinen hinunterläuft. *Jesus und Maria! Wer sind diese Kerle?* In ihrem Kopf ist jetzt nur noch ein Gedanke: Was werden sie mir antun?

In diesem Augenblick bückt sich einer zu ihr. Ein bärtiges Gesicht und dunkle Augen, die sie neugierig anstarren. Dann ein muskulöser Arm, eine Faust, die sie am Handgelenk packt.

Sie wehrt sich, tut alles, um ihre Hand zu befreien, strampelt und zerrt und beißt schließlich in die fremde Faust. Der Kerl lässt los. Sie versucht wegzukriechen, zu entkommen. Natürlich ist das sinnlos, denn jetzt sind andere Hände da, die sie packen und unter Gelächter unter dem Wagen hervorzerren. Noch mehr dunkle Bärte und grinsende Gesichter. Ist es Vorfreude auf das, was sie jetzt mit ihr anstellen werden? Sie zittert am ganzen Leib. Vor lauter Angst bekommt sie nicht einmal mit, was mit Maria und den anderen geschehen ist.

Plötzlich hört sie harsche Worte auf Arabisch. Sie kommen von einem hochgewachsenen muskulösen Mann, der nähertritt. Er trägt einen konischen Helm auf dem Kopf, ein Tuch darum geschlungen, und um die mächtige Brust einen Schuppenpanzer aus aufgenähten Eisenplättchen. Das muss ihr Anführer sein.

Während zwei seiner Männer sie an den Armen festhalten, mustert er sie im flackernden Licht des Lagerfeuers von oben bis unten. Er tritt noch einen Schritt näher und starrt ihr ins Gesicht. Dicht vor ihr sein schwarzer Bart, der die Pockennarben nur schlecht verbirgt, dicke schwarze Brauen, eine kräftige Nase und dunkle Augen, die sie forschend betrachten. Schließlich breitet sich ein Grinsen über seine Züge aus. Er wendet sich kurz ab und sagt etwas zu seinen Männern, die sie nun ebenfalls neugierig anstarren.

Dann wendet er sich wieder Melisende zu und nickt lächelnd. »Ich weiß zwar nicht, wer du bist«, sagt er zu ihrer Überraschung in passabler Beherrschung der Lingua franca, »aber mir scheint, mit dir haben wir einen guten Fang gemacht.«

DIE MAUERN VON SCHAIZAR

Mit erhobenen Schwertern und drohenden Gebärden werden die überlebenden Opfer des Überfalls zu einem verängstigten Häuflein zusammengedrängt. Darunter zu Melisendes Erleichterung auch ihre Magd Maria. Sie scheint den Angriff unbeschadet überstanden zu haben, auch wenn ihr Gesicht vom Schrecken des Erlebten gezeichnet ist. Die fremden Krieger fesseln ihr die Hände auf den Rücken, ebenso Dawud und den beiden Reitknechten. Von den Reisigen hat nur einer überlebt, zum Glück nur leicht verwundet. Auch ihm werden die Hände gefesselt.

»Domina!«, ruft Maria ihr voller Angst zu. »Was geschieht jetzt mit uns?«

Melisende antwortet nicht. Sie steht noch zu sehr unter Schock, um ein Wort hervorzubringen. Sie reibt sich die Handgelenke, wo die Männer sie rau angepackt haben, und kann die Augen nicht von Armands Leichnam wenden. Gerade erst haben sie hier am Feuer gesessen und sich friedlich unterhalten. Und jetzt ... *Oh Gott!* ... *Wie schnell es geht, Menschen zu erschlagen.* Armand tot zu ihren Füßen, zusammen mit vier Männern seiner Begleitmannschaft! Beim Anblick der blutigen Leichen dreht sich ihr alles im Kopf. Ihr wird übel, sie muss sich übergeben. Ihr halb verdautes Abendessen landet im zertrampelten Gras. Selbst danach muss sie noch mehrmals würgen, bis nur noch brennende Galle kommt.

Mit dem Ärmel wischt sie sich den Mund ab und blickt verängstigt um sich. Warum wird sie nicht auch gefesselt? Und wer sind diese Krieger, die jetzt den Pferden ihrer kleinen Reisegruppe die Hobbel von den Vorderfüßen lösen und sie herbeiführen? Sie tragen eiserne Rüstungen. Wie Türken sehen sie nicht aus. Um Kopf und Schultern haben sie Tücher geschlungen, nur die konischen Spitzen ihrer Helme ragen daraus hervor. Das lässt auf Araber schließen. Beduinen oder Marodeure sind sie wohl nicht, dafür sind sie zu gut bewaffnet.

Der Anführer nähert sich ihr von Neuem. Seine Kriegergestalt flößt ihr Angst ein, doch seine Miene ist nicht unfreundlich. »Wenn du versprichst, nicht wegzulaufen, erspare ich dir die Fesseln«, sagt er.

Ungläubig starrt sie ihn an. Weglaufen? Wohin denn, um Himmels willen? Ganz allein und mitten in der Nacht? Eigentlich sollte sie dem Kerl die Augen aus dem Kopf kratzen, sich einen Dolch packen und ihm die verdammte Kehle durchschneiden. Doch ihre Hände zittern, sosehr sie sich auch bemüht, sie ruhig zu halten, und ihre Knie sind weich wie Butter. Der Schock und die schreckliche Angst, die sie durchlebt hat, lassen jeden Widerstand erlahmen.

»Also, was ist? Versprichst du's?«

Nach bangem Zögern blickt sie zu ihm auf und nickt. »Ich verspreche es«, murmelt sie kaum hörbar.

»Gut. Dann werden wir uns gleich auf den Weg machen.«

»Wohin?«

»Zu meinem Herrn. Allah möge ihn segnen.«

»Und wer ist das?«

»Das wirst du schon sehen.«

Melisende kann nicht anders, als erneut die Leichen im Gras anzustarren. So still und regungslos, wo zuvor Leben war. Da liegt der Mann, der sie alle auf der Reise mit seinen Geschichten unterhalten hat. Nun ist sein Gesicht blutüberströmt, seine Augen leer und glasig. Aus diesem Mund werden keine Geschichten mehr kommen. Armands Leichnam haben sie bereits den Ringpanzer ausgezogen. Auch sein gefüttertes Lederwams und Unterkleid. Das flackernde Lagerfeuer beleuchtet den bleichen, von blutigen Wunden übersäten Leib. *O Gott! Die arme Frau daheim in Jaffa! Vergebens wird sie auf ihn warten.*

Sie sieht den Anführer an. »Ihr wollt sie einfach hier liegen lassen?« Ihre Stimme bebt. Sie wischt sich über die tränennassen Wangen. »Gebt ihnen wenigstens eine würdige Bestattung.«

»Keine Zeit«, erwidert der Mann mit gleichgültigem Schulterzucken. »Um ihre Seelen wird sich gewiss euer Gott kümmern, die Geier um den Rest.«

Grauenhafte Worte. So kalt und unmenschlich. Ihr schaudert. Und plötzlich regt sich in ihr eine unbändige Wut, die die Angst verdrängt. »Warum bringt ihr uns nicht genauso um wie die da?«, schreit sie ihm ins Gesicht. »Dann kriegen die Geier noch mehr zu tun. Oder was habt ihr mit uns vor?«

Unbeeindruckt deutet der Mann auf die Toten. »Die sind gestorben, weil sie sich gewehrt haben. Die anderen …« Er grinst und reibt Daumen und Zeigefinger zusammen. »Die werden gute Sklaven abgeben. Dafür gibt es immer Abnehmer.«

»Und mich? Wollt ihr mich auch meistbietend verkaufen?«

»Ahh«, sagt er gedehnt und lächelt. »Ich denke, du bist zu schade für Sklavenarbeit. Du hast noch keinen Tag mit Feldarbeit verbracht. Man sieht das an deinen Kleidern, an deinen makellosen Händen und deinem hellen, ungebräunten Gesicht. Du bist ganz sicher eine Edelfrau. Vielleicht nimmt mein Herr dich zur Gespielin. Hübsch genug bist du ja. Oder er macht dich unserem Emir zum Geschenk. Auch der schätzt blonde Christinnen. Kann auch sein, dass jemand bereit ist, viel Gold für dich zu zahlen. Dein Ehemann vielleicht?«

»Ich habe keinen«, faucht sie ihn an. »Und auf keinen Fall lass ich mich zur Hure machen. Da kannst du mich besser gleich umbringen! Da, nimm deinen verdammten Dolch, und stoß ihn mir in die Kehle, du Hurensohn!«

Zornig fährt er einen Schritt zurück, die Hand am Griff des Dolchs. »Was hast du mich genannt?«

»Ich nenne dich, was du bist: der Sohn einer räudigen Straßenhure. Aus welchem Loch bist du gekrochen?« Hasserfüllt funkelt sie ihn an. »Was maßt du dir an, du mörderischer Wurm? Du weißt doch gar nicht, mit wem du es zu tun hast. Ganz gleich, wer dein Herr ist, mein Vater wird ihn vernichten. Er wird euch alle vernichten!«

»Dein Vater?« Seine Hand lässt den Dolchgriff los. »Wer ist denn dein Vater?«

»Sag mir lieber, wer dein verdammter Herr ist.«

»Der Neffe des Emirs von Schaizar.«

»Nur sein Neffe?« Sie lacht verächtlich. »Schaizar also. Und ihr seid die Hunde des Emirs?«

Die Brauen des Pockennarbigen ziehen sich drohend zusammen. »Jetzt hab ich aber genug von deinen Beleidigungen! Noch ein Wort, und es geht dir schlecht.« Er knurrt noch etwas über aufsässige Christenweiber und lässt sie dann stehen, wendet sich an seine Männer und gibt Anweisungen.

Maria sieht ihre Herrin ängstlich an. »Bitte seid vorsichtig, Domina«, flüstert sie. »Reizt sie lieber nicht, ich flehe Euch an. Oder wollt Ihr wie die da enden?« Mit dem Kopf deutet sie auf die Leichen.

Mit Wut und Bitterkeit im Herzen muss Melisende zusehen, wie das Lager geplündert wird. Die Krieger lösen die Pflöcke der Zelte und falten sie zusammen, legen alles Nützliche auf einen Haufen: Rüstungen, Helme und Waffen der Reisigen, Münzen aus ihren Taschen, Armands Ringpanzer und Schwert, wie auch Melisendes Kleider und Schmuck. Sie nutzen Reise- und Satteltaschen, um alles einzupacken und auf die Rücken der Pferde zu schnallen, die sie vorher gesattelt haben. Denn auch die Sättel haben sie nicht vor zurückzulassen.

Für den Wagen hingegen scheinen sie keine Verwendung zu haben. Der ist ihnen wohl eher hinderlich. Ihren toten Kameraden laden sie auf eines der Pferde. Der Verwundete ist nur am

Arm verletzt, kann also gehen. Schließlich wird das Feuer gelöscht, und der Anführer gibt den Befehl zum Aufbruch.

Es ist Nacht geworden. Ein bleicher Halbmond leuchtet über dem zertrampelten Gras der verlassenen Lagerstatt. Ein letzter Blick auf die unbestatteten Leichen, dann heißt es marschieren, mit den Gefangenen in der Mitte der Kolonne. Die erbeuteten Pferde werden am Zügel mitgeführt.

Zuerst geht es durch den Zedernwald. In der Dunkelheit unter den gewaltigen Bäumen muss Melisende aufpassen, nicht zu stolpern, weshalb sie kaum auf die Richtung achtet, die die Araber einschlagen. Maria geht direkt hinter ihr.

»Wie haben die uns nur entdeckt?«, fragt sie kläglich.

»Sie müssen unser Lagerfeuer gesehen haben.«

»Bestimmt haben sie uns schon lange vorher beobachtet.«

»Kann sein. Ich frage mich, was die hier zu suchen haben. Die Gegend ist für sie Feindesland. Bis hinauf zu den Gipfeln des Libanon gehört alles zur Grafschaft Tripolis.«

»Vielleicht planen sie etwas, und es gibt bald wieder Krieg.«

»Armand hat gesagt, er wisse von nichts.«

»Jesses Maria! Der arme Mann«, murmelt Maria mit tränenerstickter Stimme. »Und die anderen. Die Männer waren so besorgt um uns. Haben sich um alles gekümmert, und nun …« Sie schluchzt bitterlich. »Und nun sind sie tot. Ich kann es gar nicht fassen. Wenigstens lebt Dawud noch.«

Auch für Melisende fühlt sich alles wie ein schrecklicher Albtraum an, aus dem sie endlich zu erwachen hofft. Von einem Augenblick zum anderen hat das Schicksal grausam zugeschlagen. Hätten sie besser näher an der Küstenstraße gelagert? Aber was hilft's? Nun ist es geschehen. Nun kann man nur noch beten, dass Gott sie nicht gänzlich verlassen hat.

»Hör zu«, sagt sie über die Schulter zu Maria. »Ich habe den Kerlen nicht verraten, wer ich bin. Vielleicht besser so. Sag es auch den anderen.«

»Die Araber wissen doch, dass Ihr eine Adelige seid.«

»Dabei soll es bleiben. Vorerst wenigstens.«

Melisende hört, wie Maria es dem Reisigen zuflüstert, der hinter ihr geht, und wie der es dem Nächsten zuraunt.

Nach kurzer Zeit erreichen sie die Stelle, wo die Araber ihre eigenen Pferde unter Bewachung zurückgelassen haben. Sie werden freudig begrüßt und sitzen wenig später auf. Auch den Gefangenen erlaubt man zu reiten. Weiter geht es über freies Feld und zum Teil abschüssige, von Sträuchern überwucherte Hänge voller Geröll, auf denen die Pferde sich vorsichtig den Weg suchen. Nachdem der Mond schon zwei Handbreit über den Nachthimmel gewandert ist, erreichen sie ein Waldstück und schließlich eine große Lichtung, auf der Zelte stehen und mehrere Lagerfeuer brennen.

Als die Ankömmlinge von den Pferden steigen, werden sie von einer größeren Menge Krieger freudig umringt. Anscheinend hat man sie schon länger zurückerwartet. Schließlich hilft man auch den Gefesselten aus dem Sattel.

Der pockennarbige Anführer nimmt Melisende am Ellenbogen und steuert mit ihr auf das größte und prächtigste der Zelte zu. Davor sitzen zwei Männer auf Feldstühlen, die sich erheben, als sie ihrer gewahr werden: ein älterer graubärtiger Mann und ein jüngerer, der ihm im Licht des Lagerfeuers ähnlich sieht. Beide sind in Leder gekleidet, tragen aber wie die Krieger eine Kufija um die Köpfe geschlungen, allerdings ohne Helm und eher in Form eines Turbans.

Der Pockennarbige berichtet ausführlich und mit ausschweifenden Handbewegungen. Die beiden Männer hören aufmerksam zu und werfen ab und zu einen Blick auf die Gefangenen.

Schließlich tritt der jüngere der beiden näher und mustert Melisende aufmerksam im Schein des nahen Lagerfeuers. Der Mann ist mittelgroß, hat unverkennbar arabische Züge und –

was ihr besonders auffällt – aufmerksame, kluge Augen, mit denen er sie durchaus wohlwollend betrachtet.

»Willkommen in unserem Lager«, sagt er in tadellosem Fränkisch und deutet eine leichte Verbeugung an. »Yusuf hat uns berichtet. Ich hoffe, er hat Euch gut behandelt.«

Melisende ist zu erstaunt, um gleich zu antworten, denn der Mann redet mit ihr, als wäre sie ein geehrter Gast. »Gut behandelt?«, stößt sie schließlich hervor. »Sie haben die Hälfte meiner Begleiter erschlagen.«

»Ja, das ist bedauerlich. Sie sollten eigentlich nur die Gegend auskundschaften. Aber so ist das. Eine Gelegenheit zum Plündern kann man den Männern nicht verwehren.«

»Wer seid Ihr überhaupt?«, fragt sie.

Er lächelt. »Ich bin Usama ibn Munqidh, Neffe des Emirs von Schaizar. Der alte Mann hinter mir ist mein Vater. Und wer seid Ihr?«

»Ihr sprecht unsere Sprache«, stellt Melisende fest, ohne die Frage zu beantworten.

Usama lächelt. »Natürlich. Ich spreche auch Persisch und Türkisch. Die Sprache der Christen zu erlernen ist ebenfalls nützlich. Wir haben einige fränkische Sklaven bei uns auf der Festung. Von denen habe ich gelernt. Ich war auch schon einige Male in Jerusalem, um dort in unserer Moschee zu beten. Ich rechne es dem fränkischen Herrscher hoch an, dass er es erlaubt.«

»Ihr haltet Christen als Sklaven?«

»Das tut ihr Franken doch umgekehrt auch, oder etwa nicht?«

Sie schüttelt den Kopf. »Mag sein. Ist mir aber nicht bekannt.«

Usama sieht sie erstaunt an. »Wirklich! Keine Sklaven. Ihr Christen versetzt einen doch immer wieder in Erstaunen.«

»Ist es das, was Ihr mit uns vorhabt?« Sie deutet auf ihre Gefährten. »Uns versklaven?«

»Warum nicht? Ihr seid schließlich Kriegsbeute. Aber keine
Sorge, wir werden euch gut behandeln. Es gibt Schlimmeres, als
Sklave bei den Banu Munqidh zu sein.«

»Mich wollt Ihr also auch zur Sklavin machen?«

»Nun, es kommt darauf an. Ich vermute, Ihr seid eine Edelfrau.«

»Woher wollt Ihr das wissen?«

»Das ist nicht schwer zu erraten. Eure Kleidung, der Reisewagen. Yusuf sagt, er fand kostbaren Schmuck in Eurem Gepäck.
Ihr seid jedenfalls keine Dienstmagd, so viel ist sicher. Wohin
wart Ihr unterwegs, wenn ich fragen darf?«

»Muss ich das verraten?«

Usama zuckt mit den Schultern. »Nein, aber warum solltet
Ihr es verheimlichen?«

»Na schön. Nach Antiochia.«

»Ah, nach Antiochia. Wir haben uns schon gewundert.
Eigentlich sind mein Vater und ich auf der Jagd. Aber ich habe
Yusuf, wie schon gesagt, losgeschickt, um ein wenig die Gegend
zu erkunden. Dabei sind sie auf Euch gestoßen. Es tut mir leid,
dass wir Eure Reise so abrupt unterbrochen haben.«

»Um uns zu versklaven.«

Usama zieht verlegen die Schultern hoch. »Solange Ihr uns
nicht sagt, wer Ihr überhaupt seid.«

»Wenn ich es Euch verrate, lasst Ihr uns dann gehen?«

Usama lacht. »Nun, so einfach ist das nicht. Sagen wir, ihr
seid vorerst unsere Gäste.«

»Ich und meine Gefährten.«

»Wie gesagt, vorerst.«

»Wenn wir Gäste sein sollen, dann behandelt uns auch so.
Ich verlange, dass man den Meinen die Fesseln abnimmt.«

»Natürlich. Aber Ihr bürgt dafür, dass sie nicht weglaufen.«

»Mein Wort sollte genügen«, sagt sie mit stolz erhobenem
Haupt.

»Und wessen Wort ist das?«

Einen Augenblick lang zögert sie noch. Vielleicht ist es dumm zu verheimlichen, wer sie ist. Als Tochter des Königs könnte sie für sich und ihre Gefährten eine bessere Behandlung herausschlagen, vielleicht sogar ihre Freilassung bewirken.

Sie nimmt eine selbstbewusstere Haltung ein. »Ich bin Melisende von Jerusalem, und ich verlange, dass Ihr uns in Frieden gehen lasst. Wenn nicht, wird Euch der Zorn meines Vaters treffen. Und damit ist nicht zu spaßen.«

Usamas Brauen schießen in die Höhe. Ungläubig starrt er sie an. »Die Tochter des Königs?«

»Ja, verdammt noch mal!«

Aufgeregt dreht Usama sich um und winkt seinen Vater heran. »Darf ich Euch Murschid, meinen Vater, vorstellen?«

Danach redet er mit ihm lange auf Arabisch. Beide Männer wirken aufgeregt und doch erfreut, werfen immer wieder Blicke in ihre Richtung.

»Was gibt es da zu reden?«, unterbricht Melisende sie.

Usama grinst so breit, dass seine Zähne im Feuerschein blitzen. »Oh, ich habe gerade meinem Vater erklärt, welch großes Geschenk Allah, der Allmächtige, uns gemacht hat. Auf wundersame Weise ist uns die Thronerbin von Jerusalem in die Hände gefallen! Mein Oheim, der Emir, wird begeistert sein.«

Melisende wird klar, dass es doch ein Fehler war, ihnen zu sagen, wer sie ist. Aber hätte sie es wirklich verheimlichen können?

»Und jetzt?«, fragt sie deutlich kleinlauter.

»Wir werden Euch sofort nach Schaizar bringen, Altesse. So darf ich Euch doch nennen, oder? Der Emir wird entscheiden, was mit Euch geschehen soll. Morgen früh, bei erstem Licht brechen wir auf.«

✠

Schlaf will sich in dieser Nacht nur schwerlich einstellen. Melisende und Maria teilen sich ein Zelt, das man für sie frei gemacht und mit weichen Unterlagen ausgestattet hat. An Flucht ist nicht zu denken, denn zwei Krieger stehen Wache. Außerdem wäre es unmöglich, unbemerkt aus dem Lager zu entkommen. Wo ihre Gefährten untergebracht sind, wissen sie nicht. Mit Sicherheit werden sie ebenfalls scharf bewacht.

Durch die Reise und die Ereignisse, die hinter ihnen liegen, sind die beiden jungen Frauen einander nähergekommen, als es unter normalen Umständen möglich wäre. In der Dunkelheit des Zeltes liegen sie Arm in Arm und reden flüsternd miteinander. Ab und zu vergießen sie Tränen, wenn der Schrecken des Erlebten sie erneut überwältigt oder ihnen ihre ausweglose Lage wieder deutlich wird: von Arabern gefangen und kurz davor, in eine Festung des Feindes verschleppt zu werden. Besonders Maria beweint ihr Schicksal. Der Gedanke, als Sklavin zu enden, lässt sie nicht los.

»Für Euch ist es anders, Domina«, flüstert sie schnüffelnd. »Für Euch werden sie Lösegeld verlangen. Dann könnt Ihr heimkehren.«

»Das wissen wir doch noch gar nicht. Mein Vater war vier Jahre lang in Geiselhaft.«

»Oh, mein Gott! Warum denn das?«

»Eine verrückte Geschichte.«

»Erzählt mir davon.«

»Mein Vater wollte mit Hilfe der Normannen von Antiochia, Bohemund und seinem Neffen Tankred, die Stadt Harran erobern, aber das ging gründlich daneben. Mein Vater geriet in einen Hinterhalt des Feindes, des Atabeg von Mossul, Jikirmisch. Bohemund und Tankred sind dann nach Edessa gekommen, um die Stadt vor dem Feind zu retten. Tankred sollte in Abwesenheit meines Vaters die Regentschaft übernehmen. Meine Mutter war völlig aufgelöst, das kannst du dir vorstellen, und beschwor

Tankred, Lösegeld aufzutreiben, um meinen Vater so schnell wie möglich freizukaufen. Sie war damals hochschwanger mit mir.«

»Oh, die Arme. Ich kann mir vorstellen, wie sie sich gefühlt haben muss. Und warum hat es dann so lange gedauert?«

»Eine Gelegenheit, meinen Vater auszulösen, hat es schnell gegeben, denn wie der Zufall es wollte, gelang es Tankred, Jikirmischs Tochter gefangen zu nehmen, genau so wie die Araber uns heute überrascht haben. Im Austausch für das Mädchen bot Jikirmisch an, meinen Vater freizulassen oder fünfzehntausend Goldmünzen zu zahlen. Tankred wählte das Gold. Und so blieb mein Vater weiter in Geiselhaft. Erst viel später gelang es Joscelin, unserem treuen Gefolgsmann, ihn gegen viel Gold frei zu bekommen.«

»Was für ein Bastard, dieser Tankred!«

»Es war wohl nicht nur das Gold. Ich denke, er wäre gern Regent von Edessa geblieben.«

»Eure Mutter muss ihn gehasst haben. Hat Euer Vater ihm jemals verziehen?«

»Sie haben sich wieder vertragen. Wir Christen müssen schließlich zusammenhalten.«

»Eine traurige Geschichte, auch wenn es am Ende gut ausgegangen ist.«

»Aber du siehst, bei so einer Geiselnahme weiß man nie. Sie kann lange dauern.«

Nach diesen Worten kommen Melisende erneut die Tränen. Inzwischen bereut sie ihre Flucht aus Jerusalem. Was hat sie sich da nur eingebrockt! Und dem König! Auch Armand wäre ohne sie jetzt noch am Leben und sein kleiner Sohn keine Waise.

Maria versucht, sie zu trösten. »Bei Euch ist das doch ganz anders. Der König wird alles tun, um Euch freizubekommen.«

»Wer weiß. Im Augenblick wird er mit Recht ziemlich wütend auf mich sein. Es ist alles meine Schuld.«

»Die Wut vergeht. Er liebt Euch. Ihr seid seine Lieblingstochter.«

»Da wäre ich mir nicht so sicher«, murmelt Melisende. »So viel Gold für eine rebellische Tochter zu zahlen passt dem König womöglich nicht. Vielleicht verlangen sie auch mehr, als er aufbringen kann. Oder die Vasallen verweigern ihm ihren Beitrag. Was dann? Dann ende ich im Harem des Emirs. Die treiben doch Vielweiberei, diese Araber.«

»Ach, Domina, sagt doch so etwas nicht!«

»Auf jeden Fall können Verhandlungen ewig dauern. Und wenn mein Vater die Geduld verliert – du weißt, wie unbeherrscht er sein kann –, dann belagert er Schaizar. Und dann geht es uns erst recht schlecht.«

»Das wird er doch wohl nicht tun!«

Melisende wischt sich die Tränen aus dem Gesicht. »Warum nicht? Mit Schaizar in christlicher Hand wäre der Weg frei nach Homs und Aleppo. Das käme den Unseren gerade recht. So viel weiß ich. Schließlich nehme ich nicht umsonst an den Versammlungen der Haute Cour teil.«

Diesmal ist es Maria, die in Tränen ausbricht. »Habt Ihr denn so wenig Vertrauen in die Liebe Eures Vaters?«, fragt sie, obwohl sie dabei gewiss auch an sich selbst denkt.

»Seit er vorhat, mich an diesen Grafen zu verschachern, hat mein Vertrauen in seine väterliche Liebe ziemlich nachgelassen.«

»Aber Ihr seid die Thronerbin.«

»Na und? An Töchtern mangelt es ihm nicht. Alice ist schon verheiratet, aber schließlich ist da ja noch Hodierna.«

»Ach, Domina, wie redet Ihr denn? Ihr macht mir Angst und Bange. Habt Ihr denn keine Hoffnung?«

»Hoffnung worauf?«, flüstert Melisende trotzig. »Darauf, diesen krummbeinigen Angeviner zu heiraten? Von mir aus kann der gern Hodierna ehelichen. Dann bin ich den Kerl los.«

Maria heult herzzerreißend: »Aber was ist mit mir? Ich will nicht als Sklavin enden.«

Melisende streicht ihr über die Haare. »Verzeih mir, Maria«, raunt sie. »Ich bin einfach in schlechter Verfassung. Und so verdammt wütend. Wütend auf meinen Vater, wütend auf diese verfluchten Araber, aber noch wütender auf mich selbst. So hatte ich mir das Ende unserer Reise nicht vorgestellt. Es ist meine Schuld, dass wir in diese Lage gekommen sind.«

»Es ist das Schicksal, Domina. Gott hat es so gewollt.«

»Ja, Gott hat mich für meine Dummheit bestrafen wollen. Und ihr müsst darunter leiden. Aber für diesen Usama bin nur ich wichtig. Anscheinend bin ich ihm ein Vermögen wert. Was sind dagegen ein paar Sklaven mehr oder weniger? Ich werde also morgen früh darauf bestehen, dass sie euch gehen lassen.«

»Das würdet Ihr tun?«, flüstert Maria. »Aber wie könnte ich Euch ganz allein bei diesen Ungeheuern lassen, die Menschen versklaven und Frauen zu ihrem Vergnügen in Harems stecken?«

»Deine Treue rührt mich, Maria. Doch es ist wichtig, dass mein Vater so schnell wie möglich erfährt, was vorgefallen ist und wohin sie mich verschleppt haben. Dazu brauche ich dich. Du musst auf dem schnellsten Weg zurück nach Jerusalem.«

»Kann das nicht ein anderer tun?«

»Soll ich mich etwa auf einen der Knechte verlassen?«

»O Gott im Himmel, steh mir bei!«

»Wirst du tun, um was ich dich bitte?«

»Und wie komme ich dahin? Zu Fuß, den ganzen langen Weg?«

»Dawud und die anderen werden dir beistehen. Besonders Dawud ist doch ein findiger Junge.« Dann fällt Melisende etwas ein. »Geht nach Tripolis. Das ist nicht weit von hier. Graf Pons ist zwar gerade nicht gut auf meinen Vater zu sprechen, aber er wird euch gewiss mit Pferden versorgen, wenn ihr ihm alles erzählt.«

»Also gut. Wenn Ihr meint.«

Am Ende übermannt die Müdigkeit die beiden Frauen, und sie fallen in einen unruhigen Schlaf, aus dem sie im Morgengrauen von rauen Männerstimmen geweckt werden. Besonders peinlich ist es, ihre Notdurft im Wald unter männlicher Bewachung zu verrichten. Anders erlaubt man es ihnen nicht. Zurück im Lager dürfen sie sich an einem Wasserschlauch Gesicht und Hände waschen und frische Kleider aus ihrem Gepäck anziehen. Anschließend reicht man ihnen einen mit Honig gesüßten Minzaufguss und etwas zu essen.

»Ich will Usama sprechen«, sagt Melisende zu einem der Bewacher. Mit etwas Zeichensprache versteht der Mann, was sie will, und er führt die beiden zu Usamas Zelt, das bereits abgebaut wird.

»Ihr wünscht, Altesse?«, fragt er. »Man nennt Euch doch so, oder nicht?«

»Mir ist es gleich, wie Ihr mich nennt. Aber ich verlange, dass Ihr meine Reisegefährten gehen lasst.«

Usamas dunkle Brauen verdichten sich. »Ich glaube nicht, dass wir das tun werden.«

»Was nützen Euch ein paar Sklaven mehr oder weniger? Auf mich kommt es Euch doch wohl an. Ihr werdet Boten zu meinem Vater schicken und ein hohes Lösegeld fordern, oder etwa nicht?«

Usama lächelt. »Es kann schon sein, dass Euer Herr Vater, Allah möge ihn beschützen, uns dafür belohnt, dass wir ihm seine geliebte Tochter gesund und munter übergeben. Schließlich haben wir sie in der Wildnis aufgefunden, wo ihr alles Mögliche hätte zustoßen können.«

»Lassen wir den Unsinn, Usama! Wir haben Euch und den Euren nichts getan. Es ist mein Unglück, dass ich in Eure Hände gefallen bin. Eure Krieger haben uns ohne jeden Anlass überfallen. Fünf meiner Männer haben dabei ihr Leben gelassen, und nun wird mein Vater Euch auch noch ein Vermögen dafür zahlen, dass Ihr mich freilasst. Ich verspreche, mich bis dahin gut zu benehmen. Das Mindeste, was Ihr für mich tun könnt, ist, meine Magd und meine Begleiter gehen zu lassen.«

Usamas Vater ist hinzugetreten und verlangt zu wissen, was die Fränkin will. Usama erklärt es ihm auf Arabisch. Der Alte schüttelt heftig den Kopf und gibt seinem Sohn eine unwirsche Antwort.

»Mein Vater ist dagegen, Altesse«, sagt Usama. »Er fürchtet, sie könnten den Grafen von Tripolis alarmieren, der uns dann seine Krieger auf den Hals schickt.«

»Wohl kaum«, erwidert Melisende. »Bis Tripolis ist es weit. Bis sie dort sind, seid Ihr längst zurück in Eurer Festung.«

Usama scheint nachzudenken. »Das ist wahr«, sagt er schließlich. »Na schön. Ich lasse zwei von ihnen frei. Eure Magd, wenn die Euch so wichtig ist, und einen der Männer. Der soll sie beschützen, damit ihr unterwegs nichts zustößt. Aber wir werden ihnen keine Pferde geben. Sie müssen zu Fuß gehen. So dauert es länger bis Tripolis.«

Melisende versucht, ihn umzustimmen und alle Männer freizubekommen, aber er lässt nicht mit sich reden. Zumal Murschid mit finsterer Miene dabeisteht und mit der Entscheidung seines Sohnes gar nicht einverstanden zu sein scheint.

»Mein Vater verlangt, dass wir ihnen die Schuhe nehmen, damit sie noch langsamer vorankommen. Aber darauf will ich nicht bestehen. Fordert also nicht noch mehr von mir.«

»Wenigstens ihr beide kommt frei«, verkündet Melisende schließlich ihrer Magd. »Mehr ist nicht möglich.«

Maria nickt bekümmert. »Es tut mir leid für die anderen, aber dann möchte ich Dawud an meiner Seite.«

»So soll es sein.«

Sie teilt Usama die Entscheidung mit, und bald darauf bringt man Dawud zu ihnen. »Euch beide lassen sie gehen, Dawud«, sagt Melisende. Als der junge Mann vor freudiger Überraschung große Augen macht, fügt sie hinzu: »Pass gut auf Maria auf, das musst du mir versprechen.«

»Ja, Domina, das verspreche ich.«

»Kennst du den Weg, Bursche?«, fragt Usama.

»Natürlich.« Dawud deutet auf das Gebirge mit den weißen Gipfeln. »Die Berge auf der einen Seite und das Meer auf der anderen. Wer könnte sich da verlaufen?«

Melisende und Maria umarmen sich und verabschieden sich unter Tränen. »Du wirst tun, was ich dir aufgetragen habe, nicht wahr?«, flüstert Melisende ihr ins Ohr. »Nicht, dass ich zu lange warten muss. Oder dass man mich gar vergisst.«

»Verlasst Euch auf mich, Domina!«, verspricht Maria mit feuchten Augen. »Niemand wird Euch je vergessen.«

»Nun geht schon«, sagt Usama ungeduldig. »Wir müssen jetzt auch aufbrechen.«

Dawud nimmt Maria an der Hand, und sie beginnen ihren langen Fußmarsch. Bevor sie im Wald verschwinden, dreht Maria sich noch einmal um und winkt ihrer Herrin zu, die ihnen mit schwerem Herzen nachschaut.

✠

»Yusuf kennt Ihr ja bereits, Altesse. Er wird auch weiter für Euch verantwortlich sein«, sagt Usama, bevor sie aufbrechen. »Er haftet mir für Eure Sicherheit.«

Ausgerechnet Yusuf, dieser große Kerl mit dem hässlichen pockennarbigen Gesicht, dieser Schlächter, der Armands Tod auf dem Gewissen hat und den Tod der Reisigen!

»Für meine Sicherheit?«, spottet Melisende bitter. »Der soll wohl mein Kerkermeister sein. Bringt er mich um, falls ich vorlaut bin?«

»Oh nein, im Gegenteil! Er wird sich um alles kümmern, was Ihr braucht oder wünscht.«

Melisende ist sich sicher, dass das nicht stimmt. Yusuf ist ihr Aufpasser und nichts anderes. Damit sie nichts Verrücktes anstellt oder wegläuft. »Gibt es keinen anderen? Ich mag ihn nicht.«

»Das solltet Ihr aber. Yusuf ist ein Mann vieler Talente. Er war früher Händler und hat alle Orte Syriens, Palästinas und Arabiens bereist. Deshalb spricht er auch Eure Sprache.«

Nun, was kann sie schon tun? Sie muss zähneknirschend hinnehmen, was Usama bestimmt, ob sie will oder nicht. Immerhin ist sie trotz aller Höflichkeit, die er an den Tag legt, seine Gefangene und kann nur hoffen, dass man sie einigermaßen gut behandelt. Dennoch beschließt sie, Yusuf keines Blickes zu würdigen und kein Wort mit ihm zu wechseln, jedenfalls nicht mehr als das Allernötigste.

Im Laufe der weiteren Reise weicht ihr Vorsatz jedoch langsam auf, ihre Vorbehalte bröckeln. Zu ihrer Überraschung merkt sie, dass Usama recht hat. Denn dieser Yusuf erweist sich auf seine etwas grobe, bärbeißige Art als umsichtiger und hilfsbereiter Reisebegleiter. Als ihr der Sattel nicht gefällt, lässt er ihn sofort austauschen. Beim Abendmahl achtet er darauf, dass sie das Beste der verfügbaren Verpflegung erhält, und ihr Nachtlager könnte kaum bequemer sein. Er kümmert sich um alles, um ihr die Reise erträglich zu machen, hat sogar auf die Schnelle einen leinenen Sichtschutz anfertigen lassen, hinter dem sie unbeobachtet ihre Notdurft verrichten kann.

Trotz allem Bemühen, den Kerl zu hassen, fällt es ihr zunehmend schwer. Wie man sich doch täuschen kann! Sie sieht ein, dass er bei dem Überfall als Krieger gehandelt hat und nicht aus Mordlust oder Boshaftigkeit. Er sei Kurde, sagt er. Das heißt, eigentlich nur zur Hälfte. Den Namen habe er von seiner arabischen Mutter, aber im Herzen fühle er sich als Kurde. Auf die Frage, warum er jetzt im Dienst des Emirs von Schaizar stehe, wenn er doch Kaufmann gewesen sei, erzählt er von herben Rückschlägen, die ihm alle Rücklagen aufgefressen hätten.

»Im Grunde war ich nicht besonders geschickt«, gibt er zu. »Ich habe einige Male auf die falschen Waren gewettet. Einmal haben Banditen meine Karawane überfallen und alles geraubt. Ein Schiff mit Gewürzen aus Indien, an dem ich beteiligt war, ist nie angekommen, muss im Sturm untergegangen sein. Es ist nicht einfach, als Händler reich zu werden. Und dann die elenden Sorgen, die man hat, die Angst vor Verlusten. Nein, ich bin froh, dass dies alles hinter mir liegt. Als Söldnerführer des Emirs geht es mir besser. Man wird nicht reich dabei, aber ab und zu …«, jetzt zwinkert er ihr spitzbübisch zu, »hat man das Glück, eine schöne Dame zu entführen.« Er sagt das und lacht ausgelassen.

»Sehr witzig«, kontert Melisende ärgerlich und muss dann doch lächeln. Mein Gott, denkt sie, wie kann das sein? Der Mann hat sie und ihre Gefährten überfallen und sie selbst in Geiselhaft genommen, und nun lächelt sie sogar noch über seine Witze.

Nicht alle sind so besorgt um sie wie Yusuf. Viele der Krieger werfen ihr finstere Blicke zu. Warum eigentlich? Weil sie in Männerkleidern reitet? Die hat sie sich nämlich wieder aus ihrem Gepäck herausgesucht. Reiten wie Männer, das tun Muslima wohl nicht. Und dann auch noch in Hosen! Oder ist es, weil sie Christin ist?

»Hasst ihr uns, Yusuf? Uns Christen, meine ich?«

Er runzelt die Brauen. »Nun ja, einige schon. Ihr habt uns schließlich unser Land gestohlen.«

»Wie man's nimmt, Yusuf. Ihr Araber habt es einst den Byzantinern gestohlen, die Türken haben es euch abgenommen, und nun sind wir Christen hier. In diesem Land hat es mehr fremde Herren gegeben, als ein Hund Flöhe hat.«

Yusuf lacht. »Auch wieder wahr. Und Krieg ohne Ende. Aber der Krieg ernährt den Mann.«

»Wie meinst du das?«

»Ohne Krieg keine Söldner. Dann müssten wir alle im Schweiße unseres Angesichts auf den Äckern wühlen. Da ist mir das Kriegshandwerk lieber. Und ehrenvoller.«

»Ich weiß nicht, ob ich dem zustimmen kann. In unserer Bibel heißt es: ›Wer das Schwert nimmt, der soll durch das Schwert umkommen.‹«

»Dass solltet Ihr Euren eigenen Kriegern sagen, Altesse. Die scheinen den Krieg zu lieben, so wie sie unter uns wüten. Allah ist mein Zeuge.«

»Vielleicht hast du recht. Aber fürchtest du nicht den Tod? So schnell wie ihr meine Reisigen umgebracht habt, kann es auch dich treffen.«

Yusuf zuckt mit den Schultern. »Man kann nicht ewig leben, Altesse. Außerdem, wer die Lehren des Propheten beherzigt, kommt ins Paradies.«

»Wie schön für euch! Uns Christen gönnt ihr das aber nicht. Für euch sind wir Ungläubige und fahren in die Hölle.«

»Wer weiß das schon wirklich«, erwidert Yusuf verlegen.

Der Gedanke an Tod, Hölle und Paradies lässt beide eine Weile verstummen. Das Leben auf Erden ist nichts als ein Leidensweg verglichen mit dem Paradies, geht es Melisende durch den Sinn. Der Tod erlöst uns davon. Er ist die Pforte zu einer friedlichen, schöneren Welt. Und doch hängen wir Menschen an unserem kleinen unbedeutenden Leben.

»Hast du eigentlich ein Weib?«, fragt sie Yusuf.

»Ein Weib? Wer will schon einen hässlichen Kerl wie mich?« Er lacht schallend.

»Nein, im Ernst«, sagt sie. »Wartet daheim niemand auf dich? Oder gar zwei oder drei? Ihr Muslime dürft doch mehr als eine Frau haben. Wie ist das eigentlich mit mehreren Frauen unter einem Dach?«

»Ihr macht Witze, Altesse. Ich habe keine Ahnung, wie das

ist. Wer kann sich schon mehr als eine Frau leisten? Oder ertragen. Eine genügt schon, um einem den Verstand zu rauben. Oder einem den ganzen Tag die Ohren vollzudröhnen.«

Melisende grinst. »Hört sich an, als ob du aus Erfahrung sprichst.«

Yusuf zieht eine Grimasse. »Ja, ich gebe es zu. Ich habe ein Weib«, knurrt er. »Und auch zwei Töchter, stellt Euch vor. Ich bin ein mit Weibern geschlagener Kerl. Aber am Ende war Allah barmherzig und hat mir doch noch einen Sohn geschenkt.«

»Dann bist du im Grunde ein glücklicher Mann.«

»Glücklich? Wie man's nimmt, Altesse.«

»Du solltest Gott preisen, dass ihr Kinder habt, die sich im Alter um euch kümmern.«

Yusuf seufzt. »Da habt Ihr natürlich recht. Wenn nur mein Weib nicht so zänkisch wäre.«

Vielleicht hat sie allen Grund, zänkisch zu sein, denkt Melisende, sagt es aber nicht.

Am ersten Tag führt der Ritt sie an winzigen Dörfern vorbei mit Gemüsegärten, Wiesen und den Äckern, auf denen Winterweizen reift. Weiter geht es über hügeliges Gelände zwischen den beiden Bergketten hindurch, dem südlich gelegenen Libanon mit seinen weißen Schneegipfeln und dem niedrigeren und dicht bewaldeten Küstengebirge Syriens, dem Dschebel al-Alawia, wie Yusuf es nennt.

»Was bedeutet der Name?«, fragt Melisende.

»›Gebirge der Alawiten‹. Früher hieß es anders, aber seit hier immer mehr Alawiten hergezogen sind, wird es von den meisten so genannt. Es ist eine einsame, zum Teil sehr zerklüftete Gegend. Aber gerade deshalb sind sie wohl gekommen. In den schwer zugänglichen Bergen werden sie nicht verfolgt und auch nicht angefeindet.«

»Warum werden sie verfolgt?«

»Die Alawiten sind Anhänger der Schia.«

»Aber das sind doch viele. Meinst du, wie die Ismailiten? Oder die Fatimiden?«

»Anders, Altesse. Eigentlich weiß man nicht viel über sie und ihre Riten, sie halten sie geheim. Sie glauben an Seelenwanderung, dass der Mensch wiedergeboren wird. Die Ungläubigen als Tiere, die Frommen gehen durch mehrere Gestalten, bis sie zu Lichtwesen werden. Das jedenfalls erzählt man sich von ihnen. Ob es stimmt, weiß ich nicht. Ach, und dass alle Frauen des Teufels sind und man sie besser meiden sollte, das sagen sie auch.«

»Wirklich? Und wie kriegen sie ihre Kinder?«

Yusuf lacht. »Gute Frage. Sie glauben, dass gute Alawiten nur in Frauenkörpern heranwachsen können. Es bleibt den Männern also nichts anderes übrig, als sich mit den teuflischen Weibern einzulassen, wenn sie sich Nachkommen wünschen.«

»Aha. So ist das also«, spottet Melisende. »Glaubst du etwa auch, dass die Weiber mit dem Satan im Bunde stehen?«

»Natürlich nicht!«, protestiert Yusuf. »Aber Ihr müsst zugeben, dass sie Verführerinnen sind, die es ausnutzen, dass das Fleisch der Männer schwach ist.«

»Bist du so an deine Frau gekommen?«

Yusuf wirft ihr einen irritierten Blick zu, zieht es aber vor, die Frage nicht zu beantworten.

Melisende muss an die Vertreibung aus dem Paradies denken: Eva, die Adam verführt, von der verbotenen Frucht zu essen, mit den bekannten, fatalen Folgen. Werden die Frauen deshalb unter Verschluss gehalten? Weil sie als Verführerinnen gelten? Wie ähnlich sich Christen, Juden und Muslime doch sind! Nur dass wir unsere Frauen weniger unterdrücken, denkt Melisende. Doch viel zu sagen haben auch Christenfrauen nicht. Besonders wenn man ihre eigene Lage betrachtet: gezwungen, einen Mann zu ehelichen, den sie verachtet. Man fragt sie nicht einmal. Man bestimmt einfach. Und im Grunde geht es den meisten Frauen so.

Am Nachmittag des ersten Tages wird die Gegend einsamer, die Berge des Dschebel al-Alawia werden höher, zeigen schroffe Felsen auf steilen Hängen. Auf einem dieser unzugänglichen Hügel thront eine finstere Burg hoch über der Straße. »Das ist Hisn al-Akrād«, sagt Yusuf. »Die Burg der Kurden.«

»Sie gehört also deinem Volk.«

»Nein. Warum sie so heißt, weiß ich nicht, denn sie ist im Besitz des Grafen von Tripolis.«

»Und wir reiten hier einfach vorbei? Fürchtet ihr nicht seine Krieger?«

»Oh, ich bin sicher, sie beobachten uns. Aber zurzeit befindet sich da oben nur eine kleine Wachmannschaft. In Kriegszeiten ist das natürlich anders, aber jetzt müssen wir uns keine Sorgen machen.«

Melisende kann nicht umhin, sich von Zeit zu Zeit umzuschauen. Eine Christenburg. So nah und doch so unerreichbar. Selbst wenn die Ritter auf der Burg von ihr wüssten, wären es doch zu wenige, um sie zu befreien. Es ist, als wäre sie auf einer einsamen Insel gestrandet und ein Schiff zöge in der Ferne vorbei, ohne zu wissen, dass sie auf Rettung wartet. Vor lauter Frust kommen ihr die Tränen. Yusuf bemerkt es, sagt aber nichts.

Später reiten sie durch ein langes enges Tal mit steilen Hängen auf beiden Seiten, durch das sich die Straße schlängelt. Kurz vor Einbruch der Nacht wird an einem Bergbach das Lager aufgeschlagen. Yusuf stellt sicher, dass sie es bequem hat in ihrem Zelt, dass sie gut mit Wasser und Essen versorgt ist. Aber er stellt auch Wachen auf, die sicherstellen, dass sie sich nicht weiter als ein paar Schritte von ihrem Zelt entfernt.

Melisende hofft, mit Usama reden zu können, um zu erfahren, was genau er mit ihr vorhat. Doch der zeigt sich nicht. Nicht einmal, um zu sehen, wie es ihr geht. Dafür hat er ja Yusuf, sagt sie sich nicht ohne Bitternis. Ich bin es wohl nicht wert, sich weiter mit mir zu beschäftigen. Ich bin ja nur ein Stück Beute, für das man Gold fordern kann. Oder auch nur eine Sklavin, denn wer weiß, was am Ende mit mir geschieht. Vielleicht stecken sie mich zu den Frauen, die nichts weiter tun, als auf den Besuch des Herrschers zu warten. O Gott, errette mich, betet sie im Stillen. Könnte ich mich doch nur wie ein Vogel in die Luft schwingen und entfliehen.

Die Unsicherheit ihres weiteren Schicksals macht ihr schwer zu schaffen. Sie fragt sich, was ihr Vater inzwischen unternommen hat. Ihre Flucht war ja, wenn überhaupt, nur ein paar Tage zu verbergen. Wie es Hodierna wohl geht, die doch als Erste den Zorn des Vaters zu ertragen hat? Und Hugues. Bestimmt haben sie auch ihn zur Rede gestellt. Nur bei dem Gedanken an Foulques verspürt sie eine grimmige Genugtuung. Der verdammte Kerl hat sich zu sicher gefühlt. Nun muss er um seine Krone bangen.

Am frühen Morgen geht es weiter. Nach kurzer Zeit läuft der östliche Bergrücken aus und eröffnet die Sicht auf eine weite hügelige Ebene, die nach Norden bis zum Horizont reicht. Die Straße führt an den steilen Hängen des Dschebel entlang, bis sie auf eine zweite Burg treffen, hoch über der Talsohle.

»Das ist die Burg Masyaf«, erklärt Yusuf. »So wie Hisn al-Akrād die Grenzbefestigung der Christen von Tripolis ist, so ist Masyaf die des Emirats von Schaizar. Allerdings erst seit zwei Jahren. Vorher gehörte sie noch Tughtigin, dem Atabeg von Damaskus. Vor seinem Tod hat er sie uns verkauft. Ein Glück, denn der Sohn hätte vielleicht anders entschieden.«

Welche Bedeutung Burgen haben, ist Melisende bewusst. Keine der Kriegsparteien verfügt über ein besonders umfangreiches Heer. Außerdem sind groß angelegte Schlachten eher zu vermeiden. Fortuna kann sich durchaus gegen einen wenden, und dann hat man viele Kämpfer verloren. Mit Burgen lässt sich ein Gebiet am besten sichern. Man kann von dort aus Raubzüge unternehmen, um den Feind zu zermürben, und sich bei Gefahr wieder zurückziehen. Viele der Auseinandersetzungen drehen sich deshalb um ihren Besitz, besonders im Grenzgebiet zwischen Antiochia und Aleppo, wo beide Seiten Burgen erobern, nur um sie kurz darauf wieder zu verlieren. Mal wird die Grenze auf Kosten des Gegners weiter vorgeschoben, mal gezwungenermaßen wieder zurückgenommen.

»Es ist also nicht mehr weit bis Schaizar?«, fragt Melisende.

»Noch vor Einbruch der Dunkelheit sollten wir da sein.«

Und tatsächlich – Melisende kann kaum noch auf dem harten Sattel sitzen, so sehr tut ihr alles weh – erreichen sie noch am selben Tag Schaizar. Schon von Weitem ist die Festung zu sehen. Die untergehende Sonne beleuchtet die hohen Mauern auf dem schroffen Felsgrat, auf dem sie steht. Unter ihr die aus Lehmziegeln gefügten Hütten und Häuser der Stadt, umgeben von Gärten und fruchtbaren Feldern.

»Die ganze Gegend war ursprünglich byzantinisch«, sagt Yusuf, »wurde dann aber im siebten Jahrhundert von arabischen Heeren erobert. Irgendwann kam Schaizar wieder unter byzantinische Herrschaft und sicherte die Südgrenze des Oströmischen Reiches.«

»Und wieso ist es jetzt arabisch?«

»Vor fünfzig Jahren, also noch vor dem Einfall der westlichen Christen, haben die Banu Munqidh das Fürstentum samt Stadt und Festung dem letzten byzantinischen Bischof abgekauft.«

»Es wurde also nicht eingenommen?«

»Nein. Schaizar wurde verkauft, und seit die Banu Munqidh dort herrschen, wurde es auch nicht mehr erobert, obwohl Eure Christenkrieger es mehrfach versucht haben.«

Melisende schüttelt den Kopf. Ein Bischof verkauft die eigene Stadt und Festung an die Sarazenen? Noch dazu eine so strategisch wichtige? Nun, vielleicht konnte er nicht anders. Die Seldschuken waren damals im Begriff, große Teile Anatoliens und Nordsyriens zu überrennen. Byzanz musste sich aus Syrien zurückziehen. Sogar Antiochia ging verloren, bis die Kreuzritter es einige Jahre später zurückeroberten und der Normanne Bohemund Prinz von Antiochia wurde. Nun herrscht dort sein Sohn. An seiner Seite Alice. Immer noch behaupten die Byzantiner, Antiochia gehöre ihnen, und fordern es zurück. Aber das wird nicht geschehen. Niemals!

Beim Anblick des steilen Felsens am Ufer des Orontes und der hohen, von der untergehenden Sonne rot angemalten Mauern, wird Melisende deutlich, wie schwer einnehmbar diese Festung sein muss. Der König von Jerusalem könnte das größte Heer schicken, um seine Tochter zu befreien, und würde doch daran scheitern.

Usamas Krieger reiten im Schritt durch die Stadt. Kinder laufen neben den Pferden her. Männer und Frauen unterbrechen, was sie gerade tun, bleiben stehen, um zu gaffen. Besonders die blonde Frau in der Mitte der Kolonne erregt Aufmerksamkeit.

Dann beginnt der Aufstieg zur Burg. Wie ein gewaltiger, lang gezogener Adlerhorst thront die Festung hoch oben auf dem schmalen Felsgrat. Bei dem Anblick erfasst sie eine tiefe Mutlosigkeit. Hinter diesen Mauern wird man sie einkerkern. Wer weiß, was sie dort erwartet und ob sie jemals wieder freikommt.

IN GEFANGENSCHAFT

Der Aufstieg zum Tor der Burg ist gepflastert, eine Art Bogen-brücke, die über die zerklüfteten Felsen des Hangs führt. Das Tor befindet sich in einem wuchtigen, aus mächtigen Quadern gefügten quadratischen Turm. Darüber eine Reihe schmaler, finster dreinblickender Schießscharten. Von den Zinnen schauen Bogenschützen und speertragende Wachen auf die Ankommenden herab.

Die hohen Ringmauern sind aus ähnlichen Quadern gebaut wie der Turm, breit an der Basis, sich nach oben hin verjüngend. Es sieht aus, als würden sie direkt aus dem nackten grauen Felsen wachsen. Weitere Türme und die Dächer mehrerer Gebäude überragen die Mauer. Die Festung folgt den lang gestreckten Konturen des Felsgrats, auf dem sie steht. Unter ihr die enge Schleife des Orontes, der den Zugang auf drei Seiten verwehrt.

»Von Byzantinern errichtet«, erklärt Yusuf noch einmal, während die Pferde sich über den Aufstieg mühen. Er spricht laut genug, um das Geklapper der Hufe zu übertönen. »Die Griechen wissen, wie man Festungen baut. Deshalb wurde auch nichts Wesentliches verändert, besonders nicht außen.«

Melisende sieht ihren ersten Eindruck bestätigt. Diese Burg ist schwer zu erobern. Die abschüssigen Hänge machen es unmöglich, Leitern oder Belagerungstürme anzubringen, und bei dem Felsen, auf dem sie steht, ist an eine Untertunnelung nicht zu denken. Wahrscheinlich könnte man die Festung nur durch Aushungern einnehmen. Doch auch dagegen sind die Banu Munqidh gewappnet, erklärt Yusuf. In unterirdischen Kammern lagern Unmengen an haltbaren Nahrungsmitteln, und jeder

Tropfen Regen, der auf die Dächer fällt, wird aufgefangen und in riesigen Zisternen gesammelt.

»Ist sie nicht herrlich anzuschauen?«, fragt er. »Besonders bei diesem Licht?«

Herrlich? Wie um alles in der Welt kann er sie herrlich finden? Auf Melisende wirkt die Festung düster, bedrohlich und furchteinflößend, ganz besonders im spärlichen Licht der untergehenden Sonne. Diese Burg wird ihr Gefängnis sein, ihr Kerker, ihr Verlies. Das offene Tor, dem sie sich langsam nähern, führt auf direktem Weg hinein, wie in den Bauch eines Monsters.

Wie lange werden sie mich hier festhalten?, fragt sie sich. *Vielleicht für immer.* Der Gedanke nimmt ihr den Atem, schon jetzt fühlt sie sich wie eingemauert. Aber nein, das will sie nicht glauben, so etwas darf sie nicht glauben, wenn sie nicht den Verstand verlieren will.

Schaizars Krieger sind in Scharen aus dem Tor geströmt, um Usama, der von seinem Vater Murschid gefolgt an der Spitze der Kolonne reitet, die Ehre zu erweisen. Mit begeistertem Gebrüll und hoch gereckten Waffen zeigen sie ihre Zuneigung. Immer wieder schreien sie Usamas Namen, und es ertönen »Allahu akbar«-Rufe, während die Kolonne langsam an ihnen vorbeizieht.

Er muss beliebt sein, sagt sich Melisende. Oder er hat Boten vorausgeschickt, um von ihrer Gefangennahme zu berichten. Ja, das wird der Grund für den Jubel sein. Die Männer starren sie an, manche feindselig, die meisten frohlockend, andere begehrlich. Sie spürt ihre Blicke fast körperlich, als würden sie ihren nackten Leib abtasten. Das Blut steigt ihr in die Wangen. Sie senkt beschämt den Kopf, als könnte sie so der erniedrigenden Musterung entgehen.

Schließlich erreicht ein Reiter nach dem anderen den Torbogen und verschwindet im dunklen Loch des Tunnels, der unter dem Turm hindurchführt. Schließlich auch Melisende, gefolgt von Yusuf. Die hölzernen Flügel des Tors bestehen aus zehn

Zoll dicken, mehrfach verstärkten und mit Bronze beschlagenen Eichenbohlen. Die Toröffnung selbst ist hoch, aber gerade breit genug, um drei Mann nebeneinander Platz zu bieten.

In der Enge des Tunnels hallt das Klappern der Hufe wider. Ein mächtiges eisernes Fallgitter gleitet über sie hinweg, dann hat sie den Durchgang passiert und findet sich in einem großen Vorhof wieder. Im Gegensatz zu draußen herrscht hier graues Dämmerlicht, denn die Strahlen der untergehenden Sonne reichen nicht bis über die Mauern. Nur die hohen Zinnen leuchten rot, als stünden sie in Flammen.

Für Usamas Truppe samt Packtieren ist genügend Platz auf dem geräumigen Vorhof, der auf drei Seiten von der Ringmauer umschlossen ist, an deren Fuß sich Pferdeställe schmiegen. Die vierte Seite, die Rückseite, wird von einer inneren Befestigungsmauer gebildet, in der sich ein zweites, ebenso mächtiges Tor befindet. Alle Mauern sind breit genug für Wehrgänge und sind mit jeweils einer Reihe Zinnen nach außen wie nach innen gekrönt. Das macht den Vorhof zu einer Todesfalle, sollte es feindlichen Kriegern gelingen, das erste Tor zu überwinden. Hier würde sie ein mörderischer Pfeilhagel von allen Seiten erwarten.

Die Männer steigen von den Pferden. Knechte eilen herbei, um die Tiere in Empfang zu nehmen. Usama nähert sich Melisende und bietet an, ihr vom Pferd zu helfen. Doch sie schlägt die dargebotene Hand aus und lässt sich ohne seine Hilfe aus dem Sattel gleiten.

»Das ist also Schaizar«, sagt sie und schaut sich um.

Er nickt. »Das ist Schaizar, Altesse«, sagt er nicht ohne Stolz in der Stimme. »Es ist mir eine Ehre, Euch willkommen zu heißen.«

Auf die verdammte Ehre würde sie gern verzichten. Sie wünscht sich weit weg von diesem elenden Ort. Bei dem Gedanken werden ihr die Augen feucht. Sie blickt zur Seite, damit er es nicht bemerkt. Es genügt schon, dass seine Anhänger ihn bejubeln. An ihrer Scham und Erniedrigung soll er sich nicht auch noch ergötzen.

»Und wo ist meine Kerkerzelle?«, fragt sie bitter.

»Nichts dergleichen, Altesse. Ihr seid unser Gast und werdet es sehr bequem bei uns haben.«

Sie streicht dem Pferd über den Hals und glaubt Usama kein Wort. Aber ihre Schwäche will sie ihm nicht zeigen.

»Natürlich bei den Frauen«, fügt er hinzu.

Unwillkürlich wendet sie sich ihm zu und starrt ihn zornig an. »Bei den Frauen? Etwa in Eurem Harem, zu Eurem Vergnügen? Yusuf hat mich schon darauf vorbereitet.«

Ärgerlich schüttelt Usama den Kopf. »Natürlich nicht.« Er dreht sich zu Yusuf um, der hinter ihm steht. »Wie kommst du dazu?«, schnauzt er ihn an.

»Das war, bevor wir wussten, wer sie ist«, beeilt Yusuf sich, beflissentlich zu erklären. »Ein dummer Spruch, den ich bereue, Herr.«

»Na schön. Dann begleite unseren Gast jetzt zum Frauenhaus. Ahmed wird wissen, wo sie am besten unterzubringen ist. Sie soll es bequem haben. Die Gemahlin des Emirs soll sich persönlich um sie kümmern.«

»Ja, Herr.« Yusuf verbeugt sich vor Usama.

»Was ist mit meinen Gefährten?«, fragt Melisende.

Sie hat sich nach dem Reisigen und den zwei Knechten umgesehen und sie in einer Ecke des Hofs entdeckt. Sie werden bewacht und scheinen immer noch gefesselt zu sein. Einer trägt einen schmutzigen Verband am Arm.

Usama folgt ihrem Blick. »Wir werden sie nicht schlechter behandeln als andere Sklaven. Falls sie sich benehmen, natürlich.«

Mon Dieu! Die drei werden also wirklich als Sklaven enden, denkt Melisende. Ich habe ihnen wahrlich kein Glück gebracht. »Und der Verwundete?«, fragt sie.

»Ich denke, wir haben bessere Ärzte als ihr Christen, Altesse.«

Damit wendet er sich ab und geht auf das innere Tor zu. Melisende ist zum Heulen zumute, aber sie beherrscht sich. Niedergeschlagen blickt sie ihm nach. Wohnt er ebenfalls hier in der Festung? Laut Yusuf hat er ein Weib und eine kleine Tochter. Wahrscheinlich ist nicht nur die Familie des Emirs hier untergebracht.

Hinter sich hört sie Murschid etwas sagen, was sie nicht versteht. Sie hat in den letzten Jahren zwar versucht, ein wenig Arabisch zu lernen, aber im direkten Umgang gelingt es ihr nur selten, mehr als das eine oder andere Wort aufzuschnappen.

»Was hat er gesagt?«, fragt sie Yusuf.

Der macht ein verlegenes Gesicht. »Oh, nichts von Belang, Altesse. Kommt jetzt. Ich bringe Euch zu Eurem Quartier.«

»Und mein Gepäck?«

»Das wird gebracht.«

Bevor sie gehen, fängt Melisende noch einen missbilligenden Blick von Murschid auf. Was er wohl gesagt hat?, fragt sie sich. Wahrscheinlich etwas Abfälliges über ungläubige Weiber, die so viel Fürsorge nicht verdient haben. Usamas Vater soll übertrieben fromm sein und alle Christen hassen. Mich wohl auch, denkt sie, das ist offensichtlich. Aber sei unbesorgt, alter Mann, ich kann dich auch nicht ausstehen.

»Wer ist Ahmed?«, fragt sie Yusuf.

»Ahmed ist der erste Eunuch des Frauenhauses. Mit dem soll nicht zu spaßen sein, habe ich mir sagen lassen.«

Wie barbarisch! Natürlich hat sie davon gehört, dass Türken und Araber gelegentlich Knaben kastrieren, um sie zu zeugungsunfähigen Männern heranwachsen zu lassen. Auch in Byzanz ist das üblich. Im Kaiserreich dienen Eunuchen an vielen Stellen der Verwaltung und steigen bis zu ersten Ministern auf. Ein Eunuch an der Spitze der Verwaltung kann keine Dynastie gründen und wird daher nicht in Versuchung geraten, selbst den Purpur zu nehmen. Trotzdem, ihr schaudert bei dem Gedanken.

Sie durchqueren das zweite Tor, das zu einer Treppe führt. Nach ein paar Stufen betreten sie einen weiteren, etwas höher liegenden Hof. Erstaunt sieht Melisende sich um, denn der Unterschied zum Vorhof könnte nicht größer sein. Besteht vorne der Boden aus grobem Sand, ist er hier sorgfältig gepflastert, kaum eine Fuge ist zu sehen.

Auf der Ostseite steht ein großes Gebäude. Im Gegensatz zu den nackten Quadern der Festungsmauern ist die Fassade dieses Gebäudes verputzt und mit Kalk getüncht. Im Erdgeschoss findet sich eine einzelne, mit Schnitzereien verzierte Tür, flankiert von zwei Zitronenbäumen in Kübeln. Davor stehen Wachen. In den zwei Stockwerken darüber arabische, mit dekorativen Holzgittern versehene Fenster, die die Luft zirkulieren lassen, aber keinen Blick ins Innere gewähren.

Yusuf deutet auf das Gebäude. »Die Verwaltung des Fürstentums. Hier gibt es Niederschriften über Landbesitz und Abgabepflichten, über Heerdienst und Gerichtsurteile.«

Der Hof verjüngt sich zu einem breiten Durchgang, der an anderen niedrigeren Häusern vorbeiführt, in denen Gesinde wohnt. In einer Ecke steht ein dicker, in den gepflasterten Boden versenkter Pfahl. Die eingetrockneten Blutspuren daran sind nicht zu übersehen. Yusuf schweigt dazu, aber Melisende versteht auch so, dass hier Menschen bestraft werden.

Danach folgt ein weiterer Hof, umgeben von Werkstätten aller Art. Es wimmelt von Handwerkern und Knechten. »Hier wird viel von dem hergestellt, was wir brauchen«, sagt Yusuf. »Besonders Waffen, Zaumzeug, Sättel, Tonkrüge, Fässer. Deshalb ist es auch so laut.«

Diesem Hof folgt eine große Garküche, aus der sich Bratenduft verbreitet und Dampf entweicht. Plötzlich spürt Melisende, wie hungrig sie ist. »Wird hier für die ganze Burg gekocht?«

»Nein, nur für die Besatzung und das Gesinde. Der Palast hat eine eigene Küche.«

Endlich erreichen sie ihn, den Palast des Emirs, das prächtigste Gebäude der Festung. Es steht mit seinen glatt verputzten, weiß gekalkten Außenwänden und zierlichen Zinnen in krassem Gegensatz zu den rauen Festungsmauern. Es muss nach der byzantinischen Herrschaft entstanden sein, denn der Baustil ist eindeutig arabisch. Auch hier wieder die mit herrlich geschnitzten Holzgittern versehenen Fenster. Das über drei Stufen zu erreichende Eingangsportal ist vergoldet. Darüber ist ein riesiges Zeltdach gespannt, das tagsüber vor der Sonne schützen soll. Neben dem Portal stehen Kübel mit Zierpflanzen, und in der zunehmenden Dunkelheit, die sich über die Festung senkt, bieten mehrere Feuerschalen Licht. Schwer bewaffnete Krieger in glänzenden Helmen und Rüstungen und weißen Umhängen bewachen den Eingang zur Halle.

Einen von ihnen fragt Yusuf nach Ahmed. Der Mann heißt ihn zu warten und betritt den Palast, um nach dem Eunuchen schicken zu lassen. Dann kehrt er zurück und nimmt seinen Wachdienst wieder auf, nicht ohne Melisende eingehend zu betrachten. Auch die anderen Wachen mustern sie von oben bis unten.

»Was starren die mich an?«, fragt sie Yusuf und kehrt ihnen den Rücken zu.

Er lächelt. »Sie sind nur neugierig. Vielleicht haben sie noch nie eine blonde Christin gesehen, noch dazu in Männerkleidung.«

Melisende strafft die Schultern und wirft den Wachen einen herausfordernden Blick zu, als wollte sie sagen: Seht euch nur satt an mir, ihr Tölpel.

Yusuf beugt sich zu ihr. »Vorsicht, Altesse. Bei uns senken Frauen den Blick und verhalten sich still. Besonders in der Öffentlichkeit.«

»Ach ja?«, fährt sie ihn an. »Na schön. Und wo ist das Frauenhaus?«

»Hinter dem Palast. Es ist ein eigenes Gebäude, aber man

kann es nur vom Palast aus über einen bewachten Durchgang erreichen. Es soll das schönste der Häuser sein, so sagt man. Innen zumindest.«

»Und warum stehen wir hier herum?«

»Wir müssen warten.«

Es dauert eine ganze Weile, während der es noch dunkler wird. Schließlich erscheint Ahmed, ein hochgewachsener Mischling von mattgelber Haut und enormer Körperfülle. Er hat eine fleischige Nase, dicke, aufgewölbte Lippen und keinen Bartwuchs. Gekleidet ist er von Kopf bis Fuß in bunter, schimmernder Seide. Um sein Haupt trägt er ein weißes Tuch in der Form eines Turbans. Er mustert Melisende mit einem kühlen, kritischen Blick. Dann spricht er mit Yusuf.

Anschließend übersetzt Yusuf für sie. »Ahmed fragt, wieso Ihr in Männerkleidern seid und warum wir erlauben, dass Ihr Euer Haar nicht bedeckt. In der Öffentlichkeit müsst Ihr das von jetzt an tun.«

»Bei uns bedecken nur verheiratete Frauen ihr Haar. Das kannst du ihm sagen.«

»Nun, hier ist es anders, Altesse. Besser, Ihr fügt Euch. Davon abgesehen hat Usama, unser Herr, Allah möge ihn segnen, schon alles mit Ahmed geregelt. Es ist alles vorbereitet. Deshalb werde ich mich jetzt von Euch verabschieden.«

Einen Augenblick lang ist Melisende verunsichert. Yusuf ist der Einzige, dem sie bisher vertraut. Und der wird ihr jetzt genommen? Stattdessen muss sie diesem Fettkloß folgen, der ihr Haar anstößig findet. Wahrscheinlich spricht kein Mensch hier ihre Sprache. Zumindest nicht im Frauenhaus.

»Sehen wir uns wieder, Yusuf?«, fragt sie.

Er lächelt. »*Inschallah*, Altesse. So Gott will.« Er wendet sich zum Gehen. Doch dann dreht er sich noch einmal um. »Macht Euch keine Sorgen. Allah ist weise und barmherzig. Er wird Euch beschützen.«

187

»Er beschützt Christen?«

Yusuf grinst und zuckt mit den Schultern. »Wir sind keine Unmenschen, Altesse.«

Dann geht er davon.

Sie blickt ihm nach, bis der Eunuch, der hinter ihr steht, sich ungeduldig räuspert. Sie dreht sich um, steigt hinter ihm die wenigen Stufen empor und folgt ihm bangen Herzens in den Palast.

✠

»Du hast *wen* gefangen genommen?« Der Emir wirkt gar nicht glücklich über das, was sein Neffe ihm gerade berichtet. »Bei Allah, sag mir, dass das nicht wahr ist, dass du Späße mit mir treibst!«

Obwohl um einiges jünger als sein Bruder Murschid erscheint Emir Sultan ibn Munqidh nicht weniger gealtert, im Gegenteil. Seine Leibesfülle, die schwammigen Wangen und ungesunden Schatten unter den Augen lassen eine Vorliebe für gutes Essen und andere Ausschweifungen vermuten, während Murschid bescheiden lebt und die Jagd ihn jung hält.

»Nein, keine Späße, verehrter Oheim«, erwidert Usama. »Wir haben die Thronerbin von Jerusalem in unserer Gewalt. Ein Glücksfall ohnegleichen.«

»Ja, bist du denn des Wahnsinns, Usama? Willst du unbedingt, dass Baudouin uns überfällt?«

Sultan legt seine Misbaha, seine Gebetskette, einen Augenblick lang zur Seite und wischt sich den Schweiß von der Stirn. Wegen der vielen brennenden Kerzen ist es im Raum stickig. Er winkt dem Sklaven, der mit einem großen Federwedel bereitsteht, ihm frische Luft zuzufächeln. Dann greift er wieder nach der Misbaha. Er hat sie ständig zur Hand. Nicht, dass er viel betet. Es ist eine Angewohnheit, und das Klicken der elfenbeinernen Perlen, wenn sie durch die Finger gleiten, empfindet er als beruhigend.

Usama wechselt einen Blick mit seinem Vater, als wolle er sich versichern, dass er das Wort ergreifen darf. »Das wird er nicht!«, erlaubt er sich dann zu antworten.

Sultan mustert ihn unwirsch. »Und warum nicht? Schon schlimm genug, dass wir zwei Jahre lang seine Tochter Ioveta gefangen halten mussten. Der Mann hasst uns. Und wer kann es ihm verdenken?«

»Warum sollte er uns hassen, Bruder?«, mischt Murschid sich ein. »Wir waren ihm, dank Allah, doch dabei behilflich, selbst wieder freizukommen.«

Usama und Sultan wissen natürlich, wovon er spricht. Einem gewissen Belek Ghazi, bedeutender Bey und kurzzeitig Fürst von Aleppo, war es gelungen, König Baudouin gefangen zu nehmen. Als Belek kurz darauf im Kampf gegen Rebellen den Tod fand, bemächtigte sich Timurtasch, der Sohn des großen Turkmenen Ilghazi, des Fürstentums Aleppo und damit auch des gefangenen Königs. Und dieser Timurtasch, nicht vertraut im Umgang mit Christen, verlangte von Schaizar, bei den Lösegeldverhandlungen als Mittler aufzutreten.

»Murschid, mein Bruder«, sagt der Emir und spielt wieder mit seiner Misbaha. »Die Banu Munqidh sind ein stolzer Klan. Wir haben tapfere Krieger in unseren Reihen. Auch dein Sohn Usama, Allah sei es gedankt, gehört zu denen, die mir Hoffnung für die Zukunft machen. Verzeih mir daher meine harsche Antwort, denn ich mag ihn sehr, wie du weißt, besonders, da Allah mir selbst keinen Sohn geschenkt hat.«

»Ich weiß das, Bruder«, erwidert Murschid, »und es erfüllt mein Herz mit Freude. Sei versichert, auch Usama ist überglücklich, in der Sonne deines Wohlwollens zu stehen. Aber nun erklär uns, warum du gegen diese Geiselnahme bist.«

»Eigentlich wisst ihr das doch selbst.« Sultan seufzt. »Natürlich sind wir ein wehrhaftes Fürstentum, aber nicht stark genug, um auf Dauer gegen die großen Mächte zu bestehen. Einst reichte unser Land bis ans Meer. Doch nach und nach haben wir die Küstenregion an die Christen abgeben müssen. Wir halten zwar noch die wilden Berge des Dschebel, aber die nützen uns wenig. Statt zu wachsen, ist unser Gebiet geschrumpft. Und damit auch unsere Möglichkeiten. Zwischen den Seldschuken auf der einen und den verfluchten Christen auf der anderen Seite – was bleibt uns da anderes übrig, als mit Besonnenheit und Vorsicht vorzugehen.«

»Natürlich, Bruder. Aber –«

»Ich habe mich bemüht«, unterbricht Sultan, »gute Nachbarschaft mit Aleppo, mit Homs und Damaskus zu pflegen. Ihr wisst das. Sogar mit den Christen, wann immer das möglich war. Nur deshalb habe ich damals zugestimmt, in Timurtaschs Namen mit Baudouins Gemahlin Morphia zu verhandeln und deren jüngste Tochter als Pfand für die Vereinbarungen bei uns aufzunehmen.«

Murschid nickt zustimmend. »Mit Allahs Hilfe haben wir die Angelegenheit ehrenvoll abgewickelt. Wir haben uns rein gar nichts vorzuwerfen.«

»Natürlich haben wir uns nichts vorzuwerfen.« Sultan greift nach einem Becher, der neben ihm auf einem Tischchen steht, und nimmt einen tiefen Zug daraus. Dann leckt er sich über die Lippen und sagt: »Möchtet ihr auch etwas zu trinken?«

Murschid schüttelt den Kopf. »Du weißt, ich verabscheue Wein.« Seiner Miene ist anzusehen, dass es ihm missfällt, dass sein Bruder Wein trinkt, ja, nicht selten betrunken anzutreffen ist. Zwar ist im Koran der Genuss von Wein nicht verboten, das heißt, man kann diesbezügliche Erwähnungen so oder so verstehen, zumindest aber wird davor gewarnt. Besonders in Zusammenhang mit dem Glücksspiel. Doch der Emir hält nichts von Enthaltsamkeit.

»Wein, Usama?«, fragt er.

»Nein, danke, Oheim.«

»Na schön.« Der Emir nimmt noch einen Schluck und stellt

den Becher zurück. Dann erklingt wieder das Klicken der Perlen der Misbaha. »Wo waren wir stehengeblieben?«

»Bei Baudouins Gefangenschaft«, hilft Usama ihm aus. »Und bei unserer Vermittlung in der Sache.«

»Ah ja, richtig. Wir ihr wisst, sollten die Franken achtzigtausend Dinar zahlen und mehrere Burgen Antiochias an Timurtasch aushändigen. Damit waren beide Seiten einverstanden. Aber nur ein Viertel der Summe haben die Franken tatsächlich gezahlt. Und von den Burgen haben sie auch keine übergeben.«

»Weil Baudouin gar nicht das Recht hat, über Burgen von Antiochia zu bestimmen«, sagt Usama.

»So ist es. Baudouin, der Hund, hat uns getäuscht, Allah möge ihn vernichten.«

»Aber du selbst hast es ihm doch erst ermöglicht«, widerspricht Murschid. »Warum hast du seine Tochter heimgeschickt, noch bevor alle Verpflichtungen erfüllt waren? Wir hätten sie besser hierbehalten oder an Timurtasch übergeben sollen.«

Das Klicken der Misbaha hört einen Augenblick lang auf, während der Emir sich noch einen Schluck genehmigt. »Das Kind war noch so jung. Es tat mir leid«, sagt er verlegen. »Außerdem wollte ich es mir mit Baudouin nicht verscherzen. Ich muss es leider wiederholen: Unsere Lage hier zwischen den Franken und den Kriegsherren der Seldschuken ist nicht so leicht.«

Murschid seufzt. »Tut mir leid, wenn ich es so direkt sage, Bruder, aber durch deine unklare Haltung hast du es dir mit beiden verscherzt. Zengi, der jetzt in Aleppo herrscht, vertraut dir nicht. Und Baudouin womöglich ebenso wenig. Dabei haben wir nicht mal einen Dinar für unsere Vermittlungsbemühungen bekommen. Nichts als Ärger hat uns die ganze Sache gebracht.«

»Eben, Murschid. Du hast es erfasst: nichts als Ärger«, erwidert der Emir und spielt wieder mit seiner Gebetskette. »Deshalb sollten wir uns in Zukunft aus solchen Geschichten raushalten und weder die eine noch die andere Seite favorisieren. Besser, wir schicken das Weib heim zu ihrem Vater. Schließlich wollen wir ihn nicht reizen, Krieg gegen uns zu führen. Weder heute noch in Zukunft.«

»Ich habe keine Angst vor Baudouin«, brummt Murschid.

»Du trägst ja auch nicht die Verantwortung«, erwidert Sultan plötzlich ungehalten. »Da ist es leicht, an allem etwas auszusetzen. Unsere Festung wird er nicht einnehmen können, da gebe ich dir recht. Zumal wir die Geisel haben. Aber es gibt hundert andere Möglichkeiten, uns zu schaden. Es wundert mich, dass dir das nicht klar ist. Sie können unsere Felder abbrennen, Dörfer verwüsten und Vieh stehlen. Außerdem sind diese Christen durchaus imstande, sich zusammenzutun und gemeinsam gegen uns anzutreten. Sie streiten sich manchmal, aber wenn es darauf ankommt, halten sie zusammen.«

Nach diesen Worten herrscht eine Weile Schweigen. Nur das Klicken der Gebetskette ist zu hören. »Du hast ja recht«, lenkt Murschid schließlich ein. »Ich bin zwar der Ältere, aber die Verantwortung trägst du. Ich wollte sie nicht.«

»Jedem das Seine, Bruder«, sagt der Emir. »Während du dich mit dem heiligen Worten des Propheten beschäftigst und auf die Jagd gehst, bemühe ich mich, das Beste für unseren Klan zu tun. Deshalb meine Entscheidung: Schickt die verdammte Christin zurück zu ihrem Vater. Und zwar sofort!«

Erneutes Schweigen.

Murschid und Usama wechseln einen Blick. Dann ist es Usama, der sich zu Wort meldet. »Verehrter Oheim«, sagt er und lächelt zuvorkommend, »es liegt mir fern, deine Weisheit jemals in Frage zu stellen. Schaizar kann sich keinen besseren Herrscher wünschen. Aber ich glaube, für die Angelegenheit, die uns gerade beschäftigt, eine gute Lösung gefunden zu haben. Wenn du erlaubst, will ich sie dir unterbreiten.«

Sultan hebt abwehrend die fette beringte Hand. »Ich glaube nicht, dass ich sie hören will.«

»Solltest du aber«, sagt Murschid. »Die Entscheidung liegt natürlich bei dir. Aber wenigstens anhören solltest du ihn.«

Der Emir schüttelt den Kopf und seufzt. »Na schön. Ihr lasst mir ja sonst keine Ruhe. Also, sag, was du zu sagen hast, Usama.« Er winkt dem Sklaven. »Noch etwas Wein, Bursche.«

✠

Von ihrem Gang durch den Palast bekommt Melisende nur wenig mit. Zum Teil, weil Ahmed öffentliche Räume meidet und mit ihr durch dunkle, schlecht beleuchtete Gänge hastet, aber auch, weil sie in ihrer Sorge vor dem, was ihr vielleicht bevorsteht, kaum auf etwas achtet. Wie benommen folgt sie dem Eunuchen.

Der letzte Gang, von Wachen gesichert, führt ins Frauenhaus und dann, hinter einem schweren Vorhang, in einen von warmem Licht und wohlriechendem Duft erfüllten Saal. Es muss ein besonderes Öl sein, das in den Lampen brennt und diesen Duft verbreitet. Auch hier muss Melisende sich beeilen, Ahmed zu folgen, sodass sie im Vorbeigehen nur wenig wahrnimmt: gold-durchwirkte Vorhänge, gepolsterte Sitze und Diwane, Frauen in seidenen Gewändern, deren Gespräche bei ihrem Anblick ver-stummen, und die erstaunte Blicke aus mit Khol umrandeten Augen auf sie werfen.

Dann geht es auch schon weiter eine Stiege hinauf und durch einen Gang, und schließlich öffnet Ahmed die Tür zu einem ge-räumigen, von Kerzen beleuchteten Gemach. Er sagt etwas auf Arabisch, bedeutet ihr einzutreten und zieht sich anschließend wortlos zurück. Hinter ihm schließt sich die Tür.

Endlich allein, denkt sie. Besser als in diesem Saal voller Frauen, die einen anstarren, als wäre eine Dschinniya in ihrer Mitte aufgetaucht. So nennen sie doch die Geister, die in den Leib von Weibern fahren und Menschen verrückt machen. Ja, besser allein zu bleiben.

Auch hier an den Wänden brennen Lampen mit diesem wohlriechenden Öl. Sie hockt sich auf das große, mit seidenen Kissen überladene Bett und fühlt sich plötzlich schutzlos, verloren, von allen verlassen. Die Tür ist verschlossen, das einzige Fenster vergittert. Und sie ist sterbensmüde, nicht nur vom langen Ritt, sondern vor allem in der Seele. Die letzten Tage haben ihr viel abverlangt. Noch immer stecken ihr die Schrecken des Überfalls in den Knochen. Weder Usamas höfliches Benehmen noch Yusufs tapsige Freundlichkeit haben ihr darüber hinweggeholfen.

Ohne die Stiefel auszuziehen, rollt sie sich auf dem bunt bestickten Bettbezug zusammen, steckt sich ein Kissen unter den Kopf und lässt den Tränen freien Lauf. Lange liegt sie so und weint, hat weder Kraft noch Lust, sich auszuziehen oder sich in ihrem Gemach umzusehen. Zweifellos ist alles von erlesener Schönheit. Nur, was nützt ihr das? Sie ist eine Gefangene. Ja, eine verdammte Gefangene. Im Grunde kann sie es immer noch nicht glauben.

Und wer hat daran Schuld? Sie selbst natürlich, ihr Ungestüm, heimlich auszureißen, zu ihrer Schwester zu fliehen. Dabei weiß Alice nicht einmal davon. Und die arme Hodierna hat sie angestiftet, für sie zu lügen. Wer weiß, wie es ihr jetzt geht. Zweifellos ist inzwischen ganz Jerusalem in Aufruhr und der Vater verrückt vor Wut.

Sie führt leise Selbstgespräche, redet sich in Rage. Im Grunde ist es seine Schuld, diese verdammte Unnachgiebigkeit, die Missachtung ihrer Gefühle, ihres Willens. Als wäre sie sein persönlicher Besitz wie ein Stück Vieh, frei verfügbar zum Tausch gegen politische Vorteile. Nur deshalb ist sie geflohen. Ja, es ist seine Schuld, sie selbst ist nur Opfer seines Eigensinns.

Bald wird hoffentlich Maria in Jerusalem eintreffen und erzählen, was vorgefallen ist. Dann wird Vater sich schreckliche Sorgen machen und sein Verhalten bitter bereuen. Aber das geschieht ihm recht, auch die Peinlichkeit, vor den Noblen des Reichs zu stehen und eingestehen zu müssen, dass er seine Tochter nicht im Griff hat. Ja, leiden soll er, sich Vorwürfe machen und auf die vermaledeite Ehe mit diesem Foulques verzichten!

Für einige Augenblicke fühlt sie sich besser. Dann holt die Wirklichkeit sie wieder ein. Sie ist in die Hände des Feindes geraten. Bis jetzt hat man sie gut behandelt. Aber wird das auch so bleiben? Was ist, wenn diese verdammten Araber mehr Lösegeld fordern, als der Vater aufbringen kann? Was ist, wenn die Vasallen ihm ihren Anteil verweigern? Mutter hatte damals große Mühe, das nötige Lösegeld für Vater zusammenzukratzen. Dabei war er der König! Dagegen ist sie nur eine sperrige Tochter, ein aufmüpfiges Weib. Was, wenn sie nicht mehr freikommt? Wird man sie hier verrotten lassen und mit der Zeit vergessen? So etwas ist schon Besseren passiert.

Sie holt tief Luft. Nur den Mut nicht verlieren, sagt sie sich und wischt sich die Tränen aus dem Gesicht. Auf einmal kommt ihr der Gedanke, dass sie gar nicht mitbekommen hat, ob Ahmed sie wirklich eingeschlossen hat. Sie blickt zur Tür und kann kein Schloss entdecken, nur einen Riegel auf der Innenseite. Heißt das, sie kann sich im Frauenhaus frei bewegen? Natürlich würde sie nicht weiter als bis zu den Wachen kommen. Das gilt wohl auch für die anderen Frauen des Harems. Im Grunde sind auch sie Gefangene. Nein, besser, sie bleibt hier. Sie will sich nicht von diesen Araberweibern anstarren lassen wie ein Kamel mit drei Höckern.

Plötzlich klopft es an der Tür. Darüber ist sie so erschrocken, dass sie vergisst, »Herein!« zu rufen. Sie fährt hoch und setzt die Füße auf den Boden.

Langsam öffnet sich die Tür, und ein hübsches lächelndes Gesicht zeigt sich im Türspalt. Dunkle Haare und sehr blaue Augen – das ist der erste Eindruck.

»Darf ich reinkommen, Domina?«, hört sie die junge Frau in der Lingua franca sagen, diesem etwas abgewandelten Fränkisch, das sich in der Levante eingebürgert hat.

Melisende nickt erstaunt.

Der Kopf verschwindet wieder, Melisende hört ein Tuscheln, dann öffnet sich die Tür weiter, und zwei junge Frauen in langen Gewändern betreten das Gemach. Es ist die von eben und eine zweite, auch sie recht ansehnlich, wenn auch etwas rundlich geraten. Es müssen Mägde sein, denn die Rundliche trägt ein Tablett mit Speisen und einer Karaffe.

Die mit den blauen Augen sagt: »Ihr müsst hungrig sein, Domina.« Bevor Melisende antworten kann, holt sie einen kleinen Tisch mit einer ziselierten Bronzeplatte aus einer Ecke und platziert ihn neben dem Bett. Die Zweite stellt das Tablett ab und zieht sich wieder zurück.

Melisende deutet auf das Essen. »Was ist das?«

»Oh, nichts Besonderes. Fleisch vom Hammel, Gemüse und Fladenbrot.«

Beim Anblick der Speisen macht sich bei Melisende der Hunger bemerkbar. Dennoch greift sie nicht gleich zu. »Schließ die Tür, und hock dich her. Ich will mit dir reden.«

Die Magd schließt die Tür, zieht einen gepolsterten Hocker heran und setzt sich. Sie schlägt die Augen respektvoll nieder und wartet, bis sie angesprochen wird.

Melisende sieht, dass sie sehr jung ist, fast noch ein Mädchen. »Wie heißt du?«, fragt sie. »Und wieso sprichst du meine Sprache?«

Die Magd blickt auf und lächelt. »Ich heiße Lele. Ich bin Tscherkessin.«

»Tscherkessin bist du. Ich weiß, dass es euch gibt, aber mehr auch nicht.«

»Die meisten von uns leben im Kaukasus, einige aber auch in Anatolien und in Syrien auf dem Gebiet von Antiochia. Sie sind vor Generationen gekommen und pachten Land von Fronherren.«

»Deshalb sprichst du also fränkisch. Und wieso bist du jetzt hier?«

Lele zuckt mit den Schultern und macht ein trauriges Gesicht. »Überfall von Seldschuken. Haben den Hof abgebrannt und mich mitgenommen.«

»Oh Gott! Und deine Eltern?«

»Beide tot.«

»Das ist ja schrecklich!«

»Ja, beide tot.« Lele bekreuzigt sich.

Melisende ist erstaunt, das zu sehen. »Bist du etwa Christin?«

Lele nickt. »Wir Tscherkessen sind Christen, Domina.«

Melisende starrt die junge Frau lange an, ohne etwas zu sagen. Da kommt sie auf diese arabische Festung und findet eine Christin. Das hat sie nicht erwartet. Dabei ist Leles Schicksal nicht so außergewöhnlich. Besonders in Edessa kommen Überfälle und Raubzüge dieser Art häufig vor, wie sie sich erinnert, obwohl dort mehr Armenier leben und keine Tscherkessen. Doch auch die sind Christen. So wie Maria.

Natürlich gehen unsere Krieger genauso auf Raubzüge in Feindesland, überlegt sie, um zu plündern und Felder abzubrennen. Sie hat gehört, dass sie manchmal Weiber schänden, aber nicht, dass sie welche verschleppen. Na ja, Frauen Gewalt anzutun, ist schlimm genug. Da sind unsere nicht besser als die Türken.

»Sie haben dich also verkauft«, sagt sie schließlich.

Lele nickt.

»Ausgerechnet eine Christin in einem Harem.«

»Oh, das ist nicht verwunderlich, Domina. Der Koran verbietet, Muslime zu versklaven. Bei Ungläubigen ist es erlaubt.«

»Das wusste ich nicht. Gibt es noch mehr Christinnen hier?«

»Ja, einige. Ich bin seit drei Jahren hier.«

»Seit drei Jahren bist du hier eingeschlossen? In diesem Gefängnis? Wie hältst du das aus?«

»Gefängnis? Nein, Domina. Es ist kein Gefängnis. Männer sind natürlich nicht erlaubt, nur der Emir und Verwandte. Aber die Frauen dürfen Harem verlassen, sogar in die Stadt gehen. In Begleitung.«

»Gut zu wissen. Und wie alt bist du?«

»Siebzehn.«

»Noch so jung. Es tut mir wirklich leid für dich, dass du dein Leben hier verbringen musst.«

»Ist nicht so schlimm, Domina. Manchmal gibt es Prügel von Ahmed. Aber sonst …« Sie zuckt mit den Schultern und lächelt. »Es geht mir gut. Arbeit ist nicht so hart wie früher bei den Eltern.«

Melisende kann es kaum glauben. »Du fühlst dich wohl hier?«

Lele nickt. »Nur vor Houda müsst Ihr Euch in Acht nehmen, Domina. Und immer respektvoll sein. Sonst gibt es Schläge.«

»Wer ist Houda?«

»Die Hauptfrau des Emirs. Emir Sultan hat drei Gemahlinnen und vier … wie sagt man … vier Nebenfrauen.«

»Wer sind denn diese Nebenfrauen? Ich dachte, der Koran erlaubt nur vier Gemahlinnen.«

»Stimmt, aber Nebenfrauen sind erlaubt. Zwei sind aus armen Familien, die Emir Sultan unterstützt. Eine ist Tochter eines reichen Kaufmanns. Ein Geschenk, wenn Ihr wollt. Und die vierte war Wäscherin, hat dem Emir gefallen.«

Nebenfrauen. Erstaunlich, denkt Melisende. Umgehen sie mit dieser Vielweiberei das Gebot ihres Propheten?

»Und dann sind noch wir Sklavinnen da«, fügt Lele hinzu. »Wir machen alle Arbeit. Kochen, putzen.«

»Sklavinnen wie du? Alle Christinnen?«

»Nicht alle. Zwei sind Jüdinnen.«

»Und alle leben hier unter einem Dach?«

Lele nickt und grinst. »Ist nicht einfach. Manchmal gibt es Streit. Aber Houda ist die erste Frau. Sie ist sehr streng und bestimmt alles, auch wer mit dem Emir liegen darf.«

»Wie bitte?« Melisende fragt sich, ob sie richtig gehört hat.

»Es muss gerecht zugehen. Sonst gibt es noch mehr Streit. Natürlich sind Ehefrauen immer zuerst dran.«

»Na, so was!« Melisende kommt aus dem Staunen nicht heraus. Anscheinend gibt es Regeln und eine strenge Rangordnung, wer wann mit dem Emir das Bett teilt. Und diese Houda wacht darüber.

»Sklavinnen sind seltener an der Reihe«, sagt Lele. »Aber ich hoffe, sie wählt mich bald wieder aus. Bisher nur einmal, vor sechs Monaten.«

»Der Emir liegt auch mit Sklavinnen?«

»Natürlich.«

»Aber warum in aller Welt hoffst du denn auf so was?«

»Der Emir wünscht sich einen Sohn. Bisher hat Gott den Wunsch nicht erfüllt. Wer ihm den Sohn schenkt, ist keine Sklavin mehr, sondern wird Frau des Emirs. Wenn es viele Söhne sind, vielleicht sogar erste Frau.«

Melisende schüttelt den Kopf. »Und davon träumst du?«

»Natürlich. Alle Sklavinnen hoffen darauf.«

»Hat der Emir denn gar keine Kinder? Bei all den Frauen?«

»Doch, aber nur Töchter. Er sagt, es ist ein Fluch. Jemand muss ihn verflucht haben. Im ganzen Land wird gebetet, dass Allah ihm endlich einen Sohn schenkt.«

Nur Töchter. Kein Sohn, kein Erbe. So wie Vater, denkt Melisende. Nur bei uns dürfen auch Töchter erben. Aber nur der Form halber, denn der Ehemann ist der wahre Erbe, er soll herrschen. So wie man es von Foulques erwartet. Töchter zählen nicht, nicht bei uns und noch weniger bei den Muslimen.

»Diese Welt ist nicht für Frauen gemacht«, sagt sie.

Lele sieht sie verständnislos an. »Aber Ihr seid doch hübsch, Domina. Vielleicht habt Ihr Glück und Houda wählt auch Euch aus, wenn Euer Mond günstig ist.«

»Mich?« Melisende reißt die Augen auf. »Bist du verrückt? Nie im Leben! Und jetzt geh! Raus mit dir!«

Lele erhebt sich sofort, verbeugt sich tief und flüchtet ohne ein weiteres Wort aus dem Gemach. In ihrem Verhalten zeigt sich die Rangordnung des Harems, sagt sich Melisende. Wir sind zwar beide Gefangene, aber als Sklavin befindet Lele sich offensichtlich ganz unten auf der Leiter. Wo ich wohl stehe?

So unterwürfig, wie Lele sich entfernt hat, so schnell ist sie auch wieder zurück. Kaum hat Melisende ihr Mahl beendet, klopft es an der Tür. Nach ihrem »Herein!« wird die Tür aufgerissen, Lele tritt zur Seite, und dann füllt die massige Gestalt des Eunuchen den Türrahmen aus. Mit ausdrucksloser Miene blickt er zu Melisende herüber, nickt und tritt dann ganz in die Kammer. Sie fühlt sich von seiner Gegenwart bedroht und erhebt sich hastig, als ihm eine weitere Gestalt folgt, eine Frau.

»Dies ist Herrin Houda, Domina«, sagt Lele schüchtern.

Melisende ist überrascht. Das hat sie nicht erwartet. »Lele, rück uns ein paar Stühle her«, sagt sie und zeigt auf die gepolsterten Sitzhocker, die in einer Ecke stehen.

Doch Houda macht eine verneinende Handbewegung und sagt etwas auf Arabisch. Lele erklärt: »Herrin Houda will nicht sitzen. Sie bleibt nicht lange.«

Die beiden Frauen mustern sich gegenseitig. Mit Misstrauen, aber auch mit unverhohlener Neugierde. Im Vergleich zu Melisende ist Houda klein und ausgesprochen zierlich. Tiefgründige, fast schwarze und von Khol umrandete Augen über scharfen Wangenknochen und schmalen Lippen. Die Haare sind unter einem Schleier verborgen, wie auch das lange, kostbar bestickte Gewand nichts von dem Körper darunter erkennen lässt. Ihr

Alter ist schwer einzuschätzen, auf jeden Fall über vierzig. Die Haut ist blass, als hätte sie nie die Sonne gesehen. Sie hat feine Fältchen um Mund und Augen. Um die Mundwinkel den Anflug eines Lächelns, das mehr spöttisch als freundlich wirkt. Sie hat die stolze Haltung einer Frau, die sich ihrer Macht und Bedeutung als erste Dame des Harems bewusst ist.

Dann sagt Houda etwas, und Lele übersetzt: »Ihr seid also die Fränkin. Und so jung. Zu viel ... wie sagt man ... Aufhebens um ein Weib.«

»Ich will wissen, was mit mir geschehen soll«, fordert Melisende.

Aber Houda geht auf die Frage nicht ein. Ihr Blick wandert von oben bis unten über Melisendes Gestalt und bleibt dann an ihren Hosen hängen. Ihre Miene ist voller Missbilligung. »Warum tragt Ihr Männerkleider? Ist das Mode bei Franken?«, übersetzt Lele.

»Nein, aber praktisch, wenn man reiten muss.«

Als Houda etwas erwidert, schnappt Melisende das arabische Wort für Hure auf. Houdas verächtlicher Blick ist eindeutig.

Melisende steigt das Blut ins Gesicht. »Nennt sie mich eine Hure?«

Hastig wechseln die Frauen Worte, während der Eunuch grinst. Schließlich sagt Lele: »Die Herrin fragt, ob Ihr Arabisch sprecht.«

»Nein. Nur ein paar Worte. Aber ich will wissen, was sie gesagt hat.«

Lele schüttelt den Kopf. »Nein, nein! Sie hat Euch nicht Hure genannt. Hat nur gesagt: Männerkleider sind unschicklich. Bei uns kleiden sich nicht mal Huren so.«

Melisende fragt sich, ob Lele ihr die Wahrheit sagt oder ihr nur eine fadenscheinige Erklärung auftischt, denn Houda hat immer noch diesen verächtlichen Zug um den Mund. Bei Gott! Vom guten Willen dieses Weibsbilds soll ihr Wohlbefinden jetzt abhängig sein. Und von diesem Eunuchen, der sie mit einer einzigen seiner fetten Fäuste zerquetschen könnte.

»Ich will mit Usama sprechen«, sagt sie.

»Warum?«, hört sie Houda sagen, denn auch dieses Wort versteht sie.

»Ich will wissen, was er mit mir vorhat.«

Wieder folgt ein schneller Wortwechsel zwischen Lele und Houda. Dann sagt die Sklavin: »Das entscheidet Emir Sultan.«

»Trotzdem. Ich verlange, Usama zu sprechen.«

»Nicht möglich!«, lautet die Antwort. Dann verlässt Houda wortlos das Gemach, gefolgt von Ahmed, dem Eunuchen.

»Tut mir leid«, sagt Lele und schließt leise die Tür hinter sich.

»Ich kann nicht mehr!«, stöhnt Maria. »Meine Füße tun weh. Lass uns ein wenig ausruhen.«

Der Pfad, dem sie seit Stunden folgen, hat sie durch Land geführt, das sich allmählich zur Küste hin absenkt. Unberührter Wald in den höheren Lagen ist ganzen Hainen von Oliven-, Feigen- und Zitronenbäumen gewichen. An Bauernhütten mit Gärten voller Gurken, Melonen und Bohnen sind sie vorbeimarschiert, ebenso an Weizenfeldern, Viehweiden und Pferdekoppeln. Auf einer kleinen steinernen Brücke halten sie an. Eine Gruppe Pinien bietet Schatten. Unter der Brücke plätschert Wasser, ringsum zirpen Zikaden. Es ist früher Nachmittag und heiß.

»Setz dich«, sagt Dawud. »Ich füll schnell unsere Wasserflasche.«

Er umfasst Marias Taille und hebt sie auf die hüfthohe Brüstung der Brücke. Sie legt ihm die Arme um den Hals und hält ihn fest. »Küss mich«, flüstert sie.

»Ich dachte, du bist müde.«

»Dafür nicht«, murmelt sie und saugt sanft an seinen Lippen.

Das Gewand klebt ihr am Leib, und auf der Oberlippe stehen winzige Schweißperlen. Sie nimmt die Knie auseinander und zieht ihn dichter zwischen die Beine. Dawud drückt sich eng an sie. Trotz der Kleidung kann sie ihn deutlich spüren, und sie genießt das aufregende Gefühl. Doch mehr ist nicht erlaubt. Leidenschaftliche Küsse folgen, lassen ihre Lippen ineinander verschmelzen, bis beide Luft holen müssen.

Dawud macht sich sanft von ihr los. »Bis Tripolis haben wir noch ein gutes Stück Weg vor uns, Maria. Ich geh jetzt besser die Feldflasche füllen.«

Sie haben nur eine einzige. Es ist kein Flaschenkürbis, wie so viele ihn benutzen, sondern eine richtige hölzerne, mit Leder überzogene Feldflasche, die vorher einem der toten Reisigen gehört hat. Yusuf hat sie ihm gegeben. Auch seinen Dolch hat man Dawud gelassen und einen Beutel mit etwas Proviant, der aber schon leer ist. Dafür haben sie unterwegs Feigen und ein paar kleine Melonen gestohlen.

Dawud nimmt die Feldflasche vom Gürtel, verlässt die Brücke und steigt die Böschung zum Bachbett hinunter.

Von den Küssen noch ganz benommen stützt Maria sich auf einen Arm und lehnt sich seitlich über die Brüstung, um ihm zuzuschauen. Sie beobachtet jede seiner Bewegungen. Wie er den Stöpsel aus der Flasche zieht, sie ins Wasser hält und wartet, bis sie sich glucksend füllt. Sie kann sich kaum satt an ihm sehen. Er sieht so gut aus. Lachend blickt er zu ihr auf. Seine Augen blitzen, und die Zähne leuchten weiß in seinem braunen Gesicht. Ihr Herz ist zum Bersten voll von Liebe.

Hingegeben hat sie sich ihm noch nicht. Dafür ist sie zu fromm erzogen. Aber wenn sie noch lange so frei und ungebunden weiterwandern und nachts Arm in Arm unter einem von Sternen übersäten Himmel schlafen, wer weiß, was dann geschieht … Allein bei dem Gedanken wird ihr noch heißer, als es ohnehin schon ist.

Sie holt tief Luft. Um sich abzulenken, blickt sie hinunter zum nahen Strand, der nicht einmal eine halbe Meile entfernt ist. Zwischen Sträuchern und Dünengras lassen sich das Blau des Meeres, der gelbe Sand und die weiße Gischt der anrollenden Wellen erkennen. Wie es wohl ist, sich ins kühle Wasser zur stürzen. Das hat sie noch nie getan. Aber seit sie in Dawud verliebt ist, hat sie Lust, auszureißen, mehr zu erleben, verrückte Dinge zu tun.

Der Fußweg, auf dem sie gekommen sind, mündet etwas weiter unten in die knapp zweihundert Schritt entfernte Küstenstraße. Auf ihr gewahrt Maria von Süden her kommend einen größeren Trupp Reiter, der sich rasch nähert. Helme funkeln in der Sonne. Sie denkt sich nichts dabei und wirft erneut einen Blick auf Dawud, der sich unter ihr Wasser über Kopf und Schultern wirft, um sich abzukühlen. Als sie wieder zur Straße hinüberschaut, sind die Reiter schon ziemlich nahe. Es sind bewaffnete Ritter mit langen Schilden am Sattel und Wimpeln auf den Lanzen. Dann erkennt sie die Wappen.

»Dawud!«, ruft sie aufgeregt. »Komm schnell her! Hier sind Ritter des Königs!«

Als David bei ihr ankommt, sind die Reiter bereits vorbeigezogen. Unmöglich, sich ihnen jetzt noch bemerkbar zu machen. »Bist du sicher?«, fragt er.

»Natürlich bin ich sicher. Ich wohne doch im Palast und kenne die Wappen. Das waren Baudouins Ritter, sag ich dir.«

»Verdammt! Wären wir doch nur etwas schneller gegangen, dann hätten wir sie aufhalten und ihnen sagen können, was geschehen ist.«

»Glaubst du, der König weiß von Melisendes Flucht?«

»Mit Sicherheit. Die Reiter sind bestimmt nach Antiochia unterwegs, um sie zu holen.«

»Und wir haben sie verpasst.« Maria lässt die Schultern hängen. Plötzlich hat sie Tränen in den Augen. »Wir haben nur an uns gedacht und den ganzen Weg getrödelt.«

Dawud versucht, sie zu beruhigen, und legt den Arm um sie.

»Fass mich nicht an!«, faucht sie und rutscht von der Brüstung. »Los! Gehen wir! In Tripolis finden wir vielleicht ein offenes Ohr.«

Sie lässt ihn stehen und nimmt die mühselige Wanderung wieder auf. Dawud folgt ihr mit gesenktem Kopf.

DER BOTE

In den folgenden Tagen gewöhnt sich Melisende an ihr Leben im Harem des Emirs. Lele ist ihr dabei eine große Hilfe. Sie kümmert sich um ihre Wäsche, bringt ihr das Essen, Wasser zum Waschen, räumt die Kammer auf und leert ihr Nachtgeschirr. Die Sklavin dient ihr auch weiter als Übersetzerin. Ohne Leles Kenntnisse der Lingua franca würde Melisende sich noch viel einsamer und von allem abgeschnitten fühlen. Dabei kommen in ihr sogar so etwas wie freundschaftliche Gefühle für die junge Tscherkessin auf. Leles fröhliches Geplapper hält Melisende auf dem Laufenden, was Gerüchte angeht, die täglich im Harem kursieren, welche der Frauen sich gerade streiten, wie die Laune des Emirs ist und mit wem er die Nacht verbringt, falls er das tut, denn so oft geschieht das wohl nicht, wie Lele sagt.

Nur welches Schicksal ihr selbst beschieden ist, ob sie ausgelöst werden soll, ob man sich überhaupt darum bemüht, davon erfährt sie nichts.

Als sie zum ersten Mal wagt, ihr Gemach zu verlassen, muss Lele die anderen Frauen vorgewarnt haben, denn sie sind alle versammelt, ganz offensichtlich neugierig, die fremde Christin in Augenschein zu nehmen. Noch dazu eine Thronerbin.

Der große Raum, in den man sie führt, ist fast ganz mit weichen Teppichen ausgelegt. Mehrere Damen hocken auf dem Boden, einige auf Diwanen an der Rückwand. Houda thront dagegen auf einem hohen Stuhl, von dem aus sie alles im Blick hat. Ahmed deutet auf einen gepolsterten Schemel in der Mitte, auf dem Melisende sich nach einigem Zögern niederlässt. Ahmed zieht sich zurück und scheucht die Sklavinnen aus dem Raum.

Nur er und Lele bleiben. Niemand sagt etwas, alle starren Melisende an.

Nach Houdas Aufforderung beginnt Lele, die Frauen vorzustellen. Auf die Namen achtet Melisende nicht, mehr auf die Gesichter. Es geht streng nach Rangordnung. Die zweite Gemahlin ist kaum jünger als Houda. Sie hat ein schönes Gesicht, ist aber im Gegensatz zu ihr von ziemlich üppiger Gestalt. Die dritte, Anfang dreißig, ist unscheinbar, fast schon hässlich, wahrscheinlich eine politische Verbindung. Dann folgen der Reihe nach die vier Nebenfrauen. Mit einer Ausnahme sind sie alle jünger. Die letzte, ein besonders hübsches Kind mit großen dunklen Augen, kann nicht älter als sechzehn sein.

Auch die Töchter der Damen sind zugegen. Vier von ihnen leben bei ihren Müttern im Harem. Die beiden älteren wurden schon verheiratet, wie Lele erklärt, eine sogar an den Seldschuken Zengi, den mächtigen Emir von Aleppo.

Wie bei uns, denkt Melisende bitter. Töchter sind nichts als ein Pfand, um Bande zu knüpfen und Vorteile für den eigenen Klan auszuhandeln.

Sind die Frauen anfänglich noch zurückhaltend, so verlieren sie zunehmend ihre Scheu, zumal Houda milde lächelt und sie gewähren lässt. Schließlich prasseln so viele Fragen auf Melisende ein, dass Lele sie gar nicht schnell genug übersetzen kann. Dass Baudouin keinen Sohn hat, wissen sie. Der Emir hat ja auch keinen. Sehr beklagenswert. Aber dass eine Frau tatsächlich Thronerbin sein könnte, versetzt sie in Erstaunen. Es sei das fränkische Erbrecht, erklärt Melisende.

Im Islam seien Frauen ebenfalls erbberechtigt, wird ihr gesagt, wenn auch meist nur zu einem Teil. Aber so etwas wie Fürstin werden – unmöglich! Das sei gegen Gottes Gebot. Außerdem würde sich kein Mann je einer Frau unterwerfen.

Eine fragt, ob Melisende nicht Angst habe, als Ungläubige in die Hölle zu kommen. »Wer vorbildlich lebt und die zehn Gebote nicht verletzt, kommt in den Himmel und nicht die Hölle«, erwidert sie. Was denn die zehn Gebote seien, will man wissen. Melisende erzählt von Moses und zitiert die Gebote. Dann wird sie gefragt, wie viele Ehefrauen die Christenfürsten hätten. Als sie erklärt, nur eine einzige sei erlaubt, sind die Araberinnen erstaunt. Mehr als eine sei doch der sicherere Weg, dem Fürsten viele Söhne zu schenken. Wie sonst ließe sich die Dynastie erhalten? Natürlich sei es auch nützlich, um den Fürsten bei Laune zu halten, fügt eine hinzu, was zu zweideutigen Bemerkungen und ausgelassenem Gelächter führt.

In dieser Stimmung wird sie kichernd gefragt, ob sie schon mal mit einem Mann gelegen habe. Das ist Melisende nun doch zu viel. Sie errötet und beeilt sich, dies zu verneinen. Das sei doch nur in der Ehe erlaubt.

Houda lässt einen ärgerlichen Wortschwall auf die Nebenfrau ab, die die Frage gewagt hat, und entschuldigt sich bei Melisende. Unzucht werde auch bei ihnen streng bestraft, sagt sie, außer natürlich bei Sklavinnen. Aber die zählten ja nicht.

Houda selbst stellt keine Fragen, hält sich zurück, sagt wenig. Und doch ist deutlich, dass sie die bestimmende Person im Raum ist. Es genügt ein Blick von ihr, ein Stirnrunzeln, um eine Frau zum Schweigen zu bringen, oder ein unmerkliches Nicken, um eine andere zu ermutigen. Ganz offensichtlich geschieht in diesem Harem nichts ohne Houdas Billigung. Ihre ursprünglich abweisende Haltung ist nicht mehr zu spüren. Im Gegenteil, sie gibt sich Melisende gegenüber höflich, fast freundlich, wenn auch weiterhin unzugänglich.

Melisende wundert sich. Sie ist mit der Vorstellung gekommen, Haremsdamen würden den ganzen Tag damit verbringen, sich für den Herrscher schön zu machen, sich verführerisch zu kleiden, um seine Gunst zu buhlen. Nichts davon scheint wahr zu sein. Die Frauen sind gepflegt, baden laut Lele häufig, ölen Haare und Haut, machen aber wenig Aufhebens um ihre Erscheinung – zumindest hier, wo sie unter sich sind und kein Mann Zutritt hat. Der Eunuch zählt nicht. Er darf sie sogar nackt sehen, wenn es sich ergibt. Mehr noch: Ahmed soll trotz seiner Größe wunderbare, sanfte Hände haben. Auch Melisende wird eine Massage empfohlen, obwohl sie dankend ablehnt. Die fetten Hände dieses Kerls auf ihrer Haut zu haben, allein der Gedanke bereitet ihr Übelkeit.

Auf ihre Frage heißt es, schön machten sich die Frauen erst, wenn sie an der Reihe seien, das Schlafzimmer des Fürsten zu teilen, das sich in einem abgelegenen Teil des Frauenhauses befindet und einen eigenen Zugang hat. Und obwohl die Reihenfolge klar ist und Houda streng darüber wacht, dass sie eingehalten wird, gebe es, so gesteht eine, nicht selten Streit. »Worüber denn?«, fragt Melisende, doch Houda erlaubt es den Frauen nicht, darüber zu sprechen.

Und dann dreht sich das Gespräch um Kleider. Melisende trägt inzwischen wieder ihre fraulichen Gewänder, trotzdem wollen die Damen wissen, ob alle Christinnen außer Haus in Hosen herumlaufen. Als sie das verneint, muss sie ihre Kleider holen lassen. Die werden kritisch begutachtet, der Stoff befühlt. Die Araberinnen finden ihn etwas grob und minderwertig gegenüber den herrlichen Stoffen ihrer eigenen farbenprächtigen Gewänder.

Als Melisende bittet, sie sehen zu dürfen, holen die Frauen ihre Roben hervor, um sie ihr vorzuführen, ja, sie bringen sie sogar dazu, das eine oder andere anzuprobieren. Die Seide auf der Haut fühlt sich kühl und doch verführerisch an. Hauchdünne Schleier werden um ihre Schultern drapiert. Dabei wird auch ihr langer blonder Zopf bewundert, der ihr bis über den Rücken fällt. Zwei der Damen ziehen sich währenddessen Melisendes Roben über und drehen sich lachend und zum Vergnügen der anderen im Kreis.

So vergeht der Nachmittag, mit guter Laune, Minzaufguss

und süßen Leckereien. Melisende kann diesen wundervollen, von Honig triefenden Kuchen und kandierten Früchten, eine Spezialität der arabischen Küche, kaum widerstehen. Kein Wunder, dass einige der Frauen üppige Figuren haben. »Männer mögen das«, heißt es unter Gelächter, als Melisende es anmerkt.

Zurück in ihrer Kammer kann sie kaum glauben, dass sie einen so vergnüglichen Nachmittag verbracht hat. Doch als sie am vergitterten Fenster steht und durch die Schlitze die Sonne hinter der Burgmauer untergehen sieht, überkommt sie wieder das Elend. Ganz gleich, wie freundlich man sie behandelt, sie ist und bleibt eine Gefangene. Hat Maria es überhaupt schon bis Jerusalem geschafft? Was wird ihr Vater unternehmen?

Am nächsten Tag erscheint Ahmed und überrascht sie mit der Ankündigung, der Emir höchstpersönlich wünsche, sie zu sehen. Seit ihrer Ankunft im Frauenhaus fordert sie, Usama sprechen zu dürfen. Jedes Mal wird ihr der Wunsch ohne Angabe von Gründen verweigert. Und nun soll sie zum Emir gebracht werden? Was hat das zu bedeuten?

Ahmed scheint es nicht zu wissen, jedenfalls sagt er nichts. Soll sie endlich erfahren, was man mit ihr vorhat, oder ist der Emir einfach neugierig auf sie? Er wird sie doch wohl nicht wie eine seiner Weiber oder Sklavinnen betten wollen. Ängstlich folgt sie Ahmed durch die Gänge des Palastes.

Auf der Festung von Schaizar lebt es sich beengter, als es den Anschein hat, wenn man von der Stadt aus zu den langen Umrissen der mächtigen Mauern aufblickt. Allein die natürlichen Gegebenheiten des schmalen Felsgrats, auf dem sie thront, erlauben keine großräumigen Anlagen und Bauwerke, zumal viel Raum für Militärisches und für die Unterkünfte der Krieger des Emirs genutzt wird und für die Versorgung der vielen Festungsbewohner. Palast und Frauenhaus sind daher weit kleiner als die Fürstenpaläste von Aleppo und Damaskus. Besonders Aleppos Zitadelle soll von gewaltigen Ausmaßen sein.

Umso mehr ist sie vom prunkvollen Inneren des Palastes beeindruckt. Die Wände, sogar die der Korridore, sind nicht wie im Königspalast zu Jerusalem aus dunklem nackten Stein, sondern wie auch die Außenfassade glatt verputzt und weiß gekalkt. Arabische Spitzbögen über Säulengängen mit Einfassungen aus farbigem Marmor; Öffnungen zu einem Innenhof mit kostbar geschnitzten Holzgittern versehen; in den Sälen dagegen wunderschöne Fenster, die aus kleinen, bunten von weißem Mörtel eingefassten Glasscheiben bestehen und jeden Raum mit warmem Licht füllen; mit Marmor ausgelegte Fußböden, an anderen Stellen mit Platten aus Terrakotta; bequeme Diwane zum Verweilen; Palmen und andere Pflanzen in Kübeln, von Sklaven bewässert. Leider eilt Ahmed mit seinem watschelnden Gang so schnell voraus, dass Melisende kaum Gelegenheit hat, sich wirklich umzusehen.

Schließlich betreten sie einen schlichten und doch besonders beeindruckenden Saal. Ringsum verläuft ein breites Band aus zierlich gemeißelten Rankenornamenten. Auch das von schlanken Säulen getragene Deckengewölbe ist ähnlich verziert. Mehrere Männer in langen arabischen Gewändern sind zugegen. Doch Melisende achtet nicht auf sie, sondern richtet ihre Aufmerksamkeit auf eine füllige, in Seide gehüllte bärtige Gestalt auf einem vergoldeten Thronsessel. Das muss der Emir sein. Er sitzt auf Kissen und starrt ihr neugierig entgegen.

Ahmed tritt vor und verbeugt sich vor dem Herrscher in tiefer Ergebenheit. Dann sagt er etwas auf Arabisch und deutet auf Melisende, die nicht recht weiß, wie sie sich benehmen soll. Am Ende hebt sie ihren Rock an, sinkt nach fränkischer Art auf ihr linkes Knie und beugt das Haupt.

»Erhebt Euch, Altesse, und tretet näher«, hört sie einen Mann sagen.

Die Stimme klingt vertraut. Ein kurzer Blick zur Seite bestätigt, dass es Usama ist. Fast hätte sie sich vor Erleichterung bekreuzigt, zumindest kann sie sich mit ihm verständlich machen. Sie kommt auf die Füße und nähert sich den Männern, die um Emir Sultans Thron versammelt sind. Dort bleibt sie stehen, immer noch unsicher, was von ihr erwartet wird.

Der Fürst hat ein bleiches, teigig wirkendes Gesicht. Das weite Gewand kann seine Leibesfülle nicht verbergen. Wahrscheinlich findet auch er es schwer, den süßen Leckereien zu widerstehen, die hier zu jeder Zeit angeboten werden. Er lächelt ihr freundlich zu. Dabei bemerkt sie, dass einige seiner Zähne schwarz sind. Dann spricht er auf Arabisch zu ihr.

»Mein Oheim möchte Euch willkommen heißen«, übersetzt Usama, nachdem der Emir geendet hat, »und er entschuldigt sich, Euch nicht schon früher begrüßt zu haben. Das gehöre sich gegenüber einem hohen Gast natürlich nicht. Die Geschäfte des Fürstentums hätten ihn leider abgehalten. Aber man habe ihm berichtet, dass Ihr Euch gut bei uns eingelebt habt. Er möchte wissen, ob Euer Aufenthalt angenehm ist, ob Ihr etwas vermisst.«

Angenehm?, denkt sie. Wollen die mich verhöhnen? »Ich kann über meine Behandlung nicht klagen«, sagt sie, »aber angenehm würde ich meinen Aufenthalt hier nicht gerade nennen. Schließlich bin ich kein Gast, sondern eine Gefangene. Sagt Seiner Hoheit, ja, ich vermisse etwas – nämlich mein Zuhause. Ich vermisse es, aus diesem Gefängnis entlassen zu werden.«

Usama übersetzt ihre Antwort, und die Miene des Emirs verdüstert sich.

Hab ich ihn nun verärgert?, fragt sie sich beklommen. Vielleicht sollte ich mich etwas zurücknehmen. Schließlich bestimmt dieser Mann über mein Schicksal.

Usama lauscht der harsch klingenden Antwort des Emirs. Dann lächelt er und sagt: »Ihr müsst Geduld haben, Altesse. Ihr Franken seid immer so ungeduldig. Seid gelassen, vertraut auf Gott, und alles wird sich fügen.«

Melisende ist sicher, dass der Emir etwas ganz anderes gesagt hat. Leider ist ihr Arabisch so schlecht, dass sie nichts verstanden hat. Zumindest Usama hat sich von ihren unbedachten Worten nicht aus der Fassung bringen lassen. Er ist höflich, sogar freundlich. Ein beeindruckender Mann, der bei den Anwesenden hochgeachtet zu sein scheint.

»Habt Ihr Boten nach Jerusalem geschickt, um meinen Vater zu verständigen? Wie viel verlangt Ihr für mich? Ihr wollt mich doch auslösen, nehme ich an.«

Usama schüttelt lächelnd den Kopf. »Wieder so direkt. Ist das so üblich bei euch fränkischen Frauen? Mit der Tür ins Haus fallen? Ich kann Euch nur raten, übt Euch in Geduld, Altesse. Die Dinge sind in Gottes Hand. Allah ist allmächtig, aber auch weise und barmherzig. Er wird uns leiten, und bald wird sich alles klären. In der Zwischenzeit genießt das Leben bei uns, ich bitte Euch!«

Wieder redet der Emir. Er deutet jetzt auf einen Mann, der etwas im Hintergrund steht. Dieser hat zwar einen Turban auf dem Kopf, sieht aber nicht wie ein Araber aus. Über der kurzen Tunika trägt er so etwas wie ein blau gefärbtes Surcot, das ihm nur bis zu den Knien reicht, darunter Reitstiefel aus feinem Leder. Im Gürtel steckt ein Dolch mit silbernem Knauf.

»Mein Oheim möchte Euch einen Mann von Rang und lieben Gast vorstellen: Qilitsch ad-Din Mahmud, ein kampferprobter Kriegsherr und Vetter des Emirs von Damaskus. Er hat darauf bestanden, Euch persönlich kennenzulernen.«

Deshalb hat man mich also herbestellt, sagt sich Melisende und sieht sich den Mann genauer an. Ein Vetter des Emirs von Damaskus? Der Mann ist Anfang dreißig, mittelgroß, breitschultrig und muskulös, wirkt untersetzt, bewegt sich aber, während er sich auf drei Schritt nähert, leichtfüßig und geschmeidig. Er hat eine matte Hautfarbe, leicht mandelförmige, aufmerksame Augen, die sie eingehend mustern, eine prominente Nase und

darunter einen kräftigen Schnauzbart. Unverkennbar ein Seldschuke.

»Warum?«, fragt sie.

Usama hebt die Brauen. »Warum was?«

»Warum will er mich kennenlernen?«

Usama lacht. »Oh, reine Neugierde! Wann hat man schon
Gelegenheit, einer Christin von hohem Rang zu begegnen.«

Der Mann, der sich Qilitsch nennt, nickt und grinst verwe-
gen. Dabei zeigen sich, anders als beim Emir, gesunde weiße
Zähne. »Ja, neugierig«, sagt er. »Wie kann Frau Thronerbe sein?
Muss eine besondere Frau sein.«

»Ihr sprecht meine Sprache?«, fragt Melisende erstaunt.

Qilitsch hebt bedauernd die Schultern. »Nur wenig. Nicht
wie Usama. Ein paar Worte, nicht mehr. Aber wie kann sein
Thronerbe?«

»Fränkisches Recht«, erklärt Melisende. »Wenn es keinen
Sohn gibt, erbt die Tochter.«

Qilitsch runzelt die Stirn. »Auch die Krone?«

»Ja, so heißt es. Aber keine Sorge. Es hat nicht viel zu bedeuten. Meine Aufgabe ist nicht zu herrschen, sondern zu heiraten. Wenn Gott meinen Vater eines Tages zu sich ruft, wird
mein zukünftiger Ehemann König und Herrscher über Jerusalem
sein.«

»Der Comte d'Anjou?«, fragt Usama.

»Ihr wisst von ihm?«

»Natürlich.«

»Aber zuvor muss er heiraten«, bemerkt Qilitsch. »Wird nur
König, wenn er Gemahl der Thronerbin ist.« Sein Lächeln hat
etwas Listiges.

Melisende ist sich bewusst, dass sie besser den Mund gehalten hätte, dass ihr Wert für die Araber durch ihre unbedachte Erklärung unweigerlich gestiegen ist. Dieser Qilitsch hat es sofort
begriffen: Ohne Melisende gibt es kein Königreich, zumindest

für Foulques. Der zukünftige Ehemann wird sicher bereit sein, noch mehr für ihre Freiheit zu zahlen als der Vater.

»Nein, das muss nicht sein«, erwidert sie daher schnell. »Der König kann auch meine Schwester Hodierna zur Thronerbin machen. Oder die Haute Court bestimmt jemand anderen zum König.«

»Haute Court?«

»Der Rat der Adeligen.«

An den Gesichtern merkt sie, dass man ihr nicht glaubt. Qilitschs Lächeln hat etwas Hintertriebenes. Auch Usama schüttelt den Kopf. »Wir hören etwas anderes«, sagt er. »Euer Vater zählt große Stücke auf Euch. Er hat Euch für mehr erzogen als nur dazu, Kinder zu gebären.«

»Wirklich? Dann wisst Ihr mehr als ich.«

»Das sagen jedenfalls unsere Quellen.«

Unwillkürlich beißt Melisende sich auf die Unterlippe. Woher, bei Gott, wissen die das alles? Haben die Spitzel in Jerusalem? Muss wohl so sein. Schließlich kommen genug arabische Kaufleute durch Jerusalem und Besucher der Moschee.

»Wann erfahre ich endlich –«

»Wir danken Euch, Altesse«, unterbricht Usama. »Ahmed wird Euch zurück in Euer Gemach begleiten.«

Melisende starrt ihn an. Er lächelt höflich, aber ihr ist klar, der Mann lässt sich nicht erweichen. Keiner von ihnen. Ihre Augen werden feucht. Ärgerlich wischt sie sich eine einzelne Träne von der Wange und wendet sich ab, um zu gehen. Ahmed folgt ihr.

»Ach, übrigens«, hört sie Usama sagen. »Ich breche morgen nach Jerusalem auf. Habt Ihr eine Botschaft für Euren Vater?«

Sie bleibt einen Augenblick stehen, ohne sich umzudrehen. Ihr Herz klopft plötzlich wild. Eine Botschaft? Widersprüchliche Gefühle steigen in ihr auf. So vieles möchte sie ihrem Vater sagen. Oder eher an den Kopf werfen. Doch das geht diese Leute nichts an. Sie strafft die Schultern und verlässt den Saal, ohne ihm zu antworten.

✠

Fast drei Wochen lang waren sie unterwegs, die meiste Zeit zu Fuß. In Tripolis wollte man sie gar nicht erst zum Grafen vorlassen, eine Magd und einen muslimischen Knecht, beide in abgerissenen schmutzigen Kleidern. Nicht gerade Vertrauen erweckend. Niemand wollte glauben, was sie zu erzählen hatten. In Beirut hatten sie nicht mehr Erfolg. Graf Gauthier sei nach Antiochia unterwegs, im Auftrag des Königs, hieß es. Damit wurden sie auch hier abgewimmelt und fortgeschickt.

Erst in Jaffa glaubte man ihnen. Graf Hugues war zutiefst erschrocken, als sie berichteten, was geschehen war. Er hörte nicht auf, sich selbst die Schuld zu geben. Armands Frau saß wie versteinert da, während sie erfahren musste, wie ihr Gemahl zu Tode gekommen war. Auch zwei der erschlagenen Reisigen hinterlassen Frauen und Kinder. Weinen und Wehklagen erfüllte in dieser Nacht die Zitadelle von Jaffa. Doch gleich am Morgen ließ Graf Hugues Pferde satteln, um Maria und Dawud persönlich nach Jerusalem zu begleiten.

Als sie endlich die Stadt erreichen, ist es früher Abend. Stadtmauern und die Türme der Zitadelle leuchten in der untergehenden Sonne. Der Anblick erfüllt Marias Herz mit Freude, aber auch mit Bangen darüber, wie man ihre Kunde aufnehmen wird.

»Du hättest nicht mitkommen müssen«, sagt sie zu Dawud, als sie durchs Stadttor reiten. »Du hast dein Leben in Jaffa.«

»Willst du mich loswerden?«

»Sei nicht dumm, Dawud. Natürlich nicht. Aber ich weiß nicht, wie es jetzt weitergeht, was der König zu alldem sagen wird. Was passiert ist, ist schrecklich. Er wird ganz bestimmt mich beschuldigen. Schließlich habe ich der Domina bei der Flucht geholfen. Und nun ist sie Feinden in die Hände gefallen.«

»Ich lass dich nicht allein, Maria. Ich werde ihm sagen, dass dich keine Schuld trifft.«

»Ach, Dawud, das ist lieb von dir. Aber wird er dir glauben? Wird er dir überhaupt zuhören?« Trotzdem wirft sie ihm einen dankbaren Blick zu.

Ob es wohl eine Zukunft für sie beide gibt? Er ist Muslim und sie Christin. Keine gute Voraussetzung. Aber sie lieben sich. Nach dem langen gemeinsamen Marsch ist Maria sicher, dass sie zusammengehören. Ohne ihn hätte sie es nie im Leben geschafft. Er hat ihr immer wieder Mut gemacht, etwas zu essen besorgt, wütende Hunde vertrieben, sie getröstet und ermutigt und ihr in allem seine Liebe gezeigt. Als sie blutige Blasen an den Füßen hatte, hat er sie sogar auf dem Rücken getragen. Zwei Tage lang. Bei ihm hat sie sich sicher gefühlt. Nicht nur das, geliebt hat sie sich gefühlt. Mehr als jemals zuvor in ihrem Leben.

Doch nun müssen sie den Zorn des Königs ertragen.

Als sie endlich vor ihm stehen und stockend berichten, was seiner Tochter widerfahren ist, könnte der Schock nicht größer sein. Baudouin brüllt wie ein verwundeter Stier, vor Überraschung, vor Wut und sicherlich vor Schmerz über die ungeheuerliche Nachricht.

Und ja, er ist zornig. Sehr sogar.

Allerdings nicht auf Maria und Dawud, die Überbringer der schlechten Kunde. Er ist zornig auf Hugues, der die Flucht überhaupt erst möglich gemacht hat und die Wut des Königs tapfer erträgt. Er ist zornig auf seine so verdammt eigensinnige Tochter, die den armen Kerl überredet und versucht hat, des Vaters Pläne zu durchkreuzen, und sich dabei auch noch – man glaubt es kaum – entführen lässt. Er ist zornig auf die verfluchten Araber und Beduinen, die unschuldige Menschen rauben und eine Bedrohung für Reisende sind. Und überhaupt gilt sein Zorn dem unseligen Schicksal, das das Königreich befallen hat.

Es dauert eine Weile, bevor er sich beruhigt, zwei Becher Wein herunterkippt und schließlich mit Zornesfalte zwischen den Brauen dasitzt und mit finsterer Miene vor sich hin brütet. Hugues flüstert Maria und Dawud zu, sich zurückzuziehen.

Doch Baudouin blickt auf. »Sie sollen hierbleiben«, knurrt er. »Für den Fall, dass wir Fragen haben.«

Graf Foulques, der die Kunde der Entführung mit größter Unruhe aufgenommen hat, wendet sich an den König: »Wir sollten das Heer zusammenrufen und sofort gegen Schaizar ziehen. Wir werden ihre verfluchte Festung dem Erdboden gleichmachen.«

»Sei kein Esel, Foulques!«, sagt der König ungehalten. »Hast du den Verstand verloren? Wo sonst wird sie denn wohl gefangen gehalten? Willst du ihr Leben in Gefahr bringen?«

Foulques starrt ihn einen Moment lang an und nickt dann betroffen. »Du hast natürlich recht. Aber wenn sie ihr etwas antun …« Er spricht nicht zu Ende, als wolle er solche Gedanken möglichst nicht in Worte fassen.

Zum ersten Mal zeigt sich auf dem Gesicht des Grafen so etwas wie Anteilnahme und Gefühle für seine Zukünftige. Die Kunde ihrer Entführung muss ihn härter getroffen haben, als man aus seinem bisherigen Benehmen hätte vermuten können.

Wenn sie ihr etwas antun. Niemand sagt etwas dazu, aber der Satz steht im Raum. Jeder spürt die Drohung. Maria hält den Atem an. Und dann sieht sie, wie die Augen des Königs sich mit Wasser füllen.

»Herrgott im Himmel!«, hört sie ihn flüstern. »Warum tust du uns das an? Mein armes Kind?« Er schlägt die Hände vors Gesicht und schluchzt.

Maria erschrickt. Die Tränen des Königs sind schlimmer als sein Zorn. Nie hätte sie sich vorgestellt, den König einmal weinen zu sehen. Für sie war er immer ein Fels, so stark und unerschütterlich. Aber natürlich weiß er aus eigener Erfahrung, wie es ist, in Gefangenschaft zu leben, ohne Nachricht von seinen Lieben, nicht wissend, wie lange es dauert. Und ob man überhaupt wieder freikommt. Es sind schon Leute in Gefangenschaft verrottet. Nie mehr hat man sie wiedergesehen. Deshalb weint er um seine Tochter. Es schnürt Maria das Herz zusammen.

Plötzlich fliegt die Tür auf, und Hodierna stürmt herein. »Vater!«, ruft sie. »Was ist? Warum weinst du? Ist wahr, was sie sagen?«

Baudouin nickt, und Hodierna wirft sich ihm in die Arme. Auch sie hat Tränen in den Augen. »Oh Gott!«, flüstert sie. »Hätte ich doch nur nicht …« Sie spricht nicht weiter, vergräbt ihr Gesicht an der Schulter ihres Vaters.

Der König seufzt. »Hätten wir doch nur nicht …«, murmelt er schuldbewusst. »Das könnten wir jetzt alle sagen. Wir alle haben eine Hand in der Sache gehabt.«

Sogar Foulques nickt betrübt. »Ich hätte mich anders verhalten sollen. Es tut mir leid, Baudouin.«

»Was wirst du tun, Vater?«

Er zuckt mit den Schultern. »Erst mal gar nichts. Es bleibt uns nichts übrig, als abzuwarten. Die verdammten Kerle werden sich schon melden.«

✠

»Ihr müsst zugeben, Herr, wir haben noch nie so gut gegessen«, sagt Bernatz und stopft sich die Backen mit gebratener Hühnerbrust voll. Das Fett, das ihm dabei in den Bart läuft, wischt er mit dem Ärmel weg.

Raol grinst. »Du meinst, seit wir die Mädchen zurückgebracht haben?«

Bernatz nickt. »Oder etwa nicht?«

»Ja, seitdem fehlt es uns an nichts. Aber ist das wegen der Mädchen oder wegen deiner Bemühungen um die hübsche Witwe?«

Bernatz legt die Hand aufs Herz. »Bei allen Heiligen, Herr! Ich schwöre, da ist nichts!«

»Bist du sicher?«

»Wenn ich's doch sage!«

»Und Farida? Würde sie deinen Schwur bekräftigen?«

»Sie ist einfach dankbar, Herr. Wie auch die übrigen Dorfbewohner.«

»Nun, ich beklage mich nicht«, sagt Raol und schiebt sich eine Handvoll entkernter Oliven in den Mund. »Und gegen Lammrücken und gebratene Tauben«, murmelt er kauend, »ist wahrlich nichts einzuwenden. Man kann sich dran gewöhnen. Übertreib's nur nicht mit der Witwe.«

»Wisst Ihr, was mich an Euch stört, Herr?«

»Sag's mir.«

»Immer unterstellt Ihr mir irgendwelche Sünden und Verfehlungen. Anstatt Euch einfach zu freuen, dass es uns gut geht.«

Raol greift nach einer Hühnerkeule. »Da hast du recht. Was gehen mich deine Sünden an.« Er schmunzelt verschmitzt. »Bestell ihr einen schönen Gruß von mir!«

Bernatz verdreht genervt die Augen. Dann sagt er: »Ob die Thronerbin wohl freikommt? Es muss ihr doch richtig schlecht gehen.«

»Warum denkst du, dass es ihr schlecht geht?«

»Ich kannte einen, der war drei Jahre lang in Aleppo gefangen, bis es ihm gelungen ist, wegzulaufen. Halb verhungert sah der aus. Und sein Rücken war voller Narben. Dreimal haben sie ihn ausgepeitscht. Und wisst Ihr, warum? Nur, weil er was zu essen geklaut hat.«

»Und du meinst, so ähnlich ergeht es der Prinzessin.«

»Wer weiß! Es sind doch Ungläubige. Die sind so.«

Raol schüttelt den Kopf. »Du übertreibst. Außerdem ist Melisende viel Lösegeld wert. Man wird sie gut behandeln.«

Bernatz nickt. »Ja, der König wird viel Gold zahlen. Und wer wird am Ende dafür bluten müssen? Die kleinen Bauern, sag ich Euch, die ohnehin schon nichts haben.«

Raol lächelt. »Du meinst, dann ist es für uns zu Ende mit dem guten Essen?«

»Kann sein. Aber keine Sorge, Herr. Irgendwas werde ich schon noch besorgen können. So wie immer, oder?« Er lacht.

»Oh, da bin ich mir ganz sicher«, sagt Raol und nimmt sich ein weiteres Stück von dem leckeren Hühnerfleisch.

✠

Man müsse abwarten, hat der König gesagt. Nicht, dass ihm das leichtfällt. Nicht ihm, einem Mann der Tat. Unruhig wandert er durch seinen Palast, unterbricht ohne Grund Audienzen und schnauzt Bedienstete an. Aber er weiß, dass die Entführer sich melden werden. Zumindest hofft er das. Etwas anderes darf man gar nicht denken.

Etwas mehr als eine Woche später, ausgerechnet am Ostersonntag, dem Tag, an dem die lateinische Christenheit die Auferstehung des Herrn feiert, ist es endlich so weit. Baudouin besucht in Begleitung seiner Töchter Ioveta und Hodierna sowie des gesamten Hofstaats die Messe in der Grabeskirche, die vom Patriarchen Étienne de la Ferté mit allem Pomp der römischen Kirche zelebriert wird. Foulques d'Anjou ist zugegen, ebenso die Barone, die sich in der Stadt befinden. Dicht an dicht drängen sich die Gläubigen, folgen der heiligen Liturgie und lauschen dem Chor der Mönche. Kaum ein Auge bleibt trocken, als der Patriarch rührende Wort über die entführte Thronerbin findet und die Versammlung für ihre glückliche Befreiung beten lässt.

Als Baudouin und sein Gefolge die Kirche verlassen, stehen

die Menschen so dicht Spalier, dass kaum ein Durchkommen ist. Sie wollen ihren bedauernswerten König sehen, sein Kleid berühren und ihm aufmunternde Worte zurufen.

Vor dem Eingangsportal des Palastes stellt sich Baudouin ein Mann in den Weg, ein Sarazene, nach seiner Tracht zu schließen. Er bittet um eine kurze Unterredung ohne Zeugen.

Baudouin versteht sofort, um was es geht. Er zieht den Mann in eine Ecke der Eingangshalle und bedeutet seinen Töchtern und dem Gefolge, darunter auch Graf Foulques, ihn allein zu lassen. Foulques zieht sich nur widerwillig in den Hintergrund zurück. Lediglich zwei Leibwachen bleiben in der Nähe des Königs.

Baudouin mustert den Fremden. Der Mann ist groß und kräftig und sieht eher wie ein Krieger als ein Höfling aus. Aber er beherrscht die Lingua franca. Er stellt sich als Yusuf ibn Baran vor und bezeichnet sich als Gesandten des Emirs von Schaizar.

»Na endlich!«, fährt Baudouin ihn unbeherrscht an. »Ihr habt euch verdammt viel Zeit gelassen. Wo zum Teufel ist meine Tochter? Was habt ihr mit ihr angestellt?«

»Es geht ihr gut, Sire. Bitte beruhigt Euch.«

Baudouin atmet tief durch und zwingt sich zur Ruhe. Schließlich nützt es wenig, den Mann anzubrüllen. »Also gut. Was verlangt ihr von mir? Bist du gekommen, um zu verhandeln?«

»Nicht ich. Aber mein Herr, Prinz Usama bin Munqidh.«

Also doch Schaizar, wie die Magd gesagt hat. Die Munqidhs stecken dahinter, und Usama ist der Bastard, der Melisende verschleppt hat. Wieder steigt die Wut in ihm auf. Vielleicht war dieser Yusuf hier auch dabei. *Ich sollte ihm den Hals umdrehen, statt mit ihm zu reden!*

»Ich sehe an Eurer Miene, Sire«, fährt der Mann fort, »dass Euch der Name meines Herrn nicht unbekannt ist.«

»Die Magd hat seinen Namen genannt. Der Neffe des Emirs soll er sein.«

»Ganz recht. Eigentlich solltet Ihr ihn kennen oder von ihm gehört haben. Er ist ein illustrer Prinz und Krieger. Hat schon oft unsere Truppen angeführt. Gegen Antiochia. Und gegen Tripolis.«

»Mag sein«, knurrt Baudouin. »Und wo ist er?«

»Nicht weit von hier. Er möchte Euch treffen. Aber allein.«

»Warum allein? Er soll herkommen, wenn er etwas zu sagen hat. Ich bürge für seine Sicherheit.«

»Nein. Nicht im Palast.«

»Vertraut er meinem Wort nicht? Ihr haltet meine Tochter gefangen. Was will er da mehr an Sicherheit?«

»Nun, jemand könnte jähzornig werden und sich vergessen.«

»Ich vergesse mich nicht.«

»Und der Graf von Anjou?«

»Der auch nicht.«

»Trotzdem. Der Ort einer Verhandlung ist genauso wichtig wie die Teilnehmer. Ihr wisst das, Sire. Keine Partei sollte bevorteilt oder benachteiligt werden. Mein Herr schlägt deshalb einen Ort vor, der sowohl Christen als auch Muslimen heilig ist.«

»Und wo soll das sein?«

»An dem Felsen, an dem Abraham seinen Sohn opfern sollte. Der Felsen, von dem aus Mohamed in den Himmel gefahren und Allah selbst begegnet ist.«

»Im Felsendom?«

»Ja, Sire. Aber Ihr müsst allein kommen. Ein Gespräch unter vier Augen. Solltet Ihr das nicht beachten, wird es kein Gespräch geben.«

»Soll das eine Falle sein?«

»Eben nicht, Sire. Weder ein Christ noch ein Muslim würde an diesem Ort Gewalt ausüben oder einen Frevel begehen. Oder in Gegenwart Allahs, des Allmächtigen, auch nur die Unwahrheit sagen.«

Der König überlegt. Dann sagt er: »Falls ich zustimme, wann und wie soll das ablaufen?«

»Mein Herr schlägt heute Nachmittag vor. Zwei Stunden vor Sonnenuntergang. Der ganze Tempelbezirk sollte geräumt sein. Ihr kommt allein, nur von einer Leibwache begleitet. Ihr betretet den Felsendom ohne Waffen, Eure Leibwache wartet draußen. Das Gleiche gilt für meinen Herrn und für mich.«

»Sonst niemand? Was ist mit Graf Foulques? Der ist auch betroffen und wäre sicher gern dabei. Ich will ihn nicht ausschließen.«

»Nein. Sonst niemand! Wir verlassen uns auf Euch, Sire. Aber Ihr könnt sicher sein, dass wir Beobachter haben, die überwachen, ob Ihr die Bedingungen erfüllt. Wenn nicht, werdet Ihr uns nicht zu Gesicht bekommen.«

»Ihr habt Männer in der Stadt?«

Yusuf zuckt mit den Schultern. »Bis heute Nachmittag, Sire.«

Damit entfernt er sich. Baudouin tritt vor den Palast und sieht ihm nach, bis er in der Menge um dem Sankt-Georgs-Markt verschwindet.

»Wer war das?«, fragt Foulques, der in der Halle gewartet hat und sich nun dem König nähert. Seine Miene ist besorgt. »Was hat der Mann gewollt? Ging es um Melisende?«

»Gehen wir rein. Wir müssen das besprechen.«

TAGE DES WARTENS

Entgegen den Empfehlungen seiner Berater ist Baudouin entschlossen, Usama unter den genannten Bedingungen zu treffen. Auch Foulques hat ihn gewarnt, man dürfe diesen Bastarden nicht trauen, es könnte eine Falle sein. Vielleicht steckten sogar Assassinen dahinter mit dem Ziel, ihn zu ermorden. Wäre ja nicht das erste Mal, dass sie einen Fürsten auf diese Weise umgebracht hätten.

Der König hat nur gelacht. »Mein lieber Foulques, da muss ich dich belehren. Die Assassinen sind gefährlich, ganz ohne Zweifel. Aber sie sind Eiferer des reinen Glaubens und ermorden mit Vorliebe die eigenen Fürsten. Solche, die nicht nach ihren strengen Auslegungen des Islams leben. Uns lassen sie in Ruhe.«

»Trotzdem. Die Sache stinkt zum Himmel.«

»Was hätten sie davon, mich umzubringen? Ich bin ihr Zahlmeister. Ohne mich kein Gold.«

»Vielleicht ist es ein Komplott. Wenn sie dich umbringen, wären wir ohne Führung. Das würde uns Christen erheblich schwächen, immerhin ist es dir immer gelungen, die christlichen Fürstentümer im Levant zu einen.«

Baudouin nickt. »Es ist nicht immer einfach, Streitigkeiten unter den Fürsten zu schlichten. Meist hören sie auf mich, wenn auch nicht immer.« Dann grinst er spöttisch. »Mein Ableben kann dir doch nur recht sein, Foulques. Dann wärst du an der Reihe. Die Haute Cour würde dich sicher zum König wählen.«

»Solche Witze solltest du lassen!«, erwidert Foulques ärgerlich. »Du verkennst mich, wenn du mir solche Gedanken unterstellst. Mir geht es allein um deine Sicherheit. Und um Melisendes.«

»Nur ein Scherz, Foulques«, brummt der König.

»Ich sage dir, Baudouin: Geh nicht allein zu diesem Treffen! Nimm wenigstens mich mit. Ich bin auch bereit, mich an Lösegeldern zu beteiligen. Das weißt du hoffentlich. Ich habe ein Recht darauf, dabei zu sein.«

»Das hast du, ohne Zweifel. Aber sie wollen nun einmal nur mit mir reden, und ich werde tun, was sie fordern. Schließlich geht es um meine Tochter. Du wirst dich also gedulden müssen.«

Vor Gefahr ist Baudouin noch nie davongelaufen. Sonst hätte sein Vetter, der erste Baudouin von Jerusalem, ihn gewiss nicht zu seinem Nachfolger bestimmt. In Schlachten hat er sich nie geschont, war immer an vorderster Front dabei, wie es sich für einen Anführer gehört. Außerdem steigert Gefahr das Lebensgefühl. Je gewagter das Vorhaben, umso mehr spürt man das Blut durch die Adern pulsen. Nicht, dass er leichtsinnig wäre oder seinen Verstand nicht gebrauchen würde, aber abschrecken lässt sich ein Baudouin nicht. Er hat in seinem Leben schon gefährlichere Dinge unternommen als ein Treffen mitten in Jerusalem.

Nun, da er endlich etwas unternehmen kann, hat sich seine schlechte Laune verflüchtigt und die Anspannung der letzten Tage gelöst. Er kann es kaum erwarten, diesem Usama zu begegnen. Melisende freizukaufen mag das Königreich viel Gold kosten, aber zumindest kann er hoffen, sein widerspenstiges Kind endlich wieder in die Arme zu schließen. Er liebt alle seine Töchter, Melisende jedoch besonders. Dass sie gewagt hat, sich ihm durch Flucht zu widersetzen, hat ihn nach der ersten Wut über eine solche Unbotmäßigkeit im Stillen doch beeindruckt. Das Mädchen hat ihren eigenen Willen. So etwas hätte er in ihrem Alter auch getan.

Er ordnet an, den Tempelberg zu räumen, und lässt nach Raol de Montalban schicken.

»Gut, dass Ihr in der Stadt seid, Montalban«, sagt er, sobald Raol bei ihm ist.

»Das Osterfest, Sire.«

»Natürlich. Hört zu, ich brauche eine gute Leibwache für eine heikle Angelegenheit.«

»Eine Ehre, Sire. Aber warum ausgerechnet ich?«

»Weil Ihr ein guter Kämpfer seid. Und weil Ihr im Grunde Mitschuld an dem ganzen Schlamassel habt. Schließlich habt Ihr meine Tochter entkommen lassen. Jetzt könnt Ihr mir einen Gefallen tun.« Er erklärt Raol, worum es geht.

Kurz vor der vereinbarten Stunde verabschiedet sich der König im Hof des Palastes von seinen Töchtern, die ihm besorgt nachblicken, als er in Raols Begleitung das Portal durchschreitet und die Gasse betritt. Foulques begleitet die beiden, zumindest bis zum Eingang des Tempelbereichs.

Krieger sichern ihnen den Weg. Stadtbewohner drängen sich vor und gaffen. Sie haben mitbekommen, dass irgendetwas im Busch ist, aber die Wachen halten sie zurück. Zuerst marschieren Baudouin und seine Begleiter hinauf zum armenischen Viertel, dann hinunter in den jüdischen Stadtteil, zuletzt noch einige Hundert Schritt über die Via Dolorosa bis zum Zugang des Tempelbergs, der von Wachen abgesperrt ist. Baudouin fragt sich, wie Usama und sein Mann Yusuf unbemerkt rein- und rauskommen wollen. Aber sie werden schon einen geheimen Weg haben, denn der Tempelbezirk ist riesig und kann gar nicht vollständig gesichert werden.

»Dann wollen wir mal«, sagt der König, nickt Foulques und den Wachen zu und erklimmt, nur von Raol begleitet, die Treppe zu dem von hohen Mauern eingefassten Plateau des Tempelbergs. Raol trägt Schwert und Dolch an der Hüfte, Baudouin nur ein leichtes, von einem schmalen Gürtel gehaltenes Baumwollgewand. Auf einen Umhang hat er verzichtet, sodass jeder gleich sehen kann, dass er unbewaffnet ist.

Oben angekommen sehen sie sich um. Normalerweise tummeln sich hier Besucher, denn der Tempelberg ist der heiligste Ort für jede der drei großen Religionen, besonders aber für Muslime. Jetzt ist weit und breit niemand zu sehen.

Rechter Hand liegt die große al-Aqsa-Moschee. Sie wurde siebenhundert Jahre nach der Geburt Christi von muslimischen Baumeistern auf den Fundamenten des von Römern zerstörten Herodestempels errichtet. Nach der Eroberung der Stadt durch die Kreuzritter diente die Moschee für eine Weile als Königspalast. Seit der Fertigstellung des neuen Palastes an der Westmauer der Stadt ist sie mit Erlaubnis des Königs wieder allen Muslimen als Gotteshaus zugängig.

Im Südosten finden sich die Reste des alten Solomonischen Tempels, den die Tempelritter zurzeit belegen. Seine unterirdischen Gewölbe sind durch Tore in der Südmauer zugänglich und dienen wie schon zu biblischen Zeiten als Pferdeställe.

Im Osten fällt der Blick auf den Ölberg. Davor erhebt sich die von überallher sichtbare bleigedeckte Kuppel des Felsendoms. Dieser besonders den Muslimen heilige Schrein wurde zeitgleich mit der großen Moschee errichtet, einige Jahrzehnte später durch Erdbeben zerstört und in den Jahren danach neu und schöner wieder aufgebaut. Hier also soll das Treffen stattfinden.

Zwanzig Schritt vor dem Eingang bleiben sie stehen. Linker Hand befindet sich der kleine Kettendom. Auch dort ist niemand zu sehen. Die ungewohnte Leere des gesamten Bereichs kommt Baudouin fast unheimlich vor.

»Ich sehe mal nach, ob alles in Ordnung ist«, sagt Raol. Er geht einmal rund um den Felsendom und schüttelt den Kopf, als er auf der anderen Seite wieder auftaucht. Dann betritt er den Felsendom selbst, nur um kurz darauf wieder ins Freie zu treten. »Niemand da.«

»Sie werden schon kommen«, sagt Baudouin. »Du bleibst

hier draußen, während ich drinnen auf ihn warte. Sieh zu, dass er keine Waffen trägt.«

Es ist nicht das erste Mal, dass Baudouin das große achteckige Gebäude betritt. Es ist wie immer beeindruckend in seiner einfachen Symmetrie, der hohen Kuppel und den komplexen Arabesken an den Wänden, die das Auge jedoch nicht ermüden. Rund um das Gebäude führt ein Säulengang. In der Mitte das hüfthohe Mauerrund, in dem sich der flache Felsen befindet, von dem es heißt, dass hier Mohammed auf einem weißen Ross in den Himmel stieg, um Wort und Rat seines Gottes einzuholen, bevor er im Flug nach Mekka zurückkehrte. Nach jüdischer Tradition ist dies der Opferstein, auf dem Abraham seinen Sohn Isaak hätte opfern sollen, um Gott seinen bedingungslosen Glauben zu beweisen.

Wäre er selbst bereit, sein Kind einer höheren Gewalt zu opfern? *Nein, niemals!* Auch nicht, wenn Gott es so wollte? Ein eiskalter Schauer fährt ihm über den Rücken. Was, wenn die Forderungen der Araber jedes Maß übersteigen? Was, wenn er sie nicht erfüllen kann, wenn seine Barone ihn hängenlassen? Ohne ihre Beiträge könnte es schwierig werden.

Er schreitet den Rundgang entlang zu einer dem Eingang gegenüberliegenden Stelle. Dort verharrt er und blickt zur prächtigen Kuppel empor. Direkt unterhalb des Gewölbes verläuft eine Reihe von schlanken Fenstern. Sie sind auch hier mit den üblichen arabischen Gittern versehen und versperren den direkten Blick ins Innere, lassen aber Luft und Licht hindurch.

Es ist still hier. Der flache Naturfels in der Mitte des Doms mag nur das sein, wonach er aussieht: ein unbedeutendes Stück Felsgestein. Und doch glaubt man die Nähe Gottes zu spüren. Selbst als Christ geht es einem so, obwohl der Schrein dem Islam geweiht ist.

Plötzlich hallt vom Eingang her eine männliche Stimme. »Allah sei gepriesen, denn Ihr seid gekommen.«

Baudouin blickt auf und wird auf der gegenüberliegenden Seite des Gebäudes der Gestalt eines Mannes von mittelgroßer, breitschultriger Statur gewahr. Viel mehr lässt sich im gedämpften Licht des Felsendoms nicht erkennen, zumal der Mann von Kopf bis Fuß in einen leichten Umhang gehüllt ist, wie ihn Pilger an den heiligen Stätten häufig tragen.

»Usama?«, fragt er.

»Seid gegrüßt, König Baudouin«, erwidert der Mann und zieht den Umhang vom Haupt.

Er trägt weder Turban noch Kufiya, bemerkt Baudouin. Dafür fallen ihm tiefschwarze Locken bis auf die Schultern. Er verbeugt sich leicht, nimmt schließlich den Umhang ganz von den Schultern und lässt ihn zu Boden gleiten. Er hebt die Arme und dreht sich einmal um die eigene Achse.

»Euer Mann hat mich schon überprüft. Aber auch Ihr sollt sehen, dass ich ohne Waffen gekommen bin. Darf ich näher treten?«

Baudouin nickt und sieht zu, wie Usama den halben Säulengang entlangschreitet und schließlich vier Schritte vor ihm stehen bleibt. Gelegenheit, sich gegenseitig genauer in Augenschein zu nehmen.

Baudouin schätzt den Mann auf Mitte dreißig. Ein kurzer dunkler Bart in einem gut geschnittenen Gesicht mit feinen Brauen und einer schlanken Nase. Das also ist der Kerl, der Melisende entführt hat. Baudouin sollte wütend auf ihn sein, aber seltsamerweise ist er das nicht. Der Mann hat ein gescheites, offenes Gesicht mit klugen Augen, wie ein Bösewicht sieht er nicht aus. Und im Grunde hat er nicht mehr getan, als die Gelegenheit beim Schopf zu packen, die das Schicksal ihm beschert hat.

»Du hast Mut, dich hier zu zeigen«, sagt der König. Er hat beschlossen, den Entführer seiner Tochter nicht mit dem höflichen Ihr zu ehren. »Und doch hast du dich als Pilger verkleidet und diesen Ort gewählt. Fürchtest du, ich könnte mein Wort nicht halten?«

»Oh, gewiss nicht, Sire. Ihr seid ein Mann von Ehre. Und wir, die Banu Munqidhs, halten ebenfalls auf unsere Ehre. Aber es wäre möglich, dass mich in den Straßen der Pöbel erkennt.«

»War es von euch geplant, meiner Tochter aufzulauern? Hat ein Verräter euch von ihrer Reise berichtet? Oder war es ein Spion?«

»Nichts dergleichen. Es war reiner Zufall. Wir hatten Gerüchte gehört, dass Graf Pons von Tripolis sich für einen Waffengang rüstet, und wollten dem nachgehen. Deshalb befanden wir uns in der Gegend.«

»Und habt eine friedliche Reisegesellschaft überfallen.«

Usama zuckt mit den Schultern. »Wer tut das nicht? Muss ich Euch daran erinnern, wie oft christliche Ritter auf Raubzügen in muslimischen Besitzungen unterwegs sind und ebenfalls Geiseln nehmen, wenn dies reiches Lösegeld verspricht?«

Der König nickt widerstrebend. Er selbst war oft genug auf Raubzug in Feindesland. »Nun gut. Was verlangt ihr für die Freiheit meiner Tochter?«

Araber kommen bei Verhandlungen für gewöhnlich nicht so schnell zur Sache. Zuerst werden unendlich lange Freundlichkeiten ausgetauscht, und es wird nach dem Befinden des Gegenübers und seiner Familie gefragt. Wenn möglich bietet man Speise und Trank an, bittet Allah um seinen Segen für das wichtige Gespräch und für alle daran Beteiligten und nähert sich der Angelegenheit erst nach und nach und mit Bedacht. Ähnliches hat Baudouin auch heute erwartet. Deshalb ist er überrascht, als Usama die Frage ohne Umschweife beantwortet.

»Sechzigtausend Dinar.«

Erschrocken sieht Baudouin sein Gegenüber an. »Wie bitte? Ich muss mich wohl verhört haben!«

»Sechzigtausend!«

Baudouin hält die Luft an. Eine ungeheure Summe, das Gewicht von drei ausgewachsenen Männern in Gold aufgewogen. »Das ist lächerlich!«, stößt er hervor. »So viel gibt's im ganzen Königreich nicht. Wie kommst du dazu, eine solche Summe zu verlangen?«

»Es ist die Summe, die Ihr uns schuldig geblieben seid.«

»Ich bin euch gar nichts schuldig. Wovon redest du?«

Usama lächelt milde. »Habt Ihr Eure eigene Gefangenschaft schon vergessen?«

»Du meinst die bei Timurtasch, dem Hund? Das ist lange her.«

»Nur sechs Jahre. Und mein Oheim, Emir Sultan, Allah sei ihm gnädig, hat damals in Namen Timurtaschs verhandelt.«

»Ich weiß, ich weiß. Wir mussten sogar unsere jüngste Tochter als Pfand für unseren guten Willen bei euch lassen. Hat mir fast das Herz gebrochen, verdammt noch mal. Ein kleines Kind.«

»Eure Gemahlin hat dem zugestimmt und Ioveta selbst zu uns gebracht. Und uns hat sie achtzigtausend Dinar für Eure Freiheit versprochen.«

»Schlecht verhandelt, würde ich sagen. Eine völlig abwegige Summe. Aber was wissen Weiber schon von so was? Ihr habt die Unwissenheit meiner armen Frau schamlos ausgenutzt.«

»So unwissend war sie nicht. Im Gegenteil. Sie hat zwanzigtausend Dinar in Gold gezahlt und den Rest für später versprochen. Weil es lange dauern würde, so viel zusammenzutragen.«

»So ist es, verdammt noch mal!«, knurrt Baudouin. »So eine Summe würde uns auf Jahre ruinieren. Sie hat das auch nicht angeboten, sondern ihr habt ihr keine Wahl gelassen. Wir haben ein paar gute Wörter für so etwas: Wucher, Übervorteilung, Betrug!«

Letzteres hat Baudouin mit ziemlicher Schärfe von sich gegeben. Doch Usama lässt sich nicht so schnell aus der Ruhe bringen. Sein Blick wandert zum Felsen in der Mitte des Mauerrunds und verharrt dort, als müsse er seinen Ärger über die Anschuldigungen runterschlucken. Oder auch nur, um nachzudenken.

Erst nach einer Weile antwortet er in gemessenem Tonfall: »Wie dem auch sei, Sire, wir haben Eurer Gemahlin vertraut. Es hat uns große Mühe gekostet, auch Timurtasch zu überzeugen. Aber es ist uns gelungen. Ihr seid freigekommen, und wir haben Eure Tochter zurückgegeben, obwohl der Rest des Geldes noch ausstand. Diesen Rest habt Ihr nie gezahlt. Dabei haben wir Euch drei Jahre Zeit gelassen, die Schuld abzutragen.«

»Deshalb willst du jetzt die fehlenden sechzigtausend einfordern?«

»Ist doch nur gerecht.«

»Aber Timurtasch ist längst tot. Letztes Jahr ist er gestorben, soviel ich weiß. Damit ist die Sache erledigt.«

»Nicht für uns, Sire. Die zwanzigtausend Dinar Eurer Gemahlin sind vollständig an Timurtasch gegangen. Andernfalls hätte er Euch gar nicht gehen lassen. Wir dagegen haben für unsere Mühe keinen einzigen Dinar erhalten. Deshalb ist es an der Zeit, dass Ihr Eure Schulden begleicht.«

»Aber doch nicht sechzigtausend! So viel stand euch nie zu. Wie viel wollte Timurtasch euch überlassen? Zehntausend? Ich bin mir sicher, mehr war es nicht.«

»Und schon sind wir beim Feilschen angelangt«, sagt Usama und lächelt.

Ich muss aufpassen, sagt sich Baudouin. Der Bursche ist kein Dummkopf. Hinter der höflichen Maske verbirgt sich ein kühler Kopf. Vor allem muss ich meine Gefühle im Zaum halten. »Hör zu, Usama: Ich liebe meine Tochter wie jeder Vater. Aber mehr als zehntausend Dinare kann ich von meinen Vasallen nicht erwarten.«

»Und die reichen Zölle aus dem Handel in Jerusalem, Jaffa und Akkon? Die bringen Euch enorme Summen ein. Eure Truhen müssen bersten vor Gold. Ich wünschte, wir hätten eine Hafenstadt. So wie Latakia, bevor Ihr Christen sie uns genommen habt. Ihr wollt mir doch nicht weismachen, dass Ihr in all den Jahren keinen Schatz angehäuft habt.«

»Ah, die Zölle«, erwidert Baudouin mit einem gespielten Seufzer. »Die werden leider gern überschätzt. Außerdem verschlingt die Verteidigung des Königreichs jährlich ein Vermögen. So leid es mir tut, aber bei uns ist nicht viel zu holen. Ich bin allerdings bereit, auf fünfzehntausend zu gehen, wenn auch du dich bewegst.«

Usama gibt sich mit der Antwort Zeit. Dann sagt er: »Also gut, Ihr seid mir einen Schritt entgegengekommen. Dann will ich es auch tun. Fünfundfünfzigtausend.«

Baudouin lässt einen bitteren, humorlosen Lacher hören. »Du scherzt wohl«, sagt er. »So viel hat euch als Mittler nie zugestanden.«

»Das mag sein, aber vergesst nicht, wir haben Eure Tochter in Gewahrsam. Die Thronerbin von Jerusalem. Ist sie Euch so wenig wert?«

»Ich gebe gern, was ich habe, aber was du verlangst, ist unmöglich.« Baudouins Miene verfinstert sich. Heilige Maria!, denkt er, wenn der nicht nachgibt, ist es das Ende. So viel können wir einfach nicht aufbringen. »Sei vernünftig, Mann. Sonst müssen wir das Gespräch beenden«, sagt er.

Usama mustert aufmerksam des Königs Miene. Dann zuckt er mit den Schultern und grinst. »Na schön. In Anbetracht des Umstands, dass wir nur Mittler waren, sagen wir vierzigtausend Golddinare.«

Sofort schüttelt der König den Kopf. »Ich weiß das zu schätzen, aber auch das ist völlig unmöglich. So viel ist einfach nicht da. Auch die Barone können das nicht aufbringen. Würde ich versuchen, sie zu zwingen, gäbe es einen Aufstand. Das wäre das Ende des Königreichs. Ich will gern für die Freiheit meiner Tochter zahlen, aber es muss immer noch machbar sein.«

Zur Not wären vierzigtausend möglich, denkt Baudouin. In dem Fall müsste er die Abgaben der Lehen massiv erhöhen und seinen Feldzug gegen Damaskus aufgeben. Er ist jedoch sicher, dass der Araber sich am Ende mit weit weniger zufrieden geben wird. Fünfzehntausend sind schließlich ein Vermögen. Besser, er bleibt hart.

»Fünfzehntausend. Mehr kann ich nicht aufbringen.«

»Was ist mit Graf Foulques?«, fragt Usama. »Es heißt, er ist reich. Gerade ihm muss es doch ein Anliegen sein, die Thronerbin freizubekommen.«

Der Mann hat recht, sagt sich Baudouin. Der gute Foulques soll ruhig auch ein wenig bluten. Hat er ja sogar angeboten. »Nun, ich kann natürlich nicht für ihn sprechen, aber ich könnte mir vorstellen, dass er bereit wäre, fünftausend beizusteuern. Dann wären wir bei zwanzigtausend. Das muss doch nun wirklich reichen. Ich bin sicher, dein Emir wird dich mit Freude und Lob überschütten, wenn du mit diesem Versprechen heimkehrst.«

»Versprechen? Ich hatte gehofft, das Lösegeld gleich mitzunehmen.«

»Nein, nein, ganz unmöglich! Ich habe solche Summen nicht herumliegen. Einen großen Teil muss ich bei den Baronen eintreiben. Das wird ein paar Wochen dauern. Außerdem bekommt ihr keinen Silberling, solange meine Tochter nicht zurück in Jerusalem ist.«

Usama nickt. »Über die Übergabebedingungen müssen wir noch reden. Aber was Ihr anbietet, Sire, ist einfach zu wenig. Damit kann ich mich daheim nicht blicken lassen. Mein Oheim würde mich zum Teufel schicken. Fünfunddreißigtausend wären das absolute Minimum. Darunter geht gar nichts.«

»Die haben wir nicht.«

Sie starren einander lange an, als könnten sie den anderen durch schiere Willenskraft niederringen. Schließlich hebt Usama bedauernd die Schultern. »Dann tut es mir leid, Sire. In dem Fall sollten wir das Gespräch jetzt abbrechen. Eure Tochter bleibt weiterhin Gast bei uns.«

»Das könnt ihr nicht machen!«

»Warum nicht? Sie hat sich gut eingelebt. Sie ist überhaupt eine bemerkenswerte junge Frau. Man kann Euch zu einer solchen Tochter nur beglückwünschen. Mein Oheim hat ebenfalls Töchter. Sechs sogar. Aber keine ist wie Eure Melisende.« Er wendet sich zum Gehen. »Ich wünsche Euch noch ein schönes Osterfest. Solltet Ihr Eure Meinung ändern, schickt uns einen Boten.«

Seine Schritte hallen auf dem Marmorboden des Felsendoms, während Baudouin ihm hinterherstarrt. Verdammt, denkt er. Meint der Kerl das ernst? Oder ist das nur eine Taktik? Ich sollte hart bleiben, sagt er sich. Der kommt bestimmt wieder zurück. Doch dann sieht der König seine Tochter vor sich, ihr liebes Gesicht. Sie hat sich immer bemüht, es ihm recht zu machen. Er hört ihre fröhliche Stimme, ihr Lachen. Wer weiß, wie es ihr wirklich geht? Bestimmt leidet sie in ihrer Gefangenschaft. So wie er in der gleichen Lage selbst hat leiden müssen.

»He, Usama!«, ruft er. »Komm zurück. Wir sind noch nicht fertig.«

Kurz vor dem Portal bleibt Usama stehen und dreht sich langsam um. »Habt Ihr denn ein besseres Angebot für mich?«

»Nun komm schon her, verdammt noch mal! Wir müssen eine Lösung finden.«

Usama nähert sich, aber er nimmt sich dabei Zeit. Baudouin geht ihm ein paar Schritte entgegen.

Usama blickt den König erwartungsvoll an. »Also?«

»Ich könnte auf fünfundzwanzigtausend erhöhen. Das ist eine stattliche Summe und wird mich auf Jahre ruinieren. Was sagst du dazu?«

Usama seufzt und schüttelt den Kopf. »Nicht genug.«

»Was kann ich dir denn noch anbieten?«, ruft der König genervt. »Abgesehen von Gold. Denn mehr ist einfach nicht drin, das kannst du mir glauben! Ich kann kein Gold zaubern, wo keines ist.«

Usama dreht sich zur Seite, legt beide Hände auf die Brüstung und starrt versonnen auf den grauen Felsen vor ihm. Er scheint lange zu überlegen. Dann wendet er sich wieder dem König zu. »Vereinbaren wir Frieden.«

»Frieden?«

»Frieden zwischen Schaizar und den vier Reichen der Christen. Wir schreiben es auf, machen einen Vertrag. Meinetwegen auf Lateinisch. Einer Eurer Mönche kann das aufsetzen. Zusätzlich zu den fünfundzwanzigtausend, natürlich.«

Baudouin ist verblüfft. Das hat er nicht erwartet. »Über die anderen Fürstentümer kann ich nicht bestimmen.«

»Ihr könnt Euren Einfluss geltend machen. Und für Jerusalem setzen wir diesen Vertrag auf. Er sollte geheim bleiben, aber Euer Patriarch unterzeichnet als Zeuge. Das wäre uns wichtig.«

Warum, zum Teufel, will er einen Friedensvertrag?, fragt sich Baudouin. Ein Fetzen Pergament ist im Grunde nichts wert. Weder auf unserer noch auf deren Seite. Allerdings … Wenn der Patriarch unterschreibt, hätte das Ganze mehr Gültigkeit. Ein Christ wird vor der Kirche nicht sein Wort brechen wollen. Hat dieser Usama das schon die ganze Zeit im Kopf gehabt? Vielleicht ist es ein Trick dieser Araber.

»Wir meinen es ernst, Sire!«, sagt Usama, als hätte er des Königs Gedanken erraten. »Ein Friedensvertrag würde uns sehr entgegenkommen. Im Grunde wollen wir mit niemandem Krieg führen. Wir wollen einfach in Ruhe gelassen werden.«

»Das muss ich mir überlegen.«

»Wir haben nichts gegen euch Christen. Ich möchte daran erinnern, dass wir eure Heere mit Nahrung und Maultieren versorgt haben, als sie vor dreißig Jahren zum ersten Mal aufgetaucht sind.«

»Das ist wahr. Und dein Emir wird einem solchen Vertrag zusagen?«

»Mit Sicherheit. Zengi von Aleppo hat ein Auge auf Damaskus geworfen. Er hält Emir Buri für einen Schwächling.«

Das tue ich auch, denkt Baudouin. Der Kerl hat die Herrschaft erst seit einem Jahr nach dem Tod seines Vaters übernommen. Mit dem hoffe auch ich, leichtes Spiel zu haben. »Zengi hat vor, Damaskus zu belagern?«, fragt er.

»So ist es.«

»Und er zählt bei dem Unternehmen auf euch.«

Usama nickt. »Leider. Aber im Grunde wollen wir nicht hineingezogen werden. Wenn wir uns mit allem einig sind, dann sagen wir ihm ab.«

»Wird Zengi es trotzdem wagen?«

»Vielleicht nicht. Er hat zudem Schwierigkeiten in Mossul.«

Zengi will Damaskus einnehmen. Na, so was. Ein Seldschuke führt Krieg gegen einen anderen. Aber im Grunde wenig überraschend. Die bekämpfen sich doch dauernd.

Baudouin nimmt einen tiefen Atemzug. Dann sagt er: »Einverstanden, Usama. Ich werde alles vorbereiten und einen verlässlichen Mann mit dem Gold und dem unterzeichneten Vertrag schicken, um den Austausch durchzuführen.«

Mit ernster Miene reichen sich beide die Hand.

»Allah möge seine schützende Hand über Euch halten«, sagt Usama. »Bald werdet Ihr Eure Tochter wiedersehen, das ist versprochen.« Damit entfernt er sich. Vor dem Ausgang hebt er seinen Umhang vom Boden auf, dann verlässt er den Felsendom.

Baudouin bleibt noch eine Weile zurück und starrt versonnen auf den heiligen Felsen. Irgendetwas sagt ihm, dass dieser Usama die ganze Zeit auf einen Friedensvertrag hingearbeitet hat.

Wenn ja, dann hat er es ziemlich geschickt angestellt. Erst den Preis hochgetrieben, dann das Friedensangebot unterbreitet.

Aber warum nicht?, denkt Baudouin. Das erleichtert seine Pläne, was Damaskus angeht. Wenn alles so klappt, wie gedacht, halten die Munqidhs ihm den Rücken frei. Und Zengi ist geschwächt, was sein Abenteuer im Westen angeht. Soll er sich doch auf Mossul zurückziehen. Das versprochene Gold ließe sich mit Foulques' Beitrag vielleicht sogar ohne die Barone auftreiben. Später wird er es sich von ihnen wieder zurückholen. Ja, mit alldem kann er leben.

Als er mit sich selbst zufrieden ins Freie tritt, sind Usama und sein Mann schon verschwunden. »Habt Ihr gesehen, wohin sie sind?«, fragt er Raol.

»Zur Moschee.«

»Hab ich's mir doch gedacht. Dort muss es einen geheimen Zugang geben.«

»Und?«, fragt Raol. »Habt Ihr Euch einigen können?«

»Wart Ihr schon mal in Schaizar, Montalban?«

»Ich war schon so ziemlich überall, aber in Schaizar noch nicht.«

»Dann werdet Ihr es bald kennenlernen.«

Usamas lange Abwesenheit ist für Melisende kaum zu ertragen. Einerseits sind es Tage voll der Hoffnung, bald gegen eine großzügige Zahlung freigelassen zu werden. Warum sonst hätte Usama nach Jerusalem reisen sollen? Aber gerade deshalb sind es auch kaum enden wollende Tage der Ungeduld und des bangen Wartens.

Bei zwei Gelegenheiten muss sie erneut vor dem Emir erscheinen. Houda ordnet an, sie habe ihre besten fränkischen Gewänder anzulegen und ihr Haar nach höfischer Sitte zu binden, wie sie es daheim gewohnt sei. Melisende fürchtet jedes Mal, der Emir könnte sie zwingen, mit ihm das Bett zu teilen. Aber nein – zu ihrer Erleichterung ist er nur neugierig, wie fränkische Damen des Hofes sich kleiden.

Die Gespräche mit ihm finden auch nicht im Audienzsaal des Emirs statt, sondern in einem kleineren, privaten Raum, nicht pompös, eher bequem mit gepolsterten Hockern und Diwanen möbliert. Ein Sklave fächelt dem Herrscher mit einem großen Federwedel Luft zu, obwohl es dieser Tage gar nicht übermäßig warm ist.

Lele sorgt für die Verständigung. Der Emir hat viele Fragen. Über das Leben in der nun von Christen beherrschten Stadt Jerusalem, über den Palast des Königs. Sie muss sogar die Kirchen aufzählen und beschreiben. Solche Fragen beantwortet sie gern. Der Emir lauscht ihren Beschreibungen mit großer Aufmerksamkeit, während er süße Datteln oder Honigkuchen isst, auf Pinienkernen kaut und ab und zu einen Schluck aus einem kostbaren Weinkelch nimmt.

Bei anderen Fragen ist sie zurückhaltender. Wie der König die aktuelle Lage einschätze, was er von Emir Buri von Damaskus halte und von der gestärkten Macht Zengis in Aleppo, will der Emir wissen. Melisende möchte nichts verraten, was ihrem Vater schaden könnte, und zieht es vor, sich dumm zu stellen, zumal dieser Seldschuke Qilitsch, ein Verwandter Buris, bei jeder Audienz ebenfalls anwesend ist.

Qilitsch sagt nicht viel, hört aber aufmerksam zu und lässt sie nicht aus den Augen. Sein Blick verunsichert sie. Er ähnelt dem eines Habichts, der seine Beute beobachtet.

Eines Tages lässt Houda sie wissen, dass Usama zurückgekehrt ist. Natürlich will Melisende sofort mit ihm reden, um zu erfahren, ob er etwas ausgehandelt hat. Aber man lässt sie nicht zu ihm. Und Houda ist wie immer nichts zu entlocken. Das kann nur ein schlechtes Zeichen sein, und so verfällt sie für einige Tage in tiefe Niedergeschlagenheit. Daran ändern auch Leles Versuche nichts, sie aufzumuntern. Dass man sie über alles völlig im Dunkeln lässt, ist kaum zu ertragen. Als habe sie kein Recht darauf, etwas zu erfahren.

Und doch hat sie seit Usamas Rückkehr das unbestimmte Gefühl, dass sich etwas verändert hat. Was genau das sein mag, kann sie nicht sagen. Doch sie merkt es an der Art, wie die Frauen mit ihr umgehen. Man hat sie die ganze Zeit über gut behandelt, aber seit Usamas Rückkehr verwöhnt man sie geradezu. Selbst Houda gibt sich Mühe, ihr alles recht zu machen. Man reicht ihr beim Abendmahl die besten Stücke, reichert ihr tägliches Bad mit Blütenblättern und duftendem Rosenöl an und versucht, sie tagsüber mit Schach und anderen Spielen zu zerstreuen.

Die Frauen ermuntern sie sogar, sich endlich einmal von Ahmed massieren zu lassen. Schließlich gibt sie nach und lässt es auf einen Versuch ankommen.

Am schwersten fällt es ihr, sich vor ihm auszuziehen. Aber er beachtet sie dabei gar nicht, ist mit anderen Dingen beschäftigt, bis sie sich endlich bäuchlings auf die lange Bank gelegt hat. Erst dann widmet er sich ihr. Trotz anfänglicher Scheu findet sie Gefallen daran. Das warme Öl auf ihrer Haut und Ahmeds sanfte und doch kräftige Hände sind fähig, sämtliche Verspannungen zu lösen, sodass sie Lust hat, wie eine Katze zu schnurren. Wenn das so weitergeht, werde ich bald zur Araberin, denkt sie.

✠

»Hier bleiben wir fürs Erste«, sagt Raol, nachdem er sich gut umgesehen hat.

Es ist früher Abend. Die Männer sind von den Pferden gestiegen und stehen am Rand eines Kiefernwaldes. Vor ihren Augen breitet sich die flache Ebene aus, bis hin zu den blauen Umrissen des Dschebel, der am westlichen Horizont zu erkennen ist. Es ist still. Nur das ewige Zirpen der Zikaden ist zu hören. Die untergehende Sonne streift die winzigen Dächer von Schaizar und bringt die fernen Mauern der Festung zum Leuchten. Rechter Hand blicken sie in die tiefe Schlucht des Orontes hinab, die der Fluss durch das Hochplateau gegraben hat, auf dem sie sich befinden. Ein leichter Wind trägt schwache Gerüche zu ihnen herauf: von sonnendurchglühten Feldern, vom Dung der Tiere, von Kochfeuern, an denen die Frauen das Abendessen zubereiten.

»Ja, hier ist es gut«, bestätigt Raol.

»Warum reiten wir nicht gleich zur Festung?«, fragt Bernatz.

»Das hab ich doch schon erklärt. Weil es hier oben, weit abseits der Straße, sicherer ist. Niemand vermutet uns hier.«

»Du traust ihnen also nicht«, sagt Charles de Montoire, der zweite Mann ihrer Truppe von acht Tempelrittern und einem Dutzend Sergeants. »Hat der König nicht gesagt, dieser Usama sei vertrauenswürdig?«

»Mag sein. Aber mir selbst traue ich mehr«, knurrt Raol.

Ein weiterer Chevalier gesellt sich zu ihnen. Es ist Henri d'Aubusson. Er hat sie hergeführt. Der Mann kennt sich gut aus in der Gegend, war schon öfter hier. Eben deshalb hat Raol ihn mitgenommen. »Ich glaube, es hat uns niemand gesehen«, sagt er. »Passt es dir hier, Raol?«

Raol nickt. »Von hier aus haben wir alles im Blick. Das Lager liegt auf einem Hang, leicht zu verteidigen, hinter uns Wald, durch den wir, falls nötig, abtauchen können. Du hast den Ort gut gewählt, Henri.«

»Dann sage ich den Männern, sie sollen sich für die Nacht einrichten.«

»Aber keine Lagerfeuer, hörst du? Niemand soll wissen, dass wir hier sind. Und sie sollen ihre Rüstungen anlassen und Waffen bereithalten.«

»Ist schon klar«, erwidert Henri.

»Und nehmt den Maultieren das Gold vom Rücken. Die armen Viecher haben's heute schwer genug gehabt.«

Wie immer begleiten mehrere Maultiere die Kampftruppe der Templer. Sie tragen Zelte, Kochgeschirr, Proviant und alles, was man im Feld braucht. Zwei der Tiere haben des Königs Gold herschleppen müssen, und das durch bewaldetes und schwieriges Gelände, denn die bequemeren Wege hat Henri vermieden.

»Wie willst du vorgehen?«, fragt Charles de Montoire.

»Morgen früh reiten Bernatz und ich allein zur Festung hinüber. Sollten wir bis zum frühen Nachmittag nicht mit einer Abordnung des Emirs und der Thronerbin zurück sein, verschwindet ihr mitsamt dem Gold und kehrt nach Jerusalem zurück. Wenn ich das Banner der Templer an der Lanze trage, ist alles in Ordnung. Andernfalls nicht.«

»Vermutest du Falschspiel?«

»Ich traue keinem Araber.«

»Wir sollen euch beide einfach zurücklassen?«

»Wenn's sein muss. Deine Aufgabe ist dann, das Gold des Königs in Sicherheit zu bringen.«

Charles nickt. »Bitten wir Gott, dass es nicht dazu kommt.«

Gottvertrauen ist gut, denkt Raol, Vorsicht ist besser.

Er lässt den Blick noch einmal über die weite Ebene schweifen, auf der die Schatten langsam länger werden. Er glaubt, Stimmen aus der Stadt zu vernehmen. Aber das muss eine Täuschung sein. Schaizar ist zu weit entfernt, um irgendetwas zu hören. Morgen wird er sich also in die Höhle des Löwen begeben, um die Thronerbin zu befreien.

Herr, steh uns bei!

✠

Wieder wird Melisende zum Emir gerufen. Wie bei den Audienzen zuvor kleidet sie sich sorgfältig. Aber diesmal wird sie nicht in die privaten Gemächer geführt, sondern in den großen Audienzsaal. Dort hat sich eine größere Runde um den Emir versammelt. Die vielen fremden Gesichter verwirren sie. Einige Männer sind in Kampfausrüstung, die meisten tragen jedoch die üblichen arabischen Gewänder. Als Melisende Usama unter den Versammelten erkennt, beginnt ihr Herz heftig zu schlagen. Es muss eine besondere Audienz sein, das ist ihr sofort klar. Nun wird sie hoffentlich etwas erfahren. Warum sonst hätte man sie gerufen?

Ahmed, der sie begleitet hat, zieht sich einige Schritte zurück. Zögerlich tritt Melisende vor den Thronsitz des Emirs. Der spricht zu ihr auf Arabisch und schenkt ihr dabei ein strahlendes Lächeln. Sie wirft einen unsicheren Blick um sich. Da ist Murschid, Usamas Vater. Und sie erkennt Yusuf, der ihr mit einem fröhlichen Grinsen zunickt, als wolle er ihr Mut machen. Neben dem Emir steht der Seldschuke Qilitsch und starrt sie an, wieder mit diesem unangenehmen Habichtsblick. Wieso ist der immer noch hier?

»Seid gegrüßt, Altesse!«, hört sie Usama sagen und blickt zu ihm hinüber. »Ich möchte Euch jemanden vorstellen. Das heißt, falls Ihr ihn nicht schon kennt.«

Sie blickt in die Richtung, in die sein Arm deutet, und erschrickt. »Ihr hier?«, entfährt es ihr. »Was tut Ihr denn hier?«

Wenn es um ihre Befreiung ginge, hätte Vater sicher jemanden wie Gauthier de Beirut geschickt oder einen anderen hochrangigen Edlen, aber doch nicht diesen rüden Templer. Was hat das zu bedeuten?

Raol de Montalban tritt einen Schritt vor und beugt kurz das Knie. »Euer Vater schickt mich, Altesse«, sagt er mit ernster Miene und ohne das geringste Lächeln auf seinem harten Kriegergesicht.

Melisende wird es siedend heiß. Wird es denn keine Freiheit für sie geben? Sie wirbelt zu Usama herum. »Was bedeutet das? Heißt das …«

Usama lächelt und nickt ihr beruhigend zu. »Das heißt, Euer Vater hat sich mit uns geeinigt. Ich hatte Euch doch gesagt, Ihr müsst Geduld haben und auf Allah vertrauen. Und nun ist es so weit. Der Chevalier Montalban ist gekommen, Euch heimzubegleiten.«

Beschwörend blickt sie Raol an. »Ist das wahr?«

»Sieht in der Tat ganz so aus, als ob man sich geeinigt hätte«, sagt Raol mit ausdrucksloser Miene. »Sonst wäre ich nicht hier. Aber freut Euch nicht zu früh, Altesse, denn die Sache ist noch nicht ausgestanden. Jetzt kommt es darauf an, dass alles so abläuft, wie ich es verlange.«

»Wie Ihr es verlangt?«, fragt Melisende erschrocken. »Was soll das heißen?« Ihr Herz schlägt wieder ganz heftig. Kommt sie nun frei oder nicht?

»Keine Sorge«, sagt Usama. »Der Chevalier ist ein vorsichtiger Mann. Er traut uns nicht ganz. Die Übergabe findet daher an einem geheimen Ort seiner Wahl statt.«

»Was für eine Übergabe?«, fragt Melisende. Ihr schwirrt immer noch der Kopf von der plötzlichen Entwicklung der Dinge, von all den Anwesenden im Raum, von der Gegenwart dieses sauertöpfischen Templers. Doch dann kommt ihr der Verdacht, das unfreundliche Verhalten des Templers könne Ausdruck seiner Nervosität sein, weil er sich in dieser Runde nicht sicher fühlt. Hat er Grund, sich unsicher zu fühlen?

»Der Austausch, Altesse«, sagt Usama. »Eure Person gegen das vereinbarte Lösegeld.«

»Ah ja. Lösegeld. Natürlich«, erwidert sie, nun selbst verunsichert. »Ist es viel?«

Bevor Usama antworten kann, mischt sich plötzlich Qilitsch ein. »Das möchte ich auch wissen. Wie viel zahlt Baudouin für Tochter?«

»Wer zum Teufel ist denn das?«, knurrt Raol misstrauisch und deutet auf Qilitsch.

245

»Dies ist Qilitsch ad-Din Mahmud«, erwidert Usama. »Er ist ein Vetter des Emirs von Damaskus und seit einiger Zeit bei uns zu Gast.«

Die Gegenwart des Seldschuken scheint Raol nicht zu behagen. Das sieht man an seiner Miene, aber er hält sich mit einer Bemerkung zurück.

Qilitsch starrt ihn herausfordernd an. »Du solltest mich kennen, Franji.«

»Dein Name sagt mir nichts.«

»Aber ›Schlacht von Sarmada‹ sagt dir etwas.«

Raol zuckt mit den Schultern. »Und?«

»Allah hat Hand über dich gehalten, wie ich sehe. Du hast die Schlacht überlebt. Hätte ich nicht gedacht.«

Raol runzelt die Brauen. »Und woher willst du das wissen?«

Qilitsch lächelt. »Ich war da, *franji*. Du warst unter den Letzten der Christen, die noch standen, und letzter Mann, den ich an diesem Tag getötet habe. Dachte ich zumindest. Ja, ich erkenne dich. Ich war sicher, ich hätte dich erschlagen. Aber Allah, der Barmherzige, hatte wohl anderes mit dir vor.«

»Das warst du?« Raol starrt Qilitsch an. Er wirkt sichtlich erschüttert, auch wenn er versucht, es nicht zu zeigen.

Melisende weiß nicht, was sie von dem Gerede halten soll. Und Usama ist die Wende, die das Gespräch genommen hat, offensichtlich peinlich. »Lassen wir die alten Kriegsgeschichten«, sagt er. »Es gibt Wichtigeres zu besprechen.«

»Ja, so Wichtiges wie Lösegeld«, sagt Qilitsch. »Verzeih, Usama, aber ich bin neugierig. Wie viel zahlt König für Thronerbin?«

»Was geht dich das an, Türke?«, fährt Raol ihn scharf an und sieht gleich darauf Usama vorwurfsvoll an. »Was tut der Mann hier? Was wird hier gespielt? Wir haben mit Euch verhandelt, nicht mit den Seldschuken von Damaskus.«

»Natürlich.« Usama wirft Qilitsch einen verärgerten Blick zu.

»Er soll gehen«, fordert Raol. »In Gegenwart dieses Türken sage ich kein Wort mehr, und dann gibt es auch keine Übergabe.«

Melisende sieht unsicher von einem zum anderen. Auch der Emir blickt ratlos drein. Natürlich hat er nicht verstanden, was geredet wurde.

Qilitsch tritt einen Schritt vor. Raols Worte haben ihn wütend gemacht. »Was fällt dir ein, *franji*? Wie redest du mit mir?«

»Das reicht jetzt«, geht Usama scharf dazwischen. »Ich warne dich, Qilitsch! Du überschreitest dein Gastrecht.«

Ein Raunen geht durch den Saal. Usama ist anscheinend nicht der Einzige, der Fränkisch versteht. Murschid und der Emir melden sich aufgeregt zu Wort, wollen wohl wissen, um was es geht. Usama erklärt es ihnen, worauf der Emir zornig wird und den Seldschuken ungehalten anfährt.

Qilitsch keilt zurück und sagt etwas, das den Emir noch mehr erzürnt. Die Geste, mit der er Qilitsch daraufhin des Saales verweist, ist unmissverständlich. Mit einem wütenden Blick auf Raol und Melisende verlässt der Seldschuke die Versammlung.

Nachdem sich die Stimmung langsam beruhigt hat, sagt Usama zu Raol: »Keine Sorge, Chevalier. Der Mann weiß nichts von unseren Abmachungen und wird auch nie etwas davon erfahren. Wir hätten ihm nicht erlauben sollen, heute hier zu sein. Es tut mir leid.«

»Ich verstehe trotzdem nicht, was er hier zu suchen hat. Besonders in Anbetracht unseres Abkommens.«

»Qilitsch ist Buris Abgesandter. Denn auch Buri ist besorgt, ob die gegenwärtige Ruhe hält, und will uns auf seine Seite ziehen. Wir haben Qilitsch hinhalten müssen, solange nicht alles zwischen uns geklärt ist.«

»Was wird hier eigentlich gespielt?«, fragt Melisende gereizt. »Kann mich mal jemand aufklären?«

Doch bevor Usama antworten kann, ergreift der Emir das

Wort und hält eine längere Rede. Usama übersetzt wie immer. »Mein Oheim entschuldigt sich für diesen Vorfall, Seigneur Raol. Wir möchten mit keiner Seite Streit. Das ist nicht immer leicht zu handhaben, aber wir werden alles so tun, wie Ihr es verlangt, um diese Angelegenheit zu beiderseitiger Zufriedenheit abzuschließen.«

Dann wendet er sich an Ahmed und spricht ein paar Worte mit ihm. Zu Melisende sagt er: »Bitte packt Eure Sachen, Altesse. Sicher möchtet Ihr Euch auch von den Frauen verabschieden. Wir sehen uns gleich unten im Burghof.«

Melisende will noch etwas sagen, kommt aber nicht dazu, denn der Emir ist von seinem Sitz aufgestanden und watschelt zu ihr herüber. Er lächelt sie freundlich an, tätschelt ihr die Wange und sagt in fürchterlichem Fränkisch: »Geht mit Gott, Altesse!«

DER LANGE WEG NACH JERUSALEM

Melisende hockt auf einem Stein am Rande eines Kiefern-waldes hoch über den Windungen des Orontes. Dort, wo-hin dieser Raol de Montalban sie von Schaizar kommend geführt und wo eine ganze Kampftruppe von Tempelrittern auf sie ge-wartet hat. Acht von ihnen, einschließlich ihrem Anführer Mon-talban, tragen helle Surcots mit dem aufgenähten Kreuz über den Rüstungen, die übrigen dunkle. Alle tragen Kettenpanzer und Helme, Schwerter an der Seite und lange Lanzen in den Fäusten. Die Tempelritter mögen arm sein, ihre Rüstungen mögen von langem Gebrauch abgenutzt wirken, aber sie sind gut geölt, und ihre Waffen sind scharf, die Pferde kräftig und von bestem Blut.

Auch für Melisende haben sie ein Reittier mitgebracht, eine edle braune Stute. Ein sanftes Tier, wie ihr Anführer nicht auf-hört zu betonen, als sei sie eine ungeübte Reiterin und brauche ein besonders sanftes Pferd. Solche Bemerkungen ärgern sie.

Usama hat ebenfalls eine Schar Krieger mitgebracht, die je-doch nicht ganz so beeindruckend wirken wie die Templer. Ein halbes Dutzend von ihnen hält sich wie zufällig in Melisendes Nähe auf, zweifellos, um sie zu bewachen, während andere mit dem Zählen des Goldes beschäftigt sind.

Melisendes Fragen nach dem Inhalt des Abkommens hat Usama unbeantwortet gelassen. Langsam hat sie genug von Männern, die sie wie ein Kind behandeln, sie ohne Erklärungen herumschubsen, wie es ihnen gefällt, und sie jetzt gegen Gold austauschen, als wäre sie eine Ware.

Natürlich ist sie heilfroh, endlich freizukommen. Aber das ändert nichts daran, dass sie sich erniedrigt fühlt, kleingemacht und wenig wertgeschätzt. Nicht nur von den Muslimen, die sie gegen ihren Willen in einem gottverdammten Harem eingesperrt haben, sondern auch von ihren eigenen Leuten. Besonders von diesem Templer, der kaum mit ihr redet, ihr keine Kunde von ihrem Vater überbringt und ihr ebenfalls nicht erklärt, was sie mit den Arabern ausgehandelt haben, als übersteige es ihre Begriffsfähigkeit. Er muss mich für ein dummes, verwöhntes Weib halten, denkt sie. Aber ich werd's dem Herrn Templer schon zeigen.

Nicht umsonst trägt sie wieder Männerkleider. Das ist in Anbetracht der bevorstehenden Tage im Sattel natürlich vernünftig. Aber es gefällt ihr auch, besonders die Araber mit ihrem unweiblichen Aufzug zu schockieren, mit ihrer kurzen, an der Taille eng gegürteten Tunika über Hosen, die sie unten in die Reitstiefel gestopft hat. Enge Hosen mögen unweiblich sein und zeigen doch mehr von ihren Vorzügen als die langen Röcke, die sie sonst trägt. Die missbilligenden Blicke, die sie deshalb auffängt, bereiten ihr heimlich Vergnügen.

Im Augenblick sind die Männer jedoch mit Geldzählen beschäftigt. Ein schwerer Leinenbeutel nach dem anderen wird auf einer Decke ausgeschüttet, und die in der Sonne funkelnden Münzen werden in kleine Häufchen geteilt und abgezählt. Ab und zu wird mit einem Biss auf das Gold die Echtheit überprüft. Ein Araber steht dabei und notiert das Ergebnis auf einem Wachstablett. Dann wird der Beutel wieder gefüllt, zur Seite gelegt und der nächste Beutel ausgeleert. Alles in allem eine unglaubliche Menge an reinem Gold. Wenigstens das bin ich Vater wert, denkt sie mit Befriedigung, auch wenn es ihn schmerzen muss, so ein Vermögen für seine ungehorsame Tochter zu zahlen.

Während die Golddinare gezählt werden, studiert einer von Usamas Männern ein Schriftstück, das der Templer Usama in zweifacher Ausführung überreicht hat. Offensichtlich ist der Mann des Lateins kundig und übersetzt den Text für Usama auf

Arabisch. Melisende hat mitbekommen, dass es sich bei ihm um einen Sklaven des Emirs handelt, einen zum Islam konvertierten ehemaligen Mönch. Doch über den Inhalt des Dokuments klärt man sie nicht auf. Sie kann nur erkennen, dass zwei schwere Siegel daran hängen. Es muss also so eine Art Vertrag sein.

Schließlich zeigt Usama sich zufrieden. Man bringt Gänsekiel und Tinte, und er unterzeichnet eines der Dokumente, bevor er es Raol zurückgibt. Die zweite Ausführung, die mit dem Siegel des Königs, rollt er zusammen und steckt sie in sein Wams. Er schaut noch eine Weile dem Zählen des Lösegelds zu, bis auch das zu seiner Zufriedenheit erledigt ist. Die Säcke werden wieder auf die beiden Maultiere der Tempelritter geladen und dem Gefolge Usamas feierlich übergeben.

Das war's wohl, denkt Melisende und erhebt sich. »Ein seltsames Gefühl, wie ein Stück Vieh gekauft zu werden«, sagt sie angriffslustig in Raols Richtung.

Der erwidert nichts, runzelt nur die Brauen.

»Das kann ich gut verstehen«, sagt Usama dagegen mit einem mitfühlenden Lächeln. »Aber nicht Ihr wurdet gekauft, verehrte Altesse, nur Eure Freiheit.«

»Ein Geschäft also wie jedes andere«, sagt sie in bitterem Ton.

»Es tut mir leid, aber für Schaizar ist die Angelegenheit von großer Bedeutung. Ich hoffe, Ihr habt Euch trotz allem einigermaßen wohl bei uns gefühlt. Es würde mich betrüben, wenn es anders wäre.«

»Lebt wohl, Usama ibn Munqidh«, sagt sie kühl, ohne seine Frage zu beantworten, und wendet sich ihrer Stute zu. Sie nimmt die Zügel in die Hand, stellt den linken Fuß in den Steigbügel und zieht sich am Sattelknauf aufs Pferd. »Also los, Montalban!«, ruft sie Raol zu. »Worauf warten wir?«

Einer der Templer lacht. Es ist der, den sie Charles nennen. »Ihr habt sie gehört, Männer. Machen wir uns auf den Weg!«

Raol steigt auf seinen Hengst und winkt Henri zu, die Truppe wie zuvor auf Nebenwegen zu führen. Zu Melisende sagt er: »Ihr haltet Euch bitte in der Mitte, Altesse.«

Während die lange Kolonne der Templer mit der Thronerbin in der Mitte Henri folgt, hält Raol seinen Hengst noch zurück. »Eines wollte ich noch loswerden«, sagt er zu Usama. »Die Sache mit diesem Seldschuken bei euch gefällt mir nicht.«

»Das sagtet Ihr schon. Ist es, weil er Euch in der Schlacht von Sarmada verwundet hat?«

»Es stimmt schon, ich habe die Schlacht nur knapp überlebt.« Er deutet auf sein rechtes Bein. »Hatte neben anderen Verletzungen eine tiefe Wunde am Oberschenkel, an der wäre ich fast verblutet. Aber ob er es war, wie er behauptet, das weiß ich nicht.«

»Nehmt es ihm nicht übel. Es ist im Kampf geschehen. Im Krieg tut jeder seine Pflicht.«

»Natürlich. Aber was hat der Mann hier bei euch zu suchen? Besonders nach unseren Friedensverhandlungen in Jerusalem.«

»Er war schon vorher hier. Wir konnten ihn schlecht wegschicken. Nicht, solange wir nicht das schriftliche Abkommen in Händen hatten. Doch nun hat mein Oheim ihm deutlich gemacht, dass es an der Zeit ist, Schaizar zu verlassen.«

»Bringt euch das in Schwierigkeiten mit Damaskus? Wenn ja, wird unser König vielleicht bereit sein zu helfen.«

»Nein, ich denke nicht. Buri hat genug damit zu tun, sich Zengis Ansprüchen zu widersetzen. Es war ohnehin an der Zeit, dass Qilitsch heimkehrt.«

»Der ist doch wohl nicht allein gekommen.«

»Nein. Ein Trupp seiner Reiter begleitet ihn.«

»Wie viele?«

»Oh, ich denke drei Dutzend.«

»Drei Dutzend. Das gefällt mir immer weniger.«

»Ihr müsst Euch keine Sorgen machen, Raol.«

»Hoffen wir's.«

Usama lächelt. »Auf jeden Fall danke ich Euch, Montalban, für Eure Bemühungen. Geleitet die Thronerbin sicher heim. Und *inschallah*, so Gott will, sehen wir uns irgendwann wieder.«

Er reicht Raol die Hand. Der drückt sie fest. Dann nimmt Raol seinen Helm vom Sattel und setzt ihn auf. Er nickt Usama ein letztes Mal zu, packt seine Lanze fester und gibt dem Hengst die Fersen.

Wie von Raol befohlen, folgt Henri nicht der belebten Straße, auf der Melisende ursprünglich mit Usama nach Schaizar unterwegs war, sondern führt sie auf Nebenwegen über hügeliges, unwirtliches, von Krüppelkiefern und Gestrüpp bedecktes Gelände. Ist der westliche Dschebel feucht und bewaldet, so ist es hier trocken und schwieriger, dem Boden reiche Ernte abzugewinnen. Große Flächen sind daher karg und unbewohnt. Nur gelegentlich kommen sie an den Hütten armer Bauern vorbei, an ihren mageren Schafweiden und armseligen Äckern.

Außerdem brennt die Sonne an diesem Tag unerbittlich von einem azurblauen Himmel herab. Melisende in ihrer leichten Kleidung macht die Hitze weniger zu schaffen als den Männern. Die haben sich der Helme entledigt und schwitzen unter den schweren Rüstungen. Mann und Tier leiden Durst. Jedes noch so bescheidene Bächlein ist für eine kurze Rast willkommen.

Ein junger Sergeant bleibt während des Ritts an ihrer Seite. Er nennt sich Bernatz, ist Raols Schildträger und ebenfalls Provenzale, wie an seiner Sprache zu erkennen ist. Er hat den Befehl, sich um sie zu kümmern, sagt er, alles zu tun, um ihr die Reise zu erleichtern.

Der Mann gefällt ihr. Er hat ein offenes, treuherziges Gesicht und gibt sich alle Mühe, ihr gefällig zu sein. Auf ihre Frage hin erzählt er, wie er zu den Templern gestoßen ist und was er Raol, seinem Herrn, zu verdanken hat. Er schneidet gern ein bisschen auf und will am Ende gar nicht mehr aufhören, drauflos zu quatschen, bis er merkt, dass Melisende lieber ungestört sein möchte. Daraufhin hält er eine Weile den Mund und zieht sich auf eine Pferdelänge hinter ihr zurück.

Trotz der Hitze ist Raol de Montalban immer in Bewegung. Mal bildet er mit einem anderen Chevalier die Nachhut, mal reitet er an Henris Seite weit voraus. Dann wieder bleibt er auf seinem Hengst sitzen, um die Kolonne an sich vorbeiziehen zu lassen. Er kommt Melisende wie ein Hirtenhund vor, der seine Herde beaufsichtigt und zusammenhält. Das Bild belustigt sie.

Doch die meiste Zeit ärgert sie sich über den großen Templer, der hier und da Worte mit seinen Männern wechselt, nicht selten sogar einen Scherz. Aber nie mir ihr. Als existiere sie überhaupt nicht. Vielleicht ist es Scheu, weil sie des Königs Tochter ist. Aber das glaubt sie nicht. Eher Überheblichkeit. Oder er verurteilt sie und ihre Flucht vor der Ehe mit Foulques. Ja, das wird es sein. Im Grunde ist sie schon wieder eine Gefangene. Diesmal ist sie in den Fängen dieses Templers, der sie wie ein ungezogenes Kind heimholt, damit sie sich dem Willen des Vaters beugt. Keine schöne Aussicht.

Am Abend lagern sie an einem munteren Bächlein zwischen immergrünen Sträuchern. Die Zikaden scheinen den Sonnenuntergang mit noch mehr Lärm als sonst zu begleiten. Zum Glück sieht es nicht nach Regen aus. Das hätte gerade noch gefehlt.

Raol stellt Wachen auf. Einer der Sergeants erklettert einen Baum, um Ausschau zu halten, ob man ihnen gefolgt ist. Die anderen hobbeln den Reittieren die Vorderfüße und lassen sie grasen, nehmen ihnen aber nicht die Sättel ab, damit man bei Gefahr schnell aufbrechen kann.

Die Männer suchen sich ihre Schlafstellen und bereiten, ohne ein Feuer anzuzünden, ein karges Mahl aus Hirsebrei und Speck zu. Zu trinken gibt es frisches Wasser aus dem Bach. An ihren geübten Handgriffen wird deutlich, dass sie das alles schon Hunderte Male gemacht haben. Diese Männer scheinen im freien Feld eher zu Hause zu sein als in ihren Unterkünften auf dem Tempelberg. Dennoch beten sie, bevor sie ihr Mahl einnehmen, und danken dem Herrn für seine Gaben.

Melisende hat sich einen Platz neben einem Busch und etwas abseits von den Männern gesucht. Sie verspürt keine Lust zu beten, noch weniger dazu, Gott für ihre Lage zu danken. Nachdem er seinen Brei heruntergeschlungen hat, kümmert Bernatz sich um ihr Nachtlager. Tatsächlich haben die Templer eigens für sie gesteppte Daunendecken und Kissen mitgebracht, damit sie nicht auf dem harten Boden liegen muss. Die breitet er aus und zupft und fummelt, bis sie sagt, es sei gut, und ihm dankt.

Ihren Napf mit dem Hirsebrei hat sie nicht angerührt. Als Raol später zu ihr tritt und fragt, ob alles in Ordnung sei, deutet sie auf den Brei und sagt: »Das soll ich essen? Selbst des Königs Jagdhunde kriegen so was nicht vorgesetzt.«

»Etwas anderes haben wir nicht.«

»Die Araber hätten uns bestimmt Besseres mitgegeben, wenn Ihr sie gefragt hättet. Sie essen wirklich gut in Schaizar.«

»Tut mir leid, wenn ich Euch keine gebratenen Tauben bieten kann.«

Der Spott in seiner Stimme reizt sie. »Warum schleichen wir eigentlich durch die Gegend wie Wegelagerer?«, fragt sie angriffslustig.

»Weil ich für Eure Sicherheit zuständig bin. Je weniger wir auffallen, umso besser. Besonders hier auf muslimischem Gebiet.«

»Und warum erklärt mir niemand, was Ihr mit Usama verhandelt habt? Was steht in diesem Dokument?«

»Das Abkommen ist geheim.«

»Geheim vor mir?«

»Der König wünscht es so.«

»Ach, der König wünscht es so. Und für wie viel habt Ihr mich heute den Arabern abgekauft?«

»Für fünfundzwanzigtausend Golddinare.« So wie Raol es sagt, hört es sich wie ein Vorwurf an. »Eine Menge Geld. Damit könnte man ein ganzes Heer ausrüsten.«

Melisende steigt langsam das Blut ins Gesicht. »Reine Verschwendung also für eine wie mich. Ist es das, was Ihr sagen wollt?«

»Das hab ich nicht gesagt.«

»Aber gedacht!«

»Da unterstellt Ihr mir etwas«, erwidert Raol gereizt.

Und dann platzt aus ihr heraus, was ihr wirklich gegen den Strich geht: »Ich bin die Thronerbin von Jerusalem. Ich habe es satt, wie ein unmündiges Kind behandelt zu werden. Und schon gar nicht von Euch, Chevalier Montalban! Damit das klar ist!«

Beide starren sich an wie Kampfhähne. Auch Raol ist wütend geworden. Seine Brauen haben sich drohend zusammengezogen. »Ja, Ihr seid die Thronerbin«, zischt er. »Aber dann benehmt Euch gefälligst wie eine, statt vor Euren Pflichten davonzulaufen und das Reich ein Vermögen zu kosten. Und noch etwas: Meine Männer und ich dienen Gott und der Christenheit. Wir haben wahrlich Besseres zu tun, als für Euch Kindermädchen zu spielen.« Abrupt dreht er sich um und geht zu den Wachen hinüber. Sein steifer Rücken zeigt, wie erregt er ist. Auch dass er sein rechtes Bein leicht nachzieht, fällt stärker auf als sonst.

Fassungslos starrt sie ihm nach. Das Blut pocht ihr in den Schläfen. So hat noch niemand mit ihr geredet. Sie hat Lust, aufzuspringen und ihn zur Rede zu stellen, beherrscht sich aber, wenn auch nur mit Mühe. Es würde vor den Männern lächerlich wirken. Ein öffentliches Gekeife wäre nur noch entwürdigender. Trotzdem wurmt es sie, dass der Kerl das letzte Wort gehabt hat.

Sie nimmt sich vor, diesen anmaßenden Provenzalen unter vier Augen so bald wie möglich zur Rede zu stellen, ihn gehörig zurechtzuweisen, ihm zu zeigen, wo sein Platz in der Welt ist.

Doch dann überrascht er sie ein weiteres Mal, als er plötzlich zu ihr zurückkehrt und einen ganz anderen Ton anschlägt. »Ich möchte mich entschuldigen, Altesse. Ich hätte nicht so mit Euch reden dürfen. Es tut mir aufrichtig leid, und ich hoffe, Ihr verzeiht.«

Sie sieht zu ihm auf und weiß einen Augenblick lang nichts zu sagen. Schließlich senkt sie wieder den Blick und nickt. »Schon besser«, murmelt sie.

Raol entfernt sich und setzt sich zu Charles und Henri, um die Reiseroute für den nächsten Tag zu besprechen. Erst jetzt merkt sie, dass sie die ganze Zeit den Atem angehalten hat. Warum zum Teufel lässt sie sich von diesem Kerl so durcheinanderbringen?

Als Bernatz sich nähert und fragt, ob sie noch etwas braucht, herrscht sie ihn ungehalten an. Daunen und Kissen soll er gefälligst wegnehmen. Sie wolle keine Sonderbehandlung und sei durchaus in der Lage, wie alle anderen auf dem Boden zu schlafen. Mehr als ihren Umhang brauche sie nicht. Eine spontane Entscheidung, die sie in der Nacht allerdings bereut. Wie auch immer sie sich dreht, bohren ihr Steine in den Rücken, wird sie von Grasstoppeln gepikst, oder Ameisen krabbeln ihr übers Gesicht, sodass sie kaum zum Schlafen kommt. Kurz vor Morgengrauen ist es so kalt, dass ihr die Zähne klappern. Gerädert und übermüdet setzt sie sich auf und wartet, dass die Sonne aufgeht und sie endlich von dieser grauenvollen Nacht erlöst.

⊕

Im Morgengrauen brechen sie das Lager ab und machen sich wieder auf den Weg. Trotz Raols Entschuldigung bleibt ihr Verhältnis höflich, aber distanziert – wenn sie sich überhaupt etwas zu sagen haben.

Davon abgesehen fühlt Melisende sich unter den Männern mit dem roten Kreuz auf ihren Surcots wohl. Bernatz kümmert sich weiter um sie, und das mit ganzer Aufmerksamkeit. Auch die anderen zeigen sich ihr gegenüber ausgesprochen freundlich. Sie bewundert die Kameradschaft unter ihnen, die Sorgfalt in allem, was sie tun, ihre Frömmigkeit, die sich in vielen kleinen Dingen äußert, nicht zuletzt in der abendlichen Andacht.

Und doch fehlt es den Männern nicht an Humor, wie sich schon am Vorabend zeigte, als sie am Lagerfeuer saßen und sich Geschichten erzählten. Es ging dabei nicht um Kriege und Schlachten, eher um Ereignisse im Leben ihrer Mönchsgemeinschaft, um Meinungsverschiedenheiten und Eifersüchteleien unter Brüdern, die in dieser Runde eher spöttisch behandelt wurden. Raol dagegen, das ist Melisende aufgefallen, beteiligte sich wenig an solchen Gesprächen.

Unterwegs unterhält sie sich gelegentlich mit Charles de Montoire, der wohl nach Raol der zweite Mann der Truppe ist. Er ist um einige Jahre älter, scheint aber jemand zu sein, den die Männer respektieren. Melisende mag ihn. Er hat eine freundliche Art und etwas Verschmitztes in den Augen. Was er wohl von ihrem Streit mit diesem Montalban denkt? Aber sie fragt ihn nicht. Das wäre doch zu peinlich. Ganz bestimmt würde er sich nicht dazu äußern. Es würde ihn nur verlegen machen.

Ihr Weg führt wie am Vortag durch eine trockene, karge Landschaft, bis sie am Nachmittag auf den südöstlichen Ausläufer des Dschebel treffen und es bergauf geht.

Am Abend erreichen sie die Spitze des langen Höhenzugs und den meist nur von Einheimischen aus der Gegend genutzten Pass. Hier ist die Landschaft nicht mehr so karg, sondern grün und dicht bewachsen, und man hat einen guten Blick in alle Richtungen. Da der Westhang, der vor ihnen liegt, mehr Regen erhält als die Ostseite, ist er ebenfalls grün und durchgehend bewaldet. Unter ihnen liegt das Tal, durch das sich die Straße nach Tripolis schlängelt. Gegenüber erheben sich die niedrigeren, der Küste nahen Ausläufer des Dschebel. Dort, auf halber Höhe, in etwa fünf oder sechs Meilen Entfernung, sind in der Abenddämmerung die grauen Mauern des Hisn al-Akrād zu erkennen.

»Ist die Burg nicht im Besitz von Tripolis?«, fragt Melisende. »Würden sie uns dort nicht aufnehmen?«

»Ganz bestimmt«, erwidert Charles de Montoire, dessen Pferd neben dem ihren zum Stehen gekommen ist. »Aber wir wollen ja nach Jerusalem. Deshalb steigen wir morgen früh ins Tal ab und reiten von dort Richtung Küste und Tripolis.«

»Hier beginnt also christliches Gebiet. Aber ist es auch sicher?« Melisende hat da ihre Zweifel. Schließlich hat es Usamas Leute nicht davon abgehalten, irgendwo da unten am Fuße des Libanon das Lager ihrer Reisegesellschaft zu überfallen. Noch dazu in Sichtweite von Tripolis!

Charles lacht kurz auf. »Was heißt sicher? Ganz sicher ist man nirgendwo in diesem Land. Aber Ihr werdet jetzt von Tempelrittern beschützt, Altesse. Dort unten verläuft die Straße, die zur Küste führt. Würden wir die nicht nehmen, müssten wir östlich am Libanon vorbei durchs Bekaa-Tal reiten. Das wäre weitaus umständlicher und gefährlicher. Ihr werdet sehen, auf der Küstenstraße kommen wir schnell voran. Noch etwas mehr als eine Woche, dann seid Ihr wieder daheim.« Er zwinkert ihr freundlich zu, als müsse sie sich darüber freuen.

Daheim! Der Gedanke sollte sie mit Freude erfüllen, tut es aber nicht. Denn daheim wartet ein gehöriges Donnerwetter auf sie und natürlich die vermaledeite Hochzeit mit dem Grafen von Anjou, gefolgt von einem Leben in Tristesse.

Nein, es zieht sie nicht dorthin. Aber was kann sie tun? Leider leben wir alle irgendwie in Abhängigkeiten und Zwängen, denkt sie. Sogar die adeligen Ritter, die den Baronen Gefolgschaft schulden, und die Barone, die vom König abhängig sind. Aber ganz besonders wir Frauen. Die Reise nach Antiochia war ein schöner Traum von Freiheit. Nun ist er endgültig vorbei.

Sie spürt Wind auf dem Gesicht und glaubt, einen leichten Salzgeruch wahrzunehmen. Von hier oben kann sie in der Ferne das Meer sehen und den Horizont, über dem gerade die Sonne blutrot untergeht. Der halbe Himmel steht in Flammen.

»Abendrot«, sagt Charles. »Vielleicht kriegen wir morgen schlechtes Wetter.«

»Es ist so schön«, murmelt Melisende.

»Vor Gottes prachtvoller Schöpfung kann man sich nur immer wieder verneigen«, sagt Charles und bekreuzigt sich. Seine Stimme klingt bewegt, als er hinzufügt: »Ein solcher Anblick macht einen demütig. Findet Ihr nicht, Altesse?«

Melisende nickt.

Auch sie empfindet Demut im Angesicht solcher Schönheit. Die Farbenpracht am westlichen Himmel reicht von Gelb und Grellrot bis Dunkelviolett, und das in allen Schattierungen. Hoch über ihren Köpfen sind auf dem dunkler werdenden Himmel die ersten Sterne zu sehen. Ach, und das Meer, in dem die Sonne gerade glutrot versinkt. Sie erinnert sich daran, wie sie auf der Hinreise am Strand haltgemacht haben, wie sie mit hochgerafften Röcken und nackten Beinen durch nassen Sand und durch die schaumbekränzten auslaufenden Wellen gewandert ist. Nicht zum ersten Mal wünscht sie sich, auf einem Schiff übers weite Meer zu fahren.

Sie blickt nach Süden. Tripolis ist von hier aus nicht zu sehen, dafür beherrschen die hohen schneebedeckten Gipfel des Libanon die Sicht, jetzt von der sterbenden Sonne rosa beleuchtet. Dass es dort oben immer noch Schnee gibt, wundert sie. Sie kennt Schnee nur als feuchten Matsch und fragt sich, wie es wohl ist, sich in diese leuchtenden Massen zu werfen. Überhaupt wäre in der Welt noch so viel zu sehen und zu entdecken.

Ihre Augen werden feucht, als die schmerzliche Gewissheit sie überwältigt, dass dieses Heimkommen, wie Charles es nennt, im Grunde das Ende ihres Lebens bedeutet. Dass alles, was danach kommt, nur noch grau und eintönig sein wird.

Die Männer steigen von den Pferden und schlagen ihr Nachtlager auf. Getränkt haben sie die Tiere bereits weiter unten an einer Quelle. Sie hätten dort vielleicht auch die Nacht verbringen können, aber die lockende Aussicht von der Passhöhe über die weite Landschaft hat sie verführt, hier oben zu lagern und den Sonnenuntergang zu genießen.

Als Bernatz sie fragt, ob sie nicht doch lieber mit Decken und Kissen schlafen möchte, besonders da hier oben ein kühler Westwind weht, erlaubt sie es ihm. Er bemüht sich, ihr Lager an windgeschützter Stelle so angenehm wie möglich herzurichten. Diesmal weist sie auch den Hirsebrei nicht zurück. Er schmeckt ihr sogar besser als vermutet. Auch der Speck mundet ihr. Wenn man Hunger hat, schmeckt eben alles.

Sie legt ihren Umhang ab, kriecht ansonsten angekleidet unter die Decken und ist im Nu eingeschlafen. Einmal wacht sie in der Nacht auf, weil ihr die Blase drückt. Sie schaut sich um. Am Himmel steht der Halbmond und lässt die Umgebung bleich und gespenstisch wirken. Wenn der Wind die Baumkronen bewegt, rauscht und raschelt es in den Zweigen. Nicht weit von ihr, auf einem Felsen, entdeckt sie den Schatten eines Mannes. Sie erschrickt, bis sie erkennt, dass es einer der Sergeants ist, der gerade Wache hält.

Sie kriecht aus den Decken und gibt sich ihm zu erkennen, damit er sie nicht für einen Feind hält. Dann schleicht sie sich zwischen die Büsche. Unwillkürlich muss sie an die Bequemlichkeiten im Harem des Emirs denken, das herrliche Badebecken mit dem warmen Wasser und die sauberen Aborte. Und daran, dass man nicht, so wie jetzt, ins Gras pinkeln und sich mit Blättern abwischen muss. Ach, und die himmlischen Hände des dicken Eunuchen!

Schnell ordnet sie ihre Kleidung, kehrt zu ihrem Schlafplatz zurück und schlüpft unter die warmen Decken. Wenigstens muss sie in dieser Nacht nicht frieren.

✠

Am Morgen ist der Himmel grau. Von Westen sind Wolken heraufgezogen, und es sieht nach Regen aus. Charles hat also recht behalten. Nach dem Morgengebet überlegen die Templer, ob sie sich irgendwo einen Unterschlupf suchen und auf besseres Wetter warten sollen. Aber noch regnet es nicht, und Raol beschließt, die Reise fortzusetzen.

Offensichtlich hat er es eilig, mich nach Jerusalem zu bringen, denkt Melisende grimmig. Damit er mich endlich loswird und er nicht mehr Kinderfrau spielen muss.

Das Lager wird abgebrochen. Die Reiterkolonne macht sich an den Abstieg ins Tal. Sie reiten durch eine dicht bewaldete Schlucht. Auf dem abschüssigen Pfad setzen die Pferde vorsichtig einen Huf vor den anderen. Später, in der Mitte des Vormittags, öffnet sich die Schlucht, und sie erreichen die weite Talmulde. Melisende schaut zur Burg Hisn al-Akrād hinauf, die in der Ferne auf ihrem hohen Hügelsockel thront. Ob man ihre Truppe von dort oben wahrnehmen kann? Die Burg sieht so unbewohnt aus.

Endlich erreichen sie die Handelsstraße nach Tripolis. Von nun an kommen sie leichter voran. Die Pferde schlagen einen munteren Trab an. Sie sind auch nicht mehr allein unterwegs. Von Zeit zu Zeit kommen ihnen arabische Händler mit beladenen Maultieren oder Kamelen entgegen, die sich auf dem Weg nach Homs, Schaizar oder Aleppo befinden.

An einem Bach, der unter einer Holzbrücke die Straße kreuzt, halten sie an. Neben der Brücke befindet sich eine matschige, von Hufspuren zertrampelte Stelle, wo Reisende üblicherweise ihre Tiere tränken. Die Männer steigen ab und führen die Pferde hinunter, um sie saufen zu lassen und um Wasserschläuche und Feldflaschen aufzufüllen. Auch Melisende klettert zum Bachufer hinunter und schöpft Wasser in der hohlen Hand, um sich zu erfrischen.

»Was ich Euch fragen wollte, wenn Ihr erlaubt …«, hört sie Raols Stimme hinter sich.

Mit dem Ärmel wischt sie sich Tropfen aus dem Gesicht und blickt fragend zu ihm auf, erstaunt, dass er überhaupt mit ihr redet.

Er hockt sich zu ihr. »Ich hätte gern gewusst, wie das damals abgelaufen ist. Ich meine, Usamas Überfall, Eure Geiselnahme.«

»Hat Maria das nicht erzählt? Ihr sagtet, sie hat dem König alles berichtet.«

»Ja, das hat sie natürlich. Aber es klang ein wenig verworren. Der Überfall muss sie sehr erschreckt haben.«

»Es hat uns alle zu Tode erschreckt. Aber es war nicht Usama selbst, der uns überfallen hat.«

»Nicht? Wer sonst?«

»Es waren seine Leute. Er selbst war nicht dabei. Ein gewisser Yusuf war ihr Anführer.«

»Yusuf«, erwiderte Raol nachdenklich. »Ich glaube, ich weiß, wen Ihr meint. Einen Yusuf hat er als Boten zum König geschickt, um die Verhandlungen einzuleiten.«

Ob es derselbe Mann ist?, fragt sich Melisende. Yusuf, der Kurde, auf geheimer Mission in Jerusalem? Gut möglich, denn der Mann beherrscht fließend ihre Sprache und Usama vertraut ihm. »War es Yusuf, der mit dem König verhandelt hat?«, fragt sie.

»Nein. Das war Usama selbst. Sie haben sich im Felsendom getroffen. Aber um noch mal über den Überfall zu sprechen: Wie genau ist es abgelaufen? Könnt Ihr Euch erinnern?«

»Und wie ich mich erinnere!«, erwidert Melisende. Jede Einzelheit ist ihr für immer im Hirn eingebrannt. Armer Armand, denkt sie. So tapfer. Um mich zu verteidigen, ist er gestorben. Nicht einmal beerdigt haben sie ihn. Einfach den Tieren überlassen. Und seine Frau. Wie leid sie mir tut. Es muss schrecklich für sie sein.

Dann erzählt sie Raol den genauen Hergang des Überfalls. Wie sie abends nach dem Essen am Lagerfeuer saßen und plötzlich Pfeile geflogen kamen. Armands Versuch, sie zu schützen, der Tod der Reisigen und wie man sie alle überwältigt und gefesselt hat. Und schließlich der nächtliche Weg zu ihrem Feldlager.

»Usama behauptet, sie seien durch Zufall über Eure Reisegesellschaft gestolpert.«

»Das hat er mir auch gesagt. Sie wollten angeblich nur Tripolis ausspähen.«

In diesem Augenblick hören sie Charles' Stimme von der Straße her. »Wir können weiter, wenn ihr so weit seid.«

Tatsächlich haben die meisten Templer schon wieder ihre Pferde bestiegen. Zwei Sergeants führen gerade die Maultiere zurück auf die Straße.

»Wir kommen!«, ruft Raol.

Er steht auf und reicht ihr die Hand, um ihr zu helfen, die Böschung zu erklimmen. Aber sie schlägt sie aus und klettert ohne seine Hilfe hinauf. Bernatz reicht ihr die Zügel der Stute. Sie sind die Letzten, die in den Sattel steigen. Die Templer haben sich schon in Bewegung gesetzt und reiten voraus. Raol und Melisende folgen in einigem Abstand. Bernatz meint, auf sie warten zu müssen, aber Raol winkt ihm zu, bei den anderen zu bleiben. Anscheinend hat er noch mehr mit ihr zu bereden.

»Wieso hat Usama eigentlich Maria und diesen Dawud laufen lassen?«, fragt er. »Ist doch ungewöhnlich. Die beiden hätten gute Sklaven abgegeben.«

»Ich habe ihn darum gebeten.«

»Und darauf ist er eingegangen?«

»Im Grunde ist er kein schlechter Mensch.«

»Wie man's nimmt. Ich traue keinem Araber. Den Seldschuken noch weniger.«

»Die trauen uns auch nicht. Ich denke, wir Christen haben sie genauso oft betrogen wie sie uns.«

Raol nickt. »Mag sein. Trotzdem, Ihr habt nicht erlebt, was ich erlebt habe.«

»Und was habt Ihr erlebt?«

Raols Mundwinkel ziehen sich nach unten. Er zuckt mit den Schultern. »Genug für drei Leben.«

Eine Weile lang reiten sie schweigend nebeneinanderher. Dann fragt er: »Und wie haben sie Euch behandelt in Schaizar?«

»Ich war gefangen. Das war schlimm genug. Natürlich habe ich sehnlichst gehofft, dass mein Vater mich freikauft. Ich konnte es gar nicht abwarten. Aber im Grunde kann ich mich nicht beklagen. Sie waren freundlich zu mir. Außer an meiner Freiheit mangelte es mir an nichts.«

»Wirklich! Wir hatten Schlimmeres erwartet.«

Melisende sieht ihn spöttisch an. »Was denn? Dass man mich bei Wasser und Brot in einen Kerker sperrt? Vielleicht foltert oder gar vergewaltigt?«

»Ihr macht Euch über mich lustig, aber ich kenne einige, denen es ziemlich schlecht ergangen ist. Natürlich waren die nicht von Rang und hatten auch keine reiche Familie.«

»Ah! Das Privileg der hohen Geburt«, sagt sie spöttisch. »Da habt Ihr natürlich recht. Soll ich mich deshalb Eurer Meinung nach schlecht fühlen oder gar schämen?«

»Natürlich nicht.«

Es ist das erste Mal, dass sie sich wie vernünftige Menschen unterhalten. Für den Augenblick ist Melisende bereit, ihren Groll gegen Raol zurückzustellen, und beantwortet weiter seine Fragen. Alles über die Festung Schaizar will er wissen, obwohl sie wenig hinzuzufügen hat, was er nicht selbst schon gesehen hat. Auch wie viele Männer zur Besatzung gehören, kann sie ihm nicht beantworten. Dann fragt er, wie sie den Emir erlebt hat, wieso Murschid auf den Thron verzichtet hat, wie Usama zu seinem Oheim steht und ob er diesen eines Tage vielleicht beerben könnte, da er ja eine besondere Vertrauensstellung zu genießen scheine.

»Auch da bin ich überfragt«, erwidert sie. »Ich war im Frauenhaus eingeschlossen und habe von solchen Dingen nichts mitbekommen.«

»Reden die Frauen nicht über so was?«

»Jedenfalls nicht mit mir. Die Gespräche behandelten eher Dinge ... na ja, über was Frauen eben reden. Den Emir selbst habe ich nur wenige Male zu Gesicht bekommen.«

»Um was ging es dabei?«

Melisende runzelt die Brauen. Langsam wird ihr die Fragerei zu viel. »Soll das jetzt ein Verhör werden?«

»Natürlich nicht. Verzeiht. Ihr werdet über all das gewiss dem König berichten. Aber auch uns Templern kann es nicht schaden, mehr über Schaizar zu erfahren.«

»Na schön«, sagt sie. »Eigentlich ging es um nichts Besonderes. Der Emir wollte alles über Jerusalem wissen, über das Leben in der Stadt, über unsere Märkte, unsere Gewohnheiten, sogar über Gotteshäuser und Kirchenfeste.«

Die Straße, auf der sie reiten, nähert sich einigen flachen, dicht bewaldeten Hügeln. Die Ersten aus der Truppe sind bereits um eine Biegung verschwunden. Bernatz, der Letzte von ihnen, dreht sich nach ihnen um und winkt, als wolle er sie ermahnen, nicht zu trödeln.

»Sitzt der Emir eigentlich fest im Sattel?«, fragt Raol. »Ist seine Herrschaft gesichert, meine ich?«

»Mein Gott, wie soll ausgerechnet ich das wissen? Ich weiß nur, dass er keinen Sohn hat und dass alle Frauen im Harem versessen darauf sind, ihm einen Thronerben zu schenken. Das scheint die größte Sorge zu sein. Derjenigen, der es gelingt, winken Ansehen und eine bevorzugte Stellung unter den Frauen.«

»Hat er überhaupt Kinder?«

»Sechs Töchter.«

Raol lacht. »Nur Töchter, der Arme! Gott hat ihn genauso geschlagen wie unseren König.«

Eine solche Bemerkung findet Melisende überhaupt nicht lustig. »Was ist, bei Gott, an Töchtern auszusetzen?«, ruft sie verärgert. »Sind wir Frauen weniger wert? Sind wir keine Menschen?«

»Das wollte ich nicht sagen. Es erschwert nur die Thronfolge –«

»Ja, ja, das alte Lied«, unterbricht Melisende und funkelt ihn wütend an. »Wird ein Sohn geboren, ist er des Vaters ganzer Stolz. Ein Mädchen dagegen ist nichts als ein Schicksalsschlag, eine Tragödie. Aber ich sage Euch, Montalban, nicht so in meiner Familie. Bei uns werden Frauen respektiert und geachtet.« Doch dann erinnert sie sich an die erzwungene Verlobung mit Foulques. »Zumindest bis vor Kurzem«, fügt sie gereizt hinzu.

»Ich wollte Euch nicht verletzen.«

»Es gelingt Euch aber immer wieder«, entgegnet sie patzig. »Ihr seid ein wahrer Meister darin.«

Raol wirft ihr einen irritierten Blick zu. »Tut mir leid, wenn es mir an den feinen höfischen Sitten mangelt, die Ihr zweifellos gewohnt seid«, sagt er kalt, gibt seinem Hengst die Fersen und reitet in leichtem Trab voraus.

Bastard!, denkt Melisende. Aber es bleibt ihr nichts anderes übrig, als ihm eiligst zu folgen. Schon bald hat sie zu ihm aufgeschlossen.

Der Wald, durch den sie reiten, hat etwas Düsteres. Besonders bei diesem verhangenen Himmel. Auf den Hängen rechts und links sind zwischen Baumstämmen vereinzelt schroffe Felsbrocken zu sehen, die wirken, als hätten Riesen sie dort fallen gelassen. Den Wegrand säumt Gestrüpp, und über ihren Köpfen formen die Baumkronen ein so dichtes Blätterdach, dass es den Anschein hat, als ritten sie durch einen dunklen Tunnel.

Inzwischen haben sie sich den anderen bis auf wenige Pferdelängen genähert. Trotzdem hält Melisende sich weiter hinter Raols Hengst. Sie ärgert sich immer noch über seine letzte Bemerkung und hat keine Lust, mit ihm zu reden. Als halte er nichts von ihr und ihren höfischen Sitten, als hätten diese nichts mit dem wahren Leben zu tun. Für einen wie ihn sind die Lieder der Troubadoure wohl nur weibisches Gesäusel, Spiel und Tanz nichts als frivole Oberflächlichkeiten, unwürdig eines Kriegers, der für Gott kämpft.

Vielleicht hat er ja recht. Natürlich lassen sich Luxus und Pomp bei Hofe nicht mit dem harten Leben im Feld vergleichen, wenn Männer wie er, nur auf sich und ihre Kameraden gestellt, dem Feind die Stirn bieten. Trotzdem ärgert es sie, daran erinnert zu werden.

In diesem Augenblick hört sie Schreie und schrilles Wiehern. Ihre Stute hält erschrocken an und tänzelt ängstlich. Während Melisende sich um Kontrolle müht, hagelt es von allen Seiten Geschosse. Pfeile zischen heran, bohren sich in die gepanzerten Rücken der Männer, in Schultern und Schenkel, verschonen auch die Pferde nicht.

Die Stute bäumt sich auf und droht sie abzuwerfen. Melisende krallt sich an der Mähne fest. Mit Entsetzen sieht sie von allen Seiten Bogenschützen auf die Templer zielen, aus dem Gestrüpp am Wegrand und von den Hängen. Zu hören sind das schreckliche Zischen der Pfeile, die Einschläge, das schrille Wiehern und Aufbäumen getroffener Pferde.

Henri d'Aubusson stirbt als Erster. Ein Pfeil ist ihm durchs Auge tief ins Hirn gedrungen. Wie ein Mehlsack fällt er vom Pferd. Zwei weitere Ritter stürzen zu Boden, andere wanken im Sattel, Schulter und Rücken gespickt mit Pfeilen.

Die noch unverletzten mühen sich, ihre Pferde zu bändigen und die Schilde von den Sätteln zu reißen. Reiterlose Gäule vervollständigen das Chaos, versuchen in Panik davonzupreschen, nur um sich einer speerstarrenden Schildwand gegenüberzusehen, die plötzlich vor ihnen aus dem Boden gewachsen ist.

Melisendes Herz hämmert wie wild. Schon wieder steckt sie in einem tödlichen Überfall. Am ganzen Leib zitternd erwartet sie, selbst jeden Moment von Pfeilen getroffen zu werden. Sie ist schockstarr gelähmt, kann nichts tun, als ihr verängstigtes Pferd unter Kontrolle zu halten, während in nur wenigen Augenblicken ein Drittel der Christenritter außer Gefecht gesetzt wird.

Wild sieht sie sich nach allen Seiten um, sucht nach einer Fluchtmöglichkeit. Doch schon rennen Krieger aus dem Wald, um jeden Weg zu versperren. Aus dieser Falle ist kein Entkommen. Vage nimmt sie Raol wahr, der hoch zu Ross mit dem Schild vor dem Leib sein Schwert schwingt. Dann hört sie den Ruf: »*Formez la tortue!*«

Außer Raol lassen sich alle noch Wehrhaften vom Pferd fallen, um mit erhobenen Schilden die Schildkröte zu bilden, einen Verteidigungsring, nicht unähnlich der *testudo* der römischen Legionäre. Was zwischen Verwundeten und herumirrenden Gäulen nicht einfach ist.

Die Angreifer nutzen das Durcheinander, um mit Gebrüll aus dem Gebüsch zu stürmen und sich auf die noch ungeordnet stehenden Templer zu stürzen. Der Pfeilbeschuss hat aufgehört, dafür bedrängen immer mehr Krieger das Häuflein Templer mit Schwert und Speer. Zwei der Ritter sinken blutüberströmt zu

Boden, bevor es den übrigen gelingt, die Reihen zu schließen, die Schilde vor Brust und Bauch zu überlappen.

Mit Wucht werfen sich die Angreifer gegen die Schildwand, um sie ins Wanken zu bringen. Mit Speeren stechen sie auf die Männer dahinter ein. Doch die Schildwand bricht nicht. Und wehrlos ist die *tortue* auch nicht. Bald liegen die ersten Toten vor den blutbespritzten Schilden der Templer. Verwundete fallen zurück, nur um anderen Platz zu machen, die nachströmen und die Templer bedrängen.

Aber wie können sie diesem Ansturm widerstehen?, fragt sich eine vor Todesangst zitternde Melisende. Und warum lebe ich überhaupt noch? Warum steckt mir nicht längst ein Pfeil in der Brust? Ihr Herz rast, ihr Atem kommt stoßweise. Dann sieht sie Raol, immer noch im Sattel, der den Angreifern in den Rücken fällt und mit blutverschmierter Klinge auf sie einhackt. Niemand schießt auf ihn. Dann begreift sie. In dem wilden Getümmel wollen die Schützen nicht ihre eigenen Männer gefährden.

Erst als der Angriff abebbt und sich der Feind etwas zurückzieht, fliegen wieder Pfeile. Einer prallt von Raols Helm ab, ein zweiter von der gepanzerten Schulter. Dann trifft ihn ein Pfeil in den Rücken, als er gerade den Hengst wendet, um sich schützend vor Melisende zu stellen. In hilfloser Angst wartet sie darauf, dass nun auch er schwerverletzt vom Pferd fällt.

»Mein Gott, Ihr seid verwundet!«, schreit sie ihm entgegen.

Doch von Raol kommt nur ein unverständliches Knurren. Gebannt starrt sie auf sein bluttriefendes Schwert. *Wir werden alle sterben!* Die Gewissheit ihres eigenen Todes überfällt sie mit solcher Wucht, dass ihr beinahe das Herz stehen bleibt. Fast schon kann sie die Pfeile spüren, die sich in ihr Fleisch bohren werden.

Doch das geschieht nicht. Keiner der vielen Pfeile, die in Richtung der Templer fliegen, kommt auch nur in ihre Nähe. Dann dämmert es ihr: Es geht ihnen um sie. Die Bastarde haben es nicht auf die Templer abgesehen, sondern auf sie, die Thronerbin von Jerusalem. Wieder einmal! Und Raol bleibt in ihrer Nähe, damit sie in ihrer Angst keine Dummheit begeht. *Oder weil es auch für ihn neben ihr am sichersten ist?* Nein, so abgebrüht ist er nicht. Oder doch?

Sie starrt auf das schrumpfende Häuflein Templer, die sich gegen den Beschuss zu schützen suchen. Die meisten Pfeile bohren sich mit einem harmlosen Knall in die Schilde oder prallen davon ab. Doch immer wieder findet einer die nötige Lücke, um einen der Männer zu verwunden. Es kann nur eine Frage der Zeit sein, bevor sie auch den letzten der Gotteskrieger niedermachen.

Raol neben ihr hebt das Schwert und macht eine Bewegung, als wolle er sich trotz Verwundung wieder in den Kampf stürzen. Doch er hält sich zurück. Melisende hört ihn dagegen schrecklich fluchen, als der Pfeilbeschuss nachlässt und die Angreifer sich anschicken, wieder gegen die Schildwand anzustürmen.

Sie möchte sich die Hände über die Ohren halten, um nicht die Schreie der Getroffenen und das Stöhnen der Verwundeten zu hören. *Und ich, ich bin ihr Ziel. Mich werden sie verschleppen. Wieder einmal.*

In diesem Augenblick hallt Charles de Montoires Stimme zu ihnen herüber. »Raol! Hörst du mich? Rette die Thronerbin, Raol! Sie dürfen sie nicht zu fassen kriegen. Wir halten die Bastarde auf, solange es geht. Verschwindet endlich! Wir halten dir den Rücken frei.«

Raol zögert.

Aus den Augenwinkeln sieht Melisende ein halbes Dutzend mit Schwertern bewaffnete Angreifer auf sie beide zurennen. Die werden Raol vom Pferd reißen, ihn erschlagen und sich dann ihrer bemächtigen. Unwillkürlich greift sie zu dem Dolch an ihrem Gürtel.

Doch auch Raol hat die Kerle bemerkt. Er setzt den Hengst in

Bewegung, reißt das Tier herum und hackt dem ersten Angreifer in den Nacken, bevor der den Speer heben kann, um den Hieb zu parieren. Der Mann fällt rücklings gegen zwei andere. Ein zweiter Streich trifft einen im Gesicht, schneidet durch Haut und Knochen vom Auge bis in den Kiefer. Blutüberströmt bricht der Mann in die Knie und hält sich schreiend das Gesicht. Die übrigen ziehen sich einige Schritte zurück.

Sie sollen fliehen, hat Charles ihnen zugerufen. Raol aber scheint es schwerzufallen, seine Kameraden im Stich zu lassen, die nun wieder heftig angegriffen werden. Unter ihnen ist auch sein Schildträger Bernatz. Raol ruft lautstark nach ihm.

Tatsächlich gelingt es Bernatz, sich aus dem Haufen zu lösen. »Komm schon!«, brüllt Raol ihm zu, während er sein Schwert gegen zwei neue Angreifer schwingt. Sein Hengst, ein ausgebildetes Schlachtross, scheint zu wissen, wie es sich drehen muss, um ihm einen Vorteil zu verschaffen. Wieder streift ihn ein Pfeil an der Schulter, gleitet aber an der Panzerung ab.

Bernatz bändigt einen der unverletzten Gäule und schwingt sich mit dem Schwert in der Faust in den Sattel. Sein Schild entgleitet ihm. Doch davon lässt er sich nicht aufhalten. Dem Pferd drischt er die Fersen in die Flanken und prescht vom Kampf weg in die Richtung, aus der sie gekommen sind. »Ich mach euch den Weg frei!«, brüllt er über die Schulter.

»Los jetzt, Altesse!«, hört sie Raol rufen. »Folgt mir!« Einen Angreifer wehrt er noch ab, dann reitet er voraus und blickt sich ungeduldig nach ihr um. »Nun kommt schon!«

Melisendes Herz klopft ihr bis in den Hals, ihre Hände fühlen sich kraftlos an, aber es gelingt ihr, die Stute zu wenden und hinter ihm herzujagen, bevor noch mehr fremde Krieger nach ihr greifen. Auch Raol vor ihr beschleunigt.

Nur dreißig oder vierzig Schritt weiter stehen Krieger auf dem Weg, um ihnen den Rückzug zu versperren. Mehr rennen aus dem Wald. Ohne Rücksicht auf sich selbst treibt Bernatz sein Pferd mitten in sie hinein und haut nach beiden Seiten wild mit der Klinge um sich. Es gelingt ihm, eine Lücke zu erzwingen, durch die Raol und Melisende in vollem Galopp durchbrechen.

Doch sein Ungestüm wird Bernatz zum Verhängnis.

Als Raol nach zweihundert Schritt den Hengst anhält, müssen sie mitansehen, wie die fremden Krieger den jungen Sergeanten vom Pferd zerren und mit Speeren und Schwertern auf ihn einstechen. Einmal hören sie ihn aufschreien. Dann ist es aus. Schreckstarr hat Melisende das Drama verfolgt und kann doch den eigenen Augen kaum glauben. *Herr im Himmel! Nicht auch noch Bernatz!*

»Müssen wir nicht weiter?«, fragt sie ängstlich.

»Gleich.«

Raols Stimme klingt ruhig, fast gleichmütig. Als wäre das, was sich gerade vor ihren Augen abgespielt hat, unvermeidlich und nicht weiter erwähnenswert. Wie kann er nur so kalt und gefühllos sein? Doch als Melisende sich vom Anblick der johlenden Krieger losreißt und zu Raol hinüberblickt, sieht sie Tränen in seinen Augen.

»Er hat sich für uns geopfert«, flüstert sie.

Raol nickt. Um seinen Mund zuckt es verdächtig.

»Wir müssen weiter«, sagt sie. »Sie werden uns einholen.«

Aber er antwortet nicht, starrt nur immer weiter zu Bernatz' Leiche und zu den johlenden Kriegern hinüber, die ihnen Verwünschungen zurufen, es aber für sinnlos halten, zu ihnen aufzuschließen.

»Was ist mit Eurer Verwundung?« Melisende deutet auf den Pfeil, der von seinem Rücken hängt.

Erst jetzt scheint Raol wie aus einer Trance zu erwachen. Er greift hinter sich, bekommt den Pfeilschaft zu fassen und zerrt stöhnend daran, bis die Spitze freikommt. »Muss sich im Lederwams verfangen haben. Kann nicht so schlimm sein.«

Er sieht sich die Pfeilspitze an. Sie ist blutig. War also doch nicht so harmlos. Mit grimmiger Miene wirft er den Pfeil weg.

In diesem Augenblick beginnt es heftig zu regnen, so wie Charles es am Vorabend angekündigt hat. Es ist, als ob der Himmel über das, was sich soeben zugetragen hat, bittere Tränen vergieße. Raul steckt seine Hand in eine der Satteltaschen, zieht einen Umhang aus öliger, unbehandelter Schafwolle hervor und reicht ihn ihr.

»Zieht das über«, befiehlt er. »Hält den Regen ab.«

Melisende wirft sich den Umhang um die Schultern und zieht die Kapuze über den Kopf. »Was ist mit Euch?«

»Mich stört der Regen nicht.« Er lockert kurz den Schwertgürtel, zieht mit schmerzverzerrter Miene sein Surcot über den Kopf und wirft es am Wegrand zwischen die Büsche. »Das brauch ich nicht mehr. Soll nicht jeder wissen, wer wir sind.« Er zieht den Gürtel wieder fest und nimmt die Zügel zur Hand. »Los jetzt! Wir haben einen langen Ritt vor uns. Je mehr Vorsprung wir herausreiten, umso besser.« Er schnalzt mit der Zunge, und sofort setzt sich sein Hengst in Bewegung.

Melisende blickt sich noch einmal zu Bernatz' Leiche und seinen Mördern um, die mit geballten Fäusten hinter ihnen herjohlen. Möge Gott ihn für sein Opfer belohnen, denkt sie und bekreuzigt sich. Dann spornt sie ihre Stute an und folgt Raol.

Lärm und Gebrüll des immer noch erbittert tobenden Kampfes werden langsam schwächer, bis nur noch das Rauschen des Regens, die Hufschläge der Pferde und das Knarren der Sättel zu hören sind. In leichtem Galopp reiten sie über Meilen den Weg zurück, den sie gekommen sind.

Schließlich hält Raol an, dreht sich zu Melisende um und wartet, bis sie ihn erreicht hat. Hochrot und außer Atem von dem scharfen Ritt bringt sie die Stute neben ihm zum Stehen. Raols Helm und Panzer glänzen vom Regenwasser, das an ihnen hinunterläuft.

»Kleine Pause für die Pferde«, sagt er. »Wir dürfen sie nicht überanstrengen. Wir werden sie noch lange brauchen.«

»Die hatten es auf mich abgesehen. Stimmt doch, oder?«

Raol nickt. »Der Angriff galt Euch.«

»Aber sie haben doch schon ihr Lösegeld bekommen.«

»Das waren nicht Usamas Leute.«

»Wer denn sonst?«

»Es war dieser Qilitsch. Trotz seines Helms hab ich ihn erkannt. Außerdem weiß ich sehr wohl, wenn ich Seldschuken vor mir habe.«

»Qilitsch!« Melisende fasst sich an die Gurgel, als drohe sie zu ersticken. »Nimmt das denn gar kein Ende? Wieso tut der das?«

Raol zuckt mit den Schultern. »Aus Gier. Aus Ehrgeiz. Wer weiß? Er hat in Schaizar mitbekommen, was eine Königstochter wert ist. Vielleicht denkt er, was Usama kann, kann er schon lange.«

Melisende starrt ihn lange an. Jetzt, da sie aus der unmittelbaren Gefahr entkommen ist, überfällt sie plötzlich das Grauen des Erlebten, und sie kann die Tränen nicht länger zurückhalten. Sie wendet sich ab, schlägt die Hände vors Gesicht und schluchzt mit zuckenden Schultern.

Nach einer Weile bemüht sie sich um Fassung und wischt sich über die nassen Wangen. Eine nutzlose Geste, denn der Regen weht ihr ins Gesicht. »Dafür ist Bernatz gestorben«, flüstert sie. »Und die anderen auch.« Mit geröteten Augen sieht sie Raol an. »Werden überhaupt welche überleben?«

Raol sieht weg. Seine Kiefer mahlen. Auch er hat offensichtlich mit Gefühlen zu kämpfen. Er blickt in die Ferne, ohne ihr zu antworten. Sie weiß, was das bedeutet. Natürlich werden sie sterben. Wie soll es anders sein?

Plötzlich schreit es laut aus ihr heraus: »Ich verfluche den Tag, an dem ich geboren wurde! Es ist alles meine Schuld. Was hab ich nur getan?« Wieder laufen ihr Tränen über die Wangen und mischen sich mit Regentropfen.

Raol sagt zunächst nichts. Dann legt er ihr vorsichtig die Hand auf die Schulter. »Es ist nicht Eure Schuld, Altesse. Ihr konntet das alles nicht ahnen. Wenn überhaupt, dann muss ich mir selbst die Schuld geben. Ich hatte schon so einen Verdacht, was diesen Qilitsch angeht. Ich hätte vorsichtiger sein sollen.«

Sie fasst nach seiner Hand. »Das meine ich nicht. All dies wäre nicht passiert, wenn ich nicht aus Jerusalem geflüchtet wäre. Alles, was in den letzten Wochen geschehen ist, hat damit zu tun. Es ist meine Schuld. Und nun hat sich auch noch Bernatz geopfert.« Sie lässt seine Hand los und legt ihre Rechte über die Augen. »Oh Gott! Wenn ich doch nur alles rückgängig machen könnte.«

Raol nickt. »Bernatz war mein Freund«, sagt er. »Aber wir sind Templer. Wir leben mit dem Tod.«

»Was ist mit Charles und den anderen?«, fragt sie fast flehentlich. »Vielleicht schaffen sie es. Vielleicht lassen die Seldschuken sie gehen.«

Raol schüttelt den Kopf. Seine Miene ist grimmig. »Qilitsch wird uns weiter verfolgen. Er wird nicht aufgeben. Dabei kann er es sich nicht leisten, Tempelritter zurückzulassen, die ihn bei seinem Vorhaben stören, ihm in den Rücken fallen oder Hilfe holen könnten.«

»Er wird sie alle umbringen?«

»Meine Männer sind gute Kämpfer, aber Ihr habt selbst gesehen, dass die Seldschuken weit in der Überzahl sind. Charles wird sie aufhalten, solange es möglich ist, aber lange wird das nicht dauern. Wir haben also nur ein wenig Zeit gewonnen. Die müssen wir nutzen.« Er holt tief Luft. »Wir sollten uns schleunigst auf den Weg machen.«

»Können wir nicht Hilfe holen? In der Burg auf dem Berg?«

»Wir würden Stunden bis da oben brauchen. Außerdem wird

Qilitsch als Erstes annehmen, dass wir uns dorthin wenden. Sie werden irgendwo ihre Pferde versteckt haben. Ich wette, dass er bereits Leute hinter uns hergeschickt hat. Das lässt uns wenig Zeit. Außerdem wissen wir nicht einmal, ob die Burg besetzt ist. Nein, wir müssen eine andere Richtung einschlagen, und zwar sofort!«

Was er sagt, klingt vernünftig. Und doch …

»Wie könnt Ihr so kühl darüber reden?«, fährt Melisende ihn an. »Ist Euch der Tod Eurer Kameraden so gleichgültig?«

Raol starrt sie wütend an. »Das muss ich mir nicht sagen lassen, Altesse. Der Verlust meiner Männer ist mir alles andere als gleichgültig. Ich kenne jeden Einzelnen seit Jahren. Wir waren gemeinsam auf Feldzügen, wir haben unser Brot geteilt, zusammen Nächte durchwacht. Sie sind gewissermaßen meine Familie. Eine andere hab ich nicht. Aber wir sind Tempelritter und wissen, was unsere Pflicht ist. Und meine ist nun, Euch wohlbehalten nach Jerusalem zu bringen. Alles andere hat keine Bedeutung. Und meine Gefühle … die gehen Euch einen Dreck an!«

Er gibt dem Hengst die Sporen und reitet in schnellem Trab voraus. Melisende senkt beschämt den Kopf. *Warum kann ich nicht meinen vorlauten Mund halten? Ich sollte ihm dankbar sein, dass er sich überhaupt noch mit mir abgibt. O Gott im Himmel, hilf uns!* Dann streicht sie der Stute über das regennasse Fell und folgt ihm.

DIE FLUTEN DES ORONTES

Bey Qilitsch ad-Din Mahmud steht auf dem vom Regen aufgeweichten Weg und betrachtet die Leichen der Templer. Tropfen fallen von seinem Helm, und die breiten Schultern seines Umhangs sind vor Nässe dunkel. Sein Hundeführer steht ein paar Schritte weiter und hält die beiden großen Jagdhunde zurück, die das Blut riechen, an den Leinen zerren und aufgeregt winseln.

»Glaubst du, wir haben alle erwischt?«, fragt er.

So genau haben sie in der Hitze des Kampfes nicht zählen können. Nun liegen sie da in ihren mit dem roten Christenkreuz bestickten Überwürfen, einige weiß, andere dunkelbraun. Leere, tote Augen, Gesichter und Hände bleich, von denen der Regen das Blut gewaschen hat, Wunden, aus denen es immer noch sickert. Neben den Templern die eigenen Toten. Alles in allem kein erhebender Anblick, ganz im Gegenteil. Sie haben gesiegt, aber freuen kann er sich nicht.

»Ich habe keinen entkommen sehen«, erwidert neben ihm Nasir ad-Din Masud, sein Gefolgsmann und Hauptmann der Truppe. »Nur das Weib und ihren Anführer. Der Regen war nicht gerade hilfreich.«

Qilitsch nickt. »Ich weiß. Die verdammten Bogensehnen.«

Auf ihre Kampfbögen sind die Seldschuken stolz. Jeder einzelne ist ein handwerkliches Kunstwerk, zusammengeleimt aus Holz, Horn und Tiersehnen. So ein Bogen trägt weit und entwickelt eine ungeheure Durchschlagskraft. Aber das nützt wenig, wenn die Sehne nass wird und ausleiert. Auch den Bögen selbst tut Feuchtigkeit nicht gut. Deshalb haben sie den Beschuss einstellen, gegen die Schildwand der Templer anrennen und im zähen Kampf Mann gegen Mann mehr Verluste hinnehmen müssen als erwartet.

»Dein Rat, sie an dieser Stelle abzufangen, war gut«, sagt Qilitsch. »Nur leider ist uns ausgerechnet die Thronerbin entkommen.« Er wirft Nasir einen ungehaltenen Blick zu. »Alles für nichts, verdammt noch mal!«

»Wir werden sie schon finden«, erwidert Nasir ungerührt. Er ist ein großer hagerer Kerl, Ende dreißig, mit sonnenverbranntem Gesicht und einem langen schwarzen Schnauzbart, den er gern mit der Rechten zwirbelt, der jetzt jedoch traurig nass hinabhängt. Von den Winkeln seiner halb zugekniffenen Augen verlaufen tief eingekerbte Krähenfüße. Er steht aufrecht, mit durchgedrücktem Kreuz, trotz des Regens, der ihm in den Nacken läuft. Auch das gefütterte Lederwams unter dem Kettenpanzer muss völlig durchweicht sein.

All das stört den Kerl nicht, denkt Qilitsch. Den kann man in einen verdammten Eissturm schicken, ohne dass der sich beklagen würde. Hart gegen sich und andere.

Unter dem Arm trägt Nasir eine kurze Reitpeitsche, mit der er gern seinen Unmut ausdrückt – nicht gegen Pferde, sondern gegen jeden in der Truppe, der nicht spurt. Sie lieben den Kerl nicht, aber sie gehorchen ihm.

»Was macht dich so sicher?«, fragt Qilitsch gereizt.

»Unsere Späher sind zurück. Sie haben den Leinenüberwurf des Templers gefunden. Und frische Hufspuren.«

»Und warum haben deine Späher sie nicht weiterverfolgt?«

»Sie wollten erst mal berichten.«

»Die beiden sind also nicht zur Christenburg hinauf?«

»Nein.«

»Vielleicht machen sie einen Umweg und wenden sich dann gen Tripolis. Das jedenfalls würde ich an ihrer Stelle versuchen.«

»Dann müssten sie wieder an uns vorbei.«

»Vielleicht reiten sie weiter bergauf, an den Berghängen entlang Richtung Küste«, mutmaßt Qilitsch.

Nasir schüttelt den Kopf. »Könnte sein, aber das glaube ich nicht. Wir schicken in jedem Fall Späher aus. Die werden bei dem Regen auf Hufspuren stoßen, falls du recht haben solltest. Aber ich glaube eher, dieser Templer hält sich für schlau und flieht nach Süden durchs Bekaa-Tal.«

»Ein einzelner Reiter in Begleitung einer Frau auf muslimischem Gebiet? Etwas gewagt, oder?«

»Ich wette, das ist, was er vorhat. Aber mit Allahs Hilfe werden wir sie aufspüren und erwischen.«

»Und wie stellst du dir das vor? Die haben jetzt schon Stunden Vorsprung.«

»Vergiss nicht, Herr, die Christen beschlagen ihre Gäule anders als wir. Ihre Spuren sind leicht zu lesen.«

»Sobald die Wege trocken sind, wirst du auch keine Spuren mehr finden«, widerspricht Qilitsch. »Besonders nicht auf den belebteren Straßen.«

»Deshalb sollten wir uns beeilen.«

»Und was, wenn sie die Straßen vermeiden und sich in die Berge flüchten?«

Nasir zeigt auf die Jagdhunde. »Deine Hunde werden sie aufspüren. Wir haben schließlich die Kleider dieses Christenweibs. Wir lassen sie daran riechen.«

»Na, ich weiß nicht.«

»Willst du etwa aufgeben?«

»Natürlich nicht.«

Aufgeben? Qilitsch zieht die Stirn kraus. Aufgeben wird er auf keinen Fall. Diese Melisende ist eine schöne Summe wert. Dabei geht es ihm gar nicht so sehr um das Gold. Denn wenn er mit der Thronerbin im Gepäck nach Damaskus kommt, wird Buri ihm endlich den Platz an seiner Seite zubilligen, der ihm gebührt. Dass Baudouin seit Langem etwas gegen Damaskus plant, ist jedem bekannt. Aber wenn die Königstochter als Pfand in ihrer Hand ist, wird Baudouin es sich zweimal überlegen, ob sich ein Angriff lohnt. Dann ist da nur noch Zengi, der sie bedroht. Ja, Buri wird ihn mit Belohnungen überhäufen, wenn er ihm Melisende bringt.

»Nein, wir geben nicht auf«, fügt Qilitsch mit Nachdruck hinzu. »Wir müssen das Weib fangen. Sie ist jede Mühe wert.«

Nasir wirft ihm einen prüfenden Blick zu. »Gut. Dann vertrau mir, Herr.«

Vertrauen?, denkt Qilitsch. Ja, solange ich dich gut genug bezahle. Schließlich kennt er Nasirs Stand und Herkunft. Der Mann ist ein verdammter *ghulam*, ein Kriegersklave, den sie wie so viele andere als Kind irgendwo im Kaukasus geraubt und zum Krieger erzogen haben. Gute Kämpfer sind sie, das muss man ihnen lassen. Auch Nasir. Einige von denen haben sich sogar zu Herren aufgeschwungen. Und Nasir ist ehrgeizig genug, selbst einmal *bey* zu werden. Ein *ghulam bey*.

Qilitsch starrt verdrießlich auf die Leichen, die zwischen Schilden und Waffen liegen. Am Wegrand versorgen seine Seldschuken ihre verwundeten Kameraden. Diese Templer haben gekämpft wie die Teufel, denkt er. Wir hatten große Mühe, sie zu überwinden. Und der Kerl, der sich Montalban nennt, ist entkommen. Mit meinem Preis!

Er blickt zu den Männern hinüber, die jetzt die Pferde herbeiführen, die sie hinter dem Hügel versteckt haben. »Also schön, Nasir«, sagt er. »Machen wir es, wie du gesagt hast. Aber ich rate dir, sie wirklich zu finden, hast du gehört? Sollten sie uns entkommen, dann … na, du weißt schon.«

Nasir antwortet nicht auf diese Drohung, schenkt ihm nur ein dünnes Lächeln.

»Nehmt euch von den Templern, was ihr wollt«, sagt Qilitsch. »Aber schnell. Damit wir nicht zu viel Zeit verlieren.«

»Und unsere eigenen Toten?«

Qilitsch runzelt die Stirn. Ihm ist klar, dass seine Krieger es ihm nicht verzeihen würden, wenn er ihre Kameraden den wilden Tieren überlassen würde. Nach kurzer Überlegung seufzt er. »Wir werden sie natürlich bestatten, wie es sich gehört. Aber sieh zu, dass es nicht zu lange dauert.«

»Flache Gräber genügen.«

Qilitsch nickt. »Und unsere Verwundeten? Was machen wir mit denen? Die Leichtverwundeten können wir mitnehmen. Und die anderen?«

Nasir zuckt gleichmütig mit den Schultern.

Du würdest ihnen wahrscheinlich die Kehle durchschneiden, damit du sie los bist, du Bastard, denkt Qilitsch. Wir müssen uns aufteilen. Nasir wird er jedoch an seiner Seite behalten. Dem Hund traut er nicht.

»Hör zu!«, sagt Qilitsch. »Alle sollen mithelfen, unsere Toten zu begraben. Das sollte nicht lange dauern. Dann lassen wir einige Männer zurück, um sich um die Verwundeten zu kümmern. Wir anderen nehmen die Verfolgung auf. Mit Glück haben wir noch ein paar Stunden vor Einbruch der Dunkelheit.«

»Am besten, wir schicken schon jetzt Späher voraus, um die Spur nicht kalt werden zu lassen. Wir anderen rücken dann später nach.«

Qilitsch nickt. »Einverstanden!«

✠

Nachdem Raol und Melisende in strömendem Regen eine Weile der Straße nach Schaizar gefolgt sind, wenden sie sich bei erster Gelegenheit ostwärts Richtung Homs. In stetem Trab reiten sie durch ein bewaldetes Tal auf einem steinigen, langsam ansteigenden Weg. Es rinnt ihnen so viel Wasser entgegen, dass er sich immer mehr in einen schlammigen Bach verwandelt und den Pferden viel Kraft abverlangt. Schließlich erreichen sie das hügelige Hochplateau. Der Regen wird langsam weniger und die Sicht besser. Nach einer Weile verlassen sie die Straße nach Homs und nehmen eine südliche Abzweigung, die durchs Bekaa-Tal Richtung Baalbek führt.

Ohne Surcot ist Raol nicht mehr als Templer zu erkennen. Und auch Melisende tut das Ihre, um sich unkenntlich zu machen. Aus seiner Satteltasche hat Raol ihr ein großes Kopftuch geliehen, das sie sich, wie Araber und Beduinen es tun, um den Kopf schlingt. Keine großartige Verkleidung, aber bei flüchtigem Blick sollten sie als Ritter und Reitknecht durchgehen. Zum Glück ist außer ihnen kaum jemand unterwegs. Nur einmal kommt ihnen eine kleine Karawane entgegen.

Raol und Melisende wechseln kein Wort miteinander. Die Ereignisse, die hinter ihnen liegen, sind noch zu frisch, um darüber zu reden. Vor allem müssen sie sich vom Ort des Geschehens so schnell und so weit wie möglich entfernen. Raol erlaubt keine Pause, achtet aber darauf, dass die Pferde sich nicht überanstrengen.

Inzwischen hat es ganz aufgehört zu regnen. Obwohl die Straße durchweicht und matschig ist und sie darauf klar sichtbare Hufspuren hinterlassen, wandelt sich langsam die Landschaft. Wälder und dichte Sträucher werden seltener und gehen in von mageren Büschen unterbrochenes Grasland über. Gelegentlich kommen sie an winzigen Dörfern vorbei, wo Fellachen in mühsamer Arbeit Brunnen gegraben haben, aus denen sie mit langen Hebebäumen Wasser aus der Tiefe holen, um ihre Weizenfelder zu bewässern. Davon abgesehen ist das weite Grasland ein Reich für Antilopen – und die sie jagenden Raubtiere. Obwohl man Letztere nur selten zu Gesicht bekommt.

»Das ideale Jagdrevier für den alten Murschid«, sagt Raol.
»Habt Ihr nicht gesagt, er geht auf Löwenjagd, Altesse?«

»Antilopen hauptsächlich, Treibjagden auf schnellen Pferden.

Löwen soll er aber auch schon erledigt haben, behauptet jedenfalls sein Sohn.«

»Und er selbst?«

»Usama zieht die edle Falkenjagd vor.«

Nach einer weiteren Stunde braucht Melisende dringend eine Pause. »Lasst uns einen Moment anhalten! Mir tun alle Knochen weh. Außerdem muss ich mal.«

Nach einigem Zögern bringt Raol seinen Hengst zum Stehen. »Na gut. Aber nicht lange.«

»Und die Pferde? Die sind doch auch müde. Müssen die nicht langsam was zu saufen kriegen?«

Beide Tiere sind schweißbedeckt. Schaum tropft vom Maul der Stute. Sie scheint die Anstrengung mehr zu spüren als Raols Hengst, obwohl ihre Bürde leichter ist.

»Wir müssen es heute noch bis zum Orontes schaffen«, sagt Raol. »Da gibt's Wasser im Überfluss.«

Melisende rutscht von ihrer Stute, stemmt die Hände ins Kreuz und reckt sich. Dann stolpert sie mit steifen Beinen vom Weg und hockt sich zwanzig Schritt weiter hinter einen vereinzelten Busch. Eigentlich müsste es ihr peinlich sein, sich in Raols Gegenwart zu erleichtern. Aber neben dem Schock des Überfalls, den sie noch nicht überwunden hat, ist falsche Scham wohl eher lächerlich und unangebracht. Außerdem achtet er gar nicht auf sie. Er ist ebenfalls abgestiegen, um den Pferden den Rest aus seinem Wasserschlauch in die Mäuler zu gießen.

Als sie zu ihm zurückkehrt, sagt sie: »Wie stellt Ihr Euch das eigentlich vor? Wir haben all unser Gepäck verloren. Kleider, Nachtlager, Proviant. Wir sind bis auf die Haut durchnässt. Wie ich das sehe, werden wir uns in der Nacht zu Tode frieren.«

Raol deutet auf die zusammengerollte Decke hinter seinem Sattel. »Eine Decke haben wir noch.«

»Eine einzige Decke!« Melisende schüttelt sich. »Die ist bestimmt auch durchweicht.«

»In meinen Satteltaschen ist etwas Wegzehrung. Wir Templer haben immer etwas dabei.«

»Und was zum Beispiel?«

»Speck, Hirse, eine Handvoll Bohnen. Ein Säckchen Salz.«

»Na wunderbar!«, erwidert sie und verdreht die Augen. »Ein Festessen geradezu.«

»Wäret Ihr jetzt lieber in Qilitschs Händen?«, fragt Raol gereizt.

»Natürlich nicht.«

»Dann hört auf zu maulen, und setzt Euch auf Euren verdammten Gaul, damit wir endlich weiterkommen!«

»Eure reizenden Manieren sind doch immer wieder erbaulich«, gibt Melisende mit einem wütenden Blick zurück. Doch dann klettert sie ohne weiteren Widerspruch in den Sattel und streicht ihrer Stute über den Hals. »Also los, mein Mädchen«, raunt sie ihr zu. »Folgen wir den Männern! Die wissen's ja immer besser.«

So reiten sie Stunde um Stunde weiter. Ab und zu überfallen Melisende die schrecklichen Bilder des Hinterhalts, das Gebrüll der Kämpfenden, die Schreie der Verwundeten, das viele Blut, Bernatz am Boden, die Verwünschungen und Flüche der Seldschuken, die sie ihnen hinterhergeschleudert haben. War das Hass? Oder nur die Enttäuschung, dass sie ihnen entkommen sind?

In der späten Abenddämmerung erreichen sie endlich den aus dem Bekaa-Tal nach Norden fließenden Orontes. Oben, an der Kante des Steilhangs, halten sie an. Unter ihnen liegt der schnell dahinströmende Fluss, der eine schlangenförmige Schlucht in die Landschaft gegraben hat. Auf dem Wasser unter ihnen glitzert das Licht des abnehmenden Mondes. Ein breiter Weg führt hinunter zu einem flachen Sandstreifen am Ufer, offensichtlich eine Stelle, an der viele Reisende ihre Tiere tränken.

»Reiten wir weiter«, sagt Raol.

»Jetzt, im Dunkeln? Warum halten wir nicht da unten Rast und tränken die Pferde?«

»Weil das hier jedermann macht. Besser, wir vermeiden solche Stellen.«

Er reitet weiter. Mit einem Seufzer folgt ihm Melisende. Der Weg führt mehr oder weniger an der sich windenden Schlucht entlang. Den Fluss selbst sieht man von hier aus nicht.

Einige Meilen weiter hält Raol an. »Versuchen wir's hier.«

Der Weg führt an dieser Stelle dicht am Fluss vorbei. Melisende blickt hinunter. Einen Pfad zum Wasser kann sie nicht erkennen, aber der Hang scheint hier nicht so steil zu sein. Sie steigen ab und führen die Pferde am Zügel die von Sträuchern überwucherte Böschung hinunter bis zum Flussufer. Hier ist der Grund flacher, und an offenen Stellen gibt es sogar Gras für die Pferde. Sie lassen die Tiere saufen, stillen selbst ihren Durst und füllen Raols Wasserschlauch wie auch die Feldflaschen, die sie am Sattel tragen.

Inzwischen ist es dunkel geworden. Raol holt eine Speckseite aus einer seiner Satteltaschen, schneidet mit dem Dolch eine Scheibe ab und reicht sie Melisende. »Hier, esst, Altesse. Es ist nicht viel, aber wir müssen haushalten.« Dann setzt er sich zwei Schritte weiter ins Ufergras und starrt auf das dahinfließende Wasser.

Melisende kaut niedergeschlagen auf der zähen Speckscheibe. Es gelingt ihr nicht, die schrecklichen Szenen des Überfalls aus den Gedanken zu bannen, sie sieht vor sich die Kämpfe, die heranstürmenden Seldschuken und die sterbenden Templer. Wenn Bernatz nicht sein Leben gegeben hätte, wenn Raol nicht wäre ...

Schuldbewusst blickt sie zu ihm hinüber. »Ich hab mich schlecht benommen«, sagt sie kleinlaut. »Ich weiß, Ihr tut Euer Bestes für mich.« Ihre Augen werden feucht. »Und all Eure Kameraden ... Es tut mir so leid.«

Seinen Gesichtsausdruck kann sie nicht sehen, da er halb abgewandt sitzt. Sein Schweigen verunsichert sie. Es fühlt sich wie eine Verurteilung an. »Ich weiß, wie dumm das klingt, aber es tut mir wirklich ganz fürchterlich leid.«

Raol räuspert sich. »Ihr könnt nichts dafür, Altesse. Es bringt nichts, sich Vorwürfe zu machen.«

Meint er das wirklich so? Mit dem Ärmel wischt sie sich über die Augen. »Danke, Raol.«

Er blickt weiter übers Wasser und schweigt.

Er nennt mich Altesse, denkt Melisende. Eine schöne Hoheit bin ich, sitze nachts in Männerkleidern am Fluss, habe mich seit Tagen nicht gewaschen, sodass ich meinen eigenen Gestank kaum noch ertragen kann, und sterbe vor Angst, dass die verdammten Seldschuken uns aufspüren und mich wieder verschleppen. Und dieser Mann hier neben mir ist bereit, sein Leben dafür zu geben, dass dies nicht geschieht. Daneben kommt man sich wirklich klein vor.

»Bitte nennt mich nicht Altesse!«, sagt sie. »Wir sind hier nicht in Jerusalem. Allein meinetwegen sitzen wir beide in der Patsche. Nennt mich lieber bei meinem Taufnamen. Und duzen wir uns endlich. Ihr duzt Eure Kameraden doch auch.«

Raol dreht sich überrascht zu ihr um. »Seid Ihr sicher?«

Sie nickt. »Das macht es leichter, oder nicht? Wo wir doch jetzt noch viele Tage miteinander verbringen werden.«

Er antwortet nicht gleich, sieht sie nur an. Sein Gesicht liegt im Schatten, sodass sie seinen Gesichtsausdruck nicht ausmachen kann. »Wenn Ihr es so wünscht«, sagt er schließlich.

»Wenn *du* es so wünschst«, verbessert sie ihn.

»Also gut …« Er klingt unsicher, als stimme er nur aus Höflichkeit zu. Doch dann scheint er sich einen Ruck zu geben, rückt ein Stück näher und reicht ihr die Hand. »Abgemacht. Wenigstens hier in der Wildnis.«

Melisende greift dankbar nach der dargebotenen Hand. Es

ist eine große, kräftige Hand. An der Innenseite spürt sie harte Schwielen. Sein Händedruck ist fest und doch auch sanft. Weder versucht er, ihr die Knochen zu brechen, noch fühlt er sich schlaff an. Die Berührung bewegt etwas in ihr. Es ist, als ginge ein wenig von seiner Stärke zu ihr über. Sie fühlt sich nicht mehr allein und sogar ein wenig zuversichtlicher. Nur mit Bedauern lässt sie seine Hand los, als er sie wieder zurückzieht.

»Einverstanden«, murmelt sie. »Wenigstens hier.«

Während sie ihr mageres Mahl verzehren, herrscht Schweigen. Zu hören sind nur das Gurgeln des Wassers, das sich an ein paar Felsbrocken im Strom bricht, das Zirpen der Zikaden sowie das Grasen und gelegentliche Schnauben der Pferde. Es ist, als hätte ihr Angebot, sich zu duzen, sie beide verlegen gemacht. Als hätte es eine Nähe mit sich gebracht, die so ungewohnt ist, dass es sie beide verstummen lässt.

Ich hätte ihm das nicht anbieten sollen, denkt sie. Er kann es ja schlecht ablehnen. Vielleicht habe ich eine Grenze überschritten, und es ist ihm unangenehm. Bei meinem Stand. Und dann er, der nur ein Templer ist. Das hätte ich bedenken sollen. Aber zurücknehmen lässt sich das jetzt nicht. Das würde es nur noch schlimmer machen.

Um das Schweigen zu brechen, sagt sie: »Schade, dass Nacht ist. Es muss schön sein hier am Fluss, tagsüber, wenn die Sonne scheint.«

»Bestimmt«, brummt er.

»Oben weites, trockenes Grasland und hier an den Uferhängen ist alles grün, voll von Uferschilf, von Büschen und Bäumen.« Als er nicht darauf eingeht, fragt sie: »Sollen wir hier übernachten?«

Auch jetzt antwortet er nicht gleich, wischt nur seinen Dolch, der neben ihm im Gras lag, am Hosenbein sauber und steckt ihn weg. Als er sich ihr zuwendet, sagt er: »Nein. Das können wir uns nicht erlauben. Wir müssen weiter und die Nacht nutzen, um unseren Vorsprung zu vergrößern.«

Oh Gott!, denkt sie. Ihr tun alle Knochen weh, und sie ist so hundemüde, dass sie auf der Stelle einschlafen könnte. »Du willst wirklich weiterreiten? In der Nacht? Wie sollen wir den Weg erkennen?«

»Macht Euch … äh … mach dir darüber keine Sorgen. Wir haben genug Mondlicht. Außerdem … die Pferde finden auch ohne uns den Weg.«

»Aber dann gilt das doch auch für unsere Verfolger. Das heißt, falls sie uns überhaupt noch verfolgen. Die haben doch bestimmt aufgegeben.«

»Die geben nicht auf. Aber in der Dunkelheit würden ihnen unsere Spuren entgehen. Sie werden also den Tag abwarten. Das ist unser Vorteil.«

Melisende seufzt schwer und lässt die Schultern hängen. Es ist ein Albtraum. Ein gottverdammter Albtraum, der nicht enden will.

»Vielleicht übertreibst du, Raol«, versucht sie, ihn umzustimmen. »Die haben bestimmt aufgegeben. Und ich weiß wirklich nicht, ob ich noch weiterkann. Seit dem Morgengrauen sind wir im Sattel. Wir haben eine Pause verdient, ein bisschen Schlaf. Meinst du nicht? Auch die Pferde –«

»Sei mal still!«, unterbricht er sie mit einem dringlichen Flüstern. »Ich hab was gehört.«

Beide schweigen und horchen in die Nacht.

»Ich hör nichts«, murmelt sie nach einer Weile.

»Warte.«

Dann hört auch sie es. »Reiter«, flüstert sie erschrocken.

Raol erhebt sich rasch und geht zu den Pferden, die friedlich grasen. »Komm!«, raunt er. »Sie dürfen die Pferde nicht sehen.«

Besonders Raols Apfelschimmel hebt sich im Mondlicht ab. Melisende springt auf und rennt zu ihrer Stute, die den Kopf hebt und einen leisen Warnlaut von sich gibt. Auch sie muss die nahenden Reiter gehört haben. Raol und Melisende ziehen beide Pferde tiefer ins Gebüsch.

»Halt die Stute ruhig«, flüstert er ihr zu. »Die verrät uns sonst.«

Melisende streicht der Stute über Hals und Nüstern und flüstert ihr sanfte Worte zu. Das Tier ist still, aber dreht den Kopf weg und stellt die Ohren auf, um zu lauschen.

Die Hufschläge kommen näher und sind dann plötzlich nicht mehr zu hören. Mit heftig klopfendem Herzen späht Melisende durch die Zweige. Oben auf der Abbruchkante des Hangs entdeckt sie die Schatten von drei Reitern. *Mon Dieu, sie haben angehalten. Haben sie uns entdeckt?* Die Stute bewegt sich unruhig. Melisende streicht ihr übers Fell. *Bleib still, um Himmels willen!*

Auch Raols Hengst hebt den Kopf.

Dann hören sie die Männer reden. Nicht besonders deutlich. Dafür sind sie zu weit entfernt. Ist das Arabisch? Hört sich nicht so an. Vielleicht Türkisch. Ja, das muss es sein. Raol hat recht gehabt. Es sind Seldschuken. Im bleichen Mondlicht meint Melisende die Bögen zu erkennen, die sie über den Rücken geschlungen haben. Sie beißt sich vor Angst auf die Unterlippe und presst ihr Gesicht an den Hals der Stute.

Kurz darauf wieder Hufgeräusche. *Kommen die jetzt den Hang herunter? Dann sind wir verloren!*

Doch nein, das Geräusch entfernt sich und wird langsam leiser. Sie dreht sich zu Raol um. »Sind sie weg?«, flüstert sie.

»Sieht ganz so aus«, erwidert er ebenso leise. »Hast du ihre Bögen gesehen? Das waren Seldschuken. Ganz sicher Qilitschs Späher.«

Erst jetzt, da die unmittelbare Gefahr vorüber zu sein scheint, merkt Melisende, dass sie am ganzen Leib zittert. »Du hattest also recht«, sagt sie.

»Ich wünschte, es wär nicht so. Gut, dass du dich um die

Stute gekümmert hast. Sie hätte uns verraten können. Ein Glück, dass sie nicht rossig ist.«

Das Du kommt ihnen jetzt leichter über die Lippen, bemerkt Melisende. Es ist die Gefahr. Die schweißt zusammen. »Sind sie umgekehrt?«, fragt sie.

»Nein, sie sind weitergeritten.«

»Dann suchen sie also doch in der Nacht weiter.«

»Das glaube ich nicht. Ich denke, sie werden es bald aufgeben und zurückkommen. Wir müssen abwarten. Auf jeden Fall war es gut, dass wir nicht an der Tränke angehalten haben. Dort haben sie ganz bestimmt nachgesehen.«

Sie schweigen einen Augenblick. Dann sagt Melisende: »Danke, Raol, dass du so vorsichtig bist.«

Sie glaubt, in der Dunkelheit zwischen den Büschen ein leises Lachen zu hören. »Ich bin doch für dich verantwortlich.«

Da ist sie wieder, diese gönnerhafte Herablassung der Männer, dieses überhebliche Beschützerspielen. Aber diesmal ärgert es sie nicht. Ganz im Gegenteil. Es gibt ihr ein warmes Gefühl. Da ist dieser raue Kerl, etwas anmaßend, manchmal herrisch. Und doch ist sie froh, dass er an ihrer Seite ist. Heilfroh sogar. Sie streicht der Stute noch einmal über den Hals und kehrt zu ihrem Platz am Ufer zurück. Raol lässt die Pferde wieder grasen und setzt sich zu ihr.

»Was ist mit deiner Wunde?«, fragt sie.

»Geht schon. Nicht so schlimm.«

»Wir müssen sie versorgen. Sie könnte sich entzünden.«

»Jetzt ist nicht die Zeit dafür.«

So verfallen sie wieder in Schweigen, lauschen den Geräuschen des Flusses und der Nacht. Er redet nicht viel, dieser Templer. Was in ihm wohl vorgehen mag, fragt sie sich. Bisher hat er kein Wort über sich selbst verloren, kaum einen Gedanken geäußert, der nicht mit dem Allernotwendigsten zu tun hat. Was bewegt diesen Mann? Was denkt er über die Welt? Über

Gott? Jetzt fällt ihr auf, dass sie ihn noch nie hat beten sehen. Ein Templer, der nicht betet?

Lange müssen sie nicht warten, dann lassen sich wieder ferne Hufschläge vernehmen. Sie springen auf, ziehen die Pferde erneut ins Gebüsch und starren gebannt nach oben, wo die Straße verläuft. Und da sind sie wieder, die drei Späher. Aber diesmal halten sie nicht an, sondern reiten vorbei und entfernen sich in schnellem Trab.

»Sie kehren zu Qilitsch zurück«, sagt Melisende.

»Das glaube ich nicht. Qilitsch hat sie als Späher ausgeschickt. Er selbst wird erst seine Toten begraben. Das gebietet ihm der Koran. Die drei Reiter werden jetzt irgendwo lagern und auf ihn warten. Wahrscheinlich an der Tränke weiter flussabwärts.«

»Und was machen wir jetzt?«

»Wir schleichen uns davon.«

An den Zügeln ziehen sie die Pferde hinter sich her und steigen die Böschung hinauf. Kurz bevor sie oben sind, klettert Raol das letzte Stück allein, um sich umzusehen. Dann kehrt er zurück. »Nichts zu sehen. Alles still.«

Sie führen die Pferde auf die Straße. Melisende ist ganz steif von den Stunden im Sattel. Es kostet sie Überwindung, wieder aufs Pferd zu steigen. Aber es hilft nichts, sie müssen weiter und versuchen, so viele Meilen wie möglich zwischen sich und die Verfolger zu legen.

✠

Raol lässt die Pferde zunächst nur im Schritttempo gehen, und das auch nicht auf dem Weg, sondern im trockenen Gras, das die Hufgeräusche dämpft. Erst nach einigen Meilen kehren sie auf die Straße zurück und lassen die Tiere in einen leichten Trab fallen, eine Gangart, die die Tiere lange durchhalten können. Die Straße ist im Mondlicht gut zu erkennen. Außerdem haben die

Pferde ein Gespür dafür, Kuhlen und ausgetrocknete Schlammlöcher zu meiden.

Da sie sich jetzt duzen, hätte Melisende erwartet, dass sie mehr miteinander reden, dass Raol etwas von sich selbst preisgibt. Schließlich möchte sie wissen, mit was für einem Menschen sie es zu tun hat. Aber sein Verhalten hat sich nicht geändert. Er bleibt wortkarg, tauscht mit ihr nur das Nötigste aus.

Eintönig gehen die Stunden dahin. Ab und zu leuchten Augen im Dunkel der Nacht kurz auf. Das erste Mal erschrickt sie. Doch Raol lacht nur. Es seien Tiere, meint er, wahrscheinlich Antilopen oder wilde Hunde.

»Und wenn es Löwen sind?«, fragt sie ängstlich.

»Die halten sich von Menschen fern.«

Melisendes Hinterteil und Beine schmerzen. Der Rücken tut ihr weh, und die Haut an der Innenseite der Schenkel fühlt sich aufgescheuert an. Womöglich kriegt sie dort später Hornhaut. Wäre nicht das Schlechteste, denkt sie.

Zweimal treffen sie auf Stellen, wo Zuflüsse des Orontes wegen des heftigen Regens über die Ufer getreten sind. Aus Rinnsalen sind reißende und schwierig zu überquerende Bäche geworden. Besonders jetzt, bei schlechtem Licht. Es bleibt ihnen nichts anderes übrig, als selbst ins steinige Bachbett zu steigen und die Pferde auf die andere Seite zu führen. Durchnässt bis zu den Hüften geht es weiter. Raol ist unerbittlich und gönnt ihnen keine Pause. Aber sosehr Melisende sich am liebsten vom Pferd werfen und ins hohe Gras fallen lassen würde, so beißt sie doch die Zähne zusammen und hält sich mit Klagen zurück.

Später, nachdem der Mond untergegangen ist, haben sie nur noch die Sterne, um ihnen den Weg zu leuchten. Und was für ein prachtvoller Sternenhimmel es ist! In der trockenen Luft des Bekaa-Tals funkeln und glitzern sie um die Wette. Jedes noch so winzige Lichtstäubchen ist zu sehen.

Melisende fragt sich, wie Raol trotz des schwachen Sternenlichts den Weg erkennen kann. Stunde um Stunde folgt ihre Stute dem Schatten des Hengstes. Sie selbst nimmt kaum noch etwas wahr, achtet nur darauf, die Bewegungen des Pferdes auszugleichen und nicht vom Sattel zu rutschen. Zumindest hält das Reiten sie einigermaßen warm.

Die Straße folgt weiterhin dem Orontes, wenn auch in einigem Abstand. Manchmal kann sie das Rauschen des angeschwollenen Flusses hören, dann für längere Zeit wieder nicht. An einer Stelle mit niedrigerer Böschung befindet sich eine Furt, über die eine Abzweigung der Straße nach Osten zu einigen kleineren Siedlungen führt, wie Raol ihr erklärt. Westlich von ihnen rücken derweil die dunklen Schatten der Berge dichter heran, und das Grasland hebt sich allmählich.

Als endlich der Tag graut, kommen sie erneut an eine Stelle, wo der Weg über einen der Zuflüsse führt. Hier hat der angeschwollene Bach die einfache, aus Planken zusammengezimmerte Brücke weggerissen.

»Da kommen wir nicht durch«, sagt Raol nach einem Blick in das tobende Wasser unter ihnen. »Aber das macht nichts. Wird ohnehin Zeit, dass wir in die Berge reiten.«

Warum sie das müssen, fragt Melisende schon gar nicht mehr. Dazu ist sie zu müde.

»Ich war schon des Öfteren in dieser Gegend«, erklärt Raol. »Die Straße führt nach Baalbek. Etwa ein halber Tagesritt von hier. Aber Baalbek und seine Damaszener Garnison wollen wir tunlichst vermeiden. Überhaupt sind tagsüber viele Karawanen unterwegs, die uns verraten könnten. Möglicherweise auch feindliche Patrouillen. Wir werden also die Straße verlassen und uns nach Südwesten in die Berge schlagen. Vielleicht finden wir irgendwo einen Unterschlupf, um ein paar Stunden zu schlafen.«

Ach Gott, schlafen! Das wäre schön. Melisende blickt sich um. Auf den sanft ansteigenden Hängen, die zum Libanon hinaufführen, gibt es nichts als grasbewachsene Steppe, hier und da einen Busch oder einen halb vertrockneten Baum. Wo hier ein Unterschlupf zu finden sein soll, sieht sie nicht. Doch sie hat nicht die Kraft zu protestieren und folgt Raol, der seinen Hengst von der Straße weg am Bachlauf entlang nach Westen führt. Das Gelände steigt langsam, aber stetig an, sodass sie nach einigen Meilen auf die immer schmaler werdende Schlucht des Orontes hinunterblicken.

Als die Sonne im Osten über die fernen Höhen des Anti-Libanon steigt und die Landschaft mit gleißendem Morgenlicht füllt, entdecken sie auf einer sanften Anhöhe, um die der Bach fließt, eine winzige Hütte. Sie ist von immergrünen Sträuchern umgeben. Und am Bachufer ist das Gras grüner als anderswo.

»Sieht verlassen aus«, meint Raol, nachdem sie sich auf wenige Hundert Schritt genähert haben. »Eine Hirtenhütte, schätze ich.«

Vor der Hütte steigen sie ab. Sie geht Raol höchstens bis zur Brust und ist aus groben Feldsteinen errichtet, die man aufeinandergeschichtet hat. Die Ritzen sind nur noch an wenigen Stellen mit halb verrottetem Gras ausgestopft. Das Dach besteht aus verwitterten Brettern, die von Felsbrocken am Platz gehalten werden. Es ist wirklich nur die behelfsmäßige Unterkunft eines Hirten, der seine Herde fern von daheim durch die Gegend treibt.

»Sieht aus, als wäre hier seit Jahren niemand gewesen«, meint Raol. »Hier können wir uns ausruhen.« Er reicht ihr die einzige Decke, die sie bei sich haben. »Leg dich hin. Ich tränke derweil die Pferde und lass sie grasen.«

Sie nimmt die immer noch feuchte Decke und bückt sich vor der niedrigen Türöffnung, um hineinzuschauen. Durch die Ritzen zwischen Steinen und Dachbrettern fallen ein paar dünne Sonnenstrahlen ins Innere. Gibt es hier Ungeziefer? Mäuse? Oder gar Ratten? Am Boden liegen nur Bündel von altem, ausgetrocknetem Gras. Das muss das Bett des Schäfers gewesen sein. Ratten oder Mäuse kann sie nicht entdecken, nur dichte Spinnweben unterm Dach und einen großen Käfer, der langsam über das staubtrockene Gras klettert.

Melisende greift ihn vorsichtig zwischen Daumen und Zeigefinger und wirft ihn nach draußen. Ich hoffe, die Spinnen fallen uns nicht ins Gesicht, denkt sie und seufzt. Dann kriecht sie hinein, breitet die Decke über das trockene Gras und setzt sich. Nicht viel Platz. Wie sollen sie hier zu zweit schlafen?

Die Frage klärt sich, nachdem Raol den Pferden die Sättel abgenommen und die Vorderhufe lose gehobbelt hat, damit sie sich nicht entfernen. Er sieht übernächtigt und erschöpft aus. »Einer von uns muss Wache halten. Ich schlage vor, du schläfst zuerst. Später wechseln wir uns ab.«

»Danke«, murmelt sie und will sich schon auf der Decke zusammenrollen, als ihr schlechtes Gewissen sie überfällt. »Nein«, ruft sie. »Zuerst müssen wir uns deine Wunde ansehen.«

»Ach, ich denke, das hat Zeit.«

Melisende kriecht ins Freie. »Nein, nein! Das machen wir jetzt gleich! Zieh deinen Kettenpanzer aus. Und keine Widerrede!«

»Wenn du meinst.«

Helm und Kettenhaube hat Raol schon zur Seite gelegt. Die dunklen Haare darunter sind zerdrückt und feucht von Schweiß. Jetzt löst er die Gürtelschnalle und lässt den Gürtel samt Schwert und Dolch zu Boden gleiten. Er beugt sich vor und zerrt an dem schweren Ringpanzer, um ihn über den Kopf zu ziehen. Dabei gibt er ein halb unterdrücktes Stöhnen von sich. »Verdammtes Ding«, knurrt er. »Hilf mir mal.«

Mit vereinten Kräften gelingt es, ihn von seinem Panzer zu befreien. »Herr im Himmel, ist das Ding schwer!«, sagt Melisende und lässt ihn fallen. »Wie kann man so was nur den ganzen Tag tragen?«

»Gewohnheit.«

Melisende erstarrt, als sie einen Blick auf sein Gambeson wirft, das dicke gefütterte Lederwams, das unter dem Kettenhemd dazu dient, Schwert- und Axthiebe abzufedern. »Das ist ja hinten voller Blut!«

Unwillkürlich fährt sich Raol mit der Hand an den Rücken und starrt auf das Blut an den Fingern, als er sie wieder hervorholt. »Na ja«, knurrt er. »Ein Kratzer mehr oder weniger bringt mich nicht um. Hab schon Schlimmeres überstanden.«

»Runter mit dem Ding!«, befiehlt Melisende. »Die Wunde gehört gründlich ausgewaschen und verbunden.«

Sie hilft ihm, die Schnüre des Gambeson zu lösen und hält sich dabei erschrocken die Nase. »Entschuldige, wenn ich das sage, Raol, aber du stinkst.«

»Geht allen so«, versucht er, sich zu verteidigen. »So ein Gambeson saugt sich mit der Zeit voll Schweiß und riecht dann ein bisschen. Das weiß doch jedes Kind.«

»Ein bisschen ist gut. Du stinkst wie ein Ziegenbock! Also runter damit, und dann waschen wir die Wunde am Bach!«

Raol starrt sie verwundert und etwas irritiert an. So einen Befehlston ist er offenbar nicht gewohnt, schon gar nicht von einer Frau. Aber er tut dann doch, was sie von ihm verlangt. Allerdings nicht ohne Schmerzen, denn die Tunika, die er unter dem Gambeson trägt, ist noch weit mehr von Blut durchtränkt und klebt an der Wunde. Melisende versucht, den Stoff abzulösen, aber er ist zum Teil angetrocknet.

»Wir müssen das nass machen. Dann geht es leichter.«

Raol folgt ihr widerstandslos zum Bach, wo sie ihm befiehlt, sich mit dem Rücken zum Wasser zu setzen. Dann schöpft sie mit der Hand wiederholt Wasser auf seinen Rücken und zupft am Stoff, bis er sich löst.

Als sie versucht, ihm die Tunika vom Leib zu ziehen, wehrt er sich. »Soll ich hier etwa nackt vor dir sitzen?«

»Stell dich nicht so an. Meinst du, du bist der erste Mann, den ich nackt gesehen habe?«

»Wo hast du denn nackte Männer gesehen?«

»In Edessa. Meine Mutter hat Verwundete gepflegt, und ich hab ihr dabei geholfen.«

»Da warst du noch ein Kind.«

»Ich war dreizehn. Kein Kind mehr. Also zieh dir endlich das schmutzige Ding vom Leib, damit ich mir die Wunde ansehen kann.«

Raol grinst spöttisch. »Und wo hast du das Kommandieren gelernt? Auch bei deiner Mutter?«

»Eher bei meinem Vater. Und nun zieh dir endlich diesen Fetzen vom Leib!«

Mit einem schmerzlichen Grinsen tut er wie geheißen. Die Haut seines Rückens ist im Gegensatz zur Bräune von Gesicht und Händen fast makellos weiß. Melisende kann nicht umhin, die athletische Schönheit seines Oberkörpers, seiner muskulösen Schultern und Arme zu bemerken. Doch da ist die hässliche Wunde, die sofort ihre Aufmerksamkeit in Anspruch nimmt. Schnell schöpft sie mit beiden Händen Wasser und gießt es darüber.

»Halt still!«, sagt sie, als Raol zusammenzuckt. »Du bist voll von verklebtem Blut. Das muss ich erst wegwaschen.«

Sie wirft weiter Wasser auf seinen Rücken und wischt vorsichtig das angetrocknete Blut weg. Dann schaut sie sich die Wunde genauer an. Die Pfeilspitze hat einen sauberen länglichen Schnitt hinterlassen. Die Ränder sind etwas gerötet, aber entzündet sehen sie nicht aus. Obwohl er dabei leise stöhnt, zieht sie die Wundlippen ein wenig auseinander. »Du hast verdammtes Glück gehabt«, sagt sie nach eingehender Prüfung. »Der Pfeil hat dich seitlich getroffen und ist zwischen zwei Rippen eingedrungen. Aber nur wenig.«

»Wie tief?«

»Schwer zu sagen. Einen Zoll etwa. Es blutet noch, aber nur ein bisschen.«

»Ein Kratzer also. Hab ich doch gesagt.«

»Immer großspurig, was? Ihr Herren müsst immer so tun, als könnte euch nichts anhaben. Dabei habe ich Kerle schon weinen sehen und nach Mama schreien hören.«

»Soll ich das etwa auch tun?«, spottet er.

»Wasch dich jetzt lieber gründlich. Ich muss mir überlegen, wie wir verhindern, dass die Wunde sich entzündet. Es sind schon Leute an weniger gestorben.«

»Ja, Mutter!«

»Spotte nur, du ungehobelter Kerl!« Sie schöpft zwei Hände voll Wasser und schüttet es ihm über den Kopf. Dann steht sie auf, trocknet sich die Hände an ihren Reiterhosen und geht zurück zur Hütte. Sie wirft noch einen Blick auf Raol, der sich Kopf, Brust und Arme mit kühlem Bachwasser wäscht. Gut gebaut ist er ja, denkt sie. Kein Wunder bei dem Gewicht, das er mit sich herumschleppt: Schwert, Helm und Panzer.

Als sie zu ihm zurückkehrt, fragt er: »Was hast du da in der Hand?«

»Spinnweben?«

»Wozu?«

Mit der Linken wirft sie ihm seine Tunika zu. »Trockne dich erst mal ab. Dann kommt deine Wunde dran.«

»Was hast du vor?«, fragt er misstrauisch.

Melisende grinst. »Hast du Angst vor mir?«

Er runzelt die Stirn. »Du hast so ein Funkeln in den Augen, das gefällt mir nicht.«

Melisende lacht. Es tut gut zu lachen. Ja, es tut gut!

»Keine Sorge, ich tu dir nichts. Spinnweben helfen gegen Entzündungen. Hab ich auch bei meiner Mutter gelernt. Also sei brav, und bück dich gefälligst!«

Nachdem sie die Spinnweben in die Wunde gelegt hat, nimmt sie Raols Tuch vom Kopf, das sie bis jetzt getragen hat. »Damit verbinden wir dich.«

»Mein bestes Tuch!«, protestiert er.

»Was anderes haben wir nicht. Das hier ist gute Baumwolle und sauber.«

Sie reißt das Tuch in mehrere Streifen. Einen Streifen faltet sie zu mehreren Lagen und legt ihn auf die Wunde. »Halt fest«, befiehlt sie. Die anderen Streifen verbindet sie durch Knoten zu einem langen Verband. Diesen wickelt sie mehrmals um seinen Oberkörper, bevor sie ihn mit einem strammen, abschließenden Knoten befestigt. Sie wirft einen kritischen Blick auf ihr Werk. »Hoffen wir, dass es hält. Am besten, du verhältst dich ruhig.«

»Darf ich atmen?«

»Besser nicht.« Melisende lacht.

»Ich bin beeindruckt«, sagt er. »Das hätte ich dir nicht zugetraut. Danke.« Ihm tropft immer noch Wasser aus Bart und Haaren.

»Du siehst, Frauen können sogar nützlich sein.«

»Ich habe nie etwas anderes behauptet. Darf ich mich jetzt wieder anziehen?«

»Aber nicht mit der dreckigen Tunika. Die kannst du wegwerfen.«

Sie erheben sich beide und gehen zur Hütte zurück. Melisende hilft ihm, vorsichtig und ohne den Verband zu stören den Gambeson überzuziehen. »Das Ding solltest du am besten verbrennen.«

»Das Ding, wie du es nennst, ist aus gutem Leder und war nicht billig. Außerdem hab ich gerade nichts anderes.«

»Na schön. Solange du mir nicht zu nahe kommst. Ich leg mich jetzt schlafen.«

Doch so schnell will der Schlaf nicht kommen. Vielleicht ist sie zu aufgeregt. Oder zu übermüdet. Und dann plagen sie wieder die Bilder des blutigen Gefechts, des wilden Ritts durch den strömenden Regen und schließlich die Erinnerung an die dunklen Schatten der Reiter am Fluss. Sie spürt noch die Angst, die sie dabei empfunden hat.

Stimmt es, was Raol sagt: dass sie nicht aufgeben werden, dass Qilitsch immer noch hinter ihnen her ist? Überhaupt ... Raol. Ihr Eindruck von ihm hat sich verändert. Ein wenig zumindest, seit sie ihn verbunden hat, seit sie gesehen hat, dass er menschlich ist und nicht ohne Humor. Jedenfalls ist er nicht so ein Ekel, wie sie zuerst geglaubt hat. Der arme Mann. Er muss wirklich leiden, wenn man an die vielen Kameraden denkt, die er verloren hat. Auch wenn er es nicht zeigt.

✠

Als er sie Stunden später am Fuß rüttelt, ist die erste verwirrte Wahrnehmung die Hitze in der kleinen Hütte. Und ihr ausgetrockneter Mund. Doch dann wird sie schnell wach und setzt sich erschrocken auf. »Was ist?«, stammelt sie.

»Die Sonne steht jetzt am höchsten. Zeit, mich abzulösen.«

»Ich komme.« Sie reibt sich mit der Hand übers Gesicht und kriecht aus der Hütte.

Raol reicht ihr eine volle Feldflasche. Sie zieht den Stöpsel und trinkt sie in einem Zug halb leer. Raol lächelt. »Du warst durstig«, sagt er. Er zeigt auf das Gebüsch neben der Hütte. »Es ist heiß heute. Setz dich besser in den Schatten. Aber pass bitte gut auf. Solltest du in der Ferne Reiter sehen –«

»Ich weiß schon. Du musst es mir nicht erklären.«

»Gut. Weck mich am späten Nachmittag. Dann essen wir und machen uns auf den Weg.«

»Wieder nachts?«

»Besser so. Fürs Erste jedenfalls.«

Raol kriecht in die Hütte, legt sich auf die rechte Seite, auf der die Wunde ihn nicht stört, und schließt die Augen. Es dauert nicht lange, und sie hört seinen ruhigen, gleichmäßigen Atem. Mein Gott, denkt Melisende, kaum hat er sich hingelegt, schläft er auch schon.

Sie selbst ist immer noch vom Schlaf benommen. Sie lässt ihren Blick über die Landschaft wandern. Es ist heiß, und das harsche Mittagslicht wirft keine Schatten. Im Hintergrund die blaue Bergkette des Anti-Libanon. Davor, in Ocker- und Brauntönen, das weite Bekaa-Tal, das langsam bis zu ihrem Lagerplatz ansteigt. An einer feinen Linie vereinzelter Bäume glaubt sie zu erkennen, wo der junge Orontes fließt, der irgendwo weiter südlich entspringt. Hier am Bach, wo die Pferde friedlich grasen, ist das Gras zumindest grüner.

Sie geht zum Bach, zieht ihre Stiefel aus und steckt die Füße ins kühle, über Felsbrocken plätschernde Wasser. Was hat Raol über Essen gesagt? Erst am Spätnachmittag? Dabei kommt sie jetzt schon vor Hunger um. Die letzten Bissen haben sie gestern Abend zu sich genommen, und das war schon herzlich wenig. Soll sie sich ein Stück Speck aus seiner Satteltasche holen? Warum nicht? Er wird ja wohl nicht wollen, dass sie verhungert.

Barfuß geht sie zur Hütte zurück, neben der seine Satteltaschen liegen, und kramt darin herum, bis sie, in ein Tuch gehüllt, die von der Hitze schmierige Speckseite findet. Mit dem Dolch, den sie am Gürtel trägt, schneidet sie sich ein ordentliches Stück ab. Doch bevor sie hineinbeißt, erwacht ihr schlechtes Gewissen. Die restliche Speckseite ist nicht gerade groß. Und wer weiß, wann sie wieder etwas zu essen finden. Sie beschließt, nur die Hälfte von dem, was sie abgeschnitten hat, zu nehmen.

Sie zieht sich in den Schatten der Büsche zurück und nagt an ihrem Speck. Sie kaut langsam, damit es länger reicht und sie das Gefühl hat, es wäre mehr. Dann wischt sie sich die fettigen Finger an der Hose ab und steckt den Dolch in die Scheide. Sie lässt ihren Blick über die Landschaft schweifen. Niemand zu sehen. Aber dann entdeckt sie doch etwas! Nördlich von ihr heben sich in der Ferne kleine dunkle Punkte von der hitzeflirrenden Steppe ab. Sind das Reiter? Lange starrt sie gebannt in diese Richtung. Aber die Punkte bewegen sich kaum. Sieht eher nach einer Herde Antilopen aus. Entwarnung also. Trotzdem nimmt sie sich vor, die Herde weiter im Blick zu behalten.

Lange Zeit mit untergeschlagenen Beinen im Schneidersitz zu hocken ist unbequem. Ihr Rücken tut weh. Sie steht auf und wirft einen Blick in die Hütte und auf den schlafenden Raol. Er liegt halb auf dem Rücken, den rechten Arm ausgestreckt. Er sieht friedlich aus, seine Züge wirken entspannt, fast jungenhaft, wenn die Narbe auf der linken Wange nicht wäre. Aber es ist nur eine kleine Narbe, und sie entstellt ihn nicht. Alles in allem ein gut aussehender Mann, dieser Raol de Montalban, wenn er nicht immer so finster dreinblicken würde.

Sie holt sich ihren Sattel, um ihn als Rückenlehne zu nutzen, und nimmt damit wieder ihren Platz zwischen den Sträuchern ein. Ein prüfender Blick bestätigt, dass die Antilopen, wenn es denn welche sind, sich immer noch am selben Ort befinden.

Stundenlang sitzt sie so an ihren Sattel gelehnt und lässt ihren Blick über die glühende Steppe wandern. Ab und zu schnippt sie ein paar Ameisen weg, die über ihre Beine klettern, oder verscheucht aufdringliche Fliegen. Sie hat wieder Durst, besonders nach dem gesalzenen Speck, ist aber zu träge, um aufzustehen.

Langsam werden die Schatten der Sträucher um sie herum länger. Aber es ist heiß. Sie spürt, wie zwischen ihren Brüsten eine Schweißträne läuft und sich dann irgendwo verliert. Die Augen drohen ihr zuzufallen. *Nicht schlafen.* Nein, sie darf nicht schlafen.

Mit einem Ruck fährt sie hoch und stößt einen Schrei aus. Vor ihr steht ein Mann. Und es ist nicht Raol!

USAMA IN SORGE

Knechte führen Usamas gesatteltes Rappen aus dem Stall. Auch Yusuf und sein Falkner stehen bereit, Letzterer mit Usamas Lieblingsvogel auf dem ledernen Handschuh.

Eine der Torwachen nähert sich. »Herr, ein Kaufmann wünscht, den Emir zu sprechen.«

»Was will er denn?«

»Er redet von einem Überfall.«

»Auf ihn?«

»Nein. Scheint etwas zu sein, was er beobachtet hat.«

Usama zuckt mit den Schultern. »Raubüberfälle gibt's genug. Da kann man sich nicht um jeden kümmern.« Er wendet sich ab und wirft einen Blick auf Yusuf. Der ist gewappnet und trägt einen Reiterspeer in der Hand.

»Ein schöner Tag für die Jagd«, sagt Yusuf. »Besonders nach dem Regen gestern. Der Himmel ist wie reingewaschen. Aber es ist schon etwas spät, oder? Wir hätten früher ausreiten sollen.«

»Vier oder fünf Stunden haben wir noch. Das reicht für ein paar Übungsflüge. Der Vogel ist noch jung. Ich will ihn an mich gewöhnen.«

»Verzeiht ergebenst«, hört Usama den Wachmann hinter sich sagen.

»Was ist denn noch?« Usama dreht sich um.

»Der Händler sagt, es soll kein Raubüberfall gewesen sein.«

»Was denn sonst?«

»Ein kriegerischer Hinterhalt.«

Jetzt hat er Usamas Aufmerksamkeit. »Auf unsere Leute?«

»Ich weiß es nicht. Vielleicht solltet Ihr mit dem Mann reden. Er schwört beim Bart des Propheten, es sei wichtig.«

»Und wo ist der Kerl?«

»Am Tor. Er wartet dort, um vorgelassen zu werden.«

»Na schön. Wir sind ohnehin in Begriff auszureiten.«

Sie führen die Pferde am Zügel. Am Tor treffen sie auf den Händler, der sich vor Usama unterwürfig verbeugt. Nach dem grauen Bart unter seinem Turban zu schließen und den Falten um die Augen, muss der Mann an die fünfzig sein. Seine Kleidung ist von Qualität, und an den Fingern trägt er silberne Ringe. Ein erfolgreicher Kaufmann, wie es scheint.

»Was hast du mir zu sagen?«, fragt Usama. »Aber ich rate dir, nicht meine Zeit zu verschwenden.«

Noch eine Verbeugung, tiefer als die erste. »Bei Allah, dem Barmherzigen, das würde ich niemals wagen, o Herr!«

»Dein Arabisch sagt mir, du bist nicht von hier.«

»Ich bin in Bagdad ansässig, aber mein Geschäft führt mich oft hierher. Auch nach Homs und Damaskus.«

»Und womit handelst du?«

»Ich verkaufe Gewürze. Nicht selten an die Ungläubigen in Akkon, Beirut und Tripolis.«

»Gemessen an deiner Kleidung scheint Allah dein Geschäft zu segnen.«

»Es geht mir nicht schlecht, dem Barmherzigen sei Dank. Aber ich habe auch hohe Kosten. Besonders für bewaffnete Begleiter. Wegen der vielen Räubereien auf den Straßen.«

»Das ist in der Tat so. Leider. Und über einen solchen Raubüberfall willst du uns berichten? Du weißt, wir können nicht jeden Wegelagerer verfolgen.«

»Oh nein, Herr. Kein Raubüberfall. Es geht auch gar nicht um mich und meine Begleiter. Was wir gesehen haben, sah eher nach einem kriegerischen Scharmützel aus, einem Hinterhalt. Deshalb wollte ich es melden. Es könnte doch Euch betreffen.«

Usama blickt den Mann aufmerksam an. »Sprich weiter!«

»Es war gestern. Wir kamen von Tripolis und wurden von starkem Regen überrascht.«

»Ich weiß. Hier hat es auch geregnet.«

»Es gab weit und breit keine Herberge oder irgendeinen Unterschlupf. Es blieb uns nichts übrig, als stundenlang weiterzumarschieren. Am Nachmittag kamen wir durch einen Wald nahe der Kurdenburg. Ihr kennt sie wahrscheinlich.«

»Natürlich. Hisn al-Akrād. Wer kennt sie nicht? Aber das ist auf christlichem Gebiet.«

»Das stimmt, Herr. Wir waren durchnässt, und mein Sohn riet, die Zelte aufzuschlagen. Leider war die Stelle, wo wir uns befanden, nicht dafür geeignet. Zwischen zwei Hügeln, rechts und links bewaldete Hänge. Deshalb marschierten wir weiter. Na ja, und kurz darauf fanden wir sie. Sie lagen im Regen, mitten auf dem Weg. Man muss sie hinterrücks überfallen haben.«

»Wer lag da?«

»Christenkrieger. Alle tot. Erschlagen. Viele von Pfeilen getroffen. Andere mit Schwertwunden. Ein grausiger Anblick.«

»Christen?«, fragt Usama erstaunt. »Wie viele?«

»Wir waren zu Tode erschrocken und haben sie nicht gezählt. An die zwanzig, denke ich. Pferde sahen wir nicht. Wer immer sie überfallen hat, muss die Pferde mitgenommen haben.«

»Woher weißt du, dass es Christenkrieger waren? Wurden sie nicht ausgeplündert? Kampfausrüstungen sind viel wert.«

»Ihr habt recht, Herr, vielen fehlten Helm und Ringpanzer. Aber wie Muslime sahen die nicht aus. Außerdem lagen diese langen Schilde herum, wie nur Christen sie haben. Und leinene Überwürfe. Beides mit roten Kreuzen versehen.«

»Tempelritter«, murmelt Usama.

»Ganz recht, Herr.«

Usama kommt plötzlich ein schrecklicher Verdacht. »War eine Frau unter den Leichen?«

»Nein, Herr.«

»Bist du sicher?«

»Es waren alles Männerleichen. Eine Frau war nicht darunter.«

Jetzt wendet sich Yusuf an den Mann. »Hast du eine Idee, wer sie überfallen haben könnte? Irgendwelche Spuren oder Hinweise?«

Der Kaufmann nickt. »Das haben wir uns natürlich auch gefragt. Ich meine, wer die Angreifer gewesen sein könnten. Vielleicht eine Bande Plünderer, die auch uns gefährlich werden könnte. Deshalb haben wir uns umgeschaut.«

»Und?«

»Von den Angreifern waren keine Leichen zu sehen, dafür aber frische, hastig ausgehobene Gräber im Wald ringsum. Mindestens ein Dutzend, wenn nicht mehr. Die Christen müssen sich gut verteidigt haben. Und zwei von denen hier haben wir auch gefunden.« Er wendet sich zur Seite und deutet auf einen runden Reiterschild, der an der Wand lehnt.

Yusuf hebt den Schild auf und betrachtet eingehend Machart und Zeichnung. »Kein Zweifel, Herr. Das ist ein Türkenschild.«

Sie sehen sich beide an. Ihnen dämmert dasselbe.

»Qilitsch!«, zischt Usama aufgebracht. »Möge Allah ihn bis in alle Ewigkeit in der Hölle schmoren lassen!«

Der Kaufmann wirft ihm einen beunruhigten Blick zu. »Herr, ich sehe, meine Kunde hat Euch betroffen gemacht. Ich hoffe, ich habe richtig gehandelt.«

»Das hast du. Und ich danke dir. Möge Allah weiterhin die Hand über dich halten.« Usama wendet sich zu Yusuf und dem Falkner: »Kümmert euch um mein Pferd und den Vogel. Ich muss sofort zu meinem Oheim. Und seht zu, dass der gute Mann hier gebührend entlohnt wird.«

Damit eilt er davon.

Im Palast angekommen stürmt er in der Hoffnung, dort Emir

Sultan zu finden, in den Audienzsaal. Aber der ist leer. »Wo ist er?«, fragt er den Wachhabenden ungeduldig.

»Falls Ihr den Emir sucht«, erwidert der Mann. »Er dürfte sich in seine Gemächer zurückgezogen haben.«

Usama lässt den Mann stehen und eilt forschen Schrittes durch einen langen Korridor bis zu einem verzierten Portal, das in die Privatgemächer des Emirs führt. Auch hier stehen zwei Wachen. Einer stellt sich ihm in den Weg. »Der Emir ruht«, sagt er. »Er wünscht, nicht gestört zu werden.«

»Bei Allah, geh mir aus dem Weg«, knurrt Usama. »Oder ich lasse dich züchtigen, bis dir die Haut in Fetzen vom Rücken fällt.«

Erschrocken weicht der Mann zur Seite. Usama öffnet die Tür und betritt einen großen, mit allen Bequemlichkeiten ausgestatteten Raum, der ihm bestens vertraut ist. Er sieht sich um. Hier ist niemand außer einem Sklaven, der gerade Staub wischt und bei seinem Eintreten erschrocken aufblickt. »Der Emir ist –«

»Weiß schon«, sagt Usama und eilt durch eine weitere Tür und einem Flur, der zum angrenzenden Schlafgemach des Fürsten führt. Er tritt ein, ohne zu warten.

Usama hätte kaum einen ungünstigeren Zeitpunkt wählen können, denn sein Oheim liegt völlig nackt auf dem großen Bett, mit offenem Mund, ausgebreiteten Armen und wollüstig verdrehten Augen. Mit wippenden Brüsten reitet auf ihm eine ebenso nackte junge Frau und gibt stöhnende Laute von sich. Sultans dicker behaarter Bauch wabbelt im Rhythmus der Beckenbewegungen der Frau.

Als Usama sich räuspert, hält sie abrupt inne und dreht ihm erschrocken das Gesicht zu. Er erkennt sie. Es ist die junge Tscherkessin, die für Melisende übersetzt hat. Wie sie heißt, hat er vergessen.

»Verschwinde«, ruft er ihr zu und deutet mit dem Daumen zur Tür.

Die Tscherkessin springt so schnell auf, dass sie in ihrer Hast beinahe stürzt, greift nach ihrem Umhang, der auf einem Diwan liegt, und flüchtet aus dem Raum.

»Was zum Teufel ...!«, entfährt es Sultan. Entrüstet setzt er sich auf. Sein nasses Glied steht immer noch stramm. »Du bist es! Was, zum Teufel, fällt dir ein?«

Usama bückt sich nach einer bunten Seidenrobe, die auf dem Boden liegt, und wirft sie ihm zu. »Wir müssen reden, Oheim. Es ist dringend und gestattet keinen Aufschub.«

»Du hättest wenigstens anklopfen können«, brummt Sultan gereizt, nachdem er sich aufgesetzt und den Umhang umgelegt hat. »Das war das erste Mal seit drei Wochen, dass ich Lust auf ein Weib hatte. Ausgerechnet da musst du stören.«

»Die Kleine läuft dir nicht weg. Aber etwas anderes läuft uns weg.«

»*Schaitan!* Wovon redest du da?«

»Die Zeit läuft uns davon, wenn wir nicht schnell etwas unternehmen. Qilitsch, dieser Sohn einer räudigen Hündin, hat sich Baudouins Tochter geschnappt.«

»Wie denn das? War denn noch eine Tochter auf Reisen?«

»Ich rede von Melisende!«

»Aber die ist doch in Begleitung ihrer Templertruppe unterwegs.«

»Ja, und genau die hat Qilitsch überfallen und bis auf den letzten Mann niedergemacht.«

Der Emir macht große Augen. »Woher weißt du das?«

»Ein Kaufmann hat es gerade eben berichtet. Es muss gestern am frühen Nachmittag passiert sein.« Usama erklärt ihm die näheren Umstände, wie der Kaufmann sie berichtet hat. »Die Templer sind alle tot, und Melisende ist verschwunden.«

Sultan schüttelt ungläubig den Kopf. »Woher willst du wissen, dass es Qilitsch war?«

»Wir haben den Beweis, dass es Seldschuken waren. Da kommt nur Qilitsch infrage. Nur er wusste von dem Austausch.«

»Aber warum sollte er das tun?«

»Das liegt doch auf der Hand, Oheim«, erwidert Usama ungeduldig. »Er wird Melisende nach Damaskus bringen. Du hast doch gehört, wie er sich beklagt hat, dass Buri ihm nicht genug Beachtung schenkt. Mit Melisende als Pfand wird sich das ändern. Buri wird begeistert sein. Der fürchtet sich schon lange vor einem Angriff der Christen.«

»So ein verfluchter Hurensohn!«, murmelt Sultan.

Usama nickt grimmig. »Unser schönes Friedensabkommen können wir vergessen. Baudouin wird glauben, wir hätten ihn um sein Gold betrogen und würden gemeinsame Sache mit Damaskus machen.«

»Du hast Baudouin getroffen. Was wird er tun?«

»Er liebt seine Tochter, Oheim. Was denkst du wohl, was er tun wird?«

Sultan nickt mit düsterer Miene. »Er wird sich rächen.«

»Ganz recht. Er wird uns angreifen und Schaizar belagern. Vielleicht nicht gleich. Erst wird er mit Buri verhandeln. Aber irgendwann wird er zuschlagen, und zwar hart.«

Der Emir schüttelt den Kopf, als könne er nicht fassen, welchen Streich ihnen das Schicksal gespielt hat. »Verfluchter Hund, dieser Qilitsch«, murmelt er. Unwillkürlich greift er nach seiner Misbaha, die neben dem Bett auf einem Tischchen liegt, und lässt die elfenbeinernen Perlen hastig durch die Finger gleiten. Dabei heftet er den Blick auf Usama. »Was sollen wir tun? Was schlägst du vor?«

»Es gibt nur eine Möglichkeit. Ich muss versuchen, ihn abzufangen, bevor er Damaskus erreicht.«

»Denkst du, das ist noch möglich?«

»Wer weiß, wie eilig er es hat, aber er muss Verwundete dabeihaben. Vielleicht kann ich ihn einholen, wenn ich mich sofort auf den Weg mache und die ganze Nacht durchreite. Wenn du zustimmst, breche ich sofort auf.«

»Du willst mit ihm kämpfen? Das ist gefährlich. Vielleicht bringt er die Thronerbin lieber um, als sie aufzugeben.«

»Nicht, wenn wir in der Überzahl sind. Auch ein Qilitsch will nicht so schnell ins Paradies. Ich werde fünfzig Mann mitnehmen. Das sollte reichen. Und ein Dutzend Ersatzpferde, falls mir unterwegs ein paar Gäule zusammenbrechen.«

»Also gut. Dann mach dich auf den Weg!«, sagt der Emir und seufzt.

Usama geht zur Tür. »Soll ich die Sklavin holen lassen?«

Sultan schüttelt den Kopf. »Dazu ist mir die Lust vergangen.«

✠

»So einer hat uns gerade noch gefehlt«, knurrt Raol sichtlich wütend. »Ich hätte ihn töten sollen, verdammt noch mal! Warum hast du es verhindert?«

Melisende antwortet nicht. Sie ist immer noch aufgewühlt vom Schreck, plötzlich diesen Mann vor sich zu sehen. Jetzt starrt sie dem alten Hirten hinterher, der völlig verängstigt davonläuft und sich dennoch bemüht, seine kleine Ziegenherde heimzutreiben. Ohne die Ziegen würde seine Familie hungern. *Lauf, Alter, und sieh dich nicht um! Lauf, bevor Raol es sich anders überlegt.*

Gut zweihundert Schritt hat der Alte schon geschafft. Seine heiseren Rufe sind noch zu hören. Mit seinen dünnen, wie Windmühlenflügeln ausgebreiteten Armen rennt er von einer Seite zur anderen, um die Tiere vor sich herzuscheuchen. Sein struppiger Hirtenhund würde es besser machen, aber der liegt zehn Schritte weiter tot im Gras.

Raol ist mit dem Zicklein beschäftigt, das er sich aus der Herde gegriffen hat. »Wir können nur hoffen, dass er nicht den Seldschuken in die Arme läuft«, sagt er, während er das Tier ausweidet. »Dann wissen sie, wo wir sind.«

Obwohl er sie bisher nicht gerügt hat, ist Melisende klar, dass sie aufmerksamer hätte sein müssen. Und dass das, was sie für Antilopen gehalten hat, vielleicht die Ziegen des Alten waren. Aber es war heiß, der Nachmittag lang, und sie ist eingeschlafen. Und dann stand auf einmal der alte Fellache da und starrte sie an. Gewiss hat der sich nichts dabei gedacht, war nur neugierig.

Raol hätte ihn beinahe umgebracht. Als Raol aus der Hütte gestürmt kam, wollte der Alte weglaufen. Aber er war nicht schnell genug. Raol hatte ihn am Boden, bevor Melisende sich überhaupt aufrappeln konnte. Er hatte den Alten bei der Gurgel, als der Hund auf ihn losging und sich in den dicken ledernen Gambeson verbiss. Jedoch gelang es Raol, das Tier zu fassen und kurzerhand zu erwürgen.

Der alte Hirte, überzeugt, ebenfalls zu sterben, jammerte und weinte und zitterte am ganzen Leib. Melisende aber ging dazwischen, half dem Alten auf die Beine und schubste ihn in Richtung Tal. »Lauf, Großvater, lauf!«

»Du hättest mich nicht daran hindern sollen«, brummt Raol immer noch aufgebracht und blickt für einen kurzen Augenblick ebenfalls dem Alten hinterher. »Ich weiß wirklich nicht, warum ich auf dich gehört habe.«

»Du hast auf mich gehört, weil du ein guter Christ bist.«

Raol legt den Kadaver zur Seite und wischt sich die blutigen Hände am Gras ab. »Er wird uns verraten. Darauf kannst du dich verlassen.«

»Vielleicht. Aber willst du wirklich einen Unschuldigen umbringen? Du bist Tempelritter. Achtet ihr nicht ganz besonders auf Gottes Gebot?«

Raol lässt ein verächtliches Lachen hören. »Gottes Gebot! Was du dir so vorstellst!«

»Aber ihr seid doch Mönche.«

»Sind wir nicht.«

»Die Templer sind ein Orden.«

»Wir benehmen uns wie ein Orden, das ist wahr. Wir haben uns Ordensregeln gegeben, wir beten viel und halten uns keusch. Aber solange Papst und Kirche uns nicht als Orden anerkennen, sind wir nichts als ein Männerverein mit guten Absichten. Ja, wir nennen uns Gotteskrieger. Aber machen wir uns nichts vor: In Wirklichkeit sind wir nichts als eine gut ausgebildete Truppe von Totschlägern.«

Die Worte schockieren Melisende. Es hört sich an, als hasse er sich selbst und das, wofür er steht. »Das will ich nicht glauben«, sagt sie bestürzt. »Ihr kämpft doch für Gottes Reich auf Erden.«

»Tun wir das?« Raol zieht verächtlich die Mundwinkel herunter. »Ja, sie nennen es das Heilige Land. Aber wenn das hier Gottes Reich sein soll, dann ist sein Boden reichlich mit Blut getränkt. Und das seit Ewigkeiten. Dass man nicht töten soll, haben alle längst vergessen. Von Jesu Friedensbotschaft ist nichts geblieben.«

»Was bleibt uns Christen denn anderes übrig, als uns zu verteidigen? Wenn die Sarazenen so erpicht darauf sind, uns ins Meer zu treiben.«

Raol schüttelt den Kopf. »Wir Christen sind doch die Eindringlinge. Wir haben dieses Land in ein Schlachtfeld verwandelt. Ist dir das nicht bewusst?«

Raols harsche Worte erschrecken sie. »Aber Palästina ist uns heilig«, erwidert sich kläglich.

»Ach, Melisende.« Er sagt das, als sei sie ein Kind und habe nichts von der Welt verstanden. Er sieht sie an und seufzt. Dann sagt er: »Du bedauerst, dass ich gestern so viele Kameraden verloren habe. Mir tut das sehr weh, mehr als du dir vorstellen kannst. Viele waren meine Freunde. Besonders schmerzlich ist der Tod meines Schildträgers Bernatz.«

Raol blickt in die Ferne, wo der Hirte und seine Herde immer kleiner werden. Melisende empfindet sein Schweigen als stillen

Moment des Gedenkens. Sie kann seinen Schmerz gut nachempfinden. Auch sie mochte Bernatz.

Doch dann fährt er fort: »Aber du musst verstehen: Was Qilitsch uns gestern angetan hat, das habe ich Arabern und Seldschuken genauso angetan. Und nicht nur einmal. Was denkst du, tut dein Vater, wenn er ins Feld zieht. Er schlachtet Muslime.«

»Aber im offenen Kampf, immer ehrenvoll.«

Raol lacht spöttisch. »Ehrenvoll? Ist ein Hinterhalt ehrenvoll? Ist es ehrenvoll, Weiber zu schänden und Kinder zu morden?«

»Wer tut denn so was?«

»Es passiert oft genug. Und du weißt das!«

Melisende starrt ihn lange an. Dann senkt sie den Blick. »Du verwirrst mich, Raol.«

»Tut mir leid, aber die Welt ist nicht schön, Melisende. Gerade hier, in diesem angeblich heiligen Land, ist sie besonders hässlich.«

Sie schweigt einen Moment und nickt schließlich. »Du hast recht. Auch ich habe hässliche Dinge gesehen, damals in Edessa.« Sie blickt zu ihm auf. »Aber wir dürfen die Hoffnung nicht aufgeben, dass es einmal besser wird. Und deshalb bin ich froh, dass du den Mann am Leben gelassen hast. Ich danke dir dafür.«

Er zuckt mit den Schultern und schüttelt den Kopf über so viel Blauäugigkeit. Doch Melisende ist überzeugt, auch er hätte es, trotz seiner Worte, nicht fertiggebracht, den alten Mann kaltblütig umzubringen. Vielleicht im ersten Moment, aber nicht danach. Schließlich ist er kein Ungeheuer. Davon ist sie überzeugt.

Raol steht auf und geht mit dem Tierkadaver zum Bach, um ihn zu zerlegen und die Teile zu waschen. »Wenigstens müssen wir die nächsten Tage nicht hungern«, sagt er, als er zurückkehrt und das Fleisch in seine blutverkrustete Tunika wickelt. Ohne Haut, Kopf und Hufe ist es weniger, als Melisende vermutet hätte.

Der Anblick der Innereien und Gedärme, die Raol zuvor achtlos beiseite geworfen hat, ekelt Melisende. Aber sie lässt es sich nicht anmerken. Natürlich ist es ein Glück, dass sie für die nächsten Tage etwas anderes haben als die kümmerlichen Reste seines Specks.

»Wir müssen jetzt los«, sagt er. »Wir wissen nicht, wie nah Qilitschs Leute inzwischen sind.«

»Seine Späher?«

»Vielleicht sein ganzer Trupp.«

»Aber wollten wir nicht vorher essen?«

»Später.«

»Und deine Wunde?«

»Schmerzt ein wenig, aber sie behindert mich nicht. Deine Spinnweben scheinen zu helfen.« Er hebt den Kettenpanzer vom Boden auf. »Hilf mir mal damit.«

Melisende hält das schwere Ding an der Schulterseite hoch, während Raol sich den in Leder gefassten Saum überstülpt und mit beiden Armen zuvorderst Stück für Stück hineinschlüpft. Dann legt er den Schwertgürtel so um, dass das Kettenhemd am Oberkörper locker bleibt und so ein Teil des Gewichts am Gürtel und nicht an den Schultern hängt. Das gibt ihm auch mehr Bewegungsfreiheit. Auf die gepolsterte Helmkappe und die Kettenhaube verzichtet er vorerst und steckt sie zusammen mit dem eingewickelten Ziegenfleisch in eine seiner Satteltaschen. Den Helm befestigt er am Gürtel.

»Satteln wir die Pferde«, sagt er.

Sie reiten zunächst stundenlang bergauf, wenn auch in südwestlicher Richtung und quer zu den Hängen, die immer steiler werden. Ab und zu durchqueren sie Vertiefungen und Schluchten, wo Bäche sich ihr Bett gegraben haben, kommen an Felsenklippen und Wasserfällen vorbei. Trotzdem ist der Grund trocken und steinig und bringt außer an den Wasserläufen kaum mehr als gelbbraunes Gras und stachelige Büsche hervor.

Es gibt keine Wege, höchstens Tierpfade. Oft haben die Pferde Mühe, einen festen Tritt zu finden. Mehrmals rutscht Melisendes Stute der Grund unter den Hufen weg, und sie strauchelt. An anderen Stellen geht es besser, und sie kommen gut voran. Wenn nur nicht die Hitze wäre! Ohne den Schatten von Bäumen ist es auf dem steinigen Grund fast unerträglich heiß.

Als sie kurz anhalten, wischt Melisende sich den Schweiß vom Gesicht. »Was für eine Hitze!«, stöhnt sie.

»Hier ist es trocken wie in der Wüste«, erwidert Raol. »Tagsüber heiß und nachts kalt. Das wirst du noch sehen. Aber beklag dich nicht. Für mich ist es schlimmer. In der Sonne und ohne Surcot wird der verdammte Panzer ziemlich heiß.«

»Musst du das Ding unbedingt tragen?«

»Besser so.«

Sehnsüchtig blickt Melisende zu den Gipfeln des Libanon empor. »Warum gibt es so viel Schnee da oben, wenn hier alles heiß und trocken ist?«

»Nur auf dieser Seite des Gebirges. Auf der westlichen, dem Meer zugewandten Seite ist alles grün und von dichten Zedernwäldern bedeckt. Das Meer bringt feuchte Luft. Aber mit dem Schnee da oben ist es nicht mehr lange her. Der schmilzt schon kräftig, deshalb führen auch die Bäche so viel Wasser. Vermutlich sind am Ende des Sommers die meisten wieder ausgetrocknet.«

✠

»Hier haben sie also gelagert«, sagt Qilitsch und sieht sich mit grimmiger Miene um. Er deutet auf den toten Hund im Gras und die Reste des geschlachteten Zickleins. »Der Alte hat also die Wahrheit gesagt.«

»Haltet euch zurück!«, ruft Nasir den Reitern zu. »Wir müssen erst die Spuren sichten.«

Eine glückliche Fügung, dass sie dem alten Hirten begegnet sind. An der Stelle, wo der Bach die Brücke weggerissen hat, hatten sie vorher unschlüssig verweilt. Den reißenden Bach zu überqueren war an der Stelle nicht möglich. Und weiter bachaufwärts gab es so viele Spuren, dass man nicht mit Sicherheit sagen konnte, ob die beiden Flüchtigen überhaupt hier gewesen waren. Vielleicht hatten sie schon vorher unbemerkt den Weg verlassen. Qilitsch war dafür gewesen, irgendwo an passender Stelle den Bach zu überqueren und weiter in Richtung Baalbek zu reiten. Nasir dagegen war überzeugt, die Flüchtigen hätten sich in die Berge geschlagen.

»Ich hatte also recht«, sagt Nasir. »Sie haben die Straße verlassen.«

»Ja, ja, du hattest mal wieder recht«, knurrt Qilitsch. »Ich war sicher, er würde dem Weib keinen Ritt durch die Berge zumuten. Schließlich ist sie eine Prinzessin, verdammt noch mal. Auf der Straße wären sie jedenfalls schneller vorangekommen. Und bequemer.«

»Aber sie hätten sich der Gefahr ausgesetzt, einer unserer Patrouillen in die Arme zu laufen.«

»Es herrscht Frieden, Mann! Die hätten sie nicht aufgehalten.«

»Aber du siehst, der Templer geht kein Risiko ein. Wir dürfen ihn nicht unterschätzen.«

Qilitsch blickt auf das niedergetretene Gras, auf die Spuren am Bach und die Reste des Zickleins. »Feuer gemacht haben sie nicht. Ich frage mich, wie viel Vorsprung sie haben.«

»Der alte Hirte hat gesagt, er sei nicht gleich zur Straße zurückgekehrt. Er habe sich eine Weile von dem Schreck erholen müssen. Auch seine Ziegen. Das viele Laufen sei nicht gut für ihre Milch.«

»Was heißt ›eine Weile‹?«

Nasir hebt die Schultern. »Wer weiß. Diese Bauern haben

kein Zeitgefühl. Und wir wissen nicht, ob die beiden sofort aufgebrochen sind.«

»Wundert mich, dass sie den Alten nicht umgebracht haben.« Nasir lächelt. »Gutherzigkeit ist ein Fehler.«

»He, du da!«, ruft Qilitsch seinem Hundeführer zu, der sich gerade das niedergedrückte Gras ansieht, wo jemand gesessen hat. »Seit wann sind die weg?«

»Schwer zu sagen, Herr. Nach dem zertretenen Gras und den Schlachtresten zu urteilen, müssen sie gegen Mitte des Nachmittags aufgebrochen sein.«

Qilitschs Blick wandert zu den Berghängen über ihnen, die bereits in tiefem Schatten liegen. Auch im Tal beginnen die Schatten ostwärts zu wandern. Bald wird es dunkeln. »Sie könnten überall sein«, sagt er. »Vielleicht sind sie wieder zurück nach Norden. Oder sie schauen gerade auf uns herunter und lachen sich tot.«

»Sie werden sich nach Süden wenden«, sagt Nasir. »Alles andere ist unwahrscheinlich.«

»Und wie willst du sie finden? Wie es aussieht, sind sie höher aufgestiegen, und in den Bergen wird sich ihre Spur verlieren. Das Gebiet ist riesig. Außerdem gibt's da tausend Verstecke.«

»Vergiss nicht, wir haben deine Hunde.«

»Ah, ja, die Hunde«, sagt Qilitsch verächtlich. »Du glaubst, die spüren sie auf?«

»Wenn die Viecher Wild aufspüren, warum nicht Menschen?«

Qilitsch geht die wenigen Schritte zum Bach, bückt sich und schöpft einige Male Wasser, um zu trinken. Dann steht er auf und wischt sich den Mund. »Heute bringen wir nichts mehr zustande. Es wird bald Nacht. Schlagt also das Lager auf. Bei Tagesanbruch geht's weiter.«

✠

Es ist Abend geworden. Und auch schon kühler, wie Raol es vorausgesagt hat. Denn ihre Seite der Berge liegt seit Langem in tiefem Schatten, während unter ihnen Teile des Tals und der Anti-Libanon gegenüber noch im rötlich warmen Licht der niedrig stehenden Sonne liegen.

In der Ferne sind die weißen Häuser von Baalbek zu erkennen, sogar die römischen Tempelruinen. Dort unten ist das Bekaa-Tal grüner und fruchtbarer als hier oben und auch als in der Gegend weiter nördlich, aus der sie gekommen sind.

»Wir sollten uns bald einen Unterschlupf suchen«, sagt Raol. »Das Gelände ist zu schwierig, um nachts zu reiten.«

Etwas später erreichen sie eine Schlucht, in deren Sohle sich ein Bach ergießt und einen Teich bildet, bevor er weiter bergab fließt. Rund um das Wasser wachsen Büsche und Bäume, und es gibt Gras für die Pferde.

»Hier bleiben wir«, sagt Raol.

Sie steigen von den Pferden und nehmen ihnen die Sättel ab. Dann führen sie die Tiere zum Teich, um sie saufen zu lassen.

»Das Wasser ist klar und sauber«, sagt Raol. »Du kannst ein Bad nehmen, während ich ein Feuer vorbereite.«

Unsicher blickt sie zum Teich hinüber. Eine Gelegenheit, sich zu waschen, wäre wundervoll. Aber nicht vor einem Mann.

»Du musst keine Angst haben, dass ich dir zuschaue«, sagt er, als hätte er ihre Gedanken erraten. »Das tu ich nicht. Versprochen.«

»Fürchtest du nicht, dass man unser Feuer sieht?«

»Die Schlucht ist nur von Osten einsehbar.« Raol deutet auf eine freie Stelle zwischen den Büschen. »Wenn ich da eine kleine Grube für das Feuer grabe, ist auch aus der Richtung nichts zu sehen. Wenn du dich nützlich machen willst, dann sammle Fallholz. Möglichst trockene Äste und Zweige, damit das Feuer nicht raucht.«

Raol findet einen kräftigen Ast, aus dem er sich einen Grabstock schnitzt, mit dem er die Erde lockert und händeweise abträgt. Melisende sucht nach trockenen Ästen und Zweigen und findet erstaunlich viel unter den Bäumen. Sie bricht sie in die richtige Länge und trägt alles zu der Stelle, wo Raol mit Graben beschäftigt ist. Sie sieht ihm dabei zu.

»Das wird eine Weile dauern«, sagt er. »Du kannst dich inzwischen waschen.«

Melisende zögert noch. Doch dann sucht sie sich eine Stelle am Teich, die von Raols Feuerstelle zwischen den Sträuchern nicht einsehbar ist, und streckt die Hand ins klare, durchsichtige Bergwasser. Es ist kalt, wie erwartet. Und doch sehnt sie sich danach, endlich den Staub und den Schweiß der letzten Tage abzuwaschen, auch wenn sie kein Tuch zum Trocknen hat und hinterher frieren wird.

Noch einmal schaut sie sich nach Raol um. Sie kann ihn graben hören, aber nicht sehen. Kurz entschlossen zieht sie die Stiefel aus, löst den Gürtel und streift ihre Reiterhosen ab. Dann folgen Tunika und Unterkleid. Als sie den Fuß ins Wasser taucht, bekommt sie am ganzen Körper Gänsehaut. Die Pferde, die friedlich am Teichufer grasen, wenden die Köpfe und schauen neugierig zu ihr herüber.

Fest entschlossen steigt sie in den Teich, der ihr jedoch nur bis zum Po reicht, und taucht einen Moment bis zum Hals unter. Die Kälte, die ihren Leib auf einen Schlag umfängt, entringt ihr einen ungewollten Schrei. Mit beiden Händen rubbelt sie sich den ganzen Körper ab, reibt Hals und Gesicht, wäscht sich hastig zwischen den Beinen und unter den Achseln. Zuallerletzt löst sie ihren Zopf, taucht den Kopf ins Wasser, um ihr Haar zu spülen. Dann steigt sie frierend aus dem Teich, wringt ihr Haar aus und trocknet sich notdürftig mit der Tunika.

»Na, wie war's?«, hört sie Raol rufen.

»Eiskalt. Aber herrlich!«

Sie hört ihn lachen. Als sie in Stiefeln, Hosen und Unterhemd zu ihm tritt, hat er eine vier oder fünf Handbreit tiefe runde Grube freigelegt. Er prüft, woher der Wind kommt, und gräbt in der Richtung eine kurze, aber tiefe Rinne. »Damit das Feuer Luft kriegt«, sagt er und lächelt. »Du wirst sehen, gleich gibt's ein Grillfest.«

Am Boden der Grube formt er ein Nest aus trockenem Gras und dürren Zweiglein. Aus der Zunderbüchse legt er ein Stückchen auf den Boden und schlägt mit Stahl und Feuerstein Funken, bis der Zunder an einer Stelle glimmt. Er bläst ein paarmal darauf und legt den glimmenden Zunder ins Grasnest. Schon bald züngeln Flämmchen, die er mit mehr Zweigen und kleinen Ästchen nährt, bis ein lustiges Feuer flackert.

Raol entledigt sich seines schweren Ringpanzers. Während er sich waschen geht, steckt Melisende neben der Feuerstelle zwei kräftige Zweige in den Boden, auf die sie ihre Tunika zum Trocknen hängt. Dann streckt sie die Hände gegen das Feuer, um sich zu wärmen. Es ist nicht wirklich kalt, aber nach dem Bad genießt sie die Hitze der Flammen.

Später, nachdem Melisende nach Raols Wunde gesehen hat, liegen sie zufrieden mit dem Magen voll Ziegenfleisch an ihre Sättel gelehnt. Melisende hat ihre langen Haare offen gelassen, damit sie trocknen, und reibt sie ab und zu vor dem Feuer. Sie muss immer noch an den Alten denken, der sie bei der Hütte überrascht hat. »Ich glaube, auch ohne mein Eingreifen hättest du den Hirten nicht getötet«, sagt sie. »Gib's zu.«

»Das willst du wohl glauben.«

»Ja, das will ich glauben.«

»Ist dir das die ganze Zeit durch den Kopf gegangen?«

Sie nickt und sieht ihn forschend an.

»Vielleicht hältst du mehr von mir als ich selbst.«

»Das ist keine Antwort.«

Raol blickt ins Feuer. »Du hast recht. Es wäre mir schwergefallen.«

»Nur schwergefallen?«

»Herrgott! Ich hätt's nicht getan«, sagt er gereizt. »Zufrieden?«

»Du warst also wütend auf dich selbst und nicht auf mich.«

»Du bist zu schlau für dein Alter, weißt du das?«

»Und schlaue Frauen magst du nicht?«, fragt sie mit einem herausfordernden Lächeln.

Raol wirft ihr einen Blick zu und runzelt die Brauen. »Ich darf überhaupt keine Frauen mögen. Na ja, mögen schon, aber eben nicht mehr.«

»Fällt dir das schwer?«

»Jetzt ist aber Schluss mit der Fragerei!« Raol beugt sich vor, nimmt ein paar Äste von dem Haufen neben ihm und legt sie auf die Glut.

Melisende kann sich ein Grinsen nicht verkneifen, sagt aber nichts. Sie schweigen und lauschen dem Knistern der aufflackernden Äste. Vom Firmament blicken Sterne auf sie herab. Über ihnen steht die Sichel des abnehmenden Mondes. In wenigen Tagen wird er ganz verschwunden sein.

»Ich erinnere mich an das, was Qilitsch in Schaizar erwähnt hat«, nimmt Melisende das Gespräch wieder auf. »Dass ihr beide euch in der Schlacht von Sarmada begegnet seid.«

Raol nickt. »*Ager Sanguinis* wird sie heutzutage genannt. Und ein wahres Blutfeld ist es gewesen.«

»Erinnerst du dich an ihn?«

»Nein. Aber das ist nicht verwunderlich. In so einer Schlacht herrscht ein fürchterliches Durcheinander, besonders wenn die Schildreihen durchbrochen sind. Es regnet Hiebe von allen Seiten. Man versucht, selbst auszuteilen, den Mann neben sich zu decken oder einfach nur am Leben zu bleiben.«

»Das muss schrecklich sein. Ich würde vor Angst sterben.«

»Die größte Angst hat man vorher. Viele betrinken sich, um sich zu betäuben. Im Gewühl ist keine Zeit mehr für Angst. Da geht es nur ums nackte Überleben. Besonders in einer aussichtslosen Schlacht wie der von Sarmada. Nicht einmal weglaufen konnte man. Wir waren von allen Seiten umzingelt.«

»Du wurdest verwundet. Wie hast du es geschafft, da lebend rauszukommen?«

»Ich muss einen fürchterlichen Schlag auf den Helm abbekommen haben und war lange ohnmächtig. Stunden später bin ich unter einem Berg von Leichen aufgewacht. Ich hatte einen tiefen Schnitt im Bein und drohte zu verbluten.«

»Oh, *mon Dieu*! Und wie hast du überlebt?«

»Als es zu Ende war, sind die Türken übers Schlachtfeld gegangen, haben die Toten ausgeplündert und Verwundete abgestochen. Dass ich unter Leichen lag, hat mich gerettet. Als später alles still war, konnte ich mich befreien und mein blutendes Bein verbinden. Irgendwie hab ich es geschafft davonzuhumpeln. Am Morgen hat ein Bauer mich ein paar Meilen weiter gefunden, mehr tot als lebendig. Ich habe keine Ahnung, wie ich da hingekommen bin.«

»Und dann?«

»Die Familie des Bauern hat mich wochenlang gepflegt und wieder aufgepäppelt.«

Sie schweigen eine Weile, während Melisende mit einem Ast im Feuer stochert. »Konntest du den Hirten deshalb nicht töten«, fragt sie, »weil er dich an diesen Bauern erinnert hat?«

Raol zuckt mit den Schultern. »Ich habe sie später besucht und ihnen alles gegeben, was ich besaß, abgesehen von meinen Waffen.«

»Und dann bist du Templer geworden?«

»Dann bin ich Templer geworden. Weil ich damals überzeugt war, Gott habe mich nur gerettet, damit ich in seinen Dienst trete.«

»Damals? Glaubst du es denn nicht mehr?«

»Das ist eine schwierige Frage, Melisende.«

»Und die hast du für dich noch nicht beantwortet, wie mir

scheint. Ich habe dich noch nie beten sehen. Ist das nicht seltsam?«

Raol antwortet nicht, starrt nur nachdenklich in die Flammen. »Wir sollten jetzt schlafen«, sagt er schließlich. »Im Morgengrauen geht es weiter.«

»Glaubst du, sie verfolgen uns noch?«

»Damit müssen wir rechnen. Aber hier oben sind wir erst mal sicher. Mach dir deshalb keine Sorgen. Niemand klettert nachts in diesem Gelände herum. Wir müssen deshalb auch nicht Wache halten und können uns ausschlafen.«

Melisendes Tunika ist fast schon trocken. Sie zieht sie sich über den Kopf und schlingt ihre langen Haare zu einem losen Nackenknoten. Raol überlässt ihr die Decke und lässt sich nicht dazu überreden, sie mit ihr zu teilen. Melisende ist so müde, dass es ihr nichts mehr ausmacht, auf dem harten Boden zu liegen. Kaum hat sie die Augen geschlossen, ist sie schon eingeschlafen.

Raol liegt noch lange wach und starrt in den Sternenhimmel. Ihm ist nicht kalt. Sein dickes Lederwams hält ihn warm. Er muss nur vermeiden, direkt auf der Wunde zu liegen. Er denkt über den alten Hirten nach, den sie haben laufen lassen. Und über Melisendes Frage, warum er nicht betet. Überhaupt über Melisende und über das Schicksal, das sie beide auf so seltsame Weise zusammengeworfen hat.

VON HUNDEN GEJAGT

Vögel wecken Melisende, Vögel, die mit fröhlichem Gezwitscher den neuen Tag begrüßen. Sie öffnet die Augen. Über den Bergen des Anti-Libanon wird es hell. Zeit aufzuwachen. Mit Ausnahme einiger kurzer Unterbrechungen hat sie gut geschlafen, auch wenn sie sich am ganzen Körper steif und zerschlagen fühlt. Sie kriecht unter der Decke hervor, steht auf und reckt sich erst einmal.

Raol schläft noch. Sie betrachtet eine Weile sein im Schlaf entspanntes Gesicht. Der Bart müsste mal gestutzt werden, denkt sie. Raol ist kein Schönling. Er hat ein kantiges, männliches Gesicht, aber gerade das gefällt ihr.

Wieso wird so einer Tempelritter? Er hat es ihr erklärt, und doch bleibt es ihr unverständlich. Einer wie Raol sollte eine Familie haben, ein Weib, das ihn liebt, und Kinder. Kann sie sich ihn als Vater vorstellen? Eigentlich schon. Trotz seiner manchmal ruppigen Art hat er sich ihr gegenüber bisher fürsorglich gezeigt. Eine Frau würde sich bei ihm nicht zu beklagen haben.

Sie schüttelt den Kopf. Was sind das für dumme Gedanken? Der Mann ist der Keuschheit verpflichtet. Schade eigentlich. Sie wendet sich ab und sucht sich eine Stelle in den Büschen, um sich zu erleichtern. Als sie zurückkehrt, ist Raol wach.

»*Bonjour, Monseigneur Chevalier*«, sagt sie aufgeräumt.

Er murmelt etwas Unverständliches, gähnt und steht auf. Dann verschwindet er ebenfalls im Gestrüpp.

»Gut geschlafen?«, fragt sie, als er wieder auftaucht.

»Geht so«, brummt er.

Dann sieht er nach den Pferden. Lange Zeit steht er bei seinem Hengst, streichelt ihn und scheint mit ihm zu reden. Das Tier beäugt ihn mit sanften Augen, bläst ihm den Atem ins Gesicht und stößt ihn sanft mit der Nase an. Mensch und Tier in Freundschaft vereint. Ein schönes Bild. Dann sieht sie zu, wie Raol sich ihrer Stute widmet. Er streicht ihr sanft über das rechte Hinterbein, hebt für einen Moment den Huf.

»Ist mir gestern Abend schon aufgefallen«, sagt er zu Melisende. »Sie schont den rechten Hinterfuß. Muss sich irgendwo verletzt haben. Hast du etwas bemerkt?«

»Sie ist im Geröll einmal ausgerutscht. Ich wäre beinahe runtergefallen.«

»Eine offene Wunde ist nicht zu sehen. Muss sich was gezerrt haben.«

»Vielleicht sollten wir eine Weile hierbleiben. Dann kann sie sich erholen. Hier ist es doch schön, findest du nicht?«

Raol blickt hinunter ins Tal, das noch in tiefer Morgendämmerung liegt. Dann wandert sein Blick über die Berge hinter ihnen, über die von goldener Morgensonne angeleuchteten höchsten Gipfel des Libanon, die felsigen, von braunem Gras und trocknem Gestrüpp bedeckten Hänge und schließlich zurück zu ihrem Lagerplatz, der wie eine Oase wirkt.

»Ja, hier am Teich lässt es sich aushalten. Gras und frisches Wasser. Aber es hilft nichts, wir müssen weiter.«

Sie teilen sich den Rest seines Specks. »Für zwei Tage wird das Ziegenfleisch noch reichen«, sagt er.

»Du hast doch noch Hirse und Bohnen.«

»Die Hirse magst du nicht, und die Bohnen müssten wir einweichen und kochen. Dafür haben wir keinen Topf.«

»Du könntest deinen Helm benutzen.«

»Sehr witzig. Ich reiß doch nicht das Lederfutter aus dem Helm, damit du Bohnen essen kannst.«

Melisende gibt sich übertrieben erstaunt. »Nicht? Du lässt mich einfach verhungern?« Dann lacht sie über sein verdutztes

Gesicht. »Ja, ja«, neckt sie ihn. »Der Helm ist wichtiger als eine Prinzessin.«

Nun muss auch Raol grinsen. »Ich stell mir das Bild vor: die Königstochter, die Bohnensuppe in einem Kriegerhelm kocht. Dein edler Bräutigam würde das nicht so lustig finden.«

Bei dem Wort Bräutigam gefriert Melisendes Lächeln. »Ich wünschte, ich müsste den Kerl niemals wiedersehen«, sagt sie mit düsterer Miene.

»Was ist denn so schlimm an dem? Warum bist du überhaupt ausgerissen?«

»Du meinst, warum ich das ganze Königreich in Aufruhr gestürzt habe?«, erwidert sie gereizt. »Das willst du doch sagen, oder?«

Raol macht ein verlegenes Gesicht. »So was in der Art.«

»Warum sind alle gegen mich? Nur meine Schwester scheint mich zu verstehen.«

»Ich maße mir kein Urteil an«, sagt Raol. »Aber du widersetzt dich deinem Vater, dem König, brichst mit allen Pflichten des Adels und bist in den Augen der meisten eine Ausreißerin.«

»In deinen auch?«

»In meinen?« Raol lacht in sich hinein. »Ach, weißt du, ich bin selbst ein Ausreißer. Schon deshalb könnte ich dich nicht verurteilen.«

»Du bist ein Ausreißer? Jetzt machst du mich neugierig!«

»Keine sehr rühmliche Geschichte. Ist lange her, und ich versuche, sie zu vergessen.«

»Na schön. Vielleicht erzählst du es mir ein andermal.«

»Was hast du gegen Foulques? Er ist reich und mächtig und wird allerseits respektiert.«

»Andere Weiber würden sich darum reißen, diesen rothaarigen Giftzwerg zu ehelichen. Meinst du das?«

Raol lacht. »Ich denke, du übertreibst.«

»Ich übertreibe?«, zischt sie aufgebracht. »Was weißt denn

du? Was weißt du überhaupt, was in einer Frau vorgeht? Du bist doch Mönch.«

»Nun, es ist wahr, meine Erfahrungen auf diesem Gebiet sind begrenzt. Aber ganz ohne Erfahrungen bin ich nicht. Ich war schließlich nicht immer Templer.«

»Was für Erfahrungen sollen das denn sein? Ich tippe mal auf Hurenhaus, hab ich recht?« Sie wirft ihm einen verächtlichen Blick zu.

»Ja. Aber nicht nur. Und du brauchst gar nicht so wütend auf mich zu sein.«

Es herrscht Schweigen, während sie ihr karges Mahl beenden. »Tut mir leid, Raol«, sagt sie nach einer Weile versöhnlich. »Ich hasse einfach alles, was mit dieser Verbindung zu tun hat. Dass der Kerl hässlich ist, ist nicht das Schlimmste. Seine ganze Art stößt mich ab, sein Hochmut und dieser Ehrgeiz, auf meine Kosten König zu werden. Im Grunde stört mich alles an ihm.«

Raol nickt und scheint darüber nachzudenken. »So, wie ich dich einschätze«, sagt er nach einer Weile, »stört es dich am meisten, dass man dir die Heirat aufzwingt. Du willst selbst entscheiden, wen du heiratest.«

»Ach, sieh an«, sagt Melisende und grinst spöttisch. »Du bist wirklich klüger, als du aussiehst.« Sie bricht in Gelächter aus. Und auch Raol muss am Ende lachen. Es ist gut zu lachen, sagt sich Melisende. So muss man nicht dauernd an die Toten denken, die wir zurückgelassen haben.

»Brechen wir auf!«, sagt Raol.

Sie packen ihre wenigen Sachen zusammen, satteln die Pferde und machen sich wieder auf den Weg. Diesmal hat Raol auch den Ringpanzer in eine der Satteltaschen gesteckt – wegen der zu erwartenden Hitze, und weil er glaubt, dass man sie hier in den Bergen, auf diesen ausgetrockneten Hängen zwischen schroffen Felsen und Geröllhalden, nicht suchen wird.

Tatsächlich ist ihr Fortkommen mühselig. An abschüssigen

Stellen müssen sie absitzen und die Pferde führen. Melisendes Stute lahmt tatsächlich. Das beunruhigt Raol. Doch bis jetzt hält das Tier durch.

Gegen Mittag stoßen sie auf einen kleinen Bergbach und nutzen die Gelegenheit für eine längere Rast. Neben dem Bach wachsen knorrige Krüppelkiefern, in denen tausend Zikaden zu zirpen scheinen. Es ist heiß, und die Sonne sticht. Während die Pferde an dem grünen Gras rupfen, das an einigen Stellen am Bachrand wächst, sitzen Melisende und Raol auf einem Felsen und blicken ins weite Tal zu ihren Füßen. Melisende hätte sich gern wieder Raols Tuch um den Kopf geschlungen, doch das dient jetzt als Verband.

»Wie viele Krieger hat Qilitsch eigentlich?«, fragt sie.

»Während des Überfalls wird er einige verloren haben. Aber mit zwanzig oder dreißig Mann müssen wir schon rechnen.«

»So viele sollte man doch von hier oben sehen können.«

»Nicht unbedingt.«

Trotzdem strengen sich beide an, in der Ferne irgendwo Reiter zu entdecken. Vergeblich. Auch die Straße im Tal ist zu weit entfernt, als dass man irgendetwas ausmachen könnte.

»Vielleicht haben sie aufgegeben«, sagt Melisende.

»So schnell geben die nicht auf.« Er deutet in die Richtung, aus der sie gekommen sind. »Wahrscheinlich sind sie irgendwo hinter dem Bergausläufer dort drüben, vielleicht ungefähr da, wo wir die letzte Nacht verbracht haben. Aber nur, wenn sie unsere Fährte entdeckt haben. Was ich nicht glaube, weil wir lange durch den Bach geritten sind, ohne Spuren zu hinterlassen. Natürlich, sicher sein können wir nicht.«

Melisende blickt in die angedeutete Richtung und stellt sich vor, dort würden jetzt Qilitschs Krieger auftauchen. Bei dem Gedanken stiehlt sich wieder Furcht in ihr Herz. Noch einmal in Gefangenschaft zu geraten, würde sie nicht ertragen.

»Sieh mal, die Geier«, sagt Raol.

Über dem Tal, etwas höher, als sie selbst sitzen, ziehen drei der großen Vögel ihre Kreise. Fast reglos und ohne Flügelschlag schweben sie in der Luft, zweifellos auf der Suche nach einem toten Tier.

»Vielleicht beobachten sie uns«, sagt Melisende halb im Scherz.

Raol wendet ihr den Blick zu. Dann schaut er sie genauer an. »Langsam mache ich mir Sorgen um dein Gesicht.«

»Mein Gesicht? Etwas nicht in Ordnung?«

»Du verbrennst. Du bist schon ganz rot.«

Melisende fasst sich an die Wangen. »Es ist heiß. Leider haben wir dein Tuch nicht mehr.«

»Leg dir deine Tunika um den Kopf. Die brauchst du jetzt nicht. Du hast doch ein Unterhemd darunter.«

Sie sieht ihn zweifelnd an. Ohne Tunika kommt sie sich halb nackt vor, denn ihr Unterhemd ist reichlich dünn. Sie muss sich nicht auch noch vor ihm entblößen. Es reicht schon, dass sie in seiner Gegenwart die Notdurft verrichten muss. Doch dann schilt sie sich: *Sei kein dummes Gör! Raol tut dir nichts. Wenn er es wollte, hätte er es schon längst tun können.* Und jetzt, da er es angesprochen hat, spürt sie tatsächlich, wie ihr Stirn und Wangen glühen.

»Dreh dich um!«, befiehlt sie.

Erst als er ihrem Wunsch nachkommt, öffnet sie ein wenig den Gürtel und zieht sich die Tunika über den Kopf. Auch der strenge Knoten, zu dem sie am Morgen ihr Haar gebunden hat, stört sie. Sie lässt das Haar über die Schultern fallen und bemüht sich dann, die Tunika um den Kopf zu wickeln.

»Irgendwas mach ich falsch«, sagt sie, nachdem sie eine Weile damit gekämpft hat. »Hilf mir mal.«

Raol dreht sich zu ihr um und wickelt ihr die Tunika zu einem losen Sonnenschutz um Kopf und Schultern. Mit den Ärmeln macht er einen Knoten, dann zupft er noch etwas daran herum, bis ihr Gesicht im Schatten liegt. »So ist es besser«, sagt er und lächelt. »Nun siehst du wie ein echter Beduine aus.«

Melisende lacht. »Eine Beduinen-Frau, wohlgemerkt.«

»Natürlich«, sagt er mit Blick auf ihr Hemd. »Das ist nicht zu übersehen.«

»Werd nicht frech!«, ruft sie und muss doch grinsen. »Und was ist mit dir? Verbrennst du nicht?«

Er zuckt mit den Schultern. »Ich bin die Sonne gewöhnt.« Dann steht er auf und reicht die Hand, um ihr aufzuhelfen. »Weiter geht's!«

✠

Es ist früher Abend, und das Bekaa-Tal voll tiefer Schatten. Qilitsch hat ausgesprochen schlechte Laune. »Allah ist uns nicht wohlgesonnen«, knurrt er. »Wie lange laufen wir jetzt schon hinter den beiden her?«

»Seit zwei Tagen«, erwidert Nasir.

»Seit mehr als zwei Tagen. Und immer noch keine Spur von ihnen. Nur bei der Hütte gestern. Seitdem – nichts!«

Qilitsch und Nasir sitzen am Lagerfeuer, über dem eine Antilope brät und einen betörenden Duft verbreitet. Das Tier haben ihre Leute am Nachmittag erlegt. Eine Ablenkung von der Suche, aber ihr Proviant ist aufgebraucht, und sie müssen ja irgendetwas essen in dieser Einöde.

Weiter östlich, wo das Land fruchtbarer ist, befinden sich Dörfer. Bei den Bauern könnten sie sich natürlich leichter versorgen, aber dorthin haben Raol und Melisende sich bestimmt nicht gewandt. Oder doch? Weiß der Teufel! Ja, es ist wirklich, als habe der *Schaitan* seine Hand im Spiel. Zwei Menschen können doch in dieser Einöde ohne Baum und Strauch nicht einfach so verschwinden!

Etwas abseits steht Qilitschs bequemes Zelt, das er auf Feldzügen immer mit sich führt. Auch Nasir besitzt ein Zelt, etwas kleiner und schon ziemlich zerschlissen und von der Sonne gebleicht. Die meisten Krieger haben nur eine Decke dabei. Mehr ist nicht nötig, findet Qilitsch, zumindest nicht in dieser Jahreszeit. Außerdem sind das alles harte Burschen, durch unzählige Raub- und Feldzüge gestählt.

»Wir suchen in der falschen Gegend«, sagt Nasir. Und das nicht zum ersten Mal.

»Wie können sie so spurlos verschwinden?«, murmelt Qilitsch, als hätte er ihn nicht gehört. »Wie ist das möglich? Kannst du mir das erklären?«

»Ich sage doch, wir suchen am falschen Ort.«

Qilitsch hebt die Hände in einer Geste des Unverständnisses und schüttelt genervt den Kopf. »Dabei haben wir unsere Leute den ganzen Tag über breit gefächert über Stock und Stein gehetzt. Da hätten wir doch irgendwo eine Spur entdecken müssen – aber nichts, absolut nichts! Als hätten sie sich in Luft aufgelöst. Selbst deine Idee mit den Hunden hat zu nichts geführt. Blöde Viecher! Man sollte sie im Orontes ertränken.«

»Du willst ja nicht auf mich hören«, sagt Nasir.

Qilitsch wirft ihm einen gereizten Blick zu. »Du glaubst, du weißt es besser. Willst mir ständig einreden, sie hätten sich ins Gebirge geflüchtet. Das ist doch Unsinn! Da oben gibt's nichts als Felsen und Geröll, verkrüppelte Kiefern und dürres Gras. Ödes Gelände. Das weißt du genauso gut wie ich. Im Gebirge würden sie verhungern. Vor allem ist das nichts für Pferde. Die würden bald lahmen. Oder an einer steilen Stelle in die Tiefe stürzen. So dumm kann der Templer nicht sein.«

»Verhungern werden sie fürs Erste nicht. Du vergisst das Zicklein, das sie gestern erbeutet haben. Und Wasser gibt's auch, zumindest jetzt im Frühling.«

»Denkst du wirklich, die sind da oben und warten einfach darauf, dass wir die Suche aufgeben? Nein, nein, nie im Leben!«

»In den Bergen hausen höchstens ein paar Eremiten«, sagt einer der Männer, die mit am Feuer sitzen. »Und ziemlich kümmerlich, wie man hört. Die ernähren sich von Wurzeln und Tierleichen, die sie finden. Nachts kann es empfindlich kalt werden, und Feuer machen können sie auch nicht. Das würden wir sehen.«

»Da hörst du's«, sagt Qilitsch. »Das wird der Templer dieser verwöhnten Königstochter wohl kaum zumuten. Nein, er wird sie so schnell wie möglich nach Jerusalem bringen wollen. Also sind sie im Tal unterwegs. Wir haben sie nur noch nicht entdeckt. Vielleicht reiten sie nachts und verstecken sich am Tag. Wir sollten wirklich versuchen, sie endlich einzuholen.«

Nasir schüttelt den Kopf. »Ich sehe das so: Die Dörfer und die Straße werden sie wegen der Patrouillen aus Baalbek und anderen Orten meiden. Hier in der Ödnis haben wir keine Spur von ihnen gefunden. Es bleiben also nur die Berge.«

Während sie das Fleisch der Antilope gierig in sich hineinstopfen, redet Qilitsch kein Wort. Er achtet nicht auf die Gespräche am Lagerfeuer, sondern grübelt darüber nach, ob Nasir nicht vielleicht doch recht haben könnte. Die bisher durchkämmte Gegend ist zwar riesig, aber sie haben ihre Männer weit verteilt und doch nichts gefunden. Auch die Hunde, sonst so gut im Aufspüren von Beute, haben nichts entdeckt. Außer, dass sie sich dauernd von Wildspuren haben ablenken lassen.

Zuletzt wischt er sich mit dem Ärmel das Fett vom Bart. »Also gut, Nasir. Dann versuchen wir's mal auf deine Weise.«

Nasir nickt mit selbstgefälliger Miene, als hätte er nichts anderes erwartet. »Ich schlage vor, wir teilen uns auf«, sagt er. »Wir machen so was wie eine Treibjagd. Immer Richtung Süden. Wir schicken Späher mit den Hunden in die höheren Lagen, wo ich die beiden vermute. Die werden sie aufscheuchen. Ich durchkämme mit einem Drittel der Männer die mittelhohen Hänge, und du suchst mit dem Rest der Truppe weiter unten am Fuß der Berge. Irgendetwas werden wir schon finden, eine Spur oder ihr Versteck. Und wenn sie versuchen auszubrechen, dann haben wir sie, dann können wir sie jagen.«

»*Inschallah!*«, murmelt Qilitsch. »Möge der Gerechte uns Erfolg bescheren.«

✠

Raol und Melisende haben auch an diesem Abend einen Lagerplatz gefunden. Nicht so gut wie der von letzter Nacht, aber eine kleine Quelle versorgt sie mit Wasser, es gibt ein wenig Gras für die Pferde und eine Mulde unter Kiefern, wo der Boden von Steinen frei und weich genug zum Schlafen ist. Raol hat an geschützter Stelle wieder eine Grube für ein Feuer gegraben und holt nun das Ziegenfleisch aus der Tasche.

»Für heute und morgen haben wir genug«, sagt er. »Danach müssen wir was anderes zu essen finden.«

»Wird das Fleisch nicht schlecht? Bei der Hitze tagsüber?«

»Ich brate am besten alles. Dann hält es länger.«

Sie schaut zu, wie er Fleischstücke auf grüne Zweige spießt und über die Glut hält. Es dauert nicht lange, bis das Fett zischend heruntertropft. Der Duft lässt ihr das Wasser im Mund zusammenlaufen. Angekohltes Ziegenfleisch, in wilder Natur auf Zweigen geröstet, dazu Quellwasser statt Wein. Vor Wochen hätte sie so ein Mahl entrüstet von sich gewiesen. Jetzt ist es das Köstlichste der Welt, und sie kann kaum abwarten, es zu genießen.

Nachdem sie ihren Hunger gestillt haben, sagt Melisende: »Jetzt schauen wir nach deiner Wunde.«

Raol legt etwas Holz nach, damit sie Licht haben. Dann beugt er sich vor, und Melisende versucht, sein Gambeson hochzuschieben. »Besser, du ziehst ihn ganz aus«, sagt sie.

Raol hebt das schwere Lederwams über den Kopf und legt

es zur Seite. Einen Augenblick lang ist Melisende eingenommen vom Spiel der Muskeln auf seinem Rücken, von seinen breiten Schultern, den kräftigen Oberarmen. Der Anblick lässt ihr Herz schneller schlagen. Doch dann reißt sie sich zusammen und löst den Knoten des Verbandes.

»Das blöde Ding ist verrutscht und deckt die Wunde gar nicht mehr ab«, sagt sie.

»Lässt sich nicht vermeiden, wenn wir den ganzen Tag im Sattel sind.«

»Rück mal näher ans Feuer, damit ich was sehen kann.«

Raol tut wie geheißen, und Melisende zieht mit beiden Daumen die Wundränder ein wenig auseinander. »Da ist Eiter in der Wunde«, sagt sie. »Aber entzündet ist sie, glaube ich, nicht.«

Sie gießt sauberes Quellwasser aus der Gebirgsquelle darüber und versucht, den Eiter zu entfernen. »Tut es weh?«

»Ein bisschen. Es juckt vor allem.«

»Das ist gut. Ein Zeichen, dass es heilt. Leider haben wir keinen sauberen Verband. Aber ich kann ihn auswaschen. Vielleicht trocknet er bis morgen.«

Später, Raol hat seinen Gambeson wieder übergezogen, sitzen sie auf einem Felsvorsprung und blicken hinüber zu den Bergen des Anti-Libanon, deren Gipfel im letzten Sonnenlicht rosa leuchten. Das Tal unter ihnen liegt bereits in tiefer Dunkelheit. Ein schmaler Viertelmond hat sich über die Berggipfel erhoben. Es ist friedlich und windstill, kein Vogellaut ist zu hören, nur ein paar Zikaden.

»In einigen Tagen ist Neumond«, sagt Raol. »Ich hoffe, dass wir sie bis dahin abgeschüttelt haben. Wir können nicht ewig im Gebirge bleiben. Besonders bei Neumond ist es in diesem Gelände unmöglich, nachts zu reiten.«

»Glaubst du, wir müssen uns immer noch in Acht nehmen? Du weißt doch gar nicht, ob sie uns noch verfolgen.«

»Wir dürfen uns noch nicht in Sicherheit wiegen. Besser, wir suchen uns ein gutes Versteck und warten ein paar Tage ab, bis sie hoffentlich aufgegeben haben. Nur, um ganz sicher zu sein.«

»Wo sollen wir uns denn verstecken? In einer Höhle?«

Raol schüttelt den Kopf. »Nicht hier oben im Gebirge. Wir brauchen Wasser und Gras für die Pferde. Und natürlich etwas zu essen. Keine Sorge, ich lasse mir schon was einfallen.«

Unwillkürlich legt sie ihre Hand auf die seine. »Da bin ich mir sicher, Raol. Ich vertraue dir.«

Hastig zieht sie die Hand wieder zurück. Es war eine spontane Geste, und sie hofft, dass er sie nicht missversteht. Sie sitzen lange schweigend nebeneinander. Melisende starrt ins Tal, ohne etwas zu sehen, denn ihre Gedanken sind weit weg. Es war ein langer, harter Tag, an dem sie nur langsam vorangekommen sind. Es war heiß. Auch die Pferde haben gelitten, nicht nur unter der Hitze, auch unter dem unwegsamen Gelände. Und doch fühlt sie sich wohl, jetzt hier zu sitzen, neben Raol. Es lauert immer noch Gefahr, wie er sagt. Und doch fühlt sie sich bei ihm sicher.

Auf einmal regt er sich neben ihr. »Sag mal, irre ich mich, oder siehst du auch Lichter da unten im Tal?«

»Wo?«

Raol deutet in die Richtung, nördlich von ihnen. »Drei winzige Lichtpunkte, ganz dicht beieinander.«

»Ja. Jetzt sehe ich es auch. Was ist das?«

»Ich schätze, das ist ihr Lager.«

»Wirklich? Und wie weit ist das von hier?«

»Schwer zu sagen«, sagt Raol. »Zumindest wissen wir, dass sie immer noch im Tal nach uns suchen.«

»Es macht mir Angst, sie da unten zu sehen.«

»Sie sind weit weg. Sie bräuchten mehr als einen halben Tag bis hierher. Vielleicht irren wir uns ja auch, und es sind nur Hirten, die bei ihrer Herde übernachten.«

»Mir ist es lieber, es sind die Seldschuken. Dann wissen wir wenigstens, wo sie sind, und sie können uns nicht überraschen.«

»Ich leg mich jetzt schlafen«, sagt Raol nach einer Weile. »Das solltest du auch tun.«

»Ich bleib noch ein wenig.«

Sie legt die Arme um ihre Knie und lauscht dem Wind und den Zikaden. Ihr Blick wandert über die schwarzen Umrisse der fernen Berge. Sie schaut zu den Sternen auf und betrachtet die Mondsichel am Himmel. Der Mond ist überall, denkt sie. Der Mond blickt auf uns herab und sieht alles. Nichts bleibt ihm verborgen. *La lune voit tout. Devant la lune, il ne se cache rien.*

✠

Es ist bereits Nacht, als Baudouins Jagdgesellschaft heimkehrt. Die vordersten Reiter tragen Fackeln, um den Weg zu leuchten. Als sie das Stadttor Jerusalems erreichen, ist es verschlossen, so wie jede Nacht. Einer der Männer hämmert mit dem Speerschaft an die mächtigen, mit Bronze beschlagenen Bohlen.

»Öffnet das Tor! Es ist der König!«

Es dauert eine Weile, bis man sich versichert hat, dass es tatsächlich der König ist, der Einlass verlangt, dann öffnet sich das Tor, und Baudouin und seine Jagdgefährten reiten mit klirrendem Zaumzeug und klappernden Hufen in die Stadt ein. Zwei Maultiere tragen die Beute.

Bei den Ställen des Palastes fängt Foulques den König ab. Er scheint auf ihn gewartet zu haben. »Auf ein Wort, Baudouin!«

»Was gibt's denn? Mir hängt der Magen bis in die Kniekehlen. Also machen wir's kurz.«

»War die Jagd ergiebig?«

»Geht so. Ein paar Rehe haben wir erwischt und einen jungen Eber.«

»Nun, warum ich dich sprechen wollte … Sollten die Templer nicht schon mit Melisende zurück sein?«

»Machst du dir Sorgen?«

Foulques nickt. »Ja, ich gebe zu, ich mache mir Sorgen.«

»Schaizar ist weit, mein Lieber. Wir müssen noch etwas Geduld haben. Sollten sie in einer Woche nicht zurück sein, dann können wir uns in der Tat Sorgen machen.«

»Oh, ich bin sicher, der Templer, den du nach Schaizar gesandt hast, macht seine Sache gut. Und die Männer, die ihn begleiten, sind die besten Kämpfer, die wir haben. Deshalb mache ich mir keine Sorgen. Ich meine nur, du hättest mich statt der Templer schicken sollen.«

»Das höre ich nicht zum ersten Mal von dir.«

»Weil ich nicht verstehe, warum du es mir verweigerst.«

»Deinetwegen ist sie doch geflohen. Deshalb haben wir ja den ganzen verdammten Schlamassel. Das hat dich und mich eine Menge Gold gekostet. Du bist die Sache völlig falsch angegangen. Und du weißt das. Du hast sie behandelt, als würde sie schon dir gehören, und sie kaum zur Kenntnis genommen. Frauen wollen erobert werden, besonders Melisende. Sie hat schließlich ihren Stolz.«

»*Naturellement.* Du hast völlig recht«, erwidert Foulques zerknirscht. »Ich war abgelenkt. Wegen unserer Verhandlungen, wegen all der Treffen mit den Baronen, der Haute Court. Ich habe Melisende wirklich nicht so beachtet, wie sie es verdient. Dabei mag ich sie. Sehr sogar.«

»Das hast du ihr aber nicht gezeigt. Stattdessen hast du dich ziemlich unangenehm verhalten, wie sie mir berichtet hat.«

»Nun ja, ich bin Frauen wie sie nicht gewohnt.«

»Aha«, sagt der König. »Und wie meinst du das?«

»Sie ist sehr selbstbewusst.«

Der König nickt. »In der Tat.«

»Dass sie sich so heimlich davongemacht hat, hat mich doch sehr getroffen. Es zeigt eine gewisse Missachtung meiner Person.«

»Die du dir selbst zuzuschreiben hast.«

»Ich bin entschlossen, es wiedergutzumachen.«

»Und wie stellst du dir das vor?«

»Ich will ihr entgegenreiten, ihr zeigen, wie viel mir an ihr liegt. Ein neuer Anfang. Ich will um sie werben, wie es sich gehört.«

Der König runzelt die Brauen. »Wenn du gestattest, will ich ehrlich zu dir sein. Du bist ein Mann von Wert, ganz ohne Zweifel. Aber was Frauen angeht, fehlt dir ... wie soll ich es sagen ... das feine Händchen.«

»So, meinst du. Vielleicht hast du recht. Aber ich werde mich bemühen.«

Baudouin studiert Foulques' Miene. Ist ihm ernst damit? Oder geht es dem Kerl am Ende doch nur um die Aussicht auf die Krone? Neben all den politischen Zwängen, die Baudouin umtreiben – er ist ja nicht nur König, sondern auch Vater –, möchte er natürlich auch, dass Melisende glücklich wird, mit einem Mann, der sie liebt. Und bisher hat Foulques wenig davon gezeigt.

»Ich bitte dich, Baudouin«, sagt Foulques. »Erlaube mir, ihr entgegenzureiten und sie von meinen wärmsten Gefühlen für sie zu überzeugen.«

Nachdenklich streicht Baudouin sich über den langen Bart. Er seufzt. »Na schön. Warum nicht? Am besten nimmst du die Küstenstraße. Das ist der schnellste und sicherste Weg, den selbstverständlich auch Raol de Montalban nehmen wird.«

»Ich weiß, die alte Römerstraße. Ich kenne sie gut von früher«, sagt Foulques und neigt leicht das Haupt. »Ich danke dir, Baudouin. Wünsch mir Glück!«

✠

Später sitzt Baudouin in seinen Gemächern am Tisch und isst. Er hat keine Lust, sich zu den Baronen und Rittern zu gesellen, die in der Halle seinen Wein saufen. Heute Abend ist er zu müde dafür. Stattdessen hat er sich etwas aus der Küche kommen lassen: Brot, kaltes Fleisch, ein großes Stück von der Wurst, die er mag und die nach einem Rezept aus der Heimat zubereitet wird. Und Wein. Guten Rotwein von den Weingärten der Gegend.

Die Tür öffnet sich, und Hodierna tritt ein. »Du hast mich rufen lassen, Vater?«

»Komm, und setz dich. Du kannst mir Gesellschaft leisten.«

Hodierna hockt sich neben ihn. »Wie war die Jagd?«

Er zuckt mit den Schultern. »Wie gewöhnlich. Irgendwie hatte ich heute nicht so viel Spaß daran wie sonst.«

»Und wieso?«

»Na ja, du weißt schon.«

»Du machst dir Sorgen um Melisende.«

Baudouin nickt. »Natürlich mache ich mir Sorgen. Ich hoffe, dass alles so abgelaufen ist wie erhofft und dass wir sie bald wieder in die Arme schließen können. Ich denke, man kann diesem Usama trauen, aber ein Rest Unsicherheit bleibt natürlich. Sie fehlt mir, unsere Melisende.«

»Mir auch, Vater.«

Baudouin beißt ein Stück von seiner Wurst ab, kaut und spült sie mit einem kräftigen Schluck Wein herunter. »Foulques will ihr entgegenreiten.«

»Was? Das ist aber gar keine gute Idee.«

»Ich weiß. Aber er will sein schlechtes Benehmen wiedergutmachen. Er will ihr zeigen, dass er sie liebt.«

»Ach, auf einmal? Er fürchtet wohl, dass ihm die Felle wegschwimmen. Dass die Thronfolge wackelt.«

»Du bist zu harsch, Hodierna. Ich habe es ihm erlaubt.« Baudouin bricht ein Stück Brot ab und steckt es sich in den Mund. »Möchtest du Wein?«, fragt er mit vollem Mund.

Hodierna schüttelt den Kopf. Dann fragt sie: »Warum ist es so wichtig, dass sie ausgerechnet diesen Kerl heiratet?«

»Herrgott, Tochter, fängst du schon wieder davon an!«

»Ja, ich fange schon wieder davon an. Wegen deiner Engstirnigkeit ist sie geflohen und in Gefangenschaft geraten. Dabei hat sie noch Glück gehabt. Wer weiß, was ihr alles hätte passieren können.«

»Ich weiß.« Baudouin nickt betroffen. »Aber wie sollte ich denn sonst handeln? Ich werde langsam alt und muss mich um die Nachfolge kümmern. Ist dir nicht bewusst, wie unsicher unsere Lage hier immer noch ist?«

»Unsicher? Was meinst du damit? Jerusalem war noch nie so stark.«

»Lass es mich erklären: Vor dreißig Jahren sind wir mit dem großen Pilgerheer aus der alten Heimat hierhergekommen, um Jerusalem zu befreien. Ich war von Anfang an dabei, wie du weißt. Mein Vetter Baudouin und ich, wir haben Edessa erobert. Bohemund von Tarent hat die Seldschuken aus Antiochia vertrieben, Godefroy de Bouillon ist es gelungen, Jerusalem zu erobern. Und die Provenzalen haben Tripolis belagert und schließlich ebenfalls eingenommen.«

»Ich weiß das alles, Vater. Ihr Alten redet ohne Ende davon.«

»Aber weißt du auch, wie schrecklich und verlustreich das war? Und wie schwer es war, die Eroberungen zu halten? Die meisten Überlebenden des Pilgerheers sind wieder in die Heimat zurückgekehrt. Nur wenige sind geblieben. Die hatten die Schnauze voll. Aber der Feind hat nicht lockergelassen. Mein Vetter musste, nachdem er nach Gottfrieds Tod König wurde, einen Kampf nach dem anderen führen, um unser kleines Königreich zu verteidigen und zu festigen. Gegen Ägypter, gegen Seldschuken und gegen Araber. Unzählige Male stand es auf Messers Schneide. Uns Fürsten ging es nicht besser. Du warst noch klein und erinnerst dich vielleicht nicht, aber auch ich war andauernd in Kriegshandlungen verwickelt.«

»Ich erinnere mich sehr wohl, Vater. Mutter lebte in ständiger Angst, dir könnte etwas zustoßen.«

»Gut, dann weißt du Bescheid. Trotz unzähliger Angriffe und Kriege haben wir uns halten und unsere Reiche sogar stärken können. Aber die Sarazenen, besonders die Seldschuken, sind erpicht darauf, uns aus dem Heiligen Land zu vertreiben. Und seit *Ager Sanguinis* sind sie überzeugt, sie können uns schlagen. Deshalb ist es mir so wichtig, Damaskus einzunehmen. Das würde uns enorm stärken. Der junge Buri ist schwach, kein Vergleich zu seinem Vater. Der viel gefährlichere Feind ist Zengi von Mossul und Aleppo. Gegen den müssen wir uns wappnen.«

»Und was hat das alles mit Melisende zu tun?«, fragt Hodierna ungeduldig. »Sie wird dir gegen einen wie Zengi kaum helfen können.«

»Oh doch!«, sagt Baudouin. »Nicht direkt, natürlich. Sie ist ja kein Krieger und kein Heerführer. Aber wir Christen können nur bestehen, wenn wir untereinander einig sind. Und Familienbande stärken die Einigkeit. Ich habe keine Söhne, aber ich habe Töchter.«

»Ich beginne zu verstehen«, erwidert Hodierna mürrisch.

»Warum, denkst du, habe ich deine Mutter geheiratet? Doch nur, um Krieger und Unterstützung von deinem Großvater Gabriel zu bekommen. Ohne die armenischen Krieger von Melitene hätten wir Edessa nicht verteidigen können.«

»Ich dachte immer, du hast sie geliebt.«

»Natürlich haben wir uns geliebt. Sie war der Augapfel meines Lebens. Aber die Liebe ist nach der Hochzeit gewachsen. Und ich denke, Melisende wird es ähnlich gehen.«

»Verstehe ich das richtig? Wir Töchter sind deine Waffe gegen die Uneinigkeit der Fürsten?«

»Natürlich. Alice hat den jungen Prinzen von Antiochia geheiratet. Sie lieben sich, und er ist uns sehr verbunden. Und was

Jerusalem angeht, so brauchen wir einen starken und erfahrenen Heerführer. Alle, auch ich, haben sich auf Foulques für diese Rolle geeinigt. Er ist ein erfahrener Kriegsmann. Er kennt sogar ein wenig unser Land. Deshalb soll er mich beerben und König werden. Die Ehe mit deiner Schwester macht dies möglich.«

Sie schweigen eine Weile. Hodierna wirkt wenig überzeugt. »Und was hast du mit mir vor?«, fragt sie schließlich misstrauisch.

Baudouin zögert einen Augenblick. Dann sagt er: »Du, mein Herz, wirst Raimond von Tripolis heiraten.«

»Den Sohn des Grafen? Einen Provenzalen?«

»Er wird eines Tages Graf von Tripolis sein.«

»Aber der ist doch noch ein Kind!«

»Er ist dreizehn.«

Sprachlos starrt Hodierna ihren Vater an. Langsam steigt ihr die Röte ins Gesicht. Plötzlich springt sie auf und wischt mit einer energischen Armbewegung die Reste seines Mahles vom Tisch samt Weinkelch und Karaffe. Scheppernd kracht alles zu Boden.

»Das kannst du vergessen, Vater!«

Sie stürmt aus dem Gemach und knallt die Tür hinter sich zu. Kopfschüttelnd betrachtet Baudouin die Trümmer seines Mahles und seufzt. »Vier Töchter. Ich sag's ja immer: schlimmer als Flöhe hüten.«

✠

Es ist Nachmittag. Der Himmel ist tiefblau und die Luft trocken. Unerbittlich brennt die Sonne herab. Auf den baumlosen, ausgedörrten Hängen, auf denen Raol und Melisende sich bewegen, ist es brütend heiß. Unter der Tunika, die Melisende sich um den Kopf gewickelt hat, läuft ihr der Schweiß herunter. Mensch und Tier leiden Durst. Ihr Wasservorrat ist seit Stunden aufgebraucht. Das meiste haben die Pferde bekommen, die die größte Anstrengung zu leisten haben und sich in diesem wilden, oft steilen Gelände mit unsicheren Hufen Halt suchen. Sie folgen einem engen, aber einigermaßen gangbaren Wildpfad, der am Hang entlang verläuft.

Melisendes Stute lahmt stärker als zuvor und fällt immer wieder zurück, sodass Raol genötigt ist zu warten. Schließlich steigt er ab, um sich ihr Hinterbein anzusehen. Auch Melisende lässt sich aus dem Sattel gleiten. Die Stute hat Schmerzen, sie schont das Bein, hält es hoch, um den Huf nicht aufzusetzen. Als Raol das Bein berührt, zuckt sie mit einem kläglichen Wiehern zurück.

»Das Fesselgelenk ist stark geschwollen«, sagt Raol. »Das sieht nicht gut aus. Lange hält sie nicht mehr durch.«

»Was können wir tun?«

»Wir werden sie zurücklassen müssen. Du kannst auf Ghalib reiten.«

»Sie zurücklassen? Auf keinen Fall!«, protestiert Melisende. »Heute Morgen haben wir weiter unten im Tal ein Rudel Löwen gesehen. Hier in der Einöde überlebt sie nicht lange.«

»Aber sie wird dich bald nicht mehr tragen können.«

Doch Melisende schüttelt trotzig den Kopf. »Dann geh ich zu Fuß. Die Stute ist ein gutes Pferd. Ich hab sie lieb gewonnen. Wir können sie nicht einfach ihrem Schicksal überlassen. Würdest du das mit deinem Hengst tun?«

Raol zuckt mit den Schultern, sagt aber nichts.

»Warum klettern wir nicht einfach übers Gebirge? Wenn wir die Küstenstraße erreichen, sind wir in Sicherheit.« Sie blickt sich um, ob es nicht einen Weg, einen Pass übers Gebirge gibt. Doch über ihnen ist nichts als eine unüberwindliche Wand aus zerklüfteten Felsen, die in der Sonne brüten. Hoch oben, in einer Felswand, kann sie eine Gruppe Steinböcke ausmachen.

»Das schaffen wir nicht. Hier gibt es keinen Pass«, erwidert

344

Raol. »Außerdem müssten wir dann beide Pferde zurücklassen. Es ist höher, als es von hier aussieht. Nein, das kommt nicht infrage.«

»Aber wir müssen uns auch mal ausruhen. Seit drei Tagen irren wir durch die Gegend.«

»Verirrt sind wir nicht. Wir versuchen nur, unsere Verfolger abzuhängen.«

»Verdammt! Ich hab langsam genug«, stößt Melisende frustriert hervor und lässt sich erschöpft auf einen Felsbrocken fallen. »Wie lange müssen wir noch vor diesen Bastarden fliehen? Wann ist das endlich vorbei?« Sie hat Tränen in den Augen.

Raol hockt sich zu ihr. »Du darfst nicht den Mut verlieren.«

Melisende wischt sich den Schweiß aus dem Gesicht. Und die Träne, die ihr über die Wange gelaufen ist. »Sieh uns doch an! Es ist heiß, wir schwitzen uns zu Tode und sind hundemüde. Das Wasser ist uns ausgegangen. Wir werden verfolgt und haben kein Versteck. Und jetzt lahmt auch noch mein Pferd. Da soll man nicht den Mut verlieren? Und sag jetzt bloß nicht, du hast schon Schlimmeres erlebt!«

Raol lächelt. »Nein, das sage ich nicht. Aber etwas anderes. Nämlich, dass du eine sehr tapfere Frau bist.«

Erstaunt sieht sie ihn an. »Ach, wirklich? Du willst mich wohl aufmuntern?«

»Nein, im Ernst. Du versorgst meine Wunde, bist zu allem bereit und beklagst dich nicht.«

»Gerade habe ich mich aber beklagt.«

»Zum ersten Mal. Und mit Recht. Wie gesagt, ich bin beeindruckt. Das hatte ich nicht erwartet.«

»Hast du gedacht, ich würde beim Anblick einer Maus schreiend davonlaufen?«

Raol grinst. »So was in der Art.«

Melisende holt tief Luft. »Danke, Raol. Es tut gut, das von dir zu hören.« Sie lächelt ein wenig. »Danke.«

Eigentlich sollte sie ihm jetzt auch etwas Freundliches sagen. Er hätte es verdient – weil er sich um sie und die Tiere kümmert, vor allem aber, weil er ihr Hoffnung gibt. Am liebsten würde sie jetzt den Kopf an seine Schulter legen.

»Danke«, sagt sie noch einmal.

Raol nickt nur und blickt ins Tal. Sie schweigen eine Weile. Ja, sie mag ihn, diesen Raol de Montalban. Trotz seiner manchmal rauen Seite. Und obwohl sie seine harsche Meinung über das Leben im Heiligen Land nicht teilt. Dennoch, die Tage der Flucht haben sie einander nähergebracht. Und während sie ihn betrachtet, wie er dasitzt und in die Ferne starrt – seine ernsten Züge, seine klugen Augen –, und sich über ein seltenes Lächeln von ihm freut, da wird ihr mit einem Mal bewusst, wie sehr sie ihn mag. Als Beschützer und Freund natürlich. Oder gar als Mann?

Um solch verwirrende Gedanken nicht weiterzuführen, steht sie auf. »Jetzt fühl ich mich besser«, sagt sie. »Marschieren wir weiter.«

Doch Raol bleibt sitzen. »Warte«, sagt er leise. »Ich glaube, da bewegt sich was.« Er starrt angestrengt in die Richtung, aus der sie gekommen sind. Dann steht er ebenfalls auf. »Da sind drei Reiter, siehst du sie? Noch ziemlich weit entfernt, aber sie sind genau auf unserer Fährte.«

Erschrocken blickt sie in dieselbe Richtung. Zuerst kann sie nichts entdecken, doch dann … »*Nom de Dieu!*«, entfährt es ihr, und sie bekreuzigt sich. »Was sollen wir tun? Bist du sicher, dass sie das sind?«

»Ich denke, sie haben uns noch nicht gesehen. Aber wer sonst sollte es sein?« Er runzelt die Brauen. »Wie zum Teufel haben die nur unsere Spur entdeckt?«

»Komm! Wir müssen hier weg, Raol! Schnell!«

Melisendes Herz schlägt wie wild. Sie hat Angst, und sie versteht nicht, warum er noch zögert.

Raol beschattet die Augen mit der Hand, um besser sehen zu können. »Bei Gott, sie haben Hunde!«, sagt er. »Zwei von den Biestern. Jagdhunde wahrscheinlich. Die folgen unserer Fährte.«

»Dann finden sie uns auf jeden Fall.«

»Warte noch. Ich will wissen, wie viele es sind. Bis jetzt sehe ich nur die drei Reiter.«

Melisende beißt sich vor banger Ungeduld auf die Lippe. *Wie kann er nur so ruhig bleiben? Wir müssen weg, uns irgendwo verstecken. Aber wo?* Sie schaut sich verzweifelt um. Vielleicht können sie noch rechtzeitig fliehen. Aber mit der lahmen Stute?

»Es sind nur diese drei Reiter. Mehr nicht«, sagt Raol nach einer Weile. »Ich wette, das sind die Späher, die wir am Orontes gesehen haben. Sie kommen nicht besonders schnell voran. Kein Wunder, bei dem Gelände.«

»Und wir?«, ruft Melisende aufgeregt. »Was sollen wir jetzt machen? Wir müssen doch irgendwas tun!«

Raol sieht sich sorgfältig nach allen Seiten um. »Dann zeigt er auf eine große Felsenklippe, etwa dreihundert Meter weiter in ihrer ursprünglichen Marschrichtung. Dahinter scheint es eine Senke zu geben. Oder eine Schlucht.

»Dorthin!«, sagt er. »Aber langsam. Wenn wir uns zu schnell bewegen, sehen sie uns. Die Pferde führen wir am Zügel. Die könnten bei der Entfernung als Wildtiere durchgehen.«

Raol marschiert mit seinem Hengst am Zügel voran. Melisende folgt ihm mit der Stute. Immer wieder blickt sie sich verstohlen um. Sind die Reiter näher gekommen? Schwer zu sagen. Sie sind noch zu weit entfernt. Am liebsten würde sie rennen, aber sie beherrscht sich.

Endlich schaffen sie es hinter die hohe Felsenklippe. Zumindest sind sie jetzt nicht mehr zu sehen. Unter ihnen liegt eine Schlucht. Sie ist nicht besonders tief, eher flach, aber voll von grünem Gras, von Büschen und Bäumen. Aus der Höhe fällt in Kaskaden ein Bach und plätschert in einem Bett aus Steinen und

Felsbrocken ins Tal. Raol sieht sich sorgfältig um. Dann blickt er nach oben und studiert die Felswand, an der sie stehen.

»Da kann man leicht hochklettern«, sagt er.

»Was hast du vor?«

Er überlegt einen Augenblick. »Wir bringen die Pferde runter und verstecken sie, so gut es geht. Dann kommen wir hierher zurück.«

Es ist ihr ein Rätsel, was er vorhat, aber sie will ihn nicht mit Fragen aufhalten. Nicht mit den Seldschuken im Anmarsch. Raol wird schon wissen, was er tut.

Sie steigen mit den Pferden hinunter in die Schlucht. Eigentlich ist es eher eine Senke als eine Schlucht, und der Abstieg ist nicht sehr schwer. Trotzdem hat die Stute mit ihrem verletzten Gelenk Schwierigkeiten. Unten riechen die Pferde das Wasser und zerren heftig an den Zügeln. Sie wollen saufen. Aber dafür ist keine Zeit. Nachdem sie die Tiere mitten in einem dichten Gestrüpp an eine Kiefer gebunden haben, steigt Raol wieder hinauf.

»Komm! Beeil dich!«

Oben angekommen, späht er vorsichtig um den Felsen. »Sie sind näher gekommen. Aber wir haben Zeit genug.«

»Zeit für was?«, haucht sie mit klopfendem Herzen.

»Für unseren Hinterhalt.« Er zeigt auf einen Felsvorsprung, der einer unregelmäßigen Treppenstufe ähnelt und quer und etwas schräg über die Felswand verläuft, etwa acht Fuß in der Höhe. »Klettere schon mal hoch. Du wirst sehen, es ist nicht schwer.«

»Und du?«

»Ich sammle ein paar Steine. Die reiche ich dir hoch.«

Er zeigt ihr, wo sie die Füße setzen soll, und mit ein paar Klimmzügen ist sie auch schon oben. Viel Platz ist hier nicht, gerade mal genug für ihre Füße. Sie stützt sich einen Moment am Felsen ab und dreht sich dann vorsichtig um.

Raol sucht derweil nach schweren Steinen, die er zu ihr hinaufwuchtet. Sie muss sich bei der Annahme seitwärts hocken, um nicht herunterzufallen. »Stell dich etwas weiter links von dir auf«, sagt er, »und nimm die kleineren Steine für dich. Die beiden schweren Brocken sind für mich.«

Sie tut, was er ihr gesagt hat. Kleinere Steine ist gut, denkt sie. Die Dinger sind schwer genug. Und langsam ahnt sie, was er vorhat.

Raol späht noch einmal um die Felsecke. »Nicht mehr lange«, sagt er und klettert ebenfalls zu ihr hoch. »Pass auf: Die Hunde haben die Nase am Boden. Die sehen uns nicht, aber sie werden weiter unsere Spur verfolgen und in die Schlucht laufen. Und wir werfen den Reitern die Felsbrocken an den Kopf, sobald sie an uns vorbeikommen. Ich nehme mir den Ersten vor, du dir den Zweiten und, wenn's geht, auch den Dritten, während ich runterspringe, um sie unschädlich zu machen.«

»Bist du dir sicher, das klappt?«

»Wir müssen es versuchen.«

Melisende sieht ihn mit weit aufgerissenen Augen an. »Ich weiß nicht, ob ich das fertigbringe.«

»Du kannst das. Ich hoffe nur, die Kerle tragen keine Helme. Die meisten Seldschuken sind berittene Bogenschützen und tragen für gewöhnlich nur einen Brustschutz und Lederkappen.«

Melisende schluckt. »Ich versuch's«, sagt sie.

»Hier, nimm meinen Dolch. Der ist länger als deiner. Nur, falls du ihn brauchst. Steck ihn dir in den Gürtel.«

Während sie warten, rinnt Melisende der Schweiß aus den Achseln, ihr Herz klopft heftig. Sie bückt sich seitwärts und greift nach einem ihrer Steine. Er ist so schwer, dass sie ihn besser mit zwei Händen hält. Sie lehnt sich mit dem Rücken gegen den Felsen und lauscht auf das gelegentliche Bellen der Hunde, das jetzt deutlich zu hören ist. Gleich ist es so weit. Vor Anspannung fängt sie an zu zittern.

Raol prüft, ob sein Schwert sich mühelos ziehen lässt. Dann packt auch er einen seiner Felsbrocken. Er blickt zu ihr herüber. »Ganz ruhig«, raunt er ihr zu. »Atme tief durch. Denk nur an das, was du tun wirst, und an nichts anderes.«

Sie nickt, konzentriert sich einen Augenblick lang nur auf ihren Atem und stellt sich vor, wie sie den Stein wirft. Es hilft. Ihr Zittern beruhigt sich.

»Wenn ich es dir sage, hebst du den Stein über den Kopf, und sobald der zweite Reiter auftaucht, wirfst du ihm den Stein so heftig an den Kopf, wie du kannst. Aber fall nicht runter, und sei bereit, gleich noch mal zu werfen, solltest du ihn verfehlen. Ist das klar?«

»Verstanden«, murmelt sie und holt noch einmal tief Luft, um das Flattern in ihrem Magen zu beruhigen. Ihr Mund ist vor Angst so trocken, dass sie kaum schlucken kann. Nicht mal Wasser haben sie da unten am Bach in der Eile trinken können.

Dann hört sie auch schon langsame Hufschläge und das Hecheln der Hunde. Wenig später tauchen unter ihnen die schlanken Körper zweier großer Jagdhunde auf. Wo Raol die Steine aufgesammelt hat, halten sie an, schnüffeln herum, dann rennen sie mit der Nase am Boden wieder los und stürzen sich mit aufgeregten Lauten in die Schlucht. Sie müssen die Pferde gewittert haben.

Die Hufschläge der Reiter sind jetzt ganz nahe. Melisende hört einen der Männer etwas auf Türkisch sagen.

»Stein hoch!«, raunt Raol ihr zu.

Sie tut es. Ihr Herz schlägt bis zum Hals. Sie hat Angst, das Gleichgewicht zu verlieren und abzustürzen. In diesem Moment taucht der erste Seldschuke auf. Er reitet nicht mehr als drei oder vier Fuß entfernt vorbei. Der Mann ist gekleidet, wie Raol gesagt hat. Er trägt ein Schwert an der Seite, und über den Rücken hat er einen Bogen geschlungen. Ein Blick nach rechts oben, und er würde ihre Füße sehen. Aber er späht nur nach den Hunden, die in der Schlucht verschwunden sind und dort unten laut bellen und die beiden Pferde unruhig machen.

Raol lässt den Mann passieren, bis dicht hinter ihm der zweite Seldschuke auftaucht. Erst dann schleudert er den schweren Felsbrocken auf den Ersten.

Melisende hat den Atem angehalten. Sie hat jetzt nur den zweiten Reiter vor Augen und bekommt den dumpfen Aufschlag, als Raols Stein den Mann an Kopf und Hals trifft, nur am Rande mit. Als der zweite Mann direkt unter ihr vor Schreck sein Pferd anhält, schleudert sie den Stein. Genau in diesem Augenblick reißt der Kerl den Kopf herum und blickt zu ihr hoch. So trifft der schwere Stein ihn mitten ins Gesicht. Ohne zu sehen, was sie angerichtet hat, bückt sie sich nach einem weiteren Stein.

Raol ist mit dem Schwert in der Faust von der Felskante gesprungen. Beim Aufprall geht er kurz in die Knie, im nächsten Moment aber wendet er sich schon dem Kerl zu, den er getroffen hat. Der gleitet vom Pferd, schlägt mit dem Kopf an den Felsen und bleibt liegen. Sein Gaul verliert den Halt und rutscht ein Stück den Hang hinunter.

Raol spürt etwas hinter sich, wirbelt herum und entgeht so gerade noch den Hufen des bockenden zweiten Pferdes. Dessen Reiter hat Blut im Gesicht und wankt im Sattel. Der Gaul in seiner Panik streckt den Hals und beißt nach Raol. Der reißt die Schwertklinge hoch und trifft das Tier am Hals. Schrill wiehernd reißt es den Kopf hoch. Raol muss die Kehle getroffen haben, denn dem Pferd schießt Blut aus Hals und Maul. Raol packt es am Zügel und zerrt es daran so heftig nach rechts, dass es stürzt, seinen Reiter mit sich reißt und halb unter sich begräbt.

Raol springt hinterher, um den Mann zu töten. In diesem Augenblick taucht der dritte Reiter auf. Bei dem Anblick, der sich ihm bietet, zerrt er mit einem überraschten Schrei an den Zügeln, um sein Pferd anzuhalten. Dann zieht er das Schwert. Doch da trifft ihn auch schon mit Wucht Melisendes Stein, zwar nicht am Kopf, aber immerhin am Schwertarm. Mit einem Grunzen zuckt er zurück, blickt hoch und sieht Melisende, die sich am Felsen festhält, um nicht herunterzufallen.

Dann fährt sein Blick herum. Vor ihm liegen seine Kameraden am Boden, einer reglos, der zweite wehrlos, mit blutüberströmtem Gesicht halb unter seinem Gaul begraben. Über ihn gebeugt der Templer, der ihm gerade das Schwert in die Brust rammt.

Das ist zu viel für den Mann. Er reißt seinen Gaul herum und ergreift die Flucht. Ihm folgt das Pferd des ersten Reiters. Es ist wieder auf die Beine gekommen, rempelt Raol an und rast in Panik um die Felsecke herum dem Flüchtigen hinterher.

Aber es ist noch nicht vorbei, denn als Raol sich nach dem ersten Reiter umsieht, fallen ihn die Hunde an. Einer verbeißt sich wild knurrend in seinen linken Arm, den er hochgerissen hat, um sich zu schützen. Der andere versucht, ihm an die Gurgel zu gehen, doch im letzten Augenblick dreht Raol sich weg. Trotzdem hätte es ihn beinahe umgeworfen, besonders da der erste Hund an seinem Arm zerrt und sich müht, ihn von den Füßen zu reißen.

Jetzt versucht der zweite Hund, ihn am Schwertarm zu packen. Doch Raol reißt die Klinge hoch, dreht sich und zerrt den am Arm hängenden Köter mit und hackt ihm mit Wucht in den Rücken. Der Hieb muss Wirbel durchtrennt haben, denn der Hund fällt jaulend von ihm ab und rollt den Hang hinunter.

Der andere lässt immer noch nicht von ihm ab, versucht, an ihm hochzuspringen. Fast hätte er Raol dabei am Hals erwischt. Als der Hund abermals springt, trifft ihn die Schwertklinge am Bauch und reißt eine tiefe Wunde.

Schwer atmend hält Raol inne und blickt auf den sich jaulend am Boden wälzenden Hund. Um den muss er sich nicht mehr kümmern. Er dreht sich zu dem Pferd um, das immer noch wild strampelnd auf dem toten Seldschuken liegt und sich vergeblich bemüht, auf die Füße zu kommen. Raol muss es schlimmer getroffen haben als gedacht, denn Blut schießt dem Tier in rhythmischen Fontänen aus dem Hals.

In diesem Augenblick spürt er eine Bewegung hinter sich. Es ist der erste Reiter, offensichtlich wieder zum Leben erwacht, der mit dem Schwert weit ausholt, um ihm den Schädel zu spalten. Raol stolpert zurück, kann seine Waffe nicht rechtzeitig heben, um den Streich zu parieren. Er sieht sich schon getroffen, als der Mann plötzlich mit erhobenem Arm erstarrt. Er wankt einen Augenblick lang, lässt dann das Schwert fallen und bricht zu Raols Füßen zusammen.

Melisende steht halb gebückt dahinter und starrt mit weit aufgerissenen Augen auf den Mann, der vor ihr liegt. Tief im Genick des Kerls steckt Raols Dolch.

Dann treffen sich ihre Blicke. Mit einem gequälten Aufschrei kommt sie gerannt und wirft sich ihm wimmernd an die Brust. Sie zittert am ganzen Leib und presst sich an ihn. »Halt mich fest«, stöhnt sie. »Halt mich fest!«

Raol lässt sein blutiges Schwert fallen und schlingt beide Arme um sie. »Es ist gut. Du musst dich nicht mehr fürchten.« Er drückt sie fester an sich. »Und danke! Du hast mir das Leben gerettet.«

QILITSCH IST ENTSCHLOSSEN

Melisendes Herz schlägt wie wild, sie atmet heftig. *Herr im Himmel, was hab ich getan? War das wirklich ich?* Sie spürt Raols Arme um sich, hört seine beruhigenden Worte. »Es ist gut, Melisende. Beruhige dich, es ist vorbei. Du musst dich nicht mehr fürchten!«

Aber sie klammert sich weiter an ihn, zitternd wie Espenlaub. Nicht vor Angst, sondern vor Aufregung und Schock über das, was sich vor wenigen Augenblicken abgespielt hat, was sie getan hat. Sie hat einen Menschen umgebracht. Wie, um alles in der Welt, hat sie das fertiggebracht?

Langsam beruhigt sich ihr Herzschlag. In Raols starken Armen fühlt sie sich geborgen. Am liebsten würde sie noch lange so verharren, ihn umklammern, sich wiegen lassen, seine tiefe Stimme hören. Dann wird ihr bewusst, wie unpassend das ist. Verlegen macht sie sich von ihm los und tritt einen Schritt zurück.

Als sie ihn ansieht, merkt sie, dass die Umarmung auch ihn nicht unberührt gelassen hat. Etwas Verletzliches ist in seinen Augen – und eine gewisse Zärtlichkeit. Ihre Tunika ist ihr beim Sprung vom Felsen vom Kopf geglitten, sodass das Haar ihr nun bis tief über die Schultern fällt.

»Du hast mir das Leben gerettet«, sagt er. »Ich danke dir.« Er streckt seine Hand aus und streicht ihr eine feuchte Locke aus der Stirn.

Gleich darauf aber wendet er sich brüsk ab, als wolle er ihr nicht länger erlauben, in seine Seele zu schauen, und betrachtet ihr gemeinsames Werk der Zerstörung.

»Scheint, wir haben heute mehr Bestien als feindliche Krieger getötet«, bemerkt er spöttisch.

Sein abgeklärter Ton reißt sie aus ihrer Verzauberung, und sie sieht sich ebenfalls um. Raols Hinterhalt ist geglückt und hat zwei Männern und einem Pferd das Leben gekostet. Die Hunde leben noch. Sie winseln herzerweichend. Einer kriecht am Boden und zieht seine Gedärme hinter sich her. Der andere versucht, auf die Füße zu kommen, doch es gelingt ihm nur mit den Vorderbeinen.

»Was ist mit deinem Arm?«, fragt sie besorgt.

Er zieht den Ärmel des Gambesons hoch. Der Unterarm ist stark gerötet, auch etwas Blut ist zu sehen. »Der verdammte Köter hat richtig zugepackt. Aber das dicke Leder hat das meiste abgehalten.«

Er lässt den Ärmel zurückgleiten und hebt das Schwert vom Boden auf. Melisende weiß sofort, was er vorhat, und sieht weg. Trotzdem zuckt sie zusammen, als er die Hunde nacheinander von ihren Leiden erlöst. Ein dumpfer Schlag, ein Winseln, ein zweiter Schlag, dann schweigen beide für immer. Melisende atmet aus.

Raol wischt das Schwert an den Hosenbeinen des toten Seldschuken sauber und lässt es zurück in die Scheide gleiten. »Schade, dass der Gaul verreckt ist«, sagt er. »Ich hätte ihn sonst gegen deine Stute ausgetauscht.«

Raols kaltschnäuziger Umgang mit den Hunden macht sie betroffen. »Die armen Tiere tun mir leid«, sagt sie. Doch dann erinnert sie sich daran, wie die Hunde über ihn hergefallen sind. Wie blutrünstige Raubtiere. Ein zielgenauer Biss in seine Gurgel, und er wäre jetzt tot.

»Wir müssen so schnell wie möglich von hier verschwinden«, sagt Raol. »Wir wissen nicht, wie nah der Rest der Bande ist. Aber vorher schauen wir nach, was wir brauchen können.«

Er zieht seinen Dolch aus dem Genick des Toten, streift die

Klinge sauber und steckt sie in die Scheide. Dann rollt er die Leiche auf den Rücken. »Ein schöner Türkendolch für dich.« Er öffnet den Gürtel des Seldschuken, zieht den Dolch samt Scheide ab und reicht ihn Melisende. »Brauchst du einen Gürtel? Nein, du hast schon einen. Aber den Bogen können wir gebrauchen.«

Er nimmt Bogen und Köcher und legt sie beiseite. Dann geht er zu der Stelle, wo das tote Pferd liegt, und nimmt die hinter dem Sattel aufgeschnallte Decke ab. »Hier, halt mal.«

Den Dolch hat Melisende in ihren Gürtel gesteckt. Jetzt nimmt sie die Decke aus gutem Kamelhaar entgegen, während Raol in den Satteltaschen kramt. »Viel ist es nicht«, sagt er. »Ein vergammelter Ziegenkäse.« Den wirft er weg. »Eine Zunderbüchse, seine Feldflasche ... Das kann man gebrauchen ... ach, und hier ist eine Kufija. Wunderbar. Die ist für dich! Ein besserer Sonnenschutz als deine Tunika.«

Er steht auf und reicht ihr das Tuch. »Wir sollten uns auch etwas Fleisch mitnehmen. Was magst du lieber, Hund oder Pferd?«

»Bist du verrückt? Keines von beidem. Mir wird übel, wenn ich nur daran denke.« Entsetzt starrt sie ihn an. Wie kann er nur so gefühllos und abgebrüht sein, nachdem sie zwei Männer und diese Tiere umgebracht haben?

»Gut«, sagt Raol. »Dann also Pferd. Oder willst du lieber verhungern?«

Melisende schüttelt sich und wendet sich ab. »Ich geh nach meiner Stute sehen.«

Sie macht sich mit Decke und Kufija auf dem Arm auf den Weg hinab in die Schlucht. Unten bindet sie die Pferde los und führt sie zum Bach. Der Hengst beginnt als Erster, gierig zu saufen, gefolgt von der Stute, die hinter ihm herhinkt und ebenfalls dankbar das Maul ins Wasser steckt.

Wieder fragt sie sich, wie es sein kann, dass Raol das Töten behandelt, als sei es etwas ganz Normales. Wird man so als Krieger? Hätte ihr Vater sich ähnlich benommen?

Wahrscheinlich, denkt sie. Seit ihrer Flucht aus Jerusalem hat sie mehr Gewalt erlebt, als sie je erwartet hätte. Sie erinnert sich an Raols Worte, wie viel Blut seit Ewigkeiten im Heiligen Land vergossen wird. Wie können die Männer das nur aushalten, sich sogar daran gewöhnen? Und nun hat sie selbst gemordet. Der Gedanke lässt sie erneut erschauern.

Bald darauf taucht Raol mit einem schweren, blutigen Bündel in der Hand auf. »Bis jetzt ist niemand zu sehen«, sagt er. Das Bündel stopft er in eine seiner Satteltaschen.

Melisende vermeidet, ihn zu fragen, was er da hat. Sie will es gar nicht wissen. »Und? Wie geht's jetzt weiter?«

»Der Kerl, der uns entwischt ist, wird zu Qilitsch eilen und die ganze Bande herbringen.« Raol wäscht sich im Bach die blutverschmierten Hände. »Du musst dich leider von deiner Stute verabschieden. Sie würde uns nur aufhalten.«

»Du willst sie hierlassen? Einfach so?«

»Wir haben keine andere Wahl. Hier hat sie Wasser und Gras. Vielleicht erholt sie sich.«

»Und wenn Qilitsch sie findet?«

Raol antwortet nicht, zuckt nur mit den Schultern. Dann nimmt er der Stute Sattel und Zaumzeug ab. Den Sattel wirft er in die Büsche. Den Zügelriemen schneidet er von der Trense ab, rollt ihn zusammen und steckt ihn in seine Satteltasche. »Kann man noch brauchen«, sagt er. »Du reitest nachher auf Ghalib.«

»Und du?«

»Ich gehe zu Fuß.«

Er verzichtet auch weiterhin auf Kettenhemd und Helm, nimmt aber den Schwertgürtel ab und schnallt ihn sich über die Schulter, sodass das Schwert auf seinem Rücken liegt, damit es ihn beim Marschieren nicht behindert.

»Bleiben wir in den Bergen?«, fragt Melisende.

»Diesmal nicht.« Raol befestigt den Köcher am Gürtel und hängt sich den Bogen über die Schulter. »Qilitsch wird glauben, dass wir uns weiter hier oben versteckt halten. Deshalb steigen wir jetzt ins Tal ab. Unten verläuft eine Straße. Auf der wird sich unsere Spur mit denen vieler anderer mischen. Wir haben Glück, in einigen Stunden wird es dunkel. Qilitsch muss dagegen bis morgen warten, um nach Spuren suchen zu können. Wir werden die Nacht und den nächsten Tag nutzen, um den Litani zu erreichen. Vielleicht kommen wir sogar bis an den Jordan. Mit Glück haben wir sie dann endlich abgehängt.«

»An den Jordan«, sagt Melisende hoffnungsvoll. »Und von dort nach Jerusalem. Glaubst du, wir schaffen es?« Sie merkt selbst, wie seltsam sich das anhört. Vor Wochen konnte sie nicht schnell genug aus Jerusalem wegkommen. Nun klingt das Wort wie eine Verheißung.

Raol lächelt ihr ermutigend zu. »Warum nicht? Wir haben Waffen, ein Pferd und etwas zu essen. Und jetzt sogar einen Bogen. Damit können wir uns etwas erjagen. Also, nicht verzagen. Alles ist gut. Das heißt … wenn wir uns jetzt beeilen.«

Melisende geht schweren Herzens zu ihrer Stute, um sich zu verabschieden. Es tut ihr weh, das Tier zurückzulassen, aber sie weiß, dass Raol recht hat. Sie streicht ihr über den langen Hals und murmelt ihr leise Ermutigungen zu. Mit feuchten Augen wendet sie sich schließlich ab.

Raol hat inzwischen ein ganzes Bündel von langen Zweigen abgeschnitten. Die Blätter hat er drangelassen.

»Wozu ist das?«

Er reicht ihr das Bündel. »Damit wirst du unsere Spur verwischen, zumindest während der ersten Meilen. Dann wissen sie nicht, wohin wir uns gewendet haben. Hier, ich zeige dir, wie es geht.«

Nachdem sie ihre Feldflaschen und Raols Wasserschlauch aufgefüllt haben, machen sie sich auf den Weg. Raol führt seinen Hengst am Zügel und geht am Bach entlang voran. Hier wächst Moos und weiches Gras, in dem sie wenig Spuren hinterlassen, denn bis zum nächsten Morgen wird sich das Gras wieder aufgerichtet haben. Melisende folgt ihm und wischt an den wenigen Sandstellen jeden Huf- und Fußabdruck mit den Zweigen weg.

Die zurückgelassene Stute hört auf zu grasen und hinkt ein paar Schritte hinter ihnen her. Doch Raol hält kurz an und bewirft sie mit Steinen, bis die Stute aufgibt. Das Letzte, was Melisende von ihr sieht, ist, wie sie mit hängendem Kopf dasteht und ihnen nachblickt. Wenig später ist sie hinter Sträuchern verschwunden.

✠

Wütend betrachtet Nasir das Gemetzel vor seinen Augen. »Wie beim *Schaitan* konnte das geschehen?«, fragt er nicht zum ersten Mal den Späher, der dem Hinterhalt entkommen ist.

»Es kam völlig unerwartet, Herr.« Der Mann reibt sich unbewusst die Schulter, wo Melisendes Stein ihn getroffen hat.

»Das ist die Natur von Hinterhalten, du Dummkopf«, schnauzt Nasir ihn an und schlägt ihm in plötzlichem Zorn die Reitgerte quer übers Gesicht. Der Mann zuckt zurück. Über Nase und Wange erblüht ein blutiger Striemen.

»Ich weiß, Herr«, murmelt er unterwürfig.

»Ihr solltet sie nur ausfindig machen und dann berichten, verdammt noch mal! Und euch vor allem nicht in einen Kampf verwickeln lassen.«

»Lass den Mann in Ruhe«, sagt Qilitsch. »Und hör auf, ihn zu schlagen. Er hat nur seine Pflicht getan. Wir können uns glücklich schätzen, dass er überlebt hat. Sonst hätten wir die Fährte verloren.«

Nasir ist immer noch wütend. Nur mit Mühe beherrscht er sich. »Geh mir aus den Augen!«, schnauzt er den Späher an. Mit einem Blick gen Himmel knurrt er: »Herr, Allmächtiger! Warum hast du mich mit Idioten geschlagen?« Der Späher entfernt sich.

»Sag dem Jagdaufseher, er soll da unten am Bach alles abriegeln und sämtliche Spuren untersuchen!«, ruft Nasir ihm hinterher.

Qilitsch schüttelt den Kopf. »Du hast mal wieder recht gehabt. Sie haben sich also tatsächlich in die Berge geflüchtet. Wir können froh sein, dass die Hunde sie aufgespürt haben.«

»Wir haben sie aufgespürt, aber nicht gefasst.«

Qilitsch sieht sich die Felswand mit dem schmalen Vorsprung an, auf dem der Templer gestanden haben muss, bevor er den Felsbrocken geworfen hat, und auch die Thronerbin, wie der Späher berichtet hat. »Dieser verdammte Templer ist nicht zu unterschätzen«, sagt er.

»Wir werden sie kriegen!«, knurrt Nasir wütend, der den gelungenen Hinterhalt persönlich zu nehmen scheint. »Ich schwör's bei Allah!«

»Schwör lieber nicht«, erwidert Qilitsch. Sein Blick fällt auf das tote Pferd. »Sie haben sich an dem Gaul bedient. Also haben sie für eine Weile genug zu essen. Das alles muss jetzt vier oder fünf Stunden her sein. Ich frage mich, wohin sie sich jetzt gewandt haben. Hast du eine Idee? Du bist doch sonst so schlau.«

Die Bemerkung ärgert Nasir. Man sieht es an seiner Miene, aber er beherrscht sich. »Im Augenblick ist das schwer zu sagen. Warten wir ab, was unser Fährtenleser sagt.«

»Es ist schon fast dunkel. Viel wird er heute nicht mehr sehen können. Es sei denn, wir lassen ihn mit Fackeln suchen.«

Qilitsch und Nasir steigen in die Schlucht hinab, um zu hören, was der Jagdführer gefunden hat. Nach einer Weile meldet sich der Mann.

»Und?«, fragt Qilitsch.

»Am Bach haben wir zertrampeltes Gras vorgefunden und auch die Stelle, wo sie ihre Pferde angebunden haben. Aber leider keine Spuren, die irgendwo hinführen. Es ist jetzt aber auch zu dunkel.«

»Wir können Feuer machen, und du suchst mit Fackeln.«

»Wir haben keine Fackeln, Herr. Mit brennenden Ästen lässt sich wenig anfangen. Wenn wir gute Öllampen hätten, wär das was anderes. Ich denke, es ist besser, wir warten bis morgen früh.«

»Bist du wirklich sicher, wir könnten keine Spur finden?«

Der Mann hebt die Schultern. »Selbst wenn wir hier und da einen Abdruck finden, sagt uns das nicht viel. Sie könnten wieder die Richtung gewechselt haben. Nur eine richtige Fährte kann uns helfen, und dazu brauche ich Tageslicht.«

Qilitsch seufzt. »Na schön. Dann sollten wir jetzt das Lager aufschlagen, Feuer machen und die beiden Toten begraben. Auch die Hunde. Das waren meine verdammten Lieblingshunde.«

»Da ist noch was, Herr«, sagt der Mann. »Wir haben den Schild des Templers gefunden.« Er ruft einem der Männer zu, den langen, mit einem roten Kreuz bemalten Schild zu bringen.

»Wieso lässt der Kerl seinen Schild zurück?«, wundert sich Qilitsch. »Will er uns verhöhnen? Will er zeigen, dass er ihn nicht mehr braucht, weil er uns entkommen ist?«

»Wir haben auch einen Sattel gefunden.«

Qilitsch und Nasir sehen sich an. »Einen Sattel?«, fragt Qilitsch erstaunt.

Der Fährtenleser nickt. »In gutem Zustand. Nicht beschädigt. Ich schätze, eines ihrer Pferde ist verletzt und sie haben es zurückgelassen.«

»Und? Habt ihr den Gaul gefunden?«

»Nein, Herr. Jedenfalls nicht in der näheren Umgebung. Das Pferd muss weitergewandert sein.«

»Seltsam«, sagt Qilitsch zu Nasir. »Kannst du dir einen Reim darauf machen?«

Nasir zuckt mit den Schultern. »Das Pferd wird hier irgendwo in der Gegend sein. Morgen früh sehen wir weiter. Aber eines ist gut: Sie haben jetzt nur noch ein Pferd. Das sollte es leichter machen, sie einzuholen.«

»Wenn wir nur wüssten, wohin sie sich gewandt haben.«

»Wir werden morgen schon eine Spur entdecken, Herr«, sagt der Fährtenleser. »Niemand verschwindet, ohne eine Fährte zu hinterlassen.«

»Dann sieh zu, dass du sie findest«, sagt Nasir mit einem durchdringenden Blick. Die Drohung, die darin liegt, ist unmissverständlich.

✠

War der Abstieg bei Tageslicht noch einfach, so ist er jetzt bei Nacht umso schwieriger und gefährlicher. Nur eine dünne Mondsichel leuchtet ihnen den Weg. Dazu kommen die Geräusche der Nacht, ein Rascheln in den kargen Sträuchern, das ferne Heulen eines Wolfs, Fledermäuse, die in der Dunkelheit jagen. Eigentlich müsste sie daran gewöhnt sein. Es ist ja nicht ihre erste Nacht im Freien.

Aber bei jedem Schritt auf diesen unwegsamen Hängen fürchtet Melisende zu stolpern, in ein Loch zu treten und sich etwas zu brechen. Oder an einer steilen Stelle auszurutschen und zu stürzen. Auch Ghalib hat Mühe, die Hufe sicher zu setzen.

»Nicht so schnell«, stöhnt sie. »Können wir nicht mal eine Weile anhalten?«

Doch Raol gönnt ihnen keine Pause. Und so stolpern sie weiter mit dem Hengst am Zügel den Berg hinunter, über Steine und Geröll, um Felsen herum, an Gestrüpp vorbei, immer mit dem Geräusch des Bachs im Ohr, um nicht die Richtung zu verlieren.

Inzwischen ist der Mond untergegangen, und aus Norden weht ein kühler Nachtwind über die karge Berglandschaft. Im-

merhin sind sie jetzt viele Meilen vom Ort der blutigen Begegnung mit Qilitschs Spähern entfernt. Sie stehen am Ufer des
Bachs, dem sie gefolgt sind. Er ist breiter geworden und führt
mehr Wasser. Hier gibt es Gras und Sträucher, sogar ein paar
Bäume.

»Guter Ort für eine Rast«, sagt Raol. »Am besten schlafen wir
ein paar Stunden.«

»Ach, wirklich?«, fragt Melisende ätzend und reibt sich die
schmerzenden Knöchel. »Ich hätte gewettet, du seist drauf aus,
dass wir uns die Knochen brechen.«

Raol achtet nicht auf ihren Spott. Er versucht, eine flache
Stelle mit genug Gras für ihr Lager zu finden, während Melisende sich stöhnend am Bachufer niederlässt. »Mein Gott, ich
bin so müde, ich könnte im Stehen schlafen.«

Der Hengst tritt neben ihr ins Bachbett und steckt das Maul
ins Wasser. Auch Melisende hat Durst, aber keine Lust, sich
schon wieder zu erheben.

Raol scheint ein Plätzchen für sie gefunden zu haben. Er
reicht ihr die Decke des Seldschuken. »Die wird dich warmhal-
ten«, sagt er. Er füllt seine Feldflasche und gibt sie ihr. »Trink.
Du musst durstig sein.«

Melisende nimmt einen langen Zug aus der Flasche. »Hast du
keinen Hunger?«, fragt sie.

»Doch. Aber wir können kein Feuer machen. Falls Qilitschs
Leute da oben sind, würden sie es sehen.«

Er hilft ihr auf die Füße, führt sie zu der Stelle, die er für ihr
Nachtlager ausgesucht hat. Der dichte Bewuchs von Moos und
Kräutern macht, dass der Boden nicht zu hart ist. Nachdem sie
sich hingelegt hat, deckt er sie sorgfältig zu.

»Und du?«, fragt sie schläfrig.

»Ich bin hier. Mach dir keine Sorgen um mich.«

»Die Decke ist schön warm«, murmelt sie nach einer Weile.
»Aber sie riecht. Ich weiß nicht, wonach, aber sie riecht.« Doch

dann fallen ihr die Augen zu, und Raols Antwort hört sie schon nicht mehr.

✠

Beim ersten Grau am östlichen Himmel weckt er sie. Schlaftrunken schreckt sie hoch. »Ist was?«

Raol grinst. »Alles in Ordnung. Aber wir müssen weiter.«

Melisende stöhnt und massiert sich die Beine. »Ich glaube, ich kann nicht aufstehen. Mir tut alles weh.«

Raol lacht. Er hält ihr die Hand hin. »Nun komm schon! Hoch mit dir!«

Ächzend kommt sie auf die Füße. »*Mon Dieu!* Ich hatte noch nie so einen Muskelkater.«

»Absteigen ist oft schlimmer als aufsteigen.«

»Und du? Hast du überhaupt geschlafen?«

Raol rollt die Decken zusammen, verstaut sie auf Ghalibs Rücken und zieht den Sattelgurt fest, den er in der Nacht gelockert hat. »Klar hab ich das.«

»Und dann kannst du einfach so aufwachen?«

»Das lernt man im Krieg. Der Tag ist nicht zum Schlafen da.«

»Und die Nacht nicht zum Wandern.«

Melisende wäscht sich Hände und Gesicht mit dem kalten Bergwasser. Das lässt sie endgültig wach werden. Sie macht einen Knoten in ihr Haar und schlingt sich die Kufija um den Kopf. Raol nimmt den Hengst am Zügel, und sie setzen ihren Weg fort. Obwohl es gerade erst dämmert, ist der Abstieg nun leichter. Die Hänge sind flacher, der Talgrund nicht mehr weit.

»Du warst auf vielen Feldzügen, oder?«, fragt sie nach einer Weile.

»Nicht nur.«

»Aber du hattest viele Gelegenheiten zu kämpfen.«

»Zu viele, wenn du mich fragst.«

»Wird man dabei hart und gefühllos?«

»Wie meinst du das?«

»Ich hab gestern einen Mann getötet. Das ist mir seither nicht mehr aus dem Kopf gegangen. Ehrlich gesagt, es hat mich tief erschüttert. Ich habe ein Menschenleben zerstört. Verstehst du, was ich meine? Mir zittert jetzt noch das Herz, wenn ich daran denke.«

»Das erste Mal ist am schlimmsten.«

»Du meinst, man gewöhnt sich daran?«

»Er war ein Feind, Melisende. Er hätte mich getötet. Nur dank deiner mutigen Tat bin ich noch am Leben.«

»Gott sei Dank!«, sagt sie. »Dabei ist mir unbegreiflich, wie ich das fertiggebracht habe.«

»Wenn es nottut, wächst man über sich hinaus. Und du bist stärker, als du denkst.«

»Meinst du?«, fragt sie nicht wirklich überzeugt. »Trotzdem. Ich weiß nicht, ob du das verstehst. Für dich war der Kerl nur ein Feind, den es zu töten gilt. Dabei war er doch auch ein Mensch. Vielleicht hatte er eine Frau und Kinder. Sicher hatte er Pläne, Hoffnungen.«

»Besser, du denkst nicht an so was«, sagt Raol. »Dabei wird man nur verrückt im Kopf.«

Melisende nickt. »Du hast sicher recht, aber das ist leichter gesagt als getan. Hast du dich nicht vor Kurzem erst über das viele Blutvergießen hier im Heiligen Land beklagt? Dir selbst scheint so was aber nichts auszumachen. Du tötest schneller, als man eine Katze ertränken kann. Und du steckst es leicht weg. Deshalb meine Frage: Macht der Krieg einen wirklich so … so gefühllos und kaltschnäuzig?«

Bestürzt sieht Raol sie an. »Du hältst mich für gefühllos und kaltschnäuzig?«

»Nein. Eigentlich nicht. Es hat mich nur gewundert, dass dir das Töten nichts auszumachen scheint.«

Er sieht weg und antwortet nicht gleich. Irgendwann sagt er: »Ich bin Templer, Melisende. Unser Handwerk ist der Krieg. Und dazu gehört das Töten. Aber wenn du glaubst, dass es mir gleichgültig ist oder dass es mir leichtfällt, dann irrst du dich. Aber man muss seine Gefühle im Zaum halten, anders geht es nicht.«

Melisende legt ihm die Hand auf den Arm. »Verzeih mir. Ich wollte dich nicht beschuldigen oder dir zu nahe treten.«

»Ist schon gut. Und du hast ja recht. Wir Templer dienen Gott und brechen doch das fünfte Gebot. Das ist ein Widerspruch.«

»Und doch brauchen wir euch. Versteh mich nicht falsch.«

Sie wandern schweigend weiter. Inzwischen ist die Sonne über dem Anti-Libanon aufgestiegen und übergießt die Welt mit Farben. Der Himmel zeigt sich in zartem Blau, die fernen Berge liegen noch im Dunst, die Ebene leuchtet graugrün und braun, und auf den Hängen um sie herum glitzert der Tau. Melisende fühlt sich besser. Die Steifheit in den Gliedern hat sich gelegt.

»Mit deiner Frage hast du etwas in mir berührt«, sagt Raol auf einmal, als habe er die ganze Zeit darüber nachgedacht. »Ich stecke es gar nicht so leicht weg, wie es aussieht. Ich habe manchmal Albträume. Ich sehe die bleichen Gesichter der von mir Getöteten. Und die meiner toten Kameraden. Manchmal greifen sie nach mir, als wollten sie mich zu sich ziehen. Oft träume ich, ich liege unter ihnen und kann nicht atmen. So wie damals nach der Schlacht. Ich wache dann schweißgebadet auf.«

Melisende sieht den Schmerz in seinen Augen, bevor er sich abwendet und ins weite Tal blickt. »Macht dir das sehr zu schaffen?«, fragt sie.

»In letzter Zeit kommt es mir immer öfter vor, als hätte ich den Weg verloren. Ich war so überzeugt, dass es meine Bestimmung ist, Gott als Templer zu dienen. Inzwischen bin ich mir nicht mehr so sicher.«

Melisende wirft ihm einen betroffenen Blick zu. »Das tut mir leid, Raol. Entschuldige, wenn ich an einer wunden Stelle gerührt habe. Ich sollte aufhören, dumme Fragen zu stellen.«

»Oh nein, frag nur. Du hast alles Recht, mir Fragen zu stellen. Schließlich willst du wissen, mit wem du es zu tun hast. Und ich hab nichts zu verbergen.«

Sie erreichen eine Stelle, wo der Bach in Kaskaden hinunterströmt und es zu steil für den Hengst ist, sodass sie einen kleinen Umweg machen müssen.

»Da ist noch etwas«, sagt Melisende, als das Gelände leichter geworden ist. »Was hat dich eigentlich nach Outremer getrieben? Vor Tagen hast du erwähnt, du wärst genau so ein Ausreißer wie ich. Wieso hast du aber nicht erzählt.«

Raol lächelt verlegen. »Ich hab mich mit meinem Vater entzweit. Genau wie du. Danach konnte ich nicht schnell genug wegkommen. Mit sechzehn bin ich los.«

»So jung? Und allein? Mit welchen Mitteln?«

Raol seufzt. »An Geld hat es nicht gefehlt. Ich bin der Sohn eines Edelmanns aus der Corbières in der Provence. Eine Rüstung, ein Pferd und ein gutes Schwert besaß ich schon. Meinem Vater war klar, dass er mich nicht aufhalten konnte, also hat er mich mit Gold versorgt und mit einem Schreiben für Bertrand, den damaligen Grafen von Tripolis, den er gut kannte. Der sollte sich um mich kümmern.«

»Dein Vater war also auch in Outremer.«

Raol nickt. »Vierzehn Jahre lang. Darüber ist ja der Streit entbrannt. Er hat meine schwangere Mutter und mich sitzenlassen und sich nach Papst Urbans Aufruf dem provenzalischen Heer angeschlossen. Ich war damals erst zwei Jahre alt und mein Bruder Martin zwar unterwegs, aber noch gar nicht geboren. Mein Vater hat den ganzen Pilgerzeug mitgemacht und war dabei, als sie Jerusalem erobert haben.«

»So wie auch mein Vater«, sagt Melisende. »Unsere Väter, die Eroberer.«

»Wie gesagt, vierzehn Jahre lang war er weg. Jahre, in denen er nichts von sich hat hören lassen. Wir waren überzeugt, dass er als Held gestorben war. Wie so viele. Und waren deshalb stolz auf ihn. Besonders ich. Aber dann ist er plötzlich mit viel Gold und einer Bastardtochter im Gepäck wieder aufgetaucht. Es stellte sich heraus, er hatte jahrelang eine zweite Familie in Tripolis. Mit einer Armenierin. Erst als die gestorben war, ist ihm eingefallen, heimzukehren und sich wieder bei uns einzunisten, sich als Burgherr aufzuführen. Meine Mutter war zuerst gar nicht glücklich darüber. Das kann man sich vorstellen. Aber dann haben sie sich vertragen. Nur ich konnte ihm nicht verzeihen.«

»Ich merke, du grollst ihm immer noch.«

»Es sind viele Jahre seitdem vergangen. Aber du hast wahrscheinlich recht. Ganz verziehen hab ich ihm nie. Diese Armenierin soll eine schöne Frau gewesen sein. Er muss sie sehr geliebt haben. Das hab ich in Tripolis erfahren. Vielleicht hätte ich mich mit ihm aussprechen, ihn verstehen sollen. Aber in meiner Sturheit konnte keiner mit mir reden.«

Melisende grinst. »Kommt mir irgendwie bekannt vor.«

»Du wolltest auch nicht auf deinen Vater hören.«

»Nein. Und ehrlich gesagt möchte ich das immer noch nicht. Ich lasse mich nicht wie ein Stück Vieh auf dem Markt verkaufen. Wenn mein Vater denkt, er kann mich herumschieben wie eine Schachfigur, dann hat er sich geirrt.«

Raol lacht. »So leiden wir an unseren Vätern.«

»Das kannst du laut sagen«, erwidert Melisende grimmig. »Aber um auf dich zu kommen: Im Grunde hast du doch dasselbe getan wie dein Vater. Du bist nach Outremer gekommen, um zu kämpfen. Genau wie er.«

»Ich weiß. Idiotisch, was? Ich habe sogar mein Pferd nach dem seinen benannt. Auch er besaß einen Ghalib. Einen schönen Araber, den er zur Zucht verwenden wollte.« Er zuckt mit den Schultern. »Vielleicht habe ich meinen Vater insgeheim bewundert und wollte ihm nacheifern. Aber wenigstens hab ich keine Familie sitzenlassen.«

»Oh doch!«, widerspricht Melisende. »Du hast deine Eltern verlassen, deinen Bruder und deine Halbschwester. Ich hoffe, sie leben alle noch.«

»Das ist wahr. Ich denke oft darüber nach.«

»Wie lange ist es her?«

»Achtzehn Jahre.«

»Und? Was hält dich hier?«

Raol lächelt. »Jedenfalls keine Frau, keine Armenierin.«

»Wirklich nicht? Und was ist mit mir?«, fragt sie schelmisch. Kaum hat sie es gesagt, ist es ihr peinlich. Die Worte sind ihr einfach so herausgerutscht.

Raol bleibt stehen und starrt sie an, als habe er sich verhört. »Mit dir? Wie meinst du das?«

Melisende ist rot geworden. »Ach nichts! War doch nur ein Scherz!«

Raol mustert sie nachdenklich. Unter seinem Blick wird ihr noch ungemütlicher, und sie schlägt die Augen nieder. Was zum Teufel ist nur in sie gefahren? Gleichzeitig denkt sie: Worauf wartest du, Raol de Montalban? Küss mich endlich!

Aber er zuckt nur mit den Schultern und geht weiter, während sie wie begossen dasteht.

»Komm! Trödeln wir nicht«, ruft er ihr zu.

✠

Drei Tage ist Usamas Truppe nun schon unterwegs. Drei Tage scharfen Ritts auf der alten Handelsstraße durch die Wüste von Homs und die kaum weniger ausgedörrte Ebene zwischen dem Anti-Libanon und dem Dschebel ar-Ruwaq. Endlich, am Nachmittag, erreichen sie die riesige Oase Ghuta, die Damaskus umgibt, und können ihre Pferde an einem der vielen Bewässerungsgräben saufen lassen. Einige Meilen weiter sind die Mauern von Damaskus zu sehen.

Es ist heiß, und Usama wischt sich mit einem Zipfel seiner Kufija den Schweiß vom Gesicht. »Wir haben die Gäule fast zu Tode geritten und es doch nicht geschafft, diesen Sohn einer räudigen Hure einzuholen.«

»Vielleicht sind sie durchs Bekaa-Tal geritten«, sagt Yusuf.

»Das ist der längere Weg.«

»Nur ein wenig länger.«

»Na gut. Nur ein wenig länger. Aber als Qilitsch bei uns war, hat er erwähnt, dass er diesen Weg genommen hat. Warum sollte er dann auf dem Rückweg durchs Bekaa-Tal reiten?«

Yusuf nickt. »Sie müssen sich wirklich beeilt haben und sind schon in Damaskus.«

»Das heißt, wir sind zu spät und Melisende ist längst in Buris Hand.« Usama flucht, trinkt dann aus seiner Feldflasche und spült sich den Mund aus. »Meine verdammte Kehle ist voller Staub.« Er räuspert sich und spuckt Schleim in den Sand.

»Vielleicht auch nicht«, sagt Yusuf. »Vielleicht sind sie ja doch durchs Bekaa-Tal geritten und noch gar nicht angekommen.«

»Falls du recht hast, dann müssten sie durchs Barada-Tal bis hierher.«

»Ich kenne es gut«, sagt Yusuf. »War schon oft hier. Der Barada entspringt im Anti-Libanon und speist die Oase hier. Ohne den Fluss gäbe es Damaskus nicht.«

Usama überlegt. »Falls sie schon in Damaskus sind, können wir nichts mehr daran ändern. Reiten wir also ins Tal des Barada und lagern dort nahe der Straße. Mit Allahs Hilfe fangen wir sie vielleicht doch noch ab.«

Yusuf nickt. »Aufsitzen, Männer!«, ruft er. »Es geht weiter.«

✠

Während Usamas Truppe zum Barada-Tal reitet, sitzen Qilitsch und seine Getreuen in den Bergen am Lagerfeuer. Sie befinden sich immer noch an dem Ort, wo der Templer ihren Spähern aufgelauert hat. Hier gibt es wenigstens Wasser und Gras für die Pferde. Auf zwei Lagerfeuern rösten die Männer Fleisch.

»Es ist, als hätten sie sich in Luft aufgelöst!«, sagt Qilitsch frustriert. Tagsüber hatten sie sich in Suchgruppen aufgeteilt. Qilitsch selbst ist mit einer Gruppe bergauf geklettert. Außer Felsen und Geröll war nichts zu finden. »Fast könnte man glauben, sie seien wie der Prophet in den Himmel aufgestiegen.«

»Niemand steigt in den Himmel auf«, sagt Nasir. »Nicht einmal der Prophet.«

Qilitsch fährt zu ihm herum. »Zweifelst du etwa am Koran?«

»Natürlich nicht. Aber Mohameds Himmelfahrt ist doch wohl nicht mehr als eine erdachte Unterhaltung mit früheren Propheten und nicht wörtlich zu nehmen.«

»Es ist wörtlich zu nehmen!«, faucht Qilitsch. »Sei vorsichtig, was du sagst, Nasir!«

»Wie du meinst. Aber eines ist sicher: In den Himmel sind sie nicht gefahren.«

»Wo sind sie dann?«

»Wir haben in weitem Umkreis um diese Stelle alles abgesucht. Du selbst hast die Gegend weiter oben erkundet. Spuren gibt es nur hier am Bach, sonst nirgendwo. Und ohne Fährte wissen wir nicht, in welche Richtung sie gegangen sind. Nur die Stute haben wir gefunden. Die hat, wie vermutet, gelahmt.«

»Was habt ihr mit ihr gemacht?«

»Was denkst du? Wir haben sie geschlachtet. Der verdammte Gaul nutzt doch niemandem mehr.« Nasir grinst. »Du isst gerade ein Stück ihrer Lende.«

Betroffen starrt Qilitsch auf das geröstete Fleisch, das er in der Hand hält. »Verdammt, Nasir! Weißt du nicht, dass der Koran das Essen von Pferdefleisch verbietet?«

371

»Wir haben nichts anderes. Oder soll ich die Männer nach Schlangen suchen lassen? Wüstenhund vielleicht? Oder Fledermäuse?«

»Ich weiß nicht, wer dich aufgezogen hat, Nasir. Bei den *ghulam* nimmt man es wohl nicht so ernst mit dem Koran.«

Nasir zuckt nur grinsend mit den Schultern.

»Und grins nicht so frech!«, knurrt Qilitsch. »Du hast mir versprochen, die beiden zu finden. Und jetzt? Du hast versagt, Nasir.«

»Ich habe gesagt, der Templer flüchtet mit ihr in die Berge. Damit hatte ich recht, oder nicht? Dass er die Hunde und zwei meiner Männer umbringt, war nicht vorauszusehen.«

Qilitsch schüttelt den Kopf und seufzt. »Was machen wir jetzt?«

Es herrscht einen Augenblick lang Schweigen. Dann sagt Nasir: »Wir können noch lange diese Gegend absuchen, aber wir werden nicht mehr finden als heute. Es ist, als ob wir hinter Gespenstern herjagen. Die Pferde leiden in dem felsigen Gelände. Einige Gäule haben schon Hufeisen verloren. Auch die Männer sind müde.«

»Seit wann kümmert es dich, ob die Männer müde sind?«, knurrt Qilitsch. »Willst du die Verfolgung aufgeben? Ist es das, was du mir sagen willst?«

»Sie sind uns entkommen, Herr. Geben wir's zu. Es hat keinen Zweck, sich etwas vorzumachen. Kehren wir heim. Von hier ist es nicht weit bis Damaskus.«

Qilitsch wirft ihm einen gereizten Blick zu. Verdammt!, denkt er. Er möchte es ungern zugeben, aber vielleicht hat Nasir recht. Es ist, als suchten sie eine Nadel im Heuhaufen. Welch ein Triumph wäre es gewesen, wenn er in Damaskus mit der Thronerbin von Jerusalem aufgetaucht wäre. Dafür hätte Buri ihm ohne jeden Zweifel mehr Verantwortung geben müssen, mehr Macht. Melisendes Geiselnahme hätte seinen Weg an die

Spitze des Emirats geebnet. Vielleicht sogar mehr als das. Wer weiß?

»Ich gebe nicht auf«, sagt er mit Bestimmtheit.

Nasir zuckt erneut mit den Schultern. »Wie du meinst. Aber hoffe nicht allzu sehr auf Erfolg. Sie haben jetzt mindestens eine Nacht und einen Tag Vorsprung. Wohin sie auch unterwegs sein mögen, wir werden sie kaum mehr einholen.«

Qilitsch wirft das Stück Pferdefleisch, das er in der Hand hält, angewidert ins Feuer. »Es ist mir gleich, was du denkst. Ich gebe die Suche nicht auf.« Er nimmt einen Schluck aus der Feldflasche und denkt nach. »Du hattest recht mit der Vermutung, dass sie in die Berge geflüchtet sind. Aber nun, da wir sie hier aufgespürt haben, liegt die Sache anders. Ich bin sicher, sie haben die Richtung geändert.«

»Du glaubst, sie sind ins Tal abgestiegen?«

»Wo habt ihr den Gaul gefunden?«

»Eine halbe Meile weiter talwärts. Natürlich in Bachnähe, wo es Gras gibt.«

»Ich bin sicher, die Stute ist ihnen eine Weile gefolgt und hat es dann wegen der Verletzung aufgegeben. Wenn das stimmt, dann sind sie am Bach entlang ins Tal abgestiegen.«

»Das mag sein«, erwidert Nasir. »Aber wie gesagt, Spuren außer denen der Stute haben wir nicht gefunden. Und inzwischen haben die beiden mehr als einen Tag Vorsprung. Wie willst du sie einholen und in der weiten Ebene finden?«

»Denk mal nach, Nasir. Du bist doch sonst so schlau«, sagt Qilitsch. »Was ist der beste Weg nach Jerusalem? Normalerweise die Küstenstraße, die durch christliches Gebiet führt. Aber übers Gebirge kommen sie nicht. Wie sonst kommt man nach Jerusalem?«

»Na ja, der Litani fließt ins Meer.«

»Ganz genau. Der Litani entspringt nicht weit von hier und fließt am Ende des Bekaa-Tals durch eine lange Schlucht und dann weiter nach Westen, bis er sich ins Meer ergießt. Sie brauchen also nur dem Litani zu folgen.«

»Du willst denselben Weg bis zur Küstenstraße reiten?«

Qilitsch nickt energisch. »Wenn's sein muss.«

»Das ist aber christliches Gebiet«, gibt Nasir zu bedenken.

»Vielleicht erwischen wir sie vorher. Vergiss nicht, sie haben nur noch ein Pferd. Da kommen sie nicht besonders schnell voran. Wir sollten keine Zeit verlieren, in einer Stunde brechen wir auf.«

»Du willst im Dunkeln durch dieses Gelände klettern?«

»Was die beiden können, können wir auch. Und vergessen wir die Spurensuche. Die hält uns zu sehr auf. Sobald wir im Tal sind, reiten wir wie die Teufel, bis wir den Litani erreicht haben. Wenn Allah es will, fangen wir sie rechtzeitig ab.«

DIE BÄUERIN IM BEKAA-TAL

Es ist früher Nachmittag. Keine Wolke stört das Blau des Himmels. Die Berge zu beiden Seiten sind dichter herangerückt und engen die Talebene weiter ein. Die Landschaft, durch die sie wandern, ist eine völlig andere als im Norden des Bekaa-Tals. Grünes Brachland und kleine Wälder wechseln sich mit Weizenfeldern und Schafweiden ab. Bäche plätschern dahin, an denen winzige Weiler liegen mit aus groben Feldsteinen errichteten Hütten, vor denen Kinder spielen. Im Schatten sitzen Frauen mit Säuglingen an der Brust, Hühner picken im Staub, Ziegen wandern frei herum.

Andere Frauen, in langen Baumwollhemden mit Tüchern um den Kopf, arbeiten in Gemüsegärten oder zupfen Unkraut zwischen Rebstöcken. Es fehlt auch nicht an Olivenhainen, Zitronen- und Feigenbäumen und Dattelpalmen. Ein Paradies im Vergleich zu den kargen Bergen, die sie hinter sich gelassen haben.

Auf den abgelegenen Nebenwegen, die Raol bevorzugt, sind Fremde wie erwartet nur selten anzutreffen, denn die Bauern auf den Feldern lassen die Arbeit ruhen, um sie anzugaffen. Manche sind einfach neugierig, andere misstrauisch gegenüber jedem, der eine Waffe trägt.

»Glaubst du, die könnten uns verraten?«, fragt Melisende. »Ich meine, es muss ihnen doch seltsam vorkommen. Ein Chevalier mit Frau, aber nur einem Pferd.«

»Ich hoffe, dass Qilitsch unsere Spur verloren hat. Zumindest ist es unwahrscheinlich, dass sie uns in der Nacht gefolgt sind. Das gibt uns immerhin einen großen Vorsprung. Und wie soll er wissen, auf welchen Wegen wir unterwegs sind? Die Talebene ist weit.«

Meistens besteht Raol darauf, dass Melisende reitet, während er in stetem Trott neben ihr herläuft. Regelmäßig wechselt er die Gangart. Er läuft eine Meile oder zwei, dann marschiert er eine Strecke, um neue Kraft zu sammeln. Er habe das bei den Templern gelernt, sagt er. So könne man lange durchhalten. Aber Melisende fühlt sich unwohl damit. Wenn sie doch nur die Stute noch hätten! Wie es dem Tier wohl geht? Kann es in den Bergen überleben? Vielleicht kümmert sich eine gute Seele um seine Verletzung. Obwohl, sehr wahrscheinlich ist das nicht.

Wenigstens hat sie Raol überzeugen können, weiterhin auf sein schweres Kettenhemd zu verzichten. Auch sein Schwert, mit dem sich schlecht laufen lässt, hat er ihr gegeben. Außerdem besteht sie darauf, dass er sich wenigstens ab und zu mit ihr abwechselt und aufs Pferd steigt, um ein wenig zu verschnaufen.

Ob sie nicht beide auf Ghalib reiten können, hat sie schon ein paarmal gefragt. Seine Antwort ist jedes Mal, er wolle den Hengst nicht unnötig ermüden. Vielleicht bräuchten sie irgendwann seine ganze Kraft. Das sagt ihr, dass er die Gefahr, gefunden zu werden, doch noch nicht für gebannt hält.

»Was ist mit deinem Bein, deiner alten Wunde?«

»Die stört mich nicht. Manchmal, bei schlechtem Wetter, schmerzt sie. Aber am Laufen hindert sie mich nicht.«

Melisende ist nicht sicher, ob es stimmt. Vielleicht hat er doch Schmerzen und will es nur nicht zugeben. Nach einem längeren Lauf kommt nun doch sein Atem stoßweise, und sein Gesicht ist schweißnass. Sie hält den Hengst an. »Zeit für eine Pause, Raol. Nicht, dass du mir zusammenklappst.«

Er bleibt stehen und atmet einige Male tief durch. Dann wischt er sich den Schweiß vom Gesicht. »Keine Angst, ich klappe nicht zusammen. Aber einen Schluck Wasser könnte ich brauchen.«

Sie reicht ihm eine der noch vollen Feldflaschen und sieht zu, wie er gierig trinkt. Nach ein paar Schlucken gibt er ihr die Flasche zurück.

Melisende schüttelt den Kopf. »Ich weiß nicht, wie du das durchhältst.«

»Gewohnheit. Wir Templer waren arm und hatten nicht genug Pferde für alle.«

»Habt ihr deshalb dieses Siegel mit den zwei Rittern auf einem Pferd?«

»Ja. Unsere Gründer, Hugues de Payns und Godefroy de Saint-Omer besaßen zusammen wirklich nur ein Pferd. Daher kommt ja auch der Name, den sie sich gegeben haben: *Pauperes commilitones Christi*, die arme Ritterschaft Christi. Ich bin erst später dazugestoßen, aber die Lage war da nicht viel besser. Bevor wir loszogen, haben wir oft gelost, wer zuerst reiten durfte. Kurze Strecken ritten wir auch zu zweit.«

»Und nun geht es dir genauso. Nur hast du jetzt mich am Hals. Tut mir leid, dass ich dir eine Bürde bin.«

Raol grinst. »So eine Bürde trag ich gern«, sagt er und zwinkert ihr zu. »Besser du als irgendein Kerl.«

»Lüg nicht«, sagt sie und geht dann auf seinen scherzhaften Ton ein. »Ich wette, in Wahrheit kannst du mich gar nicht schnell genug loswerden.«

»Na gut, wenn du meinst. Ich kann dich ja später im Litani ertränken.«

»Vorsicht! Ich kann schwimmen!«

Raol stöhnt. »Auch das noch!«

Melisende lacht. Sie freut sich über seine gute Laune, denn meist ist seine Miene ernst. Aber wenn er lacht oder auch nur lächelt, ist es, als gehe nach einem trüben Tag die Sonne auf.

Raol nimmt den unermüdlichen Trott wieder auf, und Melisende folgt ihm auf dem Hengst. Ihr Blick ruht auf Raols hoher Gestalt, seinen langen Beinen, mit denen er Meile um Meile hinter sich lässt, während sie wie eine nutzlose Last auf seinem Pferd hockt. Natürlich ist sie dankbar, dass sie reiten darf. Und gleichzeitig hat sie ein schlechtes Gewissen.

In einem etwas größeren Dorf machen sie Halt und erstehen bei einer Bauersfrau im Tausch gegen ein paar Kupfermünzen, die Raol bei sich hat, Brot, Feigen und Schafskäse. Die Frau ist freundlich und erlaubt ihnen, für das Pferd Wasser aus dem Ziehbrunnen zu holen. Etwas Stroh und zwei Hände voll Körner für den Hengst hat sie ebenfalls übrig.

Melisende bricht ein Stück Brot ab. »Herrlich! Das erste vernünftige Essen seit Tagen!« Sie kaut langsam, um jeden Bissen zu genießen.

Raol gegenüber ist die Bauersfrau zurückhaltend, wagt kaum, ihm in die Augen zu sehen. Zu Melisende jedoch fasst sie Zutrauen, lächelt ihr zu, drängt ihr noch mehr von dem Schafskäse auf und lacht verwundert über ihre Männerkleider. Sie ist früh gealtert, ihr Antlitz von Runzeln durchzogen. Und doch ist es ein schönes Gesicht. Es strahlt Ruhe und Würde aus.

Sie führt ein einfaches und doch schönes Leben, denkt Melisende. Ihr Palast ist diese Hütte, ihr Glück die Familie. Aber vielleicht bilde ich mir das auch nur ein, und die Furchen zeugen von Verlust und Niederschlägen, von Krankheiten und totgeborenen Kindern.

Mit Gesten versucht Melisende herauszufinden, wie weit es bis zum Litani ist. Vier oder sechs Stunden ist die Antwort, aber so genau scheint die Frau es nicht zu wissen. Melisende umarmt sie zum Abschied, dann machen sie sich wieder auf den Weg.

Hinter dem Dorf hören die Äcker auf. Auf einer Weide grasen Schafe, ansonsten ist das Land rechts und links des Weges von wilden Sträuchern überwuchert. Dazwischen wachsen Blumen in allen Farben, gelber Ginster und Thymian und ein einzelner blühender Mandelbaum. Es riecht wundervoll, und man hört das Zwitschern der Vögel und das Summen von Insekten. Einige Hundert Schritt weiter beginnt ein Waldstück.

Das Mahl und die Freundlichkeit der Bauersfrau haben Melisende gutgetan. Zum ersten Mal seit Langem fühlt sie sich froh, ja, fast glücklich.

Der Wald, dem sie sich nähern, scheint vor allem aus Pinien und Kiefern zu bestehen. Dazwischen wachsen aber auch einzelne Steineichen und andere Laubbäume und am Waldrand immergrüne Sträucher. Im Wald selbst ist es angenehm kühl und dunkel. Es riecht nach Harz. Zikaden zirpen lautstark um die Wette. Melisende sieht sich um, ob es Wild zu sehen gibt, als der Hengst plötzlich stehen bleibt.

»Wir kriegen Ärger«, sagt Raol.

Vor ihnen, in fünfzig Schritt Entfernung, sind Männer aus dem Dickicht getreten und versperren den Weg. Raol dreht sich kurz um und blickt zurück. »Hinter uns sind auch welche.«

»Was wollen die?«, raunt Melisende erschrocken.

»Nichts Gutes. Das ist sicher.«

»Willst du dein Schwert?«

»Nein, behalt es nur. Wir wollen sie nicht reizen. Aber mach dich bereit, es zu gebrauchen. Eines ist wichtig: Bleib immer ganz dicht an meiner Seite. Wir dürfen uns nicht trennen.«

Ich? Ein Schwert führen? Das ist doch verrückt. »Was hast du vor?«, fragt sie ängstlich.

»Erst mal nur reden. Mal sehen, was sie wollen.«

Er packt das Pferd am Zügel und führt es näher an die Männer vor ihnen heran. Sechs junge Kerle. Sie sind in grobe Kittel gekleidet und tragen ausgeblichene Tücher um die Köpfe. Wie Wegelagerer sehen sie nicht aus, eher wie barfüßige Bauernburschen. Aber sie sind mit Sicheln und Heugabeln bewaffnet. Einer hat einen rostigen Spieß in der Faust, ein anderer eine Keule über der Schulter.

Der Älteste von ihnen, ein vierschrötiger, bärtiger Kerl Ende

379

zwanzig – der mit dem Spieß – tritt vor. »Heh, *franji*!«, ruft er. »Anhalten!«

Raol bleibt zehn Schritt vor ihm stehen. Melisende auf dem Pferd hält sich an seiner Seite. »Was willst du? Sprichst du Fränkisch?«, fragt Raol.

Der Mann grinst. »Ein bisschen, *franji*.«

»Also, was wollt ihr?«

»Hier Zoll, *franji*. Verstehst du Zoll?«

»Klar verstehe ich. Aber hier ist kein Zollposten. Ich sehe jedenfalls keinen.«

»Doch, doch! Zollposten. Du musst zahlen.«

»Ich denke nicht.«

Der Kerl zieht drohend die Brauen zusammen und deutet mit der Speerspitze auf Raol. »Zahlen, hörst du?«

»Ich habe kein Geld.«

Der Mann lacht und zeigt mit dem Finger auf Ghalib. »Gutes Pferd.«

»Mein Pferd kriegst du nicht.«

Der Kerl zeigt mit dem Speer auf Melisende. »Pferd und Weib. Beide gut. Zoll. Verstehst du?«

»Woher weißt du, dass es ein Weib ist?«

»Klar ist Weib.« Er grinst. »Wir nehmen Weib. Vielleicht besser als Pferd.«

Raol schüttelt den Kopf. »Auch mein Weib kriegst du nicht.«

Der Mann flucht auf Arabisch und rüttelt drohend mit dem Speer. »Musst zahlen. Sonst tot, verstehst du, *franji*?«

Nach längerer Pause nickt Raol bekümmert und hebt ergeben die Arme, als sei er bereit, sich in sein Schicksal zu fügen. »Verstehe«, sagt er. Dann dreht er sich halb zu Melisende um. »Halte dich bereit!«, raunt er ihr zu. »Bleib immer dicht bei mir.«

»Nix reden!«, knurrt der Mann.

Raol zuckt mit den Schultern und lässt einen Seufzer hören.

»Na gut, wenn's nicht anders geht. Wir haben nämlich auch etwas Gold. Wie wär's damit? Aber nur, wenn du uns gehen lässt.«

»Gold? Du hast Gold?« Bei dem magischen Wort reißt der
Mann die Augen auf.

Raol weiß, dass in einem Dorf wie diesem praktisch nur
Tauschhandel betrieben wird. Silbermünzen bekommen die
Leute höchst selten zu sehen, Gold wahrscheinlich nie in ihrem
ganzen Leben.

»Ja, hab ich. Willst du es sehen?« Raol steckt die Rechte in
seine Gürteltasche. Mit der Linken winkt er den Mann heran.
»Komm, ich zeig es dir.«

Der Kerl ist so gierig, Gold zu sehen, dass er einen unbedachten Schritt näher kommt. In dem Moment springt Raol auf ihn
zu, packt ihn mit der Linken am Hemdkragen und zerrt ihn mit
einem Ruck zu sich heran, während er ihm gleichzeitig ein Bein
stellt. Prompt lässt der Kerl den Speer fallen und geht zu Boden.

Melisende weiß, das ist ihr Signal. Jetzt gilt es, sich zu wehren. Sie müht sich, das lange Schwert aus der Scheide zu ziehen.
Erst beim zweiten Versuch gelingt es ihr. Das Ding ist schwer,
und beinahe wäre es ihr aus der Hand geglitten. Aber nun hat sie
es fest im Griff, auch wenn ihr Herz vor Angst rast.

Der Hengst ist erstaunlich ruhig geblieben. Er ist zum Glück
ein ausgebildetes Schlachtross und Kampf gewohnt. Er hebt nur
den Kopf und dreht sich so, dass Melisende den vier Männern,
die auf ihrer Seite den Weg versperren, das Schwert entgegenhal-
ten kann. Trotz ihrer Angst ist sie zu allem bereit und starrt die
Kerle trotzig an, erwartet ihren Angriff.

Doch die sind erschrocken stehen geblieben, nicht aus Furcht
vor ihr, sondern weil sie ihren Anführer unerwartet am Boden
liegen sehen. Raol kniet dem Kerl mit seinem ganzen Gewicht
auf Rücken und Genick und hält ihm die Dolchspitze an den
Hals. »Keiner bewegt sich!«, brüllt er. »Sonst ist euer Freund
tot.«

Melisende ist nicht sicher, ob sie seine Worte verstehen, aber der Dolch an der Kehle des Mannes spricht eine mehr als deutliche Sprache.

Die fünf Männer auf Raols Seite zögern, werfen sich unschlüssige Blicke zu. So hatten sie sich das nicht vorgestellt. Das ist in ihren Mienen zu lesen. Doch die vier auf Melisendes Seite glauben offenbar, mit einer Frau leicht fertigwerden zu können. Sie werden sie vom Pferd reißen, scheinen sie sich zu sagen, und wenn sie das Weib erst einmal in ihrer Gewalt haben, muss der *franji* ihren Kameraden wieder freigeben. Plötzlich, wie auf Kommando, stürmen sie auf Melisende los.

Aber die hebt die schwere Klinge und schwingt sie in weitem Bogen. Irgendetwas trifft sie sogar. Während der Hengst jetzt doch unruhig seitwärts tänzelt, als wolle er ihr Raum geben, sieht sie einen der Kerle schreiend in die Knie gehen und seine blutende Hand halten. Sie scheint ihm ein paar Finger abgetrennt zu haben.

Erschrocken weichen die anderen zurück. Dass dieses Weib sich wehren könnte, haben sie wohl nicht erwartet. Melisende reißt den Hengst herum und hebt drohend das Schwert, als habe sie vor, auf sie loszugehen. Der Verwundete rappelt sich auf und flieht zu seinen Kameraden, die ihre kläglichen Waffen heben, um einen Angriff des Höllenweibs abzuwehren.

Jetzt brüllt der am Boden liegende Anführer etwas auf Arabisch. Es klingt schrill und beschwörend. Wahrscheinlich fürchtet er um sein Leben.

Verunsichert sehen sich die jungen Kerle an. Bestimmt haben sie gedacht, es würde ein Leichtes sein, diese Fremden zu berauben. Nur ein einzelner Mann und eine schwache Frau. Aber nun ist einer von ihnen verwundet, und dieser *franji* droht, ihren Freund umzubringen, wenn sie nicht weichen. Nach einigem Zögern sprechen sie sich ab und geben den Weg frei.

»Komm her, mit deiner linken Seite, ganz dicht!«, ruft Raol

Melisende zu. »Zieh die Füße aus dem Steigbügel und rutsch ein Stück nach vorn.«

Sie versteht sofort, und tut, was er verlangt.

Raol springt auf, stellt sich mit rechts auf den Rücken des am Boden Liegenden, setzt den linken Fuß in den Steigbügel und zieht sich, den Dolch immer noch in der Faust, in den Sattel. Er legt beide Arme um Melisendes Mitte und greift nach den Zügeln. Bevor die Männer verstehen, was geschieht, hat Raol dem Pferd die Fersen in die Flanken gehauen. Der Hengst zögert keinen Augenblick und prescht los.

In wildem Galopp fliegen sie an den überraschten Dörflern vorbei und davon. Melisende hebt das Schwert und schwingt es mit einem Jubelschrei über ihrem Kopf. Ein Hochgefühl hat sie erfasst. Und in ihren Ohren klingt Raols Lachen, während sie in wildem Galopp davonjagen.

Kurz vor der nächsten Biegung halten sie noch einmal an und werfen einen Blick zurück. Die jungen Kerle stehen mit gesenkten Köpfen da. Einer reckt die Faust und brüllt etwas.

Raol grinst. »Als Wegelagerer müssen sie noch lernen.«

»Ich bin froh, dass du den Mann nicht getötet hast«, sagt sie.

»Zum Glück waren es nur Bauernbengel und keine richtigen Banditen.«

Melisende schiebt das Schwert zurück in die Scheide. Dann geht es in schnellem Trab weiter. Zu zweit ist es eng im Sattel. Aber das stört sie nicht. Im Gegenteil. Sie lehnt sich gegen ihn und genießt es, ihn dicht an sie gepresst zu spüren.

✠

Am frühen Abend erreichen sie den Litani und nähern sich alsbald dem Ende des Bekaa-Tals, wo der Fluss in einer tiefen Schlucht verschwindet. Darüber erheben sich zu beiden Seiten etwa fünfhundert Fuß hohe Hänge. Auf dem rechten Ufer verläuft ein viel genutzter Pfad, dem sie folgen. Längst ist Raol wieder abgestiegen und geht zu Fuß. Nach einer weiteren Stunde hält er an und sieht sich um. Er deutet auf die andere Seite des Flusses. Dort ist der ganze Hang mit hohen Sträuchern bedeckt. Auf etwa fünfzig Fuß Höhe scheint es eine flache Stelle zu geben.

»Dort werden wir lagern«, sagt er.

»Warum nicht gleich hier am Wegrand?«

»Wer weiß, wer hier vorbeikommt. Besser dort oben. Zwischen den Sträuchern sieht man uns nicht.«

Der Litani ist an dieser Stelle weder besonders breit noch tief, aber die Strömung ist stark. Um nicht nass zu werden, steigt auch Raol wieder zu Melisende aufs Pferd und führt den Hengst in den Fluss. Ghalib sucht vorsichtig seinen Weg durch das steinige Flussbett. Kurz hat er gegen die Strömung zu kämpfen, doch dann bringt er sie sicher auf die andere Seite. Sie lassen ihn eine Weile saufen, klettern dann mit ihm am Zügel den Hang hinauf. Dort finden sie eine kleine geschützte Stelle, die von unten nicht einsehbar ist. Ghalib lassen sie grasen.

Melisende lässt sich mit einem Seufzer ins Gras fallen und blickt in den noch hellen Abendhimmel. »Wir sind weit gekommen, du und ich«, sagt sie.

Raol antwortet nicht. Er weiß nicht, ob sie damit ihre gemeinsame Flucht meint oder wie sie inzwischen miteinander auskommen. Jedenfalls besser als am Anfang. Er muss zugeben, er hat sie unterschätzt. Er hat sie für eine verwöhnte Tochter des Hochadels gehalten, für oberflächlich und dünkelhaft. Eine, die sich für etwas Besseres hält. Eine, die sich, nur weil sie einen gestandenen Fürsten nicht heiraten will, herausnimmt, einfach wegzulaufen und das ganze Königreich in Unruhe zu stürzen.

Nun, eine Ausreißerin ist sie natürlich schon. Aber inzwischen kann er sie besser verstehen. Dünkelhaft und oberflächlich ist sie nicht. Im Gegenteil. Eher eine junge Frau, die das Herz auf dem rechten Fleck hat. Sie ist mutig. Und sie jammert nicht. Davor hat er sich am meisten gefürchtet: dass eine Frau wie sie ihm den ganzen Tag mit Jammern und Klagen in den Ohren liegen würde. Besonders auf der Flucht vor diesem Bastard Qilitsch. Doch Melisende ist stark. Sie nimmt die Dinge, wie sie kommen, hat sogar einen Mann getötet, um ihm das Leben zu retten, und sich heute nicht gescheut, das Schwert zu gebrauchen.

»Jetzt bist du eine Schwertkämpferin«, sagt er halb im Scherz. Er hat sich wieder einen Grabstock geschnitten und hebt ein Loch für ihr Feuer aus.

Melisende setzt sich auf. »Machst du Witze? Ich dachte, ich sterbe vor Angst. Beinahe wär mir das Schwert aus der Hand gefallen.«

»Du hast dich tapfer geschlagen, und ich bin stolz auf dich.«

»Wirklich?« Sie grinst übers ganze Gesicht, als hätte er ihr ein wunderbares Geschenk gemacht.

»Ja, das bin ich!«

»Bringst du mir das Kämpfen bei?«

Raol lacht. »Willst du das wirklich?«

»Nur das Nötigste. Könnte mal nützlich sein.«

»So wie heute?«

»Ja. So wie heute.«

»Gut. Ich nehme dich in die Lehre, und hinterher wirst du mein Schildträger.«

»Hach, wie schön! Das würde mir gefallen.«

Raol lächelt. Melisende hat die Arme um die Knie gelegt und blickt hinunter auf den rauschenden Fluss. Sie schweigen eine Weile, jeder in seinen Gedanken versunken. Nachdem Raol das Loch tief genug gegraben hat, sucht er nach trockenem Holz. Wenig später züngeln die ersten Flämmchen im Feuerloch.

Er will schon kleine Zweige auflegen, als Melisende sagt: »Ich hör da was. Ich glaube, wir kriegen Besuch.«

Raol legt die Hand ans Ohr und lauscht aufmerksam. »Du

hast recht«, sagt er schließlich. »Pferde. Und zwar eine ganze Menge. Das sind bestimmt keine normalen Reisenden oder Kaufleute. Das sind Krieger.« Schnell wirft er eine Handvoll Erde auf die noch glühenden Grashalme. Dann steht er auf, zieht den Hengst dichter ins Gestrüpp und bindet ihn an, wo man ihn vom Fluss aus nicht sehen kann.

Sie hocken sich zwischen die Büsche und warten. Fluss und Weg unter ihnen liegen im Halbdunkel der Abenddämmerung. Melisende nimmt seine Hand in die ihre. Raol ist erstaunt, aber er zieht die Hand nicht weg. Ihre Handfläche ist weich und warm. Und ein wenig feucht. Wahrscheinlich vor Aufregung. So sitzen sie im Gebüsch und lauschen auf das sich nähernde Hufgetrappel.

Schließlich tauchen die ersten Reiter auf. Die Pferde laufen im Trab, eines hinter dem anderen. Die Männer tragen kleine runde Schilde, Pfeilköcher an der Seite und Bögen über den Rücken. »Seldschuken!«, murmelt Melisende.

»Keine Angst. Sie sehen uns nicht.« Raol wartet, bis alle vorbeigeritten sind, dann sagt er: »Das war Qilitsch.«

»Bist du sicher?«

»Kein Zweifel. Ich habe ihn gesehen. Er trägt einen roten Umhang. Dreiundzwanzig Mann hab ich gezählt.«

Melisende legt die Hand aufs Herz und holt tief Luft. »Wann werden wir den Kerl endlich los? Der sitzt einem wie der Teufel im Nacken.«

»Sie müssen erraten haben, wohin wir uns wenden. Ich habe natürlich daran gedacht, aber sie nicht so schnell erwartet. Der Fluss führt zum Meer und zur Küstenstraße. Wir hätten nach Tyros flüchten können. Dort wären wir sicher gewesen. Aber den Weg können wir jetzt nicht mehr nehmen.«

»Und was sollen wir tun?«

»Besser, wie bleiben nicht hier. Die Kerle sind ganz in der Nähe und könnten zurückkommen.« Raol sieht sich um. Dann deutet er auf den Berghang über ihnen. »Wir klettern über den Berg. Und zwar gleich, sobald es dunkel ist.«

»Oh Gott. Noch eine nächtliche Kletterei?«

»Der Bergrücken ist nicht sehr hoch. Und auf der anderen Seite fließt der Jordan. Dort werden sie uns nicht vermuten. Ich kenne die Gegend. Es gibt da eine Menge Verstecke. Und von dort ist es auch nicht mehr weit bis auf christliches Gebiet.«

Sie warten noch eine Weile und lauschen, ob die Seldschuken zurückkommen. Aber alles bleibt still. Als es Nacht wird und die schmale Mondsichel am Himmel auftaucht, wagen sie den Aufstieg. Es ist leichter als gedacht. Der Hang ist von Gras und Sträuchern bedeckt, nicht übermäßig steil und gut kletterbar. Selbst im Dunkeln finden sie ihren Weg ohne Schwierigkeiten.

Auf der Spitze des Höhenzugs verschnaufen sie eine Weile. Dann geht es wieder bergab. Es muss weit nach Mitternacht sein, als sie die Talsohle und wenig später den jungen Jordan erreichen, der von hohen Büschen und Bäumen umgeben talwärts fließt. Ein Pfad folgt dem Flusslauf und schlängelt sich zwischen Gestrüpp hindurch.

Melisende lässt sich zu Boden plumpsen. »Ich bin erledigt«, stöhnt sie. »Hab Erbarmen mit mir. Ich kann nicht mehr.«

»Nur noch ein kleines Stück. Wir überqueren den Fluss und suchen uns auf der anderen Seite ein gutes Versteck, eines, wo wir bleiben können, bis wir sicher sind, dass sie uns nicht mehr suchen.«

»Du bist grausam, Raol! Alles tut mir weh, selbst mein Rücken. Lass uns hierbleiben.«

Doch er bückt sich, schiebt ihr seine Arme unter Beine und Rücken und hebt sie mühelos hoch.

»Was tust du?«

»Ich trage dich über den Fluss. Damit du keine nassen Füße kriegst.«

»Und Ghalib?«

»Der findet allein rüber.«

Vorsichtig steigt Raol mit Melisende auf den Armen ins Flussbett. Er muss aufpassen, dass er nicht auf glitschigen Steinen ausrutscht. Melisende hat ihm die Arme um den Hals und den Kopf an die Schulter gelegt. Raol wundert sich, wie leicht sie ist. Nun, sie haben nicht gerade viel zu essen bekommen in den letzten Tagen. Der Fluss ist so weit nördlich noch schmal, und so klettert er bald mit ihr ans Ufer und setzt sie vorsichtig ab.

Der Hengst ist ihnen gefolgt und nutzt jetzt die Gelegenheit, vom klaren Wasser zu saufen.

»Siehst du, das war ganz leicht«, sagt Raol. »Und nun suchen wir uns ein Versteck.«

Melisende seufzt. »Also gut. Gehen wir.«

Auf dieser Seite des Jordans gibt es keinen Pfad, nur Buschwerk und kleinwüchsige Bäume. Vereinzelt auch Kiefern. Es ist gar nicht so einfach, sich einen Weg durch Gestrüpp und Unterholz zu bahnen. Besonders im Dunkeln, denn die schmale Mondsichel spendet nur wenig Licht. Aber bald findet Raol, wonach er gesucht hat: eine kleine grasbewachsene Lichtung, an der Ostseite von Bäumen begrenzt, nicht weit vom Flussufer.

»Hier bleiben wir«, sagt er. Er nimmt seine Decke von Ghalibs Rücken und breitet sie sorgfältig auf dem Gras aus. »Hier kannst du dich hinlegen.« Auch die warme Decke des Seldschuken rollt er aus. »Und die ist zum Zudecken.«

»Was ist mit dir?«, fragt sie. »Du wirst frieren.«

»Ich friere nicht.«

»Nein, das lasse ich nicht zu. Du kommst mit unter die Decke. Und keine Widerrede! Aber zieh dir vorher die nassen Stiefel aus.«

»Was ist mit Essen? Soll ich Feuer machen?«

Melisende gähnt. »Ich bin viel zu müde. Lass uns schlafen.«

Wenig später liegen sie beide unter der Decke. Raol auf dem Rücken und Melisende neben ihm mit dem Kopf auf seinem Arm. Während er noch wachliegt und in den Sternenhimmel starrt, ist sie längst eingeschlafen.

Wie seltsam es sich anfühlt, sie neben sich zu spüren, mit ihrer Hand auf seiner Brust. Wie lange ist es her, dass er neben einer Frau gelegen hat? Ewigkeiten! Er erinnert sich, wie sie vor Stunden seine Hand gehalten hat. Das hat ihn berührt. Eine intime Geste. Und auch, wie sie ganz behutsam den Finger in seine Wunde gelegt hat. Nicht die am Rücken, sondern die in seinem Herzen – dem Widerspruch seines Daseins als Templer.

Er lauscht ihrem Atem, streicht ihr einmal ganz vorsichtig über Kopf und Schulter und spürt den süßen Duft, der ihren Haaren entströmt.

✠

Am frühen Morgen brechen Usamas Leute das Lager ab. Zwei Nächte haben sie hier im Barada-Tal verbracht, in der Hoffnung, Qilitsch zu überraschen und abzufangen. Aber er hat sich nicht gezeigt. Jeden Reisenden haben sie befragt, doch niemand wollte einen Trupp Seldschuken gesehen haben.

Sie waren schon überzeugt, ihn verpasst und damit Melisende endgültig verloren zu haben, als am gestrigen Abend ein kurdischer Händler behauptete, Seldschuken im Bekaa-Tal gesichtet zu haben. Und das schon vor Tagen. Er sei auf dem Weg nach Damaskus und erst jetzt hier vorbeigekommen, da er unterwegs noch einige Dörfer besucht habe.

Seltsamerweise, so berichtete er, hätten die türkischen Krieger nicht die Straße benutzt. Er habe sie in der Ferne ausgemacht, weit verteilt, als wären sie auf der Jagd und wollten Antilopen zusammentreiben. Auf die Frage, wie er denn sicher sein könne, dass es türkische Reiter waren, hat er gemeint, er wisse, wann er Seldschuken vor sich habe. Denen gehe er nämlich lieber aus dem Weg.

»Ich hoffe, der Kerl hat keinen Unsinn erzählt und dass unsere Vermutung richtig ist«, sagt Usama und zieht den Sattelgurt seines Pferdes stramm. »Vielleicht waren es ja doch keine Seldschuken, die er gesehen hat.«

Yusuf sitzt schon im Sattel. »An ihren Reiterschilden sind sie leicht zu erkennen. Selbst aus der Ferne.«

»Das ist wahr. Aber es muss nicht Qilitsch gewesen sein. Vielleicht war es nur eine Jagdgesellschaft. Ich selbst habe schon des Öfteren mit meinem Vater im Bekaa-Tal gejagt.«

»Das war keine Jagdgruppe«, sagt Yusuf. »Und wenn, dann haben sie Jagd auf Menschen gemacht. Melisende und ein paar der Templer müssen Qilitsch entkommen sein. Und jetzt sucht er sie.«

»Das würde zumindest erklären, warum wir hier umsonst gewartet haben.« Usama seufzt. Dann schwingt er sich in den Sattel. »Versuchen wir also, sie im Bekaa-Tal zu finden. Immer noch besser, als unverrichteter Dinge heimzukehren.«

AM JORDAN

Es ist heller Tag, als Melisende erwacht. Irgendein Tierchen, wahrscheinlich eine Ameise, krabbelt ihr übers Gesicht. Sie wischt es weg und öffnet die Augen. Die Sonne steht schon hoch, und es ist warm. Sie schlägt die Decke zurück und setzt sich auf. Noch etwas schlaftrunken sieht sie sich um und erschrickt, denn Raol ist nirgends zu sehen. Er hat sie doch wohl nicht allein zurückgelassen?

Aber nein, was für dumme Gedanke! Sie steht auf und reckt sich. Sie hat mächtigen Hunger. Und am liebsten würde sie sich der verschwitzten Kleider entledigen und ein Bad im Fluss nehmen. Als sie vom Ufer her Geräusche hört, muss sie grinsen. Raol scheint den gleichen Gedanken gehabt zu haben.

Sie schleicht zum Flussufer und späht durch die Zweige der Büsche. Da liegt Raol splitternackt, mit ausgebreiteten Armen, in der Strömung und lässt sich ein Stück weit treiben. Er scheint Spaß daran zu haben wie ein kleiner Junge. Dann steht er auf und watet zurück. Jetzt ist er kein kleiner Junge mehr, sondern ein ausgewachsener Mann mit breiten Schultern und schmalen Hüften.

Melisende ist völlig davon eingenommen, ihn in seiner Nacktheit zu sehen. Es lässt ihren Puls heftiger schlagen. Eigentlich schämt sie sich, ihn heimlich zu beobachten, und doch kann sie nicht wegsehen.

Raols Hengst Ghalib steht ebenfalls im Fluss. Raol macht sich daran, mit beiden Händen Wasser auf ihn zu schaufeln und sein Fell abzureiben. Während er damit beschäftigt ist, beobachtet Melisende das Spiel der Muskeln auf seinem Rücken. Schließlich wendet Raol sich von Ghalib ab, bückt sich, schöpft sich mit beiden Händen Wasser über den Kopf. Dann wäscht er sich unter den Armen und zwischen den Beinen.

Melisende sieht weg. Das wird ihr nun doch zu viel. Zeit zu verschwinden, denkt sie und schleicht zurück zur Lagerstatt. Dort legt sie sich wieder unter die Decke. Er soll nicht wissen, dass sie ihn beobachtet hat.

Es dauert noch eine Weile, bis Raol zurückkommt. »Bist du wach?«, fragt er leise.

»Ich bin wach.« Sie streckt sich und tut so, als müsse sie gähnen. »War nur zu faul aufzustehen.«

Ob er wohl immer noch nackt ist?, fragt sie sich. Doch als sie sich vorsichtig zu ihm umblickt, steht er in Reithosen und Stiefeln vor ihr. Nur den Gambeson hat er nicht wieder übergezogen. Seine nassen Haare glänzen in der Sonne.

»Vielleicht könntest du noch mal nach meiner Wunde sehen.«

Sie setzt sich auf. »Oh ja, natürlich. Das hätte ich schon lange tun sollen. Hast du noch Schmerzen?«

»Nur ein bisschen. Aber die Wunde kann warten. Nimm doch erst mal ein Bad im Fluss. Du wirst sehen, das Wasser ist herrlich. Du fühlst dich gleich wie ein anderer Mensch.«

»Warum nicht?«, sagt sie und kommt auf die Füße.

Fast hätte sie gesagt, er solle ihr aber nicht beim Baden zusehen, als ihr bewusst wird, wie unpassend das nach dem ist, was sie selbst getan hat. Etwas unsicher bahnt sie sich den Weg durch die Büsche bis ans Ufer. Dort nimmt sie ihren Gürtel ab, zieht die Tunika über den Kopf und legt sie am Ufer ins Gras. Es folgen Stiefel und Reithosen. Das Unterhemd reicht ihr nur knapp bis über den Po. Sie zögert noch, es ebenfalls abzustreifen, und späht durch die Büsche, ob er sie sehen kann. Doch die Zweige und Blätter sind zu dicht, um hindurchzuschauen.

Dann denkt sie, was soll's? Falls er sie heimlich beobachtet, wäre es nur ausgleichende Gerechtigkeit. Und plötzlich sticht sie der Hafer, es einfach drauf ankommen zu lassen. Soll er sie doch sehen. So, wie sie vorhin ihn betrachtet hat! Fast wünscht sie es sich sogar. Dass er ein Ritter des Tempels ist und Keuschheit geschworen hat, kommt ihr in diesem Augenblick nicht in den Sinn.

Nach dem herrlichen Bad schneidet sie einen Zweig ab und kaut das Ende faserig. Damit reinigt sie sich wie jeden Morgen die Zähne. Wenig später kommt sie mit nassen Haaren zurück zum Lagerplatz. Sie ist wieder angekleidet, nur die Stiefel trägt sie in der Hand und stellt sie zur Seite. Das Unterhemd hat sie ausgewaschen und hängt es auf einen Busch zum Trocknen. Raol hat inzwischen die Feuergrube gegraben und ist damit beschäftigt, ein Stück Zunder zum Glühen zu bringen.

Sie setzt sich zu ihm. »Du hast mir hoffentlich nicht beim Bad zugeschaut, oder?«, fragt sie herausfordernd.

Er blickt auf. »Nein! Wie käme ich dazu?«

»Wollte nur sicher sein.« Sie lächelt verlegen. Aber im Grunde ist sie enttäuscht. Ist er nicht neugierig, mich in Gänze zu sehen, wie der Herr mich geschaffen hat?, fragt sie sich. Bin ich ihm etwa nicht anziehend genug? Na ja, kein Wunder. Mit ihren verfilzten Haaren, in Hosen und der dreckigen Tunika sieht sie bestimmt wie eine Vogelscheuche aus.

Raol mustert sie mit einem Lächeln. »Du bist eine schöne Frau, Melisende. Wer würde dich nicht gern von allen Seiten betrachten, heimlich oder nicht. Aber du bist des Königs Tochter. Da gehört es sich nicht.«

»Ist das der einzige Grund?« Sie bedenkt ihn mit einem verschämten Augenaufschlag.

»Und natürlich, dass ich Templer bin«, erwidert er nun selbst verlegen.

Er wendet sich wieder seinem Feuer zu. Doch seine Antwort hat ihr gefallen, und sie ist versöhnt. Er findet sie also doch nicht hässlich. Trotz der Umstände. Sie bemüht sich, ihre Haare mit den Fingern zu glätten. Wenn sie doch nur einen Kamm hätte!

Als hätte er ihre Gedanken gelesen, steht Raol auf, kramt in seinen Satteltaschen und reicht ihr einen groben Hornkamm. »Brauchst du den mal wieder?«

»Danke!«, sagt sie und blickt lächelnd zu ihm auf. Dann beginnt sie, sich die langen Haare auszukämmen und lästige Knoten zu entfernen. »Besser so?«, fragt sie nach einer Weile.

Raol zuckt mit den Schultern und grinst. »Ja, besser. Aber eigentlich gefällst du mir auch ungekämmt. Es macht keinen Unterschied.«

»Hach, Männer!«, erwidert sie entrüstet. »Manchmal denke ich, ihr Kerle seid einfach blind. Man kann Stunden verbringen, um sich hübsch zu machen, aber ihr seht es nicht.«

Raol lacht. »Oh doch. Wir sehen es.«

»Bei dir hat man aber nicht den Eindruck, dass du so was überhaupt bemerkst.«

Raol runzelt die Brauen. »Wirklich? Dabei bin ich ein Mann wie jeder andere.«

»So«, sagt sie, »ein Mann wie jeder andere. Und was siehst du in mir?«

Er betrachtet seine vom Graben schmutzigen Finger. »Ich glaube, ich wasch mir erst mal die Hände.« Er steht auf und verschwindet in Richtung Fluss.

Melisende kommt sich töricht vor, solche Fragen gestellt zu haben. Was soll der arme Mann schon antworten?

Etwas später schneidet Raol Stücke vom mitgebrachten Pferdefleisch ab und legt sie auf seinen behelfsmäßigen Grill aus grünen Zweigen.

»Ich hoffe, es sind keine Maden drin«, sagt Melisende. »Wir sind damit lang genug unterwegs gewesen.«

»Hab keine gesehen.« Er grinst ihr zu. »Und wenn, dann werden sie einfach mitgegrillt.«

»*Nom de Dieu!* Wenn Hodierna wüsste, wie wir hier leben! Sie würde es nicht glauben.«

Doch am Ende ist Melisende einfach zu hungrig, um sich um so etwas wie Maden zu kümmern oder sich auch nur daran zu erinnern, dass sie behauptet hat, kein Pferdefleisch zu mögen. Im Gegenteil, mit ein wenig Salz, das Raol noch übrig hat, schmeckt es wunderbar.

»So, jetzt komm her«, sagt sie nach dem Essen. »Ich will mir die Wunde ansehen.«

Raol, immer noch mit nacktem Oberkörper, denn es ist warm in der Sonne, hockt sich gehorsam mit dem Rücken zu ihr auf die Knie und beugt sich ein wenig vor. Melisende besieht sich die Wunde. Sie ist noch nicht verheilt, die Ränder sind leicht gerötet, aber sie scheint etwas kleiner geworden zu sein, und ein dicker Schorf hat sich darüber gebildet. Vorsichtig tastet sie um die Wunde herum.

»Sie hätte eigentlich genäht werden müssen. Aber ich glaube, sie wird heilen. Tut es weh?«

»Nein. Nicht, wenn du mich nur sanft berührst.«

Ich würde dich gern überall so sanft berühren, geht es ihr durch den Sinn. Bei dem Gedanken wird sie rot. Und doch, als ob der Teufel sie reite, tut sie es: Sie legt beide Hände auf seine Haut, streicht leicht über seine Arme und Schultern, über die Schulterblätter und am Rückgrat entlang. Sie spürt, wie er leicht zusammenzuckt, sich aber nicht dagegen wehrt. Und so greift sie fester zu, erforscht seine elastischen Muskeln und rückt dichter an ihn heran, legt beide Arme um seine Brust und küsst ihn auf die Schulter. So verharren sie reglos.

Sie will sich schon von ihm lösen, als er sich umdreht und sie in die Arme nimmt. Sein Kuss ist unbeschreiblich schön. Erst ganz sanft, und dann ist es, als verschmölzen ihre Lippen mit den seinen. Ein unwiderstehliches Sehnen durchläuft ihren Körper, vom Kopf bis zur intimsten Stelle ihres Leibes. Sie beginnt vor Verlangen zu zittern und weiß doch nicht, was mit ihr geschieht, nur dass ihr Leib mehr will als nur Küsse. Sie drängt sich an ihn, spreizt die Beine und umschlingt ihn mit Armen und Schenkeln so eng, als wollte sie ihn ganz durchdringen, ganz eins mit ihm werden.

Dann gibt es kein Halten mehr. Hastig reißen sich beide die Kleider vom Leib und umschlingen sich erneut. Jetzt ist es Raol, der ihren Leib erforscht, ihre Hüfte streichelt, ihre Brüste küsst, seine Hände über ihren Rücken und ihren Hintern wandern lässt und sie auch noch an anderen Stellen berührt, bis sie es kaum aushalten kann. Irgendetwas Unbeschreibliches geschieht mit ihrem Körper. Sie saugt an seinen Lippen und bebt vor Erwartung. »Hilf mir«, flüstert sie an seinem Mund. »Was muss ich tun?«

Er drückt sie sanft zurück auf die Decke. Sie lässt alles mit sich geschehen, erschauert unter seinen Liebkosungen. Zuerst ist sie noch unsicher und nervös. Als er in sie eindringt, entringt sich ihr ein Schrei. Denn es tut weh.

Aber der Schmerz ist schnell vorbei, und unbeschreibliches Verlangen überwältigt sie von Neuem. Nichts hat sie auf das vorbereitet, was sie in den nächsten Augenblicken empfindet. Nichts um sie herum nimmt sie noch wahr. Nur Raols heftiger werdenden Atem, seinen starken Körper, seine Bewegungen in ihr. Sie öffnet sich ihm, lässt die Arme weit ausgestreckt zur Seite fallen und gibt sich der unerwarteten Wonne hin, die ihren Leib bis in die Zehenspitzen erfüllt. Es ist, als gleite sie auf Engelsschwingen dahin, höher und höher, bis die ganze Welt sich um sie dreht und eine Woge unbeschreiblicher Wollust sie erfasst. Stöhnend bäumt sie sich auf, klammert sich an ihn und wirft mit einem gurgelnden Schrei den Kopf in den Nacken. Immer wieder wird sie von Wellen der Lust getragen. Selbst noch lange danach zittert und bebt ihr ganzer Körper.

✠

Die nächsten Tage sind für Melisende die schönsten ihres Lebens, trotz der Heimlichkeit und der immer noch drohenden Gefahr. Oder gerade deshalb. Die Furcht, entdeckt zu werden, die Abgeschiedenheit ihres Aufenthaltsorts und dann die Plötzlichkeit, mit der die Liebe sie überfallen hat. Aber vielleicht war es doch nicht so plötzlich. Vielleicht hat sich diese Liebe schon über Tage an sie herangeschlichen, ohne dass sie es gemerkt hat.

Ihr Herz ist zum Bersten voll. Am liebsten würde sie für immer mit Raol am Jordan bleiben, an diesem Ort, wo sie sich für ein paar Tage eine ungestörte, von der Welt abgeschiedene Insel geschaffen haben. Es sind Tage voller Sonne, Liebe und Zweisamkeit. Jerusalem, die Thronfolge, ja, selbst die Bedrohung durch Qilitsch sind erst einmal in den Hintergrund getreten.

Sie ist erstaunt, wie schnell sie alle Scheu verloren hat. Selbst an die Möglichkeit einer Schwangerschaft denkt sie nur flüchtig. Als Raol sie darauf anspricht, sagt sie ihm, er solle sich keine Gedanken machen. Im Gegenteil! Was für einen Skandal das geben würde! Foulques wäre für immer gedemütigt und müsste auf die Krone verzichten. Und sie wäre ihn für immer los.

Aber Foulques ist der Letzte, an den sie denken möchte. Hier am Ufer des Jordans, inmitten unberührter Natur, hat sie nur Sinn und Augen für Raol. Wer hätte gedacht, dass sie einen Krieger wie ihn lieben könnte? Dabei hat er sich als einfühlsamer Mensch entpuppt, mit einer tiefgründigeren Seele, als sie vermutet hätte. Aber auch von Zweifeln geplagt und vom Leben verletzt, wie manche seiner Äußerungen erkennen lassen.

In solchen Momenten möchte sie ihn am liebsten in die Arme nehmen und beschützen, als wäre er ihr Kind. Doch dann, wenig später, genügt eine Berührung oder ein langer Kuss, um sie zu entflammen. Sie liebt seine Kraft und seine Zärtlichkeit, kann gar nicht genug von ihm kriegen. Es ist auch nicht mehr so stürmisch wie beim ersten Mal, sondern langsamer, inniger, manchmal verspielter, zum Ende hin aber so leidenschaftlich, dass es ihr die Tränen in die Augen treibt.

Zur Sicherheit haben sie den Lagerplatz gewechselt und eine Stelle gefunden, die immer noch nah am Fluss liegt, aber vom Pfad auf der anderen Seite unmöglich eingesehen werden kann. Nur ein paar Schritte weiter, inmitten eines Pinienwaldes, der sich den Hang hinaufzieht, befindet sich eine Lichtung mit genug Gras für Ghalib. Raol hat ihm den Sattel abgenommen und einen Hobbel angelegt, damit er sich nicht entfernen kann.

Der Pfad am anderen Ufer ist zum Glück nur wenig begangen. Einmal haben sie einen Bauern auf seinem Esel gesehen, ein andermal jagte das Getrappel vieler Pferde ihnen einen Schrecken ein. Es waren Seldschuken, aber nicht Qilitschs Truppe. Vermutlich eine Patrouille aus Damaskus. Seither baden sie nur noch im Dunkeln.

Am Rand der Pinien haben sie Kochstelle und Nachtlager eingerichtet. Morgens ist es dort schattig, am Nachmittag von Sonnenlicht überflutet. Damit sie sich nicht die Haut verbrennen, hat Raol aus Zweigen ein kleines Sonnendach errichtet. Darunter verbringen sie die meiste Zeit, es sei denn, Raol geht mit dem Türkenbogen jagen.

Zwei Enten und einen Hasen hat er erlegen können. Nun haben sie vorerst genug zu essen, auch wenn ihnen langsam das Salz ausgeht und Melisende sich wünscht, zur Abwechslung einmal wieder etwas anderes als geröstetes Fleisch zu sich zu nehmen. Aber essen ist unwichtig, wenn man im Rausch der Liebe lebt und jeden Fleck am Leib des anderen erforschen und jeden noch so wichtigen und unwichtigen Gedanken teilen möchte.

Melisende streicht über Raols Narbe am Bein. Man sieht deutlich die groben Stiche, mit der sie genäht wurde.

»Katzendarm, wenn du's wissen willst.«

»Und du sagst, sie schmerzt nicht?«

»Überhaupt nicht. Höchstens bei schlechtem Wetter. Dann zieht es ein wenig im Muskel.«

Sie beugt sich über die Narbe und küsst sie. Es ist nicht die einzige Narbe, die eine solche Aufmerksamkeit erfährt, denn an Narben mangelt es Raol nicht. »Ein Wunder, dass du überhaupt noch lebst«, sagt sie.

»Wenn wir schon von Wundern reden, dann bist du eines.« Er streicht ihr sanft über die Flanken. »Ein Wunder der Schöpfung. So makellos rein und schön. Ich kann mich gar nicht satt an dir sehen.«

»Und wenn ich alt und runzlig bin?«

»Dann liebe ich deine Runzeln. Es werden bestimmt die schönsten im ganzen Land.«

»Dabei hast du doch Keuschheit geschworen!«, neckt sie ihn.

»Ich bin ein elender Sünder«, erwidert er in gespielter Zerknirschung. »Und du bist mein Verderben.«

Sie grinst. »Ach was! Du bist nicht der Erste, der einen solchen Schwur bricht. Ein Leben ohne Frau, das ist doch kein Leben.«

»Es ist nicht immer einfach, da hast du recht. Aber ich verrate dir ein Geheimnis. Bei den Templern hat man mehr Angst vor Sodomie als vor der Liebe zu Frauen.«

»Ach, wirklich?«

»Wir schlafen alle in Gemeinschaftsräumen. Und die ganze Nacht brennen Öllampen, damit keiner auf die Idee kommt … na, du weißt schon.«

Melisende lacht. »Und? Warst du schon mal in Versuchung?«

Raol hebt entrüstet die Hände. »Mit einem Mann?«

Sie streicht ihm sanft über den Schenkel und lächelt. »Du liebst also Frauen. Da bin ich beruhigt.«

»Aber du siehst, was passiert: Statt Pilger zu schützen oder gegen Muslime zu kämpfen, suhle ich mich hier mit dir in der Sünde.« Raol lacht, und in der Sonne blitzen seine weißen Zähne.

»Beschwer dich nicht. Küss mich lieber.«

Sie verschränkt die Arme hinterm Kopf und räkelt sich wie eine Katze. Sie zeigt sich ihm gern von allen Seiten und genießt seine Bewunderung. Besonders, wenn er begehrliche Blicke auf sie wirft, gefolgt von den Liebkosungen seiner Hände, wenn sie über ihren Leib wandern, wenn er ihr nicht mehr widerstehen kann und der Liebestanz von Neuem beginnt.

Dass es so zwischen Mann und Frau sein kann, hat sie nicht gewusst, und sie ist erstaunt, welche Wandlung über sie gekommen ist, wie gierig sie nach seiner Liebe ist, jederzeit bereit, sich mit ihm zu vereinen. Es ist wie ein Hunger, der nicht gestillt werden will. Aus einer braven Jungfrau ist eine schamlose Kurtisane geworden, so kommt es ihr vor.

Wieder will sie ihn necken. »Bin ich deine Kurtisane?«, fragt sie mit einem schalkhaften Augenaufschlag.

»Meine Kurtisane?« Plötzlich wird er ernst und schüttelt ungehalten den Kopf. »Sag so was nicht.«

»Was bin ich dann für dich?«

Er blickt sie einen Augenblick lang aus dunklen Augen an. Dann sagt er leise: »Du bist das Schönste und Liebste, was mir je widerfahren ist. Und das ist keine Übertreibung. Ich meine es ernst.«

Ihre Augen werden feucht. »Oh, Raol!« Sie wirft sich auf ihn und schmiegt sich in seine Arme. Er drückt sie fest an sich. Sie liegt an seiner Brust und spürt sein Herz schlagen.

Sie sieht ihm ins Gesicht. »Lass uns zusammen weggehen, du und ich. Wir verschwinden einfach, lassen alles hinter uns zurück. Zum Teufel mit Jerusalem und mit deinem Orden.«

Er lächelt. »Und wie stellst du dir das vor?«

»Ich weiß nicht. Uns wird schon was einfallen.«

»Wir bräuchten ein Pferd für dich.«

»Dann stehlen wir eines bei den Seldschuken. Die schulden uns etwas.«

»Das stimmt. Und wohin willst du reiten?«

»Vielleicht nach Ägypten. So wie Maria und Josef.«

»Nun, da herrschen jetzt Muslime. Die werden uns kaum willkommen heißen.«

»War nur ein Scherz.« Melisende überlegt, noch unwillig, ihre Fantasie aufzugeben. »Dann nehmen wir eben ein Schiff. Ich wollte schon immer eine Seereise machen. Stell dir vor, wie überqueren das blaue Meer. Seite an Seite, Hand in Hand.«

»Und wohin?«

»In die alte Heimat. Ins Frankenland.«

»Das Frankenland ist groß.«

»Deine Familie besitzt doch eine Burg in der Corbières. Erzähl mir, wie es dort ist.«

»Mein Gott, das ist lange her.«

»Aber du wirst dich doch wohl noch erinnern können.«

Raol starrt eine Weile vor sich hin. »Natürlich. Aber meine Erinnerungen sind schmerzlich«, erwidert er schließlich. »Es ist schön dort. Die ganze Gegend ist wunderschön. Grüne Berge, Wälder voller Wild, saftige Wiesen. Ein kleiner Fluss und ein Dorf.«

»Rocafort«, sagt sie. »Ein guter Name für eine Burg.«

»Sie steht auf einen Felsen hoch über dem Fluss.«

Melisende versucht, es sich vorzustellen. »Dort könnten wir leben, Raol, Kinder haben und glücklich sein.«

»Dazu müsste ich mich erst mit meinem Vater versöhnen.«

»Dann tu das. Der arme Mann. Tu es für ihn und für mich!«

Beide wissen natürlich, dass sie nie dort zusammen leben werden. Und doch ist es schön, die Wirklichkeit für eine Weile beiseitezuschieben, davon zu träumen, was sein könnte, wenn sie doch nur ein anderes Schicksal hätten und allen Zwängen entfliehen könnten.

Der Gedanke an eine Versöhnung mit Raols Vater hat sie beide ernst werden lassen. Später am Abend hocken sie an ihrem aus Vorsicht klein gehaltenen Lagerfeuer. »Jetzt mal im Ernst, Raol. Warum hast du wirklich deine Familie verlassen?«

»Das habe ich dir doch erzählt.«

»Weil dein Vater eine andere Frau hatte? Gut, das muss schwer für deine Mutter gewesen sein, besonders, da er mit der Tochter einer anderen aufgetaucht ist. Nach so vielen Jahren.«

»Sie wollte ihn zuerst gar nicht in die Burg lassen.«

Melisende lacht. »An ihrer Stelle hätte ich ihn ganz sicher auch zum Teufel geschickt.«

»Da gab es auch noch anderes. Aber das ist eine lange Geschichte. Die willst du bestimmt nicht hören.«

»Doch! Ich will alles über dich und deine Familie wissen!«

Und so erzählt er. Von den Schulden bei den Mönchen, die der Vater gemacht hatte, um seine kleine Kriegerschar für den Zug ins Heilige Land auszurüsten. Die Burg diente dabei als Pfand. Von den Schwierigkeiten der späteren Jahre, als Ernten ausfielen und seine Mutter nicht wusste, wie es weitergehen sollte. Und von jenem reichen Adeligen aus Toulouse, der sie umwarb und heiraten wollte. Sie müsse doch nur ihren Mann für tot erklären lassen, hatte er gesagt. Immerhin habe sie seit vierzehn Jahren kein Wort mehr von ihm gehört.

»Und, hat sie es getan?«

»Na ja, Hoffnung, dass er noch lebte, hatte sie wohl nicht mehr. Sie war deshalb versucht, in eine solche Vermählung einzustimmen, denn sie fürchtete, die Burg und den ganzen Besitz zu verlieren.«

»Die Arme. Wenn die Herren in den Krieg ziehen, wird alles den Frauen aufgebürdet.«

»Ja, sie hatte es schwer. Später wurde es noch viel schlimmer. Ich war damals sechzehn, und in meinem Eigensinn habe ich ihr mehr geschadet als geholfen. Als meine Mutter zögerte, sich dem Kerl an den Hals zu werfen, hat er versucht, mich vor seinen Karren zu spannen. Er machte mir große Hoffnungen für meine

Zukunft und überhäufte mich mit Geschenken, mit feinen Kleidern und einem edlen Ross. Und mit diesem Schwert.«

Raol langt nach dem Schwert und zieht es halb aus der Scheide. »Eine wirklich gute Waffe. Du siehst, ich habe sie immer noch. Meiner Mutter versprach er, alle Schulden zu tilgen und den Besitz zu erhalten. Die Mönche unterstützten seine Sache und hatten sogar schon eine Todeserklärung aufgesetzt, um an ihr Geld zu kommen. Meine Mutter musste nur noch unterschreiben. Ausgerechnet ich hab sie dazu ermutigt. Wer war schon mein Vater für mich. Ich hatte ihn nie gekannt. Sie solle es für mich tun, hab ich verlangt, für meine Zukunft. Schließlich war sie tatsächlich kurz davor, dem Kerl das Jawort zu geben. Da tauchte wie aus heiterem Himmel mein Vater auf. Das änderte natürlich alles. Meine Eltern haben sich fürchterlich gestritten, aber eigentlich liebte meine Mutter ihn immer noch. Von mir verlangte sie, alle Geschenke zurückzugeben.«

»Das hat dir nicht gefallen.«

»Natürlich nicht. Ich hab mich gesträubt, bin auf meinem schönen Pferd von zu Hause ausgerissen und zu diesem Edelmann geritten. Er hat mich aufgenommen und wie seinen Sohn behandelt. Ich durfte Monate in Reichtum und Luxus verbringen – obwohl er keine Aussicht mehr hatte, meine Mutter zu heiraten. Dachte ich jedenfalls. Er hat mich sogar am Hof von Toulouse eingeführt. All das hat mir den Kopf verdreht.«

»Das hätte es wohl jedem jungen Mann«, sagt Melisende.

»Erst viel später wurde klar, dass mein Gönner uns die ganze Zeit über hinters Licht geführt hatte. Es ging ihm überhaupt nicht um meine Mutter oder um mich, sondern um den Besitz, genauer gesagt um die Burg. Irgendetwas Wichtiges soll dort versteckt gewesen sein, Urkunden oder Dokumente, die der Kerl sich aneignen wollte. Eine alte Geschichte, die mit der Grafschaft von Toulouse zu tun hatte. Niemand wusste davon. Die Burg hat uns ja nicht immer gehört. Mein Großvater hatte sie zum Dank für Kriegsdienste erhalten. Jedenfalls kam es in meiner Abwesenheit zur Belagerung und zu einem ziemlich blutigen Kampf mit vielen Toten, den mein Vater am Ende gewann. Schließlich hatte er sein Handwerk während des Kreuzzugs hier in Outremer gelernt. Hier war er zu einem der erfahrensten Hauptleute der Tolosaner aufgestiegen und sogar Kastellan der Festung von Tripolis gewesen.«

»Wurden die Dokumente gefunden?«

»Ich glaube schon, aber worum genau es ging, weiß ich nicht. Mein Vater muss es herausgefunden haben, aber er hat ein Geheimnis daraus gemacht und nie mehr darüber gesprochen. Jedenfalls nicht mit mir.«

»Und wieso hast du dann deine Familie verlassen?«

»Als ich heimkam und erfuhr, was geschehen war, habe ich mich fürchterlich geschämt. Ich hatte mich blenden lassen von einem, der uns übelwollte und Schuld am Tod vieler Menschen hatte. Ich hatte mit dem Feind der Familie paktiert, wenn auch, ohne es zu wissen. Seine Familie zu verraten ist das Schlimmste, was man tun kann. Ich war jedoch zu störrisch, um meinen Fehler einzugestehen und mich zu entschuldigen. Ich tat immer noch beleidigt und hochmütig.«

Beim Schein des heruntergebrannten Feuers glänzen Raols Augen, und Melisende merkt, dass sie feucht geworden sind. Sie legt den Arm um ihn. »Du hattest doch keine Schuld an alldem. Außerdem warst du viel zu jung.«

»Und zu stolz. Ich hatte einen Hass auf meinen Vater und auf seine Bastardtochter. Sogar auf meine Mutter, weil sie ihm verziehen hatte. Ich bildete mir ein, der einzige Gerechte in der Familie zu sein. Außerdem war es nun aus mit dem schönen Leben am Hof von Toulouse. Ich war so verbohrt, dass ich nach Outremer geflohen bin, statt meinen Fehler zu bekennen und mich mit der Familie zu versöhnen.«

Sie schweigen eine Weile, während Raol mit einem Zweig im

Feuer stochert. »Verrückte Geschichte!«, sagt Melisende. »War er denn so schlimm, dein Vater?«

»Nein, eigentlich nicht. Er hat uns von diesem Kerl und seinen Söldnern befreit. Ohne ihn wäre alles verloren gegangen. Mein Bruder Martin mochte ihn und sah zu ihm auf. Das hat mich auch geärgert.«

»Aber deine Mutter liebte ihn. Trotz seiner langen Abwesenheit.«

Raol nickt. »Sie haben sich wiedergefunden.«

»Kann es sein, dass du eifersüchtig warst?«

Raol sieht sie verwundert an. »Eifersüchtig? Wie meinst du das?«

»All die Jahre hattet ihr die Mutter für euch allein. Und plötzlich taucht dein Vater auf, ein Mann, den du eigentlich gar nicht kennst, und nimmt deinen Platz ein, nimmt dir die Mutter weg. Und dann wird dir auch noch eine Schwester aufgedrängt.«

Raol runzelt die Brauen. »Ich weiß nicht.«

»Glaub mir, ich kenn mich mit Eifersüchteleien in der Familie aus. Meine Schwester Alice und ich haben ständig um die Aufmerksamkeit meines Vaters gebuhlt. Alice hat sich auch mit unserer Mutter oft gestritten. Und sie war wild darauf, als Erste zu heiraten, um mir eins auszuwischen.«

»Bist du ihr deshalb gram?«

»Nein. Im Grunde sind das doch Kindereien.«

Raol denkt eine Weile nach. »Wer weiß? Vielleicht hast du recht. Ich habe ihnen jedenfalls Unrecht getan. Besonders meiner Mutter. Die hat sehr darunter gelitten. Ich sehe sie noch vor mir, aufgelöst und in Tränen, als ich davongeritten bin. Es ist, als hätte ich sie dafür bestrafen wollen, dass sie zu ihm gehalten hat. Mein Gott, was macht man in der Jugend doch für Dummheiten!«

»Vielleicht lässt sich das wieder in Ordnung bringen.«

Raol schüttelt den Kopf. »Es ist zu spät dafür.«

Nachdem er ein paar Aststücke nachgelegt hat, starren sie schweigsam in die flackernden Flammen. »So bist du also nach Tripolis gekommen«, sagt Melisende schließlich.

Raol nickt. »Graf Bertrand hat mich aufgenommen. Ein Jahr später ist er leider gestorben. Es heißt, die Assassinen hätten ihre Hand im Spiel gehabt. Angeblich hat der damalige Emir von Aleppo sie auf ihn gehetzt. Ich habe dann lange Jahre seinem Sohn Pons gedient.«

»Und wie bist du in die Schlacht von *Ager Sanguinis* geraten?«

»Durch Zufall. Pons hatte mich mit einer Botschaft nach Antiochia geschickt. Als das dortige Heer aufbrach, um gegen die Seldschuken zu ziehen, habe ich mich ihm angeschlossen.«

»Und das hätte dich beinahe das Leben gekostet.«

Raol grinst. »Du siehst, so leicht bin ich nicht umzubringen.«

»Beinahe wären wir uns also nie begegnet«, sagt Melisende. »So viele Zufälle haben uns zusammengeführt. Und nun sind wir hier und lieben uns. Glaubst du, Gott hat dabei seine Hand im Spiel?«

»Wer sonst? Alles ist von Gott bestimmt.«

Melisende rückt näher und legt den Kopf an seine Schulter. Natürlich. Raol hat recht. Alles ist von Gott bestimmt. Nichts kann ohne seinen Willen geschehen.

✠

Am Morgen hilft sie Raol, eine der Enten zu rupfen. Er zeigt ihr, wie es gemacht wird. Ausgeweidet waren sie schon. Herz und Leber der beiden Vögel haben sie am gestrigen Abend bereits verzehrt, zusammen mit dem Hasenfleisch, das Raol mit wildem Thymian eingerieben hatte.

Mein Gott!, denkt sie. Noch nie in meinem ganzen Leben hatte ich etwas mit der Zubereitung von Nahrung zu tun. Wie durch Magie war immer etwas Gutes zu essen da.

Auch um ihre Wäsche musste sie sich nie kümmern. Sogar beim Ankleiden wurde ihr geholfen. Und nun wäscht sie ihre Tunika selbst im Fluss und hängt sie zum Trocknen auf, weidet Tiere aus und röstet ihr Fleisch auf einem Feuer in der Wildnis. Ihre Finger triefen dabei vor Fett und werden von Holzkohle schwarz. Und das Seltsamste? Sie liebt es!

Lange hat sie über Raols Geschichte nachdenken müssen. Hier in Outremer halten die Fürsten und Barone zusammen, weil sie einen mächtigen gemeinsamen Feind haben. Im Frankenreich, so weiß sie aus Erzählungen, kommt es dagegen unter Adeligen oft zu Fehden. Ein Grund, warum sie so viele Burgen bauen. Und mit ein Grund, warum es überhaupt zum Kreuzzug gekommen ist. Im Jahre 1095 hatte Papst Urban die fränkische Ritterschaft aufgefordert, lieber gegen die Ungläubigen im Heiligen Land zu kämpfen, statt sich gegenseitig zu zerfleischen.

Begeistert hatten sich Fürsten, Edle und Söldner, aber auch Räuber und Halsabschneider auf den Weg gemacht. Viele aus religiösem Eifer, andere, um zu morden und zu plündern. Viele von ihnen waren zweit- oder drittgeborene Söhne, die kein Erbe zu erwarten hatten. Oder Abenteurer wie ihr Vater und dessen gleichnamiger Vetter. Wer weiß, aus welchen Gründen Raols Vater sich Geld von den Mönchen lieh, um seine Familie zu verlassen und ebenfalls nach Outremer aufzubrechen! All das war ein gutes Geschäft für die Klöster, denn von den vielen Rittern, die sich bei ihnen Geld für Waffen und Ausrüstung liehen, kamen Unzählige nicht zurück und ihre Besitzungen fielen an die Mönche. Darauf hatte auch Raols falscher Gönner gehofft.

Melisende zieht Raols Schwert aus der Scheide, um es sich genauer anzusehen. Die Scheide ist innen mit unbearbeitetem Schaffell ausgekleidet. Das natürliche Öl der Wolle soll die Klinge gegen Rost schützen. Das hat Raol ihr erklärt. Mit dem schweren Knauf als Gegengewicht liegt die Waffe gut in der Hand, auch wenn sie ziemlich schwer ist. Die Klinge ist scharf, aber sie hat auch Kratzer, und es gibt Stellen, wo sie ausgebessert wurde.

»Das Geschenk eines Feindes«, sagt sie. »Warum hast du es behalten?«

»Um mich daran zu erinnern, wie heimtückisch Menschen sein können, wenn es um Macht und Besitz geht. Dass man nicht alles glauben darf, was einem erzählt wird. Aber auch, um mich an meine Schuld zu erinnern. Es lehrt mich Bescheidenheit und dass man nicht über andere richten soll.«

»Auch nicht über mich?«

»Auch nicht über dich. Ich habe vorschnell über dich geurteilt. Es tut mir leid.«

»Du hast das aus der Sicht meines Vaters betrachtet. Wie wahrscheinlich die meisten Männer in Outremer.« Sie küsst ihn auf die Wange. »Dir sei verziehen.«

Raol lächelt und sagt nichts.

»Warum bist du nicht später heimgekehrt, nachdem dir alles bewusst geworden ist?«

Raol zuckt mit den Schultern. »Ach, weißt du, irgendwie sind die Jahre vergangen. Inzwischen habe ich so viel Zeit verstreichen lassen. Wie kann ich jetzt noch vor meine Eltern treten? Nach achtzehn Jahren? Wer weiß, ob sie überhaupt noch leben.«

Er nimmt ihr das Schwert aus der Hand, schiebt es zurück in die Scheide und legt es weg. Die Geste hat etwas Abschließendes.

✠

Nachts liegen sie unter ihrer Decke auf dem Rücken und starren zum Sternenhimmel empor. Raol zeigt ihr den Nordstern und den Großen Bären, den Stier und den Fuhrmann. Da es Neumond und stockdunkel ist, sind die Sterne besonders gut zu sehen. Sie funkeln wie winzige Edelsteine, manche sind nur als Sternenstaub zu erkennen.

»Wer lebt dort oben?«, fragt sie und zeigt auf die Milchstraße. »Glaubst du, es ist Gott? Sind das die Seelen der Verstorbenen? Was bedeutet es, wenn eine Sternschnuppe vom Himmel fällt?«

»Gott lebt in uns, nicht dort oben.«

»Woher willst du das wissen?«

»Wir Menschen sind das Gesicht Gottes.«

»Das ist aber eine kühne Behauptung.«

»Und doch, denke ich, ist es so.«

»Gott hat die Welt und den Menschen erschaffen«, wendet sie ein. »Und nicht umgekehrt.«

»Bist du sicher?«

»Wie meinst du das?« Melisende ist verwirrt.

»Gott ist allmächtig, oder nicht?«

»Natürlich.«

»Das glauben wir Christen. Aber das glauben auch die Muslime. Sie nennen uns Ungläubige. Und wir sie. Für uns zählt nur unser Gott. Und für sie nur Allah. Haben wir es etwa mit zwei Göttern zu tun? Und wenn Gott allmächtig ist, wieso erlaubt er neben sich einen zweiten Gott? Oder noch mehr Götter. Sicher gibt es noch andere Völker mit wieder anderen Göttern.«

»Das sind falsche Götter.«

»Das sagst du so. Warum müssen sie falsch sein? Vielleicht sind es nur unterschiedliche Manifestationen eines einzigen Gottes. Hast du schon mal darüber nachgedacht? Das wäre jedenfalls näher an der Idee, dass es nur einen einzigen, allmächtigen Gott gibt. Er stellt sich nur anders dar. Je nachdem, wer ihn anbetet.«

»Du meinst, bei den Muslimen ist es Allah, weil sie ihn so sehen wollen. Und bei uns ist es Vater und Sohn und Heiliger Geist, weil wir es so verstehen wollen?«

»Das denke ich. Weil wir es sind, die Gott so gemacht haben.«

»Raol, das ist ketzerisch!«

»Ich finde es logisch.«

»Aber wenn du recht hast, woher kommt dann der ganze Hass gegen Andersgläubige? Warum kämpfen wir gegen Muslime? Wenn es doch, wie du meinst, derselbe Gott ist.«

»Das frage ich mich schon seit einer ganzen Weile.«

Melisende kaut auf ihrer Unterlippe. Über so etwas hat sie tatsächlich noch nie nachgedacht. Für sie ist das Christentum die einzige Religion, die einzige Offenbarung Gottes, die zählt.

»Dieses Land gehörte früher den Muslimen«, sagt sie. »Wir haben es mit Gewalt genommen. Denkst du, das war Unrecht?«

»In gewisser Weise schon. Aber es ist das Land Israels. Hier hat Jesus gelebt. Deshalb ist es für uns das Heilige Land. Wir haben das Recht, hier unsere Kirchen zu bauen. Aber Muslime ebenfalls. Und auch die Juden. In Jerusalem befindet sich das Grab Christi. Aber auch der einstige Tempel Salomons. Und der Felsen, von dem Mohammed in den Himmel aufgestiegen ist.«

»Das sagt mein Vater auch. Deshalb hat er Jerusalem für alle Religionen geöffnet.«

»Ein weiser Mann, dein Vater.«

»Wie man's nimmt. Ich denke, er hat es nur getan, um den Frieden im Königreich zu erhalten. Schließlich sind die meisten auf dem Land Muslime.«

»Es ist jedenfalls ein Anfang.«

»Für mich ist er ein herrischer, halsstarriger alter Mann!«

»Na, hör mal! Du bist ja immer noch wütend auf ihn.«

»Das bin ich. Er hat mich an der Nase herumgeführt.«

»Wie das?«

»Ich sollte alles über das Königreich lernen, an Treffen teilnehmen, Urkunden lesen und aufsetzen, verstehen, wie man das Königreich verwaltet. Einige Male durfte ich ihn sogar vertreten. Er hat mich zur Thronerbin gemacht.«

»Darauf kannst du stolz sein«, sagt Raol. »Das bedeutet etwas.«

»Eben nicht«, erwidert sie ärgerlich. »Im Grunde bedeutet

410

es gar nichts. Ich bin nur gut dazu, diesen hässlichen Angeviner zu heiraten, damit er es dann ist, der später über das Königreich herrscht. Alles, was ich darf, ist dem Kerl Söhne zu gebären. Ansonsten soll ich den Mund halten und mich fügen.«

»Und das tust du nicht gern.«

»Nein, nicht gern.«

Raol beugt sich über sie und küsst sie. »Eben deshalb liebe ich dich.«

»Was?«, ruft sie lachend. »So ein widerspenstiges Weib wie mich? Was ist los mit dir?«

»Das will ich dir gerne zeigen.«

Danach wird fürs Erste nicht mehr gesprochen. Außer mit Händen und Lippen und anderen empfindlichen Körperteilen.

»Ach, Raol!«, flüstert sie später. Ihre Augen schwimmen in Tränen, denn sie weiß, dass es nicht ewig dauern kann.

✠

Sie reden natürlich nicht nur über Raols Vergangenheit. Melisende erzählt von ihrer Kindheit in Edessa, von ihren Schwestern und ihrer Mutter Morphia. Sie sitzen beide nackt und mit gekreuzten Beinen im Gras.

»Wie war sie so, deine Mutter?«, fragt Raol.

»Sie war eine schöne Frau. Hodierna ähnelt ihr von uns allen am meisten. Du weißt, unsere Mutter war Armenierin. Sie hatte lange Zeit Mühe mit dem Fränkischen und wurde den armenischen Einschlag in ihrer Aussprache zeit ihres Lebens nicht los. Wir schämten uns manchmal dafür, aber mein Vater mochte es. Er meinte, niemand habe eine so schöne Stimme wie sie. Sie war eher ruhig und hat sich nicht so vorgedrängelt wie Alice und ich. Aber wenn es um ihre Kinder ging, war sie eine Löwin. Wir hatten viele Freiheiten, zumal unser Vater oft abwesend war. Sie hat ihn sehr geliebt. Und er sie. Das konnte man spüren. Gerade deshalb ist es für mich unmöglich, einen Mann zu heiraten, den ich nicht liebe.«

»Das verstehe ich«, sagt Raol. »Es muss schön sein, in so einer Familie aufzuwachsen. Und wie bist du mit deinem Vater zurechtgekommen? Als Kind?«

»Ich habe ihn abgöttisch geliebt. Ich war doch die Älteste und durfte ihn am Tor abfangen, wenn er heimkam. Er hat mich aufs Pferd gehoben und ist mit mir durch die ganze Stadt bis zum Palast geritten, und alle haben uns zugewinkt. Ich bin fast geplatzt vor Stolz.«

Raol schmunzelt. »Du liebst ihn immer noch, gib's zu.«

»Kinder finden ihren Vater immer großartig. Später erkennt man dann die Fehler.«

»Die wir alle haben. Aber er ist ein guter König. Vergiss das nicht.«

»Er kann auch ein hintertriebener Halunke sein. Er hat mich ja an einigen seiner Entscheidungen teilhaben lassen. Dabei hab ich oft genug mitbekommen, wie er mit den Leuten umgesprungen ist. Er ist ein Meister darin, Menschen nach seinem Willen zu beugen und sie, wenn es nicht anders geht, auch zu brechen. Mit Überredung, mit List und Bestechung oder mit Gewalt.«

»Ein bisschen Hintertriebenheit gehört zu einem guten König. Entschlossenheit ganz bestimmt, sogar eine gewisse Rücksichtslosigkeit. Ein König muss sich durchsetzen können. Oder willst du, dass ihm alle auf der Nase herumtanzen?«

»Natürlich nicht. Aber wenn du ihn so großartig findest, dann erzähle ich dir eine Begebenheit, die dir gefallen wird. Wie er meinen armen Großvater um fünfzigtausend Golddinare erleichtert hat.«

»Deinen Großvater Gabriel?«

Melisende nickt. »Er war Fürst von Melitene, wie du weißt, und ziemlich reich. Ich habe ihn leider nie kennengelernt. Er ist kurz vor meiner Geburt gestorben.«

Raol pfeift durch die Zähne. »Fünfzigtausend Golddinare, das ist eine Menge Geld. Sogar noch mehr, als ich dem Emir für dich überbringen musste.«

»Bin ich es etwa nicht wert?«

»Natürlich bist du es, *mon coeur*! Jedes einzelne jämmerliche Goldstück.« Er lacht. »Was sind schon fünfundzwanzigtausend Dinare?«

Sie boxt ihn in die Seite. »Mach dich nur lustig über mich!«

»Kein Gold der Welt könnte dich je ersetzen!« Lächelnd küsst er sie auf die Wange. »Und das meine ich ernst. Aber erzähl weiter.«

»Wie du weißt, hatte mein Vater die neue Grafschaft Edessa von seinem Vetter Baudouin übernommen, als der kurz nach der Eroberung Jerusalems unser erster König wurde. Anfänglich hatte mein Vater es besonders schwer. Dauernd wurden wir angegriffen. Deshalb hat er auch meine Mutter geheiratet, weil er sich Unterstützung von Melitene erhoffte, schließlich waren die Armenier auf unserer Seite.«

»Ich hoffe, nicht nur deshalb.«

»Nein, nicht nur. Im Gegenteil. Er hat sie nur ein einziges Mal gesehen, und das hat genügt. Meinem Großvater hat er geschworen, sie mit Gewalt zu rauben, sollte er sie nicht hergeben.«

Raol lacht. »Das klingt ganz nach deinem Vater.«

»Es kommt noch besser. Mein Großvater wollte sich mit uns Franken gut stellen. Also wurde die Hochzeit vereinbart. Aber die Mitgift war meinem Vater nicht hoch genug. Auch nicht die Handvoll Krieger, die Großvater ihm in Aussicht stellte. Mein Vater brauchte Gold, viel Gold, um Söldner anzuwerben. Sein Vetter hatte ihm nur eine kleine Besatzung hinterlassen. Also forderte er fünfzigtausend Golddinare. Doch das war Großvater viel zu viel. Es hätte Melitene beinahe ruiniert.«

»Das kann ich mir denken. Und wie ist es deinem Vater gelungen, ihn zu überreden?«

»Mit seinem Bart hat er ihn überredet.«

»Mit seinem Bart?«

»Ja. Er ist doch schon immer stolz auf seinen prächtigen blonden Bart gewesen. Bis heute trägt er ihn lang. Das gefiel den Leuten von Melitene, denn besonders bei den Armeniern ist der Bart Ausdruck männlicher Stärke und Würde. Wer keinen ordentlichen Bart hat, gilt als Weichling. Also hat mein Vater gedroht, sich den Bart zu scheren, wenn er nicht das Gold bekäme. Eine Schande für die Leute von Melitene, des Fürsten Schwiegersohn ohne Bart? Undenkbar!«

Raol muss schallend lachen. »Und das hat gewirkt?«

»Hat es«, erwidert sie nicht ohne ein bitteres Lächeln. »Du siehst, mein Vater bekommt immer seinen Willen.«

Plötzlich hat sich eine ernste Stimmung über sie gesenkt. Sie schweigen für längere Zeit. Melisende betrachtet nachdenklich die Haare auf seiner Brust. Raol starrt über das Gebüsch hinweg auf den Berghang gegenüber, bis er schließlich seufzt und sagt: »Du hast recht, dein Vater bekommt meist seinen Willen. Und es wird Zeit, dass wir darüber reden.«

Sie sehen sich lange an. Melisendes Herz schlägt auf einmal heftiger, denn sie ahnt, was er ihr sagen will.

»Wir sind nun schon den vierten Tag hier«, beginnt er. »Ich bin sicher, Qilitsch hat die Suche längst aufgegeben. Es wird also Zeit, dass wir uns auf den Weg machen.«

»Wohin?«, haucht sie, obwohl sie es weiß.

»Nach Jerusalem.«

Tränen treten ihr in die Augen. »Du willst mich ihnen also ausliefern. Ist es das?«

Raol schüttelt den Kopf. »Es geht nicht anders, Melisende. Wir haben keine Wahl.«

»Ich will noch bleiben, Raol«, bettelt sie. »Lass uns noch ein paar Tage bleiben. Nur ein paar Tage. Was sind schon ein paar Tage?«

»Dein Vater wartet auf dich. Der ganze Hof wartet auf dich. Wenn wir zu lange wegbleiben, wird es verdächtig.«

»Verdächtig?« Plötzlich wird sie zornig und schüttelt heftig den Kopf. »Sollen sie doch warten, verdammt!« Eine Träne tropft ihr vom Kinn. »Und was sie denken, ist mir egal! Ich will mein eigenes Leben leben und nicht das von diesem Foulques. Und auch nicht das, was mein Vater sich darunter vorstellt.«

»Dein Vater wird sich schreckliche Sorgen machen. Du bist seine geliebte Tochter. Willst du ihn noch länger quälen und im Ungewissen lassen? Er hat geweint, als er von deiner Gefangennahme erfuhr.«

»Woher willst du das wissen?«

»Deine Magd Maria hat es mir erzählt.«

Melisende schlägt die Hände vors Gesicht. »Warum können sie mich nicht in Ruhe lassen? Warum, Raol?«

»Du bist die Tochter des Königs von Jerusalem.«

»Na und? Hab ich keine Rechte?«

»Deine Familie wartet auf dich. Sie lieben dich. Du bist der verlorene Sohn aus der Bibel, der heimkehrt und vom Vater in die Arme geschlossen wird. Nur, dass du kein Sohn bist, sondern seine geliebte Tochter.«

Sie wischt sich die Tränen aus dem Gesicht. »Wenn schon, dann gilt das auch für dich, Raol. Auch du bist der verlorene Sohn.«

Er senkt den Kopf. »Ich weiß.«

Natürlich hat Raol recht. Sie weiß es, auch wenn sich alles in ihr dagegen sträubt. Sie schweigen und meiden den Blick des anderen. Sie haben keine Wahl. Was gibt es da noch zu sagen?

Hinter ihnen in den Pinien zirpen die Zikaden. Ein paar Schwalben jagen am Himmel nach Insekten. Das leise Rauschen des Flusswassers ist zu hören. Sonst ist es still. Wie schön es hier ist. Und doch ist ihr Herz voll Trauer.

»Ist es nun zu Ende?«, flüstert sie, ohne ihn anzusehen.

415

Er legt ihr die Hand auf die feuchte Wange. Auch er leidet, auch er will sich nicht trennen. Das kann sie spüren. »Wir waren so glücklich«, murmelt sie.

»Ja. Wir waren glücklich.« Raol streicht ihr eine Locke aus der Stirn. »Aber zwischen uns wird es nie zu Ende sein. Ich werde dich immer lieben, Melisende. Bis zu meinem Tod.«

»Ach, Raol!«, flüstert sie und klammert sich an ihn.

So verharren sie, eng umschlungen. Ihr Kopf liegt auf seiner Schulter, sie spürt seine Arme um sich, seinen Atem im Nacken. Am liebsten würde sie losheulen wie ein kleines Kind, aber sie beherrscht sich. Was nützt es zu klagen und zu jammern? Sie waren glücklich zusammen. Nur das zählt. Dafür muss man dankbar sein.

Schließlich macht Raol sich von ihr los und steht auf. »Ich muss mal nach Ghalib sehen.« Seine Stimme klingt seltsam brüchig. »Bin gleich wieder da.«

Er braucht einen Moment mit sich allein, denkt sie. Auch sie steht auf und wandert zum Flussufer, wo sie sich niederlässt und die Zehen ins kühle Wasser steckt. Nie wird sie vergessen, wie es hier am Jordan war. Obwohl sie nicht mehr weinen will, füllen sich ihre Augen mit Tränen, als sie an seine Worte denkt – bis zum Tod werde er sie lieben.

Kann man das überhaupt, jemanden bis zum Tod lieben, auch wenn man sich für immer trennen muss? Denn dass sie sich trennen müssen, ist unausweichlich. Eine Liebe zwischen einer Königstochter und einem Tempelritter ist nicht denkbar. Dem müssen sie sich fügen. Schließlich können sie sich nicht ewig vor allen Menschen verstecken und in der Wildnis leben. Irgendwann wird es Zeit, sich den Gegebenheiten zu stellen.

Doch bei dem Gedanken flammt erneut Zorn in ihr auf. Vielleicht sage ich einfach allen, dass ich schwanger bin, schießt es ihr durch den Kopf, von einem anderen Mann. Das wird den ganzen Hof schockieren und Foulques abschrecken.

Vielleicht aber auch nicht. Der Kerl tut doch alles für seine verdammte Krone. Und natürlich würde es Raol schaden. Das will sie nun wirklich nicht. Was sie hier am Ufer des Jordan gelebt haben, muss geheim bleiben. Besser also, dem Angeviner das Kuckucksei heimlich ins Nest zu legen – falls es denn eines gibt. *Solange es Raols Kind ist, will ich es glücklich aufziehen.*

Sie atmet tief durch, steht auf und kehrt zur Lagerstelle zurück. In diesem Augenblick tritt auch Raol aus dem Wald. Wie schön sein Körper ist! Ganz anders als dieser rothaarige Zwerg, den sie heiraten soll.

»Ist alles in Ordnung mit Ghalib?«

Raol nickt. »Die Tage haben ihm gutgetan. Er ist ausgeruht und gut genährt. Aber er langweilt sich. Ich bringe ihn nachher ans Ufer, damit er seinen Durst stillen kann.«

»Was verbirgst du hinter deinem Rücken?«

Raol lächelt. »Etwas für dich. Aber du musst dich erst hier auf die Decke knien.«

»Was wird das? Was hast du vor?«, fragt sie, tut aber, was er verlangt.

Auch Raol kniet sich vor sie hin, hält die Hand jedoch immer noch hinter dem Rücken verborgen. »Du musst wissen, daheim in Rocafort wohnte auch die ehemalige Amme meines Vaters. Sie hieß Joanna und gehörte zur Familie. Für meinen Bruder und mich war sie so etwas wie eine zweite Mutter. Sie kannte mehr Spiele für Kinder als jede andere. Und natürlich sämtliche Bräuche der Bauern. Sie brachte uns bei, so was wie das hier zu machen.«

Endlich holt er die Hand hinter dem Rücken hervor und bietet Melisende auf beiden Händen dar, war er für sie gemacht hat.

»Was ist das?«, fragt sie erstaunt.

»Eine Graskrone.« Auf seinen Handflächen liegt ein aus langen Grashalmen geflochtener Kranz, mit ein wenig Schilf verstärkt und mit kleinen Buchsbaumzweiglein und gelben, roten und violetten Blumenblüten verziert. »Bei uns daheim tragen es die Bräute an ihrem Hochzeitstag.«

»Oh, Raol! Wie wunderschön!«

Sie streckt die Hände danach aus, doch Raol zieht die Krone noch einmal zurück. »Warte!«, sagt er. »Sie ist zwar nur aus Gras, aber trotzdem eine Krone. Und sie gehört dir.« Er setzt sie ihr feierlich aufs Haupt. »Du bist die Königin meines Herzens. Und wirst es immer sein.«

»Mein Gott, Raol! Jetzt bringst du mich schon wieder zum Heulen!« Mit der Rechten betastet sie vorsichtig die Krone auf ihrem Kopf. »Was für ein Geschenk! Danke, Raol!« Sie wischt sich die Tränen aus dem Gesicht. »Ich muss schrecklich aussehen, so verheult! Nicht gerade wie eine Königin.«

»Du bist wunderschön!«

Sie lacht. »Nur weil ich nackt bin, du Lüstling!«

Raol lächelt. »Eines Tages«, sagt er feierlich, »wirst du eine wirkliche Königin sein, mit einer richtigen Krone.«

»Ach, Raol. Die will ich gar nicht. Deine ist mir lieber.«

Sie will ihn umarmen, aber er hält sie an den Schultern fest. »Vergiss diesen Foulques. Vielleicht wirst du ihn heiraten müssen, aber er ist im Grunde nichts. Nur ein Wurm. Du allein bist die Thronerbin von Jerusalem. Du hast Herz und Verstand und Mut. Du wirst eine große Königin sein. Geh nur immer deinen Weg, und lass dich nicht beirren und auch nicht unterkriegen. Von niemandem. Versprich mir das!«

Sie nickt. »Versprochen.«

Endlich nimmt er sie in die Arme und drückt sie fest an sich.

»Auch du wirst immer bei mir sein«, flüstert sie. »In meinem Herzen. Immer und ewig.«

In dieser Nacht finden sie nicht viel Schlaf. Sie lieben sich und reden, bis der Morgen graut. Dann kleiden sie sich an, satteln den Hengst und schnallen Decken und Satteltaschen auf. Raol wappnet sich mit Ringpanzer und Helm, gürtet sich Dolch und Schwert um die Lenden und hängt Köcher und Bogen über die Schulter. Auch Melisende hat sich bereit gemacht. Sie reden nicht. Es ist alles gesagt.

Raol deutet auf den Hengst. »Du reitest.«

Nachdem sie in den Sattel gestiegen ist, wirft sie mit schwerem Herzen einen letzten Blick auf ihre Lagerstatt, den Ort, wo sie glücklich waren. Die Graskrone weiß sie gut verstaut und sorgfältig in ihr Unterhemd gewickelt in einer der Satteltaschen.

Raol nimmt den Hengst beim Zügel und watet mit ihm durch den Fluss ans andere Ufer. »Morgen Nachmittag sind wir in Galiläa am See Genezareth«, sagt er und beginnt den langen Marsch, der vor ihnen liegt. »In Tiberias werden sie uns ein Pferd für dich leihen. Sicher stellen sie uns auch eine Eskorte für den Rest des Weges nach Jerusalem.«

Melisende hört nicht zu. Sie dreht sich im Sattel um und blickt zurück. Von ihrem gemeinsamen Lager ist nichts zu sehen, nur Schilf und Büsche, dahinter Pinien. Als hätte es diese Zuflucht nie gegeben.

DER ZWEIKAMPF

Unaufgefordert platzt Étienne de la Ferté, in den Audienzsaal des Königs. »Sire!«, ruft er, kaum, dass er den Raum betreten hat. »Es tut uns leid zu unterbrechen …«

Der Patriarch wird begleitet von Robert de Craon, dem Stellvertreter des Großmeisters der Tempelritter. Beide machen einen aufgeregten Eindruck.

Gereizt blickt der König auf, denn es ist schon die dritte Störung an diesem Morgen. »Was ist denn jetzt schon wieder?«

Baudouin ist gerade damit beschäftigt, eine erweiterte Abgabenverordnung zu besprechen. Schließlich muss das Geld, das für Melisendes Befreiung ausgegeben wurde, wieder reingeholt werden. Gauthier de Brisebarre und Henri d'Auric beraten ihn. Ersterer ist für eine kräftige Erhöhung, der andere eher dagegen. An einem Pult steht der Secretarius des Königs und macht Notizen. Vor ihm liegt ein Stapel Pergamente, die berüchtigte Steuerliste, in der alle Adeligen des Landes verzeichnet sind und wie viel jeder dem König vierteljährlich schuldet.

Der Patriarch bleibt vor Baudouin stehen, Robert de Craon etwas seitlich und einen Schritt zurück.

Der Patriarch wedelt mit einem gefalteten Stück Pergament. Das Siegel ist offensichtlich gebrochen. »Sire! Eine wichtige Nachricht! Aus Troyes. Vom Konzil!«

»Vom Konzil?«, fragt Baudouin. Nun horchen auch die beiden Barone und der Secretarius auf. »Betrifft es uns?«

»In der Tat«, meldet sich Robert zu Wort, »die Nachricht kommt von Hugues des Payns, unserem Meister.«

»Und was hat er zu sagen?«

»Nun, er schreibt, dass Abt Bernard de Clairvaux ... Ihr wisst, wer der Abt ist, Sire?«

»Natürlich weiß ich, wer er ist.«

Der Patriarch wirft Robert de Craon einen gereizten Blick zu und reißt das Gespräch wieder an sich. »Bernard ist Gründer der Zisterzienser, das weiß doch jedes Kind. Ein Mann von enormem Einfluss in der Kirche.«

»Und was ist mit dem?« Baudouin wird langsam ungeduldig.

Der Patriarch hält noch einmal den Brief hoch. »Laut Hugues ist es dem Einwirken des guten Abts zu verdanken, dass das Konzil die Ritter des Tempels als offiziellen Orden bestätigt hat.«

»Ah!«, sagt der König. »Das ist in der Tat eine gute Nachricht.«

»Da ist noch mehr, wenn Ihr erlaubt«, mischt Robert sich wieder ein. »Unsere Brüder haben in Paris und andernorts viele neue Mitglieder für unsere Sache gewinnen können. Und eine ganze Reihe bedeutender Schenkungen.«

»Na wunderbar«, sagt der König. »Das kommt mir in der Tat sehr gelegen. Dann werdet ihr mir nicht länger auf der Tasche liegen. Meine Koffer sind nämlich leer. Ich hätte euch ohnehin die Zuwendungen kürzen müssen.«

Robert nickt. »Das habe ich mir schon gedacht. Wie es aussieht, werden wir unseren Unterhalt in Zukunft selbst bestreiten können.«

»Viel wichtiger ist«, meldet der Patriarch sich wieder zu Wort, »dass man endlich eine strenge Regel für den neuen Orden ausgearbeitet hat. Grundsätzlich richtet sie sich nach den Benediktinerregeln, hinzu kommen aber auch einige der neueren Regeln der Zisterzienser. Dank des guten Abts Bernard. Er soll daran persönlich mitgewirkt haben. Hugues wird sich bald zu uns auf den Weg machen und die Regeln mitbringen. Damit wir die Brüder darauf einschwören können.«

»Solange ihr eine gute Kampftruppe unterhaltet, sollen mir die Regeln egal sein«, erwidert Baudouin.

»Eine Mönchsgemeinschaft braucht Regeln«, erwidert der Patriarch. »Sonst geht bald jede Ordnung verloren.«

»Macht, wie ihr es für richtig haltet, solange dadurch die Kampfstärke nicht eingeschränkt wird.«

»Keine Sorge, das wird sie nicht«, sagt Robert.

»Also gut.« Der König nickt. »Und? War's das jetzt? Wir müssen nämlich weitermachen.«

»Fehlt nur noch die offizielle Bestätigung durch den Papst«, sagt der Patriarch.

»Was heißt das? Ist der Orden nun bestätigt oder nicht?«, fragt Baudouin ungeduldig.

»Doch. Er ist bestätigt.«

»Aber der Papst muss noch zustimmen.«

»Ist nur eine Formalität«, erklärt Étienne. »Allerdings bedeutet die Bestätigung durch den Papst, dass der Orden fortan nur noch dem Papst verpflichtet ist.«

Der König runzelt die Brauen. »Heißt das, ihr könnt dann machen, was ihr wollt? Ich hab nichts mehr zu sagen?«

»Natürlich werden wir uns immer mit Euch absprechen, Sire«, beeilt sich Robert, ihn zu beruhigen. »Wir dienen schließlich der Christenheit in Outremer. Genauso wie Ihr.«

»Das will ich auch gehofft haben!«, brummt der König. »Ehrlich gesagt hatte ich so was nicht erwartet. Aber gut. Ich kenne Hugues. Er ist ein guter Mann.« Baudouin deutet auf den Patriarchen. »Solange der hier Euch nicht herumkommandiert, soll's mir recht sein.«

»Natürlich habe ich dem Orden nichts zu sagen«, erwidert der Patriarch patzig. »Ich bin doch kein Kriegsherr.«

»Dann ist ja alles geklärt«, sagt der König. »Und jetzt bitte ich euch, uns allein zu lassen. Wir haben zu tun.«

In dem Moment fliegt erneut die Tür zum Saal auf. Diesmal

ist es Foulques, der hereinstürmt. Seine Stiefel und Beinkleider sind dreckig. Sein Gesicht ist rot, die Haare wirr. Er sieht verschwitzt aus. »Ist Melisende zurück?«, stößt er hervor, offensichtlich noch außer Atem.

Alle starren ihn an. »Nein, ist sie nicht«, sagt der König. »Du wolltest ihr doch entgegenreiten.«

»Verdammt!«, flucht Foulques. »Auf der Küstenstraße war sie nicht.«

Baudouin hebt die Brauen. »Nicht? Aber das ist doch der kürzeste Weg. Bist du sicher?«

»Ich sag's doch! Wir sind geritten wie die Teufel, bis Beirut und zurück. Aber keine Spur von ihr. Dabei sind die Templer vor mehr als zwanzig Tagen aufgebrochen, um sie zu holen. Die müssten doch längst zurück sein! Selbst wenn sie sich verspätet haben sollten, hätte ich sie treffen müssen.«

»Das ist wahr«, sagt der König. Er ist auf einmal sehr besorgt. »Was könnte da nur falschgelaufen sein?«

Die Männer sehen einander an. Einen Augenblick lang herrscht Ratlosigkeit. Dann schüttelt Henri d'Auric angewidert den Kopf. »Diese verfluchten Araber! Die haben uns reingelegt.«

Der König starrt ihn an. »Was willst du damit sagen?«

»Ich will damit sagen, dass man diesen Bastarden nicht trauen kann. Ich habe so was von Anfang an erwartet.«

»Ach ja? Du hast aber nichts gesagt.«

»Na ja, du warst so sicher, dass du diesem … diesem Usama vertrauen kannst. Aber wer weiß, was sie mit Melisende gemacht haben! Dein Gold bist du jedenfalls los, wie's aussieht. Das heißt *unser* Gold. Wir sollen ja dafür aufkommen.«

»Man muss nicht gleich das Schlimmste annehmen«, sagt Robert.

»Und wo sind dann deine verdammten Ritter, Robert?«, fährt Foulques ihn an. »Wo sind sie? Oder sind sie es, die sich mit dem Gold davongemacht haben?«

»Meine Herren …«, versucht der Patriarch zu beschwichtigen.

»Herrgott noch mal!«, brüllt der König und springt auf. »Hört auf, vom Gold zu faseln! Ich gebe einen Furz auf das Gold. Es geht um meine Tochter!« Er wandert auf und ab, während ihm die Blicke der Männer folgen. Dann bleibt er stehen. »Lasst uns überlegen, was zum Teufel passiert sein könnte.«

»Vielleicht haben sie einen anderen Weg genommen«, sagt Robert. »Am Jordan entlang, zum Beispiel.«

»Auch dann wären sie längst hier«, sagt der König.

»Vielleicht verweilt sie an der Taufstelle«, überlegt Foulques. »Wollte sie sich nicht dort ein zweites Mal taufen lassen?«

Der König schüttelt den Kopf. »Diesen Bären hat sie mir aufgebunden, um von ihrer Flucht abzulenken.«

»Sie hat uns allen einen Bären aufgebunden«, schnauzt Foulques erregt. »Deine Tochter hat womöglich gar nicht vor zurückzukommen.«

»Was willst du damit sagen?«, fragt der König.

»Was weiß ich? Wir haben eine Menge Gold gezahlt, und trotzdem bleibt sie verschwunden. Wahrscheinlich ist sie doch wieder nach Antiochia. Ist ja kein Geheimnis, dass sie mich nicht ehelichen will. Ich sage dir, Baudouin, sie tanzt uns allen auf der Nase herum.«

»Das wissen wir nicht«, erwidert der König nun seinerseits erregt. »Nur weil du es behauptest, ist es nicht wahr!«

»Wo zum Teufel ist sie dann? Das geht doch nicht mit rechten Dingen zu!«, schnaubt Foulques. »Ich habe langsam genug von diesem Spiel! Ich hätte mich nie überreden lassen sollen hierherzukommen.« Er wirft sich sichtlich wütend auf einen Stuhl und streckt die Beine von sich.

Der König sieht ihn verdrossen an.

»Ich sage dir, Baudouin, die verdammten Araber stecken dahinter«, sagt Henri d'Auric.

»Aber dann müsste sie ja noch in Schaizar sein«, sagt der Patriarch.

»Und was ist mit meinen Männern?«, fragt Robert. »Mit Raol de Montalban? Das hätte er doch nie zugelassen.«

»Vielleicht sind sie längst alle tot«, sagt Henri. »Wir sollten das Heer sammeln und dieses verfluchte Schaizar belagern und dem Erdboden gleichmachen!«

»Was für eine blöde Idee!«, fährt Foulques ihn an. »Fällt dir wirklich nichts Besseres ein? Sollte meine verdammte Braut tatsächlich in Schaizar sein, können wir die Festung doch wohl nicht belagern. Oder willst du ihr Leben riskieren?«

Henri starrt ihn an. »Ich sag's ja nur.«

Der König hat plötzlich Tränen in den Augen. »Mein Kind!«, stöhnt er aufgewühlt. »Was haben sie mit meinem Kind gemacht?«

Zum ersten Mal meldet sich Gauthier de Brisebarre, der Baron von Beirut, zu Wort. »Wir sollten nicht gleich das Schlimmste annehmen. Vielleicht gibt es eine ganz normale Erklärung für die Verspätung, und in ein paar Tagen kannst du deine Tochter in die Arme schließen. Besser, wir bewahren erst mal Ruhe.«

Der König setzt sich, deutlich um Fassung bemüht. »Du hast recht, Gauthier. Ich danke dir. Warten wir noch ein paar Tage. Wenn sie dann nicht zurück ist, schicken wir Suchtrupps aus.«

✠

Gegen Mittag verändert sich die Landschaft. Das Jordantal wird breiter und flacher, die ersten Felder sind zu sehen, dann ein paar einsame Bauernhütten, schließlich ein Dorf. Aus dem Pfad, dem sie gefolgt sind – Raol zu Fuß und Melisende auf dem Hengst –, ist ein richtiger Weg geworden, breit genug für Ochsenkarren.

Raol hält es nicht länger für nötig, sich zu verstecken, denn inzwischen haben sie christliches Gebiet erreicht. Es begegnen ihnen auch mehr Menschen. Meistens sind es Bauern, aber einmal kreuzt eine kleine Gruppe von Pilgern ihren Weg. Angeblich sind sie zu einem heiligen Mann unterwegs, der hier irgendwo hausen und im Jordan Taufen vollziehen soll.

»Die Gegend gehört zum Baronat Toron«, sagt Raol.

»Herrscht hier nicht ein Normanne, ein gewisser Onfroy? Ich glaube mich zu erinnern.«

»Ja und nein. Der alte Onfroy ist damals mit Bohemund und Tankred aus Italien gekommen und war an der Eroberung von Antiochia beteiligt. Das Baronat hat er Tankred zu verdanken, als der Fürst von Galiläa war. Aber letztes Jahr ist Onfroy gestorben. Inzwischen herrscht hier sein Sohn. Ihre Burg liegt weiter westlich in den Bergen.«

»Dann sind wir ja bald schon in Galiläa«, sagt Melisende.

Sie müssen sich also nicht mehr fürchten. Was für eine Erleichterung! Erst jetzt, da die Gefahr gebannt ist, wird ihr bewusst, welche Last seit Qilitschs Überfall auf ihr gelegen hat. Nur während der letzten Tage am Fluss hat sie die Angst zurückdrängen können, obwohl sie auch da immer noch im Hintergrund gelauert hat. Aber jetzt sind sie auf einem von christlichen Rittern beherrschtem Gebiet, jetzt kann sie freier atmen.

Und doch ist ihr Herz schwer. Schon morgen werden sie in Tiberias sein. Dann müssen sie so tun, als wäre nichts zwischen ihnen vorgefallen. Keine Küsse, keine Zärtlichkeiten, keine gelebte Liebe mehr. Dann ist höflicher Abstand angesagt, wie es sich für die Thronerbin und einen Chevalier der Templer gehört. Und selbst das wird ihnen nur noch für ein paar Tage möglich sein. In Jerusalem werden sie sich kaum noch sehen dürfen. Ob es ihr gelingt, sich zu beherrschen, damit niemand etwas merkt?

Und Raol? Melisende blickt kurz zu ihm. Er sagt nicht viel, schenkt ihr nur von Zeit zu Zeit ein kleines Lächeln. Manchmal legt er dabei für einen Augenblick seine Hand auf ihren Schenkel, als wolle er sie an die süßen Stunden ihrer Zweisamkeit erinnern. Ansonsten marschiert er unermüdlich neben ihr her. Sie hat schon mehrfach angeboten, ihn abzulösen, ihn reiten zu lassen. Aber er bleibt stur. »Du sollst dich nicht ermüden«, sagt er.

Gegen Mittag nähert sich der Weg wieder einmal dem Fluss. Sie gelangen an eine Stelle, wo das Ufer flach und frei von Sträuchern ist. Ein Bauer tränkt dort seine Kuh. Das Tier schaut mit samtenen Augen auf, als sie anhalten. Auch der Bauer starrt sie neugierig an. Ein Ritter und eine Frau mit nur einem Pferd? Das muss ihm seltsam vorkommen. Melisende trägt zwar Hosen und ihre Kufija, trotzdem ist nicht zu übersehen, dass sie eine Frau ist.

Sie steigt ab. Während Raol den Hengst ans Ufer führt, um ihn saufen zu lassen, sieht Melisende sich um. Ein paar Schritte weiter spielen Kinder im seichten Wasser und bespritzen sich mit viel Gekreische. Im Schatten eines Baumes sitzt eine Mutter mit einem nackten Säugling auf dem Arm und schaut zu.

Melisende geht zu ihr, lächelt ihr freundlich zu, setzt sich neben sie. Sie streckt die Arme nach dem Kind aus. Die Frau freut sich über die Aufmerksamkeit und reicht ihr den kleinen Jungen, wohl nicht älter als ein Jahr. Melisende stellt ihn sich auf den Schoß. Seine kleine Arme greifen nach ihr. Er hat große dunkle Augen, Pausbäckchen und ein rosiges Mündchen. Sie spricht mit ihm und wird mit einem zaghaften Lächeln belohnt.

Sie zieht den Kleinen dicht an ihr Herz und atmet seinen Säuglingsduft ein. Es überkommt sie ein plötzliches Sehnen nach einem eigenen Kind. Sie spürt ein geradezu körperliches Begehren tief im Inneren des Leibes nach etwas, das dort wächst, ihren Bauch ausdehnt und schwerer wird, bis es eines Tages hinauswill in die Welt. Raols Sohn. Ein Kind wie dieser kleine Bursche, den sie in den Armen hält und gar nicht mehr loslassen möchte. Mit feuchten Augen gibt sie das Kind der Mutter zurück und steht auf.

Raol hat inzwischen die Feldflaschen gefüllt und winkt ihr zu. »Bist du so weit?«, ruft er.

»Gleich.« Sie tritt ans Ufer, schöpft Wasser mit der hohlen Hand, trinkt davon und erfrischt sich das Gesicht.

Ob Raol wohl auch an so etwas denkt? Seit sie ihm gesagt hat, über eine Schwangerschaft müsse er sich keine Gedanken machen, hat er nie mehr darüber gesprochen. Er ist natürlich Templer und darf keine Kinder haben. Aber ist es ihm egal? Männer empfinden wohl anders, denken weniger über solche Dinge nach und setzen unbekümmert Bastarde in die Welt. Für sie sind Kinder die Sache von Frauen. Zumindest solange sie klein sind. Und ihr eigener Vater? War er treu? Sie hat nichts Gegenteiliges gehört, aber wer weiß, auf den vielen Feldzügen, fern von zu Hause ...

Das Flusswasser hat sie erfrischt. Sie tritt zu Raol. »Wir marschieren nur weiter, wenn wir tauschen und ich von jetzt an zu Fuß gehe.«

»Nein, nein. Kommt nicht infrage. Es macht mir nichts aus, und du solltest dich schonen.« Er grinst. »Was werden sie von mir denken, wenn du völlig erschöpft in Tiberias ankommst.«

»Ich dachte, es kümmert dich nicht, was andere denken.«

»Du hast schon genug durchgemacht, Melisende.«

»Dann reiten wir beide. Wenigstens ein Stück weit. Ghalib ist ein starkes Tier. Der wird schon nicht zusammenbrechen.«

»Na gut! Warum nicht?«

Melisende streichelt dem Hengst über die Nüstern und flüstert ihm Koseworte zu. Dann steigt sie als Erste auf, gefolgt von Raol, der sich hinter ihr in den Sattel drückt. Er legt die Arme um sie und fasst die Zügel. Sie lehnt sich gegen ihn. »So ist es gut«, sagt sie und winkt der Frau mit dem Kind zum Abschied zu.

Am Abend suchen sie sich auf einem Hügel abseits des Weges und am Rande eines Olivenhains einen stillen Platz zum Lagern.

Raol hat in einem Dorf Brot und Ziegenkäse erworben. Bei untergehender Sonne vertilgen sie mit Heißhunger ihr bescheidenes Mahl.

Als die dünne Sichel des neuen Mondes aufzieht, liegen sie Arm in Arm unter der Decke. Es ist vielleicht das letzte Mal, dass sie Gelegenheit dazu haben. Das nachtschwarze, mit Sternen übersäte Himmelszelt über ihnen lässt an die Herrlichkeit der Schöpfung denken, an die Ewigkeit und die eigene Vergänglichkeit. Melisende schmiegt sich eng an Raol.

»Wie herrlich die Sterne sind!«, sagt er. »Wenn man sie so sieht, kommt man sich ganz klein vor.«

Melisende nickt. »Man fühlt sich von Gott durchdrungen.« Sie schweigen einen Moment in Ehrfurcht. Dann sagt sie: »Du hast mir immer noch nicht erklärt, warum du nicht betest.«

»Das lässt dir wohl keine Ruhe.« Seine Stimme klingt, als lächle er. »Wenn du's genau wissen willst, ich glaube nicht an Gebete. Nur an Taten.«

»Das eine schließt das andere nicht aus.«

»Ich halte Gebete für nutzlos. Denk an all die bösen Dinge, die in der Welt passieren. An all das Schlimme, das wir Menschen uns gegenseitig antun. Haben Gebete geholfen, das zu verhindern? Nicht im Geringsten. Ich denke, Gott hört gar nicht zu.«

»Wie kannst du so etwas sagen? Vielleicht wäre es ohne Gottes Hilfe noch schlimmer gekommen? Oder das Böse öffnet den Weg zu etwas Gutem. Das kannst du nicht wissen.«

»Ja, vielleicht.« Raol denkt einen Augenblick nach, dann sagt er: »Gott ist der Schöpfer der Welt, der Gestirne am Himmel, der Tiere und der Pflanzen. Er hat das Meer erschaffen, das Gebirge. Und alles folgt seinen Regeln. Morgens geht die Sonne auf, und abends geht sie unter. Er lässt es regnen und stürmen, wenn es ihm gefällt. Er bringt uns den Sommer und den Winter. Alles wäre gut, wenn der Mensch nicht wäre. Wir sind die Störenfriede in seinem Paradies. Dabei schaden wir am meisten uns selbst. Aber im Grunde sind wir nichts als unbedeutende Ameisen in Gottes immenser Schöpfung. Ich denke, er hat Wichtigeres zu tun, als unseren Gebeten zu lauschen. Kümmert es dich etwa, was ein paar Ameisen unter deinen Füßen tun?«

Melisende findet Raols Ansicht befremdlich und entgegen allen Vorstellungen, mit denen sie erzogen wurde und in denen das Gebet eine wichtige Rolle spielt. »Wenn wir so unbedeutend sind, warum hat er uns dann seinen Sohn geschickt?«

»Ich nehme an, damit wir uns ein Beispiel an ihm nehmen. Aber was haben wir getan? Wir haben ihn ermordet. Und hat dieses Opfer etwas gebracht? Würden wir noch Kriege führen, wenn wir nach Jesu Botschaft leben würden?«

»Was ist mit dir?«, fragt Melisende. »Du beteiligst dich doch auch an Kriegen. Ist das nicht ein Widerspruch?«

»Natürlich. Ich weiß das nur zu gut. Und du hast mir das ja auch schon vor Augen geführt.«

»Du klingst wie jemand, der von Gott enttäuscht ist.«

»Von den Menschen bin ich enttäuscht. Ich habe einfach zu viel erlebt.«

»Armer Raol.« Sie schlingt die Arme um ihn und schmiegt sich an. »Aber es gibt auch Schönes in der Welt, oder nicht?«

»Ja. Dich zum Beispiel.«

Sie küsst ihn auf die bärtige Wange. »Auch wenn du nicht daran glaubst, werde ich jeden Tag meines Lebens beten, dass es dir gut geht und dass du glücklich bist.«

Sie liegen Arm in Arm und schweigen eine Weile, starren zum Himmel auf, als könnten sie dort Antworten auf die Fragen des Lebens finden.

»Hast du dich entschieden?«, fragt Raol.

»Wozu?«

»Ob du Foulques heiratest.«

»Willst du wirklich, dass ich einen anderen Mann heirate?«

»Ach, mein Herz.« Er zieht sie enger an sich. »Wenn es nach mir ginge, würde ich mit dir über alle Berge fliehen.«

Sie lächelt. »Nach Rocafort?«

»Auch dahin.«

»Ja, das würde ich mir wünschen.« Sie stößt einen tief empfundenen Seufzer aus. »Lieber heute als morgen, Raol. Lieber heute als morgen.«

Eine Weile lang schweigen sie. Jeder in Gedanken. Schließlich fragt Raol: »Wie würde deine Schwester Alice sich entscheiden? Würde sie die Liebe wählen oder die Macht?«

Es irritiert Melisende, dass er schon wieder davon anfängt. Sie setzt sich auf. »Sag mal. Hast du nichts Besseres im Kopf, als mich mit diesem Angeviner zu verkuppeln? Was ist denn mit dir? Ich würde gern wissen, wie du dich dabei fühlst.«

Raol antwortet nicht gleich. Dann sagt er: »Wie ich mich dabei fühle? Denkbar schlecht. Miserabel, wenn du's genau wissen willst. Ich werde leiden wie ein Hund. Aber es geht nicht um mich. Wer bin ich denn schon?«

»Ach, Raol!« Sie wirft sich auf ihn. »Du bist meine Liebe. Und das weißt du. Niemand ist mir wichtiger.«

Aber natürlich weiß sie auch, dass diese Liebe keine Zukunft hat, dass sie darauf verzichten müssen, dass es ein schöner Traum war, der dem harschen Licht der Wirklichkeit nicht standhalten kann. Sie spürt, wie ihre Augen feucht werden. Sie bemüht sich, die Tränen zu unterdrücken. Nicht weinen, nicht jetzt, an diesem letzten Abend. Sie legt den Kopf auf seine Schulter und eine Hand auf seine Brust. *Wenn er stark sein kann, kann ich es auch.*

»Alice würde die Macht wählen«, sagt sie. »Das ist ihre Natur. Sie liebt ihren Mann, denke ich, aber Fürstin von Antiochia zu werden war ihr das Wichtigste. Besonders nachdem Vater mich zur Thronerbin gemacht hat.«

»Ich denke, du bist nicht so viel anders.«

»Ich? Wie kommst du darauf?«

»Du hast deine Rolle als Thronerbin immer sehr ernst genommen. Du hast alles getan, um diese Ehre zu verdienen. Das hast du mir selbst gesagt.«

»Es stimmt ja auch. Und als Frau muss man sich doppelt anstrengen, sonst wird man nicht für voll genommen. Davor hat mich Vater gewarnt. Ein Sohn hätte es leichter gehabt.«

»Die Geschicke des Landes liegen dir am Herzen.«

Sie nickt. »Natürlich. Es ist das Land Gottes. Das gilt es zu bewahren.«

Raol schweigt eine Weile. Dann sagt er: »Das Schicksal deiner Familie ist auf besondere Weise mit diesem Land verbunden. Keiner weiß das besser als du. Wenn dein Vater irgendwann nicht mehr unter uns weilt, bist du das Oberhaupt der Familie. Und des ganzen Landes.«

»Ich weiß nicht, Raol. Ich bezweifle, dass ich dazu fähig bin. Ich bete täglich darum, dass mein Vater noch lange lebt. Niemand wird ihn ersetzen können.«

»Doch. Du kannst es. Du musst nur Vertrauen in dich haben. Du bist in Outremer geboren. Du bist Jerusalem. Nicht dieser dahergelaufene Franke.«

Melisende hört seine Worte. Trotzdem ist sie voller Zweifel. In ihrem Kopf ist nichts entschieden, alles erscheint ihr unklar, als bewege sie sich in einem dichten Nebel, ohne eine klare Richtung erkennen zu können. Das einzig Greifbare an diesem Abend sind Raol und seine Liebe zu ihr. Nur das zählt. Sie bedeckt sein Gesicht mit Küssen, öffnet ihm ihren Schoß und klammert sich mit solch verzweifelter Leidenschaft an ihn, dass es sie selbst überrascht.

✠

Am Morgen machen sie sich wieder auf den Weg. Diesmal später als sonst, denn sie haben in der Morgendämmerung noch lange beieinander gelegen und gezögert, die letzte Wegstrecke in Angriff zu nehmen.

Inzwischen ist über den fernen Bergkämmen die Sonne hervorgebrochen. Sie taucht die Landschaft in gleißendes Licht, nur unterbrochen von den langen Schatten der Bäume, zwischen denen Rehe und Gazellen äsen. Die Wanderung führt durch eine breite, fruchtbare Ebene, durch die der Jordan gemächlicher fließt als zuvor. Im Osten sind die Golanhöhen, im Westen die Berge des oberen Galiläa. Die Ebene ist gut besiedelt. Sie kommen an kleinen Dörfern vorbei, die meisten mit Mauern aus Feldsteinen oder einem Wall aus Dornengestrüpp umgeben. Als Schutz gegen die nicht seltenen Überfälle aus dem benachbarten Syrien.

»Hier herrscht der Fürst von Galiläa«, sagt Raol.

»Ich weiß. Guillaume de Bures. Ich kenne ihn gut.«

»Du hörst dich an, als seist du nicht gut auf ihn zu sprechen.«

»Bin ich auch nicht. Er war es, der beim König der Franken war und diese elende Vermählung verabredet hat.«

»Mit Foulques?«

»Mit wem sonst.«

»Er konnte ja nicht wissen, dass du den Mann so verabscheust.«

Melisende zieht die Mundwinkel runter und nickt. »Du hast recht, ich verabscheue ihn.«

»Die ganze Haute Cour hält große Stücke auf Foulques. So schlecht kann er nicht sein.«

»Die Haute Cour ist mir egal!«

»Ist sie nicht!«

»Nein, ist sie nicht.«

Am Vormittag kommen sie an einem großen See vorbei, an dessen sumpfigen Ufern sich Tausende und Abertausende Vögel tummeln, darunter Kraniche und Störche, die hier auf dem Weg nach Norden Halt machen und im Schlick nach Nahrung suchen.

»Wie schön!«, sagt Melisende. »Lass uns am See rasten.«

433

»Lieber nicht. Das ist der Chulasee. Der hat einen schlechten Ruf. Hier kann man Sumpffieber bekommen.«

Sie wandern weiter. Raol zu Fuß, Melisende auf dem Pferd. Mittags erreichen sie das Ende der Ebene und halten am Jordan an, wo sie den Rest ihres Proviants vertilgen und die Feldflaschen auffüllen. Melisende findet am Rand des Flusses einen stillen Teich, den das Frühlingshochwasser hinterlassen hat. Sie nimmt die Kufija ab, beugt sich übers Wasser und betrachtet ihr Spiegelbild.

»*Mon Dieu!*«, ruft sie aus. »Wie ich aussehe! So verwildert!«

»Ist mir nicht aufgefallen«, sagt Raol.

Melisende schüttelt verständnislos den Kopf. »Manchmal denke ich, ihr Männer seid blind.«

Er lacht. »Nicht für dich, *mon coeur*.«

Sie beginnt, sich im Fluss gründlich zu waschen und ihr langes Haar auszukämmen, während Raol ihr dabei zusieht. Sie erinnert sich an ihr erstes Bad auf dieser Wanderung, oben in den Bergen. Wie peinlich sie darauf bedacht war, nur ja nicht von ihm beobachtet zu werden! Jetzt hat sie alle Scheu verloren. Nach dem kühlen Bad setzt sie sich auf einen Felsbrocken am Ufer, um sich von der Sonne trocknen zu lassen. Dann bindet sie ihr Haar zu einem Knoten, zieht sich an und schlingt auch die Kufija wieder um den Kopf.

»Jetzt fühle ich mich besser.«

Trotzdem ist die Stimmung der beiden, wie schon den ganzen Vormittag über, mehr als gedämpft. Und sie wäre ohne die kleinen Aufmerksamkeiten und Berührungen, die sie gelegentlich tauschen, gewiss noch düsterer.

»In zwei bis drei Stunden sollten wir am See Genezareth sein«, sagt Raol. »Warst du schon mal dort?«

»Nein, noch nie.«

»Es wird dir gefallen. Aber jetzt sollten wir aufbrechen, wenn wir noch vor dem Abend in Tiberias sein wollen.«

Mit einem gequälten Seufzer steht Melisende auf und steigt aufs Pferd. Raol fasst Ghalib beim Zügel und schreitet voran.

Der Weg führt dicht am Jordan entlang, denn der Fluss zwängt sich an dieser Stelle in ein enges Tal, das er durch ein kleines Hochplateau geschnitten hat. Im Flussbett befinden sich Felsbrocken, zwischen denen hindurch das Wasser äußerst lebendig talwärts strömt, dem fernen See entgegen. Libellen tanzen über den Strudeln. Es riecht nach feuchtem Moos.

Die grünen Hänge zu beiden Seiten sind von Bäumen und Sträuchern bedeckt, an sonnigen Stellen blühen Kräuter und Wildblumen, zwischen den Büschen flirren Vögel und schmettern ihnen ihr Lied entgegen. Es ist so friedlich hier und erinnert Melisende an ihr geheimes Versteck weiter nördlich, wo sie Gelegenheit hatten, so wundervolle Tage zu verbringen.

Einige Hundert Schritt weiter fällt ihr auf, dass es abgesehen vom Rauschen des Flusses still geworden ist, so als halte die Natur den Atem an. Kein Vogelgesang mehr, selbst die Zikaden schweigen. Das ist ungewöhnlich. Auch Raol geht auf einmal langsamer und legt beruhigend seine Hand auf Ghalibs Hals, als habe er etwas bemerkt, sei sich aber nicht sicher.

In diesem Augenblick bricht das Unerwartete über sie herein.

Zwanzig Schritt vor ihnen tritt ein Kerl zwischen Sträuchern hervor und stellt sich drohend in den Weg. An Kleidung und Bewaffnung erkennt Melisende ihn sofort als Seldschuken. Sie stößt einen Schrei aus, denn in den Händen hält er einen Bogen, die Sehne bis ans Kinn gespannt, und sein Pfeil zielt auf Raols Brust. Der Hengst unter ihr hält erschrocken an und reißt den Kopf hoch. Auch Raol ist mit einer Hand am Schwertknauf stehen geblieben und sieht sich nach allen Seiten um.

Melisende ist zu entsetzt, um genau wahrzunehmen, was um sie herum geschieht, aber auf einmal wimmelt es von waffenschwingenden Seldschuken. Ihr Blick fliegt von einer Seite zur anderen, ihr Herz rast in Panik. Das ist das Ende. Hier werden sie sterben. Sie schnappt nach Luft, ihre Hände sind feucht geworden. Fast wären ihr die Zügel entglitten.

Aber noch halten die Kerle Abstand, denn auch Raol hat sein Schwert gezogen. Er hat sich ein paar Schritte von ihr entfernt, als brauche er Raum zum Kämpfen. Er will doch wohl nicht kämpfen? Das ist doch verrückt! Sie sind von mindestens zwanzig Kriegern umzingelt, alle bereit, sich mit blanken Klingen auf ihn zu stürzen oder ihn mit Pfeilen zu spicken.

Aber sie tun es nicht, halten ihn nur in Schach. Und dann erkennt sie den Mann, der zwischen seinen Männern hervortritt und übers ganze Gesicht grinst. *Gott im Himmel, es ist Qilitsch!*

Mit dem hatten sie nicht mehr gerechnet. Alles ist verloren. Die Flucht durch die Berge, die ganze Mühe, ihnen zu entkommen. Es war alles umsonst!

»Sei gegrüßt, *franji*«, sagt Qilitsch zu Raol. Er verbeugt sich in Melisendes Richtung. »Altesse. Wie schön, Euch zu sehen!«

Sie ist immer noch viel zu erschrocken, um zu antworten.

»Hier also habt ihr auf uns gelauert?«, hört sie Raol fragen. Seine Stimme klingt seltsam ruhig. Fast so, als ergebe er sich in sein Schicksal. Er hat sein Schwert zwar noch in der Hand, aber die Spitze gesenkt.

Qilitsch nickt und grinst selbstgefällig. »Haben euch kommen sehen. Schon von Weitem. Altesse hat gebadet. Wollten aber nicht stören.« Er lacht.

»Du bist verdammt hartnäckig, Qilitsch, das muss ich sagen.«

»Und du hast uns viel Mühe gekostet, *franji*.«

»Wie habt ihr uns gefunden?«

»Zuerst waren wir am Litani. Aber haben auf der Küstenstraße nichts gesehen. Konnte also nur der Jordan sein. Wir haben gewartet.«

»Ziemlich gewagt, sich hier herumzutreiben. Dies ist Galiläa, nicht Homs oder Damaskus.«

Qilitsch zuckt mit den Schultern. »Wir sind vorsichtig, reiten nachts.«

Melisende kann kaum glauben, dass Raol so ruhig bleiben und sich auch noch mit diesem Bastard unterhalten kann. Dabei ist doch klar, dass sie verloren haben. Trotz all ihrer Mühen hat Qilitsch sie gefunden.

Sie starrt in die Gesichter der Krieger, die sie umzingeln. Die meisten grinsen spöttisch, unter ihnen sind aber auch welche, die sie mit unverhohlener Lüsternheit anglotzen, als würden sie sie am liebsten vom Pferd zerren und sich an ihr vergnügen. Das macht ihr noch mehr Angst, obwohl der Verstand ihr sagt, dass Qilitsch so etwas nicht zulassen würde.

»Und jetzt willst du also die Thronerbin entführen?«, hört sie Raol fragen, immer noch ruhig, als würde er mit einem Bekannten auf dem Marktplatz plaudern.

»Aber ja. Allah ist gütig. Hat uns geholfen.«

»Ich glaube nicht, dass ich das zulassen kann.«

»Nicht?« Qilitsch lacht. »Was willst du tun, *franji*?«

»Ich werde dich töten, Qilitsch.« Auch das hat Raol ganz ruhig gesagt, aber so, als gäbe es überhaupt keinen Zweifel daran.

Qilitsch lacht nur noch lauter. »Ach ja? Und wie?«

»Wir sollten um sie kämpfen, du und ich.«

Qilitsch schüttelt belustigt den Kopf. »Nein, *franji*. Im Gegenteil. Du bist frei. Du kannst gehen. Ich will nur die Altesse.«

»Nein, Qilitsch. Ich bleibe. Und du kriegst sie nicht.«

Einer der Seldschuken tritt vor und stellt sich neben Qilitsch. Beide bleiben vorsichtshalber außer Reichweite von Raols Schwert. Der Mann ist hochgewachsen und hager und trägt wie sein Herr einen Kampfpanzer. Er strahlt Autorität aus. Während er mit Qilitsch auf Türkisch redet, deutet er auf Raol und streicht mit der flachen Hand über die Kehle. Die Geste ist unmissverständlich.

Qilitsch grinst breit. »Nasir sagt, du bist gefährlicher Mann. Wir sollten dich besser töten.«

»Das wirst du nicht tun«, sagt Raol. »Du bist ein Mann von Ehre. Du tötest keinen Wehrlosen.«

»Du hast recht, *franji*. Deshalb lassen wir dich gehen.«

»Ich bin für die Sicherheit der Thronfolgerin verantwortlich. Ich bleibe.«

Qilitsch stößt ein paar Worte auf Türkisch aus. Sie hören sich wie ein Fluch an. »Du bist ein Dummkopf, *franji*. Nimm das Pferd, und geh!«

»Ich bleibe.«

Qilitsch zuckt mit den Schultern und seufzt. Dann ruft er über die Schulter zwei der Schützen herbei, die näher treten und ihre Bögen spannen. Melisende versteht sofort. Sie wollen ihn umbringen, ihn erschießen wie einen Hund.

»Halt!«, schreit sie in höchster Aufregung und springt vom Pferd, reißt ihren Dolch aus der Scheide und stellt sich dicht neben Raol, schlingt einen Arm um ihn. »Wenn schon, dann tötet uns beide, ihr Bastarde!«, brüllt sie Qilitsch entgegen, der sie verdutzt anstarrt.

Raol will sie wegschieben. »Lass das! Du bringst dich in Gefahr.«

Aber sie weicht nicht von seiner Seite, sondern dreht sich im Gegenteil so, dass sie zwischen ihm und den Schützen steht. »Dann schießt doch!«, ruft sie ihnen zu. »Raol gehört zu mir! Ohne ihn gehe ich nirgends hin! Ihr müsst uns beide mitnehmen. Oder beide umbringen.«

Die Männer wissen natürlich, dass ihr kein Haar gekrümmt werden darf, und senken die Bögen. Qilitsch starrt Melisende erstaunt an, Nasir eher belustigt, denn Raol hat nun ebenfalls seinen Arm um sie gelegt. So stehen sie vereint und trotzig da, Raol immer noch mit dem Schwert in der Rechten.

»Bei Allah!«, murmelt Qilitsch. »Du und Altesse?« Dann nickt er, als habe er verstanden. »Natürlich. Lange Tage Flucht, Bad im Fluss ...« Er grinst anzüglich.

»Das geht dich nichts an, Qilitsch.«

»Sie ist ein tapferes Mädchen, deine Altesse.« Qilitsch schüttelt den Kopf, als sei er tieftraurig. »Aber *franji*, bist du so tief gesunken, dass du Hilfe brauchst von einem Weib?«

Raol zuckt mit den Schultern. »Und was ist mit dir, Qilitsch, dass du zwanzig Mann brauchst, um mich zu besiegen? Wie viele hast du bereits verloren? Fünfzehn? Vielleicht mehr. Und jetzt versteckst du dich hinter deinen restlichen Kriegern.«

Qilitsch runzelt ärgerlich die Brauen. »Ich verstecke mich nicht.«

»Doch, tust du. Wenn du ein Mann wärst, würdest du allein mit mir kämpfen.«

»Warum soll ich kämpfen? Nasir hat recht. Du bist mein Gefangener. Ich nehme die Frau, du stirbst. Schade, aber so hat Allah es bestimmt.«

»Dein Allah kann uns gestohlen bleiben«, zischt Melisende.

Qilitsch blickt verwirrt. So gut versteht er das Fränkische nicht. »Was heißt ›gestohlen bleiben‹?«

»Es heißt, wir Christen achten Allah«, beeilt sich Raol, ihn zu beschwichtigen.

Qilitsch runzelt misstrauisch die Brauen. »Also, was ist? Gehst du, oder müssen wir dich töten?«

»Hör zu«, sagt Raol. »Vor zehn Jahren hast du gemeint, du hättest mich erschlagen. In der Schlacht bei Sarmada. Hast du nicht in Schaizar davon erzählt? Aber so leicht bringt mich keiner um. Nicht einmal ein großer Krieger wie du.«

»Großer Krieger? Wer sagt das?«

»Oh, ich habe von dir gehört. Den ›Schlächter von Damaskus‹ nennen sie dich. Bei uns jedenfalls, in Jerusalem.«

»Wirklich?« Qilitsch sieht ihn zweifelnd an und ist doch geschmeichelt. Nasir steht dabei wie einer, der nicht weiß, was er von dem Gerede halten soll.

Versteht er fränkisch?, fragt sich Melisende. Sie steht immer noch dicht bei Raol, hat einen Arm um seine Hüfte geschlungen.

»Sie nennen dich zwar den Schlächter«, fährt Raol fort, »aber du willst mich doch wohl nicht wie ein Stück Vieh abschlachten lassen, oder? Das ist deiner nicht würdig, Qilitsch. Ich gebe dir Gelegenheit, mich auf ehrenhafte, männliche Weise zu töten, im Zweikampf, Mann gegen Mann. Was hältst du davon?«

Qilitsch antwortet nicht gleich, leckt sich nur über die Lippen und mustert Raol mit einem abschätzenden Blick.

»Kämpfen wir um die Thronfolgerin«, sagt Raol. »Ein ehrenhafter Kampf, und sie ist der Preis.«

»Bist du verrückt?«, raunt Melisende aufgeregt. »Was soll das? Ich erlaube es nicht!«

»Es ist die einzige Möglichkeit«, flüstert Raol ihr zu.

»Qilitsch wollte dich gehen lassen«, flüstert sie zurück. »Warum hast du sein Angebot ausgeschlagen? Mich wird mein Vater schon wieder auslösen.«

»Das weißt du nicht. Vielleicht dauert es Jahre, weil ihm das Gold fehlt. Oder etwas anderes kommt dazwischen.«

Melisende starrt zornig zu Qilitsch hinüber. »Verdammter Bastard von einem Türken!«, murmelt sie.

»Was sagt Altesse?«, fragt Qilitsch misstrauisch, der nach wie vor zehn Schritte entfernt steht und nichts von ihrem Geflüster verstanden hat.

»Sie denkt, du traust dich nicht«, behauptet Raol. »Sie sagt, du hast vielleicht nicht den Mut, gegen mich anzutreten.«

»Nicht den Mut?«, schnaubt Qilitsch. »Willst du mich beleidigen?«

»Beruhige dich«, sagt Raol. »Ich wiederhole nur, was die Altesse gesagt hat. Aber sie ist ja nur ein Weib. Was weiß ein Weib schon von ritterlichen Kämpfen.«

Qilitsch starrt Melisende an, als wollte er ergründen, was sie wirklich von ihm hält. Der Gedanke, ein Weib könnte ihn für feige halten, noch dazu die Thronerbin von Jerusalem, scheint ihn getroffen zu haben. »Sie selbst soll es sagen!«, schnaubt er.

Melisende reckt ihr Kinn und wirft ihm einen finsteren Blick zu. Dann spuckt sie vor ihm aus. »Verdammter Feigling!«

»Übertreib's nicht«, murmelt Raol.

Diesmal hat Qilitsch verstanden. Seine Augen weiten sich vor Wut. Sein Gesicht wird rot, und plötzlich hat er sein Schwert in der Faust und springt mit einem wilden Fluch auf sie zu. Es fehlt nicht viel, und die Spitze seiner Klinge hätte Melisendes Kehle aufgeschlitzt. Sie zuckt zurück. Aber nur kurz, dann bemüht sie sich, standzuhalten und seinem zornigen Blick die Stirn zu bieten.

»Niemand beleidigt mich!«, brüllt Qilitsch. »Auch du nicht!«

Vorsichtig schiebt Raol die Klingenspitze von ihrer Kehle weg. »Nicht doch, Qilitsch. Man tötet nicht die Gans, die goldene Eier legt.«

Qilitsch setzt das Schwert ab und starrt ihn an. »Goldene Eier?« Dann versteht er und beginnt zu lachen. Er dreht sich um und ruft seinen Männern zu, was Raol gesagt hat. Auch bei denen löst es Gelächter aus. »Ja, *franji*, das ist gut gesagt. Sie ist Gans, die goldene Eier legt.«

Qilitsch muss erneut lachen, aber es ist ein böses, humorloses Lachen. Wäre sie nicht die Thronerbin, hätte er sie getötet. Das ist Melisende bewusst. Seldschuken sind besonders stolz auf ihre Mannesehre. Davon hat sie gehört. Jedem anderen frechen Weib, das es wagte, ihn vor seinen Männern einen Feigling zu nennen, hätte er auf der Stelle die Kehle aufgeschlitzt.

Qilitschs Gesicht ist immer noch vor Zorn gerötet. Er tritt zurück, starrt sie mit wütend funkelnden Augen an und schiebt sein Schwert zurück in die Scheide. Dann wendet er sich an Raol. »Allah steh dir bei, *franji*. Wir werden kämpfen!« Er spuckt die Worte förmlich aus. »Ich werde deinen Tod nachholen! Und sie«, er deutet auf Melisende, »sie darf zusehen.«

»Gut«, sagt Raol. »Aber wir kämpfen um Melisendes Freiheit, damit das klar ist. Wenn ich tot bin, gehört sie dir. Andernfalls lasst ihr uns gehen.«

Qilitsch nickt grimmig. »Einverstanden.«

»Sag das auch deinem Nasir. Dass er uns gehen lässt, falls du unterliegst.«

»Er weiß das.«

»Er soll es schwören, bei Allah! Und auf den Koran.«

»Auf den Koran? Na schön, wenn du so verlangst. Ich habe einen dabei. Wie jeder gute Muslim.«

Qilitsch wendet sich an Nasir und redet auf ihn ein. Der nickt, grinst spöttisch und ruft dann den Kriegern etwas zu. Sofort bilden sie einen großen Kreis um Raol und Qilitsch. Einer verschwindet zwischen den Sträuchern. Wahrscheinlich, um Qilitschs Koran zu holen. Er dürfte dort sein, wo sie auch ihre Pferde versteckt haben.

Melisende blickt zu Raol auf. Sie ist den Tränen nahe, obwohl sie vor diesen Seldschuken nicht heulen will. »Warum tust du das?«, flüstert sie mit erstickter Stimme.

Er legt den Arm um sie. »Es geht nicht anders.«

Sie birgt einen Augenblick lang ihr Gesicht an seiner mit Kettenringen gepanzerten Brust. Dann tritt sie zurück und bemüht sich, Haltung zu bewahren.

Es dauert eine Weile, bis der Mann mit dem Koran zurück ist. Er hat auch einen langen Schild mitgebracht.

»Dein Schild, *franji*«, sagt Qilitsch. »Du hast ihn liegen lassen.«

»Den habt ihr also gefunden.«

»Natürlich. Du willst ehrenhaften Kampf, dann nimm Schild!«

»Danke!«

Qilitsch nimmt den Koran an sich. Das Buch ist gar nicht sehr umfangreich. Raol vermutet, es ist auf besonders dünnem Papier geschrieben, einem im Westen noch unbekanntem Material.

Qilitsch lässt Nasir die Hand darauf legen. »Schwöre bei Allah, dem Mächtigen, dass du Altesse gehen lässt, falls *franji* gewinnt.«

Nasir murmelt etwas auf Türkisch, dann blickt er Raol an und sagt: »Ich schwöre.«

Er spricht also doch fränkisch, denkt Melisende, ein wenig zumindest.

Qilitsch geht einmal rund um den Kreis der Männer, drängt sie, wo nötig, zurück, um genug Platz für den Zweikampf zu schaffen. Melisende kommt alles unwirklich vor. Sie muss sich in einem Albtraum befinden, in einem jener schrecklichen Träume, in denen man weglaufen will und doch nicht vom Fleck kommt. In denen man schreien will und merkt, dass man keinen Ton hervorbringt. Wie gelähmt sieht sie zu, wie Raol sich den Schildgurt um den Hals hängt, den linken Arm durch die Halteriemen schiebt und sein Schwert fester packt.

»Was ist mit Helm?«, hört sie Qilitsch fragen.

»Den brauche ich nicht. Du hast ja auch keinen auf.«

Endlich findet Melisende ihre Sprache wieder. Sie tritt zu Raol, um ein letztes Mal zu versuchen, den Zweikampf abzuwenden. »Bist du verrückt, Raol?«, zischt sie ihm zu. »Ich will nicht, dass du kämpfst.«

»Mein Leben ist ohnehin verwirkt. Sie werden mich töten, wenn ich nicht kämpfe.«

Melisende gelingt es, die Tränen zurückzuhalten, wenn auch nur mit Mühe. »Im Kampf kannst du genauso sterben. Oder sie töten dich, selbst wenn du gewinnst. Das würde ich nicht ertragen.«

»Qilitsch ist ein Bey, ein Chevalier, ein Mann von Ehre. Er wird Wort halten.«

»Solange er lebt. Aber dieser Nasir –«

»Er hat es geschworen.«

Melisende versteht Raol nicht. Wie kann er dem Schwur

dieses Seldschuken trauen? Sie hat schreckliche Angst, um sich selbst, aber noch viel mehr um Raol. Sie selbst wird man nur verschleppen, ihn aber werden sie umbringen.

»Nimm den Hengst, und geh zur Seite«, sagt Raol. »Wir brauchen Platz.«

Sie tut, was er sagt, wenn auch widerstrebend.

Raol tritt ein paar Schritte vor, Schild am linken Arm und Schwert in der Rechten. Doch dann dreht er sich noch einmal um und sieht sie eindringlich an. »Ganz gleich, was geschieht«, sagt er leise. »Du sollst wissen, dass ich dich liebe, wie ich noch nie jemanden in meinem Leben geliebt habe.«

»Oh Gott!«, haucht sie. Diesmal kann sie die Tränen nicht länger zurückhalten. Wie soll ich das aushalten?, schreit es in ihr. Mir bricht das Herz!

Qilitsch hat man ebenfalls seinen Schild gereicht, einen der runden Reiterschilde. Sein Panzer besteht aus hartem Leder und aufgenähten Stahlplättchen. Auch sein Schwert ist anders als das der Christen. Die Klinge ist lang und leicht gebogen. Sie blitzt im Licht der Sonne, als er sie ein paarmal wuchtig durch die Luft sausen lässt. Wahrscheinlich ist sie scharf wie ein Rasiermesser. *Sicher könnte er mit einem Hieb Raols Haupt vom Rumpf trennen.* Bei dem Gedanken krampft sich Melisendes Magen zusammen.

Die beiden Männer nähern sich langsam einander an. Lauernd und in geduckter Haltung, Schwert in der Faust, bereit, anzugreifen oder zu verteidigen, so stehen sie sich gegenüber. Der Kampf hat begonnen.

✠

Bei jedem Hieb, der dröhnend auf Raols Schild trifft, zuckt Melisende zusammen. Sie möchte die Augen zukneifen und kann doch nicht wegsehen. Sie verfolgt den Kampf mit einer Mischung aus Schrecken und Faszination. Ihre schweißnassen

Finger sind ineinander verkrampft. Sie atmet heftig, als wäre sie selbst beteiligt. Und in gewisser Weise ist sie das. Denn jede Bewegung Raols geht sie mit, als könnte sie ihm helfen, ihm Kraft verleihen, ihn schützen.

Abwechselnd flüstert sie ihm Ermutigungen zu oder fleht zu Gott um sein Leben. Denn eines ist von Anfang an deutlich: Qilitsch ist ein überragender Kämpfer, gegen den Raol sich schwertut.

Nach dem ersten vorsichtigen Abtasten ist der Kampf heftiger geworden. Immer wieder lässt Qilitsch ein wahres Gewitter von wuchtigen Hieben auf seinen Gegner niederprasseln, die Raol mit dem Schild abwehrt. Und dann, sobald Qilitsch zurücktänzelt, versucht er, nachzusetzen und ihn am Bein zu treffen.

Aber auch Qilitsch handhabt den kleinen Schild mit Geschick und wehrt jeden dieser Angriffe ab. Oder er springt leichtfüßig zurück, um kurz darauf selbst wieder anzugreifen. Raols Schild deckt zwar fast den ganzen Mann, aber er ist schwer, und bei Qilitschs blitzschnellen Attacken gelingt es Raol oft erst im letzten Moment, ihn rechtzeitig hochzureißen. Melisende fährt dabei jedes Mal der Schreck in die Glieder. Ein einziger Treffer auf Raols ungeschützten Schädel, und es ist aus.

Der Kampf ist schweißtreibend, verlangt den Kontrahenten viel ab, besonders in der brütenden Mittagshitze. Ab und zu müssen sie sich zurückziehen, eine Atempause einlegen. Dabei umkreisen sie einander und beäugen sich lauernd, um beim Gegner eine Schwäche zu entdecken oder zu erahnen, wann der nächste Angriff erfolgt.

In diesen kurzen Pausen fängt Melisende jedes Mal einen spöttischen Blick von Nasir auf. Er beobachtet mich, denkt sie. Er ergötzt sich daran, wie ich zittere und leide. Der Kerl weiß, wie es um uns steht, dass ich mich am liebsten selbst in den Kampf stürzen, Qilitsch beim Haar packen und ihm den Dolch in die Kehle rammen würde. Und das belustigt ihn. Er scheint mehr auf mich als auf den Kampf zu achten. Ist er nicht besorgt um seinen Herrn? Auch der könnte schließlich heute sterben.

Und dann geht es wieder los. Schwerter wirbeln. Schilde dröhnen unter den Hieben. Die Männer keuchen und ächzen. Ihre Füße bewegen sich in einem wilden Tanz, wirbeln Staub auf. Im Kreis um sie herum feuern die johlenden Männer Qilitsch mit erhobenen Fäusten an. *Mach ihn fertig, diesen verdammten Templer!*

Raol hält sich tapfer, benutzt nicht nur das Schwert, sondern auch den Schild als Waffe und versucht wiederholt, die Schildkante in den Gegner zu rammen. Meistens wehrt Qilitsch die Versuche mit dem eigenen Schild ab. Einmal aber trifft Raol ihn hart am Arm und haut ihm dabei das Schwert aus der Hand. Für einen Augenblick steht Qilitsch ohne Waffe da. Raol holt zu einem wuchtigen Hieb aus. Doch Qilitsch springt behände zurück, bückt sich, greift eine Handvoll Sand und wirft sie Raol ins Gesicht.

Der ist für einen Moment geblendet, taumelt zurück, stolpert über eine unebene Stelle und stürzt rücklings zu Boden. Melisende schreit entsetzt auf, denn Qilitsch hat schon wieder sein Schwert gepackt und ist im Nu bei ihm. Er hebt die Klinge zum entscheidenden, tödlichen Hieb. Doch Raol rollt sich zur Seite und tritt Qilitsch so heftig ans Knie, dass auch der zu Boden geht. Nun sind es die Seldschuken, die erschrocken aufstöhnen.

Als sich beide wieder aufrappeln, sieht Melisende mit Genugtuung, dass Qilitsch hinkt und sich wesentlich langsamer bewegt. Jetzt ist es Raol, der ihn bedrängt und zurücktreibt. Qilitschs Männer heben die Fäuste und feuern ihren Herrn lautstark an. Nur Nasir rührt sich nicht und beobachtet den Kampf mit kaltem Blick.

Das anfeuernde Gebrüll scheint Qilitsch neue Kraft zu verleihen. Er weicht Raols Ansturm mit einem Schritt zur Seite aus, pariert mit dem Schild und schlägt selbst ein paarmal zu. So geht der Kampf weiter. Auch Raol bewegt sich inzwischen langsamer. Trotz des Lärms der Seldschuken hört man die beiden vor Anstrengung keuchen. Ihre Gesichter hinter den Schilden sind rot und schweißüberströmt. Jede Bewegung scheint ihnen schwerer zu fallen.

Und dann bekommt Raol plötzlich einen heftigen, von der Seite geschwungenen Hieb ab, ausgerechnet auf den rechten Oberarm, den Schwertarm.

Melisende hört ihn vor Schmerz brüllen. Ihr selbst entfährt ein Schrei. Sie fürchtet, Blut zu sehen, eine tiefe Wunde. Doch der Kettenpanzer hat den Hieb abgefangen. Dennoch hängt der Arm auf einmal schlaff und nutzlos an seiner Seite, auch wenn Raol die Waffe immer noch festhält. O Gott!, fleht Melisende, mach, dass sein Arm nicht gebrochen ist!

Qilitsch nutzt den Vorteil und lässt von allen Seiten Hiebe auf Raol niederprasseln. Der wankt unter dem Ansturm, hält den Schild schützend vor Kopf und Leib und weicht schrittweise zurück. Jedes Mal, wenn Qilitschs Klinge den eisernen Rand des Schildes trifft, sprühen Funken. Schließlich, sichtlich außer Atem, lässt er von Raol ab und zieht sich ein paar Schritte zurück.

Es ist still geworden. Man hört beide Männer heftig atmen. Qilitsch wischt sich den Schweiß vom Gesicht. Raol wirft Melisende einen kurzen Blick zu. Dann bewegt er die Schulter und den Arm, als wolle er sich vergewissern, dass er damit noch kämpfen kann. Es scheint nichts gebrochen zu sein.

Wenn sie ihm doch nur helfen könnte! Aber sie kann nur hilflos zusehen, wie er sich opfert – für sie! Dabei ist doch alles ihre Schuld. Wäre sie nicht Hals über Kopf aus Jerusalem geflohen, dann wäre ihnen all dies erspart geblieben!

»Herr im Himmel!«, flüstert sie verzweifelt. »Ich bereue meine kindische Flucht. Ich werde tun, was mein Vater verlangt und die Pflicht mir gebietet, wenn nur Raol am Leben bleibt. Ich werde Foulques heiraten und durch ihn dein Königreich Jerusalem beschützen, aber lass meinen Raol heute nicht sterben. Ich flehe dich an, o Herr!«

Ein Pakt mit Gott. Dazu ist sie bereit. Mit ganzem Herzen. Wenn er nur Raol am Leben lässt. Aber ist das Opfer genug? Vielleichte sollte sie in ein Kloster gehen. Aber nein. Ihre Pflicht ist das Königreich. Wird Gott ihr Gebet erhören? Was, wenn nicht? Raol glaubt nicht an die Macht der Gebete.

Vielleicht sollte sie lieber versuchen, den Kampf abzubrechen, sich Qilitsch als Geisel anzubieten, wenn er doch nur Raol gehen lässt. Was macht es schon, wenn sie wieder in Gefangenschaft gerät. In Schaizar hat man sie gut behandelt. Warum sollte es in Damaskus anders sein?

All diese Dinge schießen ihr wirr durch den Kopf, während die Kämpfer innehalten und Atem schöpfen, um Kraft für den nächsten Ansturm zu sammeln. Doch dann wird ihr mit einem Mal klar, dass es bei diesem Kampf gar nicht um sie geht. Es geht um Qilitschs Mannesehre, die sie selbst beleidigt hat. Und das vor seinen eigenen Leuten. Der Mann wird nicht ruhen, bevor er Raol getötet hat.

In diesem Moment beginnt der Kampf von Neuem. Wieder unter dem wilden Gebrüll der anfeuernden Krieger. Qilitsch greift als Erster an, versucht eine Finte, aber Raol lässt sich nicht täuschen, wehrt den tödlichen Stoß ab. Wie zwei müde Faustkämpfer umkreisen sich die beiden, hacken mit den Schwertern aufeinander ein, blocken die Hiebe des anderen mit den Schilden ab. Aber alles geschieht langsamer als zuvor. Raols Arm scheint ihm einigermaßen zu gehorchen, auch wenn er sich mehr auf seinen Schild als auf den Schwertarm zu verlassen scheint.

Da geschieht es.

Qilitsch holt weit aus. Raol weicht einen halben Schritt zurück, pariert den Hieb mit dem Schwert statt mit dem Schild.

Vielleicht liegt es an seinem geschwächten Arm oder daran, dass er vom Kampf erschöpft ist, jedenfalls ist seine Gegenwehr schwach. Der Hieb haut Raols Klinge mit Wucht gegen den Schild, über dessen Rand sie abbricht.

Raol starrt auf das halbe Schwert in seiner Hand. Melisende fasst sich vor Schreck an die Kehle. Ihr Schrei geht im Toben der Männer unter, die nun Qilitsch anfeuern, endlich Schluss zu machen. Aber der nimmt sich Zeit. Siegesgewiss blickt er sich um und grinst seinen Männern zu.

Ein Fehler. Denn mit Gebrüll stürmt Raol auf Qilitsch los, rammt ihn, Schild voran, mit vollem Körpereinsatz, schiebt ihn vor sich her, bis Qilitsch rücklings zu Boden stürzt und Raol mit seinem ganzen Gewicht auf ihm landet. Sein Schwert nützt Qilitsch in dieser Lage nichts. Zu dicht liegt Raol auf ihm und drückt ihm die Luft aus der Lunge. Auch an seinen Dolch kommt Qilitsch nicht.

Dafür hält Raol ihm die abgebrochene Klinge an die Kehle. »Ergib dich, Mann!«, keucht er. »Sonst bist du tot!«

Auf einmal ist es sehr still um sie herum. Die Seldschuken scheinen ihren Augen nicht zu trauen. Ihr Mann am Boden? Einen Augenblick lang liegen die beiden wie Liebende übereinander und starren sich aus nächster Nähe an. Qilitschs Augen sind blutunterlaufen. Er schnappt nach Luft.

»Ich ergebe mich«, ächzt er.

»Lauter«, ruft Raol und drückt ihm die Klinge noch fester an die Kehle.«

»Ich ergebe mich, bei Allah! Töte mich, oder lass mich los!«

»Wirf dein Schwert weg.«

Qilitsch schleudert das Schwert hinter sich und außer Reichweite. Raol erhebt sich schwerfällig, streift seinen Schild ab und lässt ihn fallen. Auch das nutzlose abgebrochene Schwert lässt er fallen. Dann reicht er Qilitsch die Hand, um ihm aufzuhelfen. Betreten schauen die Türken zu, wie ihr besiegter Herr sich auf die Beine helfen lässt. Vielleicht hätte er sich lieber töten lassen sollen, scheinen die Mienen zu sagen. Seine Ehre hat er jedenfalls nicht zurückgewonnen.

»Jetzt lässt du uns gehen«, sagt Raol. »Du hast es versprochen.«

Qilitsch nickt widerwillig. Er reibt sich den Hals, wo Raols Klinge gelegen hat, und blickt in ernste Gesichter um ihn herum.

Wird er sein Wort halten? Melisende hält den Atem an.

Auf einmal grinst Qilitsch, als wäre das alles nur ein Spaß gewesen. »Guter Kampf, *franji*!« Er blickt kurz zu Melisende hinüber, bevor er sagt: »Natürlich. Du kannst Weib nehmen und gehen.«

»Ihr haltet uns also nicht länger auf?«

»Nein, nein! Ihr seid frei. Möge Allah euch beschützen.«

Er hat gesiegt!, jubelt es in Melisende. Raol lebt, und er hat gesiegt. Qilitsch hält Wort. Ist das zu glauben?

Sie will schon zu Raol laufen, um ihn stürmisch zu umarmen, als sie sieht, wie Nasir, der drei Schritte hinter Qilitsch steht, ganz langsam sein langes Schwert aus der Scheide zieht. Sie erstarrt, öffnet den Mund, um Raol zu warnen, doch da schwingt Nasir bereits die Klinge.

Es ist ein schneller, sauber ausgeführter Hieb. Er trifft Qilitsch am Hals und trennt ihm das Haupt vom Rumpf.

Alles starrt erschrocken auf den abgeschlagenen Kopf, der schwer auf dem Boden aufschlägt, das Maul weit offen wie im Protest, die Augen blinken noch. Dann, unter einer Fontäne von Blut, bricht Qilitschs Körper zusammen. Die Beine zucken, während das Blut aus dem offenen Hals pumpt.

»Was zum Teufel …«, murmelt Raol entgeistert und zieht sich hastig einige Schritte zurück.

Auch die Krieger hat der Streich völlig überrascht. Melisende bricht in die Knie und starrt fassungslos auf Qilitschs Leiche. Dann hebt sie den Blick zu Nasir.

Der ruft seinen Männern ein paar scharfe Worte zu und wendet sich an Raol. »Jetzt ihr seid meine Gefangenen.«

»Aber …«, stammelt Raol. Er hat sich von den Schock noch nicht erholt. »Du hast geschworen! Auf den Koran!«

Nasir grinst. Er wischt die Schwertklinge an Qilitschs Hosen sauber und schiebt sie zurück in die Scheide. »Schwur an Ungläubige gilt nicht.«

»Mein Gott! Du hast deinen Herrn erschlagen. Emir Buri wird dich bestrafen. Euch alle wird er bestrafen.«

»Wer sagt, wir nach Damaskus gehen? Zengi wird freuen, wenn ich bringe Thronerbin.«

»Du willst sie nach Aleppo bringen?«, fragt Raol entgeistert. »An Zengi ausliefern?«

Als Melisende bewusst wird, dass sich trotz Raols heldenhaftem Einsatz nichts geändert hat, dass sie vom Regen in die Traufe geraten sind, schlägt sie die Hände vors Gesicht. *O Gott, was tust du uns an?* Sie erhebt sich und wankt zu Raol hinüber, der sie in die Arme nimmt.

NASIRS VERRAT

Du wechselst also die Seiten«, sagt Raol. Nasir sieht ihn fragend an. Er hat offenbar nicht verstanden, was Raol von ihm will.

»Warum Zengi?«, fragt Raol.

»Zengi besserer Emir als Buri. Bald auch Emir von Damaskus«, radebrecht Nasir.

Raol nickt. »Daher weht also der Wind.«

»Wind?«

»Der Wind der Macht. Und dafür brauchst du Melisende.«

Nasir grinst und nickt. »Ja, Thronerbin gut.«

»Hast du das schon seit Langem geplant?«

»Qilitsch ist Dummkopf.« Zur Bekräftigung spuckt er aus.

»Du hast also nur darauf gewartet, dass ihr uns findet.«

Nasir zuckt mit den Schultern und lächelt listig.

»Und mich?«, fragt Raol weiter. »Willst du mich jetzt auch umbringen? So wie deinen Herrn?«

»Umbringen?«

»Töten.«

»Ah!« Nasir schüttelt den Kopf. »Nein. Du bist ein großer Krieger. Zengi bestimmt will sehen, behält dich vielleicht.«

»Zur Belustigung? Wie einen Affen?«

»Warum nicht?« Nasir lacht. Dann wird er ernst. »Jetzt Schluss mit reden. Müssen los.« Er wendet sich ab, um Befehle zu erteilen.

»Hinterlistiges Schwein!«, flüstert Melisende. »Erschlägt seinen eigenen Herrn. Ich dachte, mir bleibt das Herz stehen. Wieso redest du überhaupt mit dem, als wärt ihr beste Freunde?«

452

Raol hebt die beiden Stücke seines zerbrochenen Schwertes auf und steckt sie in die Satteltaschen. »Soll ich ihn etwa beschimpfen? Ich wollte wissen, was er vorhat. Du hast gesehen, der Kerl ist hochgefährlich.« Er reibt sich den Arm, wo Qilitschs Hieb ihn getroffen hat.

Melisende sieht zu, wie zwei Männer ihrem toten Herrn Stiefel und Lederpanzer abziehen, die Leiche an Armen und Beinen ans Ufer schleppen und sie achtlos in den Fluss werfen. Sie verschwindet kurz unter der Oberfläche, taucht dann wieder auf und treibt davon. Den Kopf packen sie an den Haaren und werfen ihn achtlos hinterher.

Welch unrühmliches Ende eines Mannes! Mit Schaudern wendet sie sich ab. Sie will gar nicht daran denken, dass es Raols Leiche hätte sein können, die jetzt den Jordan hinuntertreibt. Hat ihr Gebet geholfen? Ihr Pakt mit Gott? Sie will fest daran glauben.

Sie schlingt die Arme um Raol und sieht zu ihm auf. »Du hast den Kampf überstanden, Raol. Du lebst, und nur das zählt. Was auch immer auf uns zukommt, wir werden es überstehen.«

Raol nickt grimmig und drückt sie fest an sich.

»Was ist mit deinem Arm?«

»Er schmerzt. Aber es ist nichts gebrochen.« Er lässt sie los, denn Nasir kommt mit zwei Männern zurück. Die nehmen ihnen die Dolche ab und fesseln ihnen die Hände. Zum Glück nicht hinter dem Rücken, denn sie sollen reiten und Zügel halten können.

Inzwischen haben die Seldschuken ihre Pferde geholt. Auch eines für Melisende, ein dunkelbrauner Hengst mit silberverziertem Sattel und Zaumzeug. Nasir selbst hilft ihr aufzusitzen.

»Das Pferd von Qilitsch«, sagt er und grinst, als mache es ihm Freude, sie auf diesem edlen Gaul reiten zu lassen. »Gut für Altesse.«

Der Hengst ist nicht an sie gewöhnt und unruhig, bis Melisende ihm über den Hals streicht und ihm gut zuredet. Nasir entfernt sich und steigt nun selbst in den Sattel.

»Wieso haben die den Mord an Qilitsch einfach so hingenommen?«, fragt sie Raol. »Er war doch ihr Herr.«

»Sie gehorchen Nasir. Es sind seine Männer. Wahrscheinlich Söldner. Denen ist egal, was geschieht, solange sie bezahlt werden. Vielleicht hat er ihnen doppelten Lohn versprochen.«

Nasir gibt den Befehl zum Aufbruch. Die Kolonne setzt sich in Bewegung. Es geht nach Norden, zurück auf dem Weg, den sie erst vor Kurzem gekommen sind. Melisende überfällt tiefe Niedergeschlagenheit bei dem Gedanken, dass nun alles umsonst gewesen sein soll, dass sie erneut verschleppt werden, diesmal nach Aleppo. Obwohl sie versucht, ihre Gefühle für sich zu behalten, weiß Raol, der neben ihr reitet, nur zu gut, was in ihr vorgeht, und schenkt ihr ab und zu ein aufmunterndes Lächeln.

»Wie kannst du nur so ruhig sein?«, fragt sie irritiert.

»Das sieht nur so aus.«

»Dann verstellst du dich aber gut.«

»Dir wird nichts geschehen, *mon coeur*. Dir werden sie kein Haar krümmen, das weißt du doch.«

»Um mich mache ich mir keine Sorgen, aber um dich, du Dummkopf!«

Raol zuckt mit den Schultern. »Als Templer hat man ohnehin mit dem Leben abgeschlossen. Das bringt unser Auftrag so mit sich. Kein Templer wird an Altersschwäche sterben.«

»Und ich dachte, du wolltest mir Mut machen.«

»Entschuldige.«

Bald erreichen sie die Stelle, wo sie zuvor am Fluss gelagert haben. Melisende blickt wehmütig hinüber. Doch schon sind sie daran vorbei, und es geht weiter nach Norden. Der Weg führt vom Jordan weg und zuerst durch unbebautes, wildes Land. Doch wenig später reiten sie bereits durch Felder und Wiesen an Bauernkaten und winzigen Dörfern vorbei. Eine vertraute

Landschaft, denn erst am Morgen sind sie hier vorbeigekommen, nur in entgegengesetzter Richtung. Gelegentlich begegnen ihnen Wanderer, Bauern, aber auch Handelsleute. Jedoch keine Patrouille christlicher Krieger.

Sie haben schon fast die Nähe des Sees mit seinen Scharen von Vögeln erreicht, als hinter den fernen Hütten eines Dorfes Reiter auftauchen. Erst sind es nur wenige, die ihnen entgegenkommen. Dann werden es mehr. Nasir lässt vorsichtshalber anhalten. Unruhig blickt er sich nach allen Seiten um. Aber Deckung oder gar ein Versteck gibt es hier nicht, nur offenes Land. Außerdem begrenzt der Jordan nicht weit von ihnen eine mögliche Flucht nach Osten.

Nasir gibt seinen Männern dennoch ein beruhigendes Handzeichen. Er scheint entschlossen, erst einmal abzuwarten, wer diese Reiter eigentlich sind.

Inzwischen kommen immer mehr von ihnen zwischen den Hütten hervor und nähern sich rasch.

»Sind das unsere?«, fragt Melisende aufgeregt, obwohl sie erneutes Blutvergießen fürchtet.

»Man sieht Helme und Rüstungen in der Sonne blitzen«, sagt Raol. »Aber sie sehen mir eher aus wie Muslime. Die werden uns nicht helfen.«

Das erklärt, warum Nasir jeden Gedanken an Flucht aufgegeben hat. Diese Krieger muss er nicht fürchten. Zwei seiner Männer steigen sogar ab und nutzen die Gelegenheit, um sich am Wegrand zu erleichtern. Und dann sieht auch Melisende, dass Raol recht hat: Die Reiter tragen Tücher um die Helme und lange Baumwollumhänge, die beim schnellen Ritt hinter ihnen im Wind wehen. Sie kommen im Galopp, sind schon ganz nah. Aber statt anzuhalten, teilen sie sich auf und strömen an beiden Seiten entlang. Erst jetzt halten sie an, genau wie der Haupttrupp, der vor Nasir zum Stehen kommt. Es sind tatsächlich Araber.

»*As-salāmu ʿalaykum*«, begrüßt Nasir sie.

Doch die Reiter grüßen nicht zurück, mustern die Seldschuken nur mit ausdruckslosen Mienen. Es ist seltsam still geworden. Nur das unruhige Stampfen der Hufe und das heftige Atmen der hart gerittenen Pferde ist zu hören. Schließlich drängt sich ein Mann durch die Reihen der Reiter, ein stattlicher Mann auf einem edlen Rappen.

»Mein Gott, das ist Usama!«, entfährt es Melisende. »Und der Kerl hinter ihm ist Yusuf. Was haben denn die hier zu suchen?«

Raol runzelt ärgerlich die Brauen. »Ist Usama mit diesen Seldschuken verbündet?«, knurrt er. »Was zum Teufel wird hier gespielt?«

Der Verdacht verstärkt sich, als sie das freundliche Lächeln beobachten, mit dem Usama Nasir begrüßt. »Ich glaube, Usama hat uns noch gar nicht gesehen«, sagt Melisende.

»Doch, doch. Der tut nur so.«

»Bist du sicher? Irgendwas stimmt hier nicht.«

»Entweder stecken sie unter einer Decke. Oder es ist Zufall, dass Usama auf uns gestoßen ist.«

Was die beiden reden, können Melisende und Raol nicht verstehen. Aber sie merken, wie Nasirs Männer unruhig werden und sich verstohlen umsehen. Es scheint ihnen zu dämmern, dass Usamas Krieger sie umzingelt haben. Was als harmloses Aufeinandertreffen begann, wirkt auf einmal bedrohlich. Auch Usamas Miene ist nicht mehr so freundlich.

Tatsächlich scheint die Unterhaltung hitziger zu werden. Plötzlich halten einige der Araber Bögen mit aufgelegten Pfeilen im Anschlag. Andere ziehen ihre Schwerter. Ebenso die Seldschuken. Als auch Nasir sein Schwert aus der Scheide zieht, drängelt Yusuf sich mit blanker Waffe vor, um seinen Herrn zu schützen. Die Begegnung droht in Gewalt zu enden.

Doch dann scheint Nasir einzusehen, dass Widerstand zwecklos ist. Mit grimmiger Miene gibt er einen Befehl an seine

Männer und schiebt das Schwert zurück in die Scheide. Schließlich steigt er vom Pferd und sieht dabei zu, wie seine Krieger ebenfalls absteigen und von den Arabern entwaffnet werden.

Erst jetzt lässt Usama sich vom Sattel gleiten und nähert sich Raol und Melisende. »Altesse!«, sagt er und strahlt übers ganze Gesicht. »Ihr könnt Euch gar nicht vorstellen, wie froh ich bin, Euch wohlbehalten anzutreffen.« Er nickt Raol zu. »Und Euch, Chevalier Montalban.«

Er hilft Melisende vom Pferd und schneidet ihr die Fesseln durch. »Eure Hände sind schon blau angelaufen. Reibt am besten die Handgelenke, damit das Blut fließen kann.«

Über die unerwartete Wendung ist Melisende zu erstaunt, um etwas zu sagen.

Yusuf ist seinem Herrn gefolgt und verbeugt sich mit breitem Grinsen vor ihr. »Bei Allah, es hat gedauert, Euch zu finden, Altesse. Aber nun ist alles gut.« Er zieht seinen Dolch und schneidet auch Raol die Fesseln durch.

»Was heißt, alles ist gut?«, knurrt Raol ärgerlich. »Soll es jetzt etwa wieder nach Schaizar gehen? Oder gleich zu Zengi? Langsam hab ich genug von diesem Spiel!«

Usama hebt verwundert die Brauen. »Zu Zengi?«

»Nach Aleppo.« Er deutet auf Nasir, der mit finsterer Miene dabeisteht. »Das war jedenfalls sein Plan.«

Usama wirbelt herum und faucht Nasir an. »Ist das wahr?«

Nasir schüttelt den Kopf. »*Franji* lügt.«

»Und wohin wolltest du dann mit der Thronerbin?«

Nasir zögert einen Augenblick. »Nach Schaizar«, sagt er dann. »Wollte sie zurückbringen.«

»Ach ja? Das sollen wir dir glauben? Wo ist überhaupt dein Herr? Wo ist Qilitsch?«

Nasir leckt sich nervös über die Lippen. »Mit Qilitsch gab viel Streit«, sagt er. »Er will bringen Weib nach Damaskus. Ich dagegen. Wir kämpfen, und ich rette Weib.« Es folgt ein beschwörender Schwall auf Arabisch. Mit gerunzelten Brauen hört Usama zu.

Nun mischt Melisende sich ein. »Der Kerl lügt, Usama! Er hat seinen Herrn vor unseren Augen hinterrücks ermordet. Die Leiche haben sie in den Jordan geworfen. Uns wollte Nasir nach Aleppo bringen. Das hat er selbst gesagt.«

Usama kann kaum glauben, was er hört. »Er hat seinen Herrn ermordet? Und warum nach Aleppo? Warum nicht nach Damaskus? Das hatte Qilitsch doch sicher vor.«

»Nasir hält nichts von Emir Buri«, sagt Melisende. »Er glaubt, Zengi wird Damaskus erobern. Anscheinend wollte er auf der richtigen Seite stehen. Und eine reiche Belohnung einstreichen.«

Usama wird rot vor Zorn. »Ist das wahr?«, faucht er Nasir an.

Der antwortet händefuchtelnd auf Arabisch.

Usama wendet sich von ihm ab. »Er streitet alles ab. Er behauptet, Qilitsch sei bei ihrem Streit von selbst in den Fluss gefallen und ertrunken. Und dass er Euch nach Schaizar habe zurückbringen wollen.«

»Ziemlich schamlose Lügen«, sagt Melisende.

»Allah wird uns die Wahrheit offenbaren«, sagt Usama. »Wir werden seine Leute befragen. Wenn sie bestätigen, was Ihr sagt, wird ihn Gottes gerechte Strafe ereilen. Niemand darf seinen Herrn angreifen, geschweige denn ermorden.«

Er gibt einen Befehl, und drei Krieger packen Nasir. Der versucht, sich zu wehren, schimpft und flucht, aber sie überwältigen ihn, werfen ihn zu Boden und fesseln ihn.

»Wieso seid Ihr überhaupt hier?«, fragt Raol, immer noch misstrauisch. »Ist das Zufall?«

»Wir suchen Euch seit Tagen«, erwidert Usama. »Ein Kaufmann hat von dem Überfall auf Euren Trupp berichtet. Er hat die Leichen Eurer Kameraden gefunden. Und er hat uns einen Seldschukenschild als Beweis gebracht. Wir wussten sofort, dass Qilitsch dahintersteckt, dass er Melisende nach Damaskus entführen wollte. Das konnten wir nicht zulassen. Wir mussten fürchten, Baudouin würde uns beschuldigen, ihn um sein Gold geprellt zu haben. Und auch unser Abkommen wäre nichtig gewesen. Wir haben uns also gleich auf den Weg gemacht, um Qilitsch abzufangen.«

Usama erzählt, wie es ihnen dabei ergangen ist, wie sie in aller Eile vergeblich nach Damaskus geritten sind, das ganze Bekaa-Tal abgesucht und sich durch alle Dörfer gefragt haben. Schließlich gab es Hinweise, dass ein Trupp Seldschuken am Litani entlanggeritten sei. Aber auch das hatte sich als falsche Fährte herausgestellt.

»Wir waren schon fast bereit aufzugeben, als ein Schäfer uns von Seldschuken erzählt hat, die über die Berge Richtung Jordan unterwegs gewesen sein sollen. Na ja, und jetzt sind wir hier, und ich bin sehr froh, Euch endlich gefunden zu haben.«

»Ihr wollt uns also gehen lassen?«, fragt Melisende. »Ihr treibt kein grausames Spiel mit uns?«

»Aber nein! Ich bin untröstlich, dass Euch das ganze Ungemach geschehen ist, und versuche, es wiedergutzumachen.«

Melisende betrachtet ihn mit einem vorwurfsvollen Blick. »Am besten hättet Ihr uns gar nicht erst am Libanon überfallen sollen. Damit hat alles angefangen. Wir waren friedliche Reisende auf dem Weg nach Antiochia.«

Usama nickt verlegen. »Ihr habt natürlich recht, und Ihr müsst viel erlitten haben. Das tut mir außerordentlich leid. Zum Glück hat Chevalier Montalban Euch zur Seite gestanden.« Er blickt zu Raol hinüber. »Ich bedaure, dass Ihr so viele Kameraden verloren habt, Monseigneur. Aber vor allem muss ich Euch danken, dass Ihr Melisende vor Schlimmerem bewahrt habt.«

»Das war nicht mehr als meine Pflicht«, erwidert Raol steif. »Aber selbst das hat nicht gereicht, wie Ihr seht. Wir hatten uns einige Tage lang versteckt, um abzuwarten. Mit Qilitsch haben wir gar nicht mehr gerechnet. Mein Fehler, zweifellos.«

Melisende legt Raol die Hand auf den Arm. »Der Chevalier ist zu bescheiden«, sagt sie. »Ohne ihn wäre ich längst eine Geisel in Damaskus. Er hat sein Leben für mich eingesetzt. Und das nicht nur ein Mal.«

»Umso froher bin ich, dass wir die Suche nicht aufgegeben haben«, sagt Usama. »Machen wir uns also auf den Weg nach Jerusalem.«

»Tiberias würde schon reichen«, sagt Raol. »Fürst Guillaume de Bures wird uns gewiss eine Eskorte mitgeben.«

»Wie Ihr wünscht. Aber zuerst haben wir noch etwas anderes zu erledigen.«

Es ist nicht schön, was sie jetzt zu sehen bekommen. Nachdem Usama Nasirs Männer befragt und diese nach einigen Widerständen und Zögern Nasirs Verbrechen bestätigt haben, wird kurzer Prozess mit dem Mann gemacht. Sie werfen ein Seil über den Ast eines nahen Baums und legen ihm die eilig geknüpfte Schlinge um den Hals. Tod durch Hängen, die schändlichste Strafe überhaupt für einen Krieger. Und doch lässt Nasir alles trotzig über sich ergehen.

Melisende bekreuzigt sich und bittet Gott, seiner Seele Gnade zu erweisen. Aber sie sieht nicht weg, als drei Männer ihn Stück für Stück in die Höhe ziehen und das Seilende an einem weiteren Ast festzurren. Sie schaut auch weiter zu, wie Nasirs Beine noch lange strampeln und zucken, wie sein Gesicht sich im Todeskampf dunkel färbt und er langsam erstickt und schließlich nur noch leblos am Strick baumelt.

»Tut mir leid, dass Ihr das mitansehen musstet«, sagt Usama. »Aber es ist nötig, ein Zeichen zu setzen. Wer Hand an seinen Herrn legt, verdient nichts anderes.«

✠

Gegen Ende des Nachmittags erreichen sie die blauen Wasser des Sees Genezareth und das grüne Tal, in dem er liegt, umgeben von Hügeln, die hellbraun und golden im Licht des späten Tages leuchten. Melisende ist ergriffen. Hier hat Jesus gepredigt, hier haben Petrus der Fischer und andere sich entschieden, ihm zu folgen. Es ist heiliges Land, Wiege und Ursprung des Christentums. Mehr noch als Jerusalem.

Doch dann muss sie an Qilitschs halbnackte, kopflose Leiche denken, die vielleicht schon den See erreicht hat und irgendwo da draußen treibt. Der Gedanke verleidet ihr die Stimmung. Aber vielleicht treibt sie ja auch gar nicht im See, sondern ist irgendwo am Flussufer hängen geblieben.

Gut eine Meile vor den Mauern von Tiberias lässt Usama anhalten. Er deutet auf die ferne Stadt. »Seht, ein Trupp Ritter kommt uns entgegen.«

Melisende blickt zur Stadt hinüber. In der Abendsonne sieht man winzige Helme und Rüstungen glänzen. Man kann sogar die bunten Wimpel erkennen, die an den Lanzenspitzen flattern. Es ist ein Dutzend berittener Krieger, wahrscheinlich losgeschickt, um zu erkunden, wer sich da der Stadt nähert.

»Bei denen seid Ihr in guten Händen, Altesse«, sagt Usama. »Für uns wird es Zeit heimzukehren.«

»Es wird bald dunkel sein«, gibt Raol zu bedenken. »Möchtet Ihr mit Euren Männern nicht einkehren? Guillaume de Bures wird Euch gewiss Unterkunft gewähren.«

Usama schüttelt den Kopf. »Wir machen uns besser wieder auf den Weg. Nach allem, was passiert ist, glaube ich kaum, dass er begeistert sein wird, uns zu empfangen.«

»Ja. Es ist viel geschehen.« Melisende seufzt. »All das habe ich wahrlich nicht erwartet, als ich mich aufgemacht habe, meine Schwester zu besuchen. So viele Opfer! So viele tapfere Tempelritter haben ihr Leben gelassen. Ein schwerer Schlag für den Orden. Wir werden lange um sie trauern.«

»Man ist sich meist nicht bewusst, was aus den eigenen Handlungen entstehen kann«, sagt Usama. »Und hinterher kann man es nicht mehr ungeschehen machen. Den Tod der Tempelritter bedauere ich ebenfalls, Altesse. Bitte berichtet dem König, dass wir nichts damit zu tun hatten und alles versucht haben, um Euch zu finden und zu befreien.«

»Das werde ich«, verspricht sie. »Und ich bedanke mich für Eure Geduld und Beharrlichkeit. So hat sich doch noch alles zu einem guten Ende gefügt. Zumindest für Chevalier Montalban und mich.«

Usama nickt. »Es war das Mindeste, was wir tun konnten. Das Mindeste. Zumal nun Frieden zwischen Schaizar und Jerusalem herrscht. Darüber ist niemand glücklicher als ich. Es war mir eine Ehre, Euch kennenzulernen, Altesse. Möge Allah Euch für immer beschützen und Euer Leben mit Wohlwollen begleiten.«

Er verabschiedet sich auch von Raol.

Schließlich lenkt Yusuf sein Pferd näher heran. »Alles Gute, Altesse. Ich hoffe, Ihr könnt es in Eurem Herzen finden, mir zu verzeihen, dass ich Euch damals überfallen habe.«

»Yusuf«, sagt sie und mustert ihn streng. »Ich weiß nicht, ob ich das fertigbringe.« Doch dann fügt sie mit einem Lächeln hinzu: »Aber ich will es versuchen. Gott schütze dich und deine Familie.«

Raol und Melisende sehen zu, wie Usamas Männer ihre Pferde wenden und in gemächlichem Trab davonreiten. Usama dreht sich noch einmal im Sattel um und winkt ihnen zu. Wenig später sind sie hinter einem Wäldchen verschwunden.

Melisende blickt über den See und seufzt. »Du hast recht, es ist schön hier.« Sie greift nach Raols Hand und sieht ihn an. »Wir haben überlebt. Und nun ist es zu Ende.«

Er nickt. »Nun ist es zu Ende.«

Ihre Augen sind feucht geworden. »Heute Mittag, als du mit

Qilitsch gekämpft hast, habe ich einen Pakt mit Gott geschlossen. Willst du wissen, welchen?«

»Ich kann es mir denken.«

»Gott hat mich erhört, Raol. Du lebst. Und das ist das Wichtigste. Nun muss ich meinen Teil des Pakts erfüllen.«

»Ich weiß«, sagt er. »Ich habe es immer gewusst.« Er führt ihre Hand an seine Lippen und küsst ihre Finger. »Aber ich bereue nichts.«

Sie streicht ihm über die Wange. »Ich auch nicht, Raol.«

✠

Der Herrscher von Galiläa, Fürst Guillaume de Bures, ist außer sich vor Freude, Melisende wohlbehalten wiederzusehen. Einen Tag lang müssen sie als Gast in Tiberias verweilen. Dies auszuschlagen wäre unhöflich. Raol wird als Held gefeiert. Besonders, als sie von Qilitschs Überfall, von ihrer gefährlichen Flucht durch die Berge und von Raols Zweikampf erzählen.

»Nicht nur die Thronerbin, das ganze Königreich steht in Eurer Schuld, Montalban«, sagt Guillaume. »Ich kann nur hoffen, dass es dem Orden gelingt, den Verlust an tapferen Kämpfern schnell wieder auszugleichen. Wir brauchen Männer wie Euch. Ich selbst bin bereit, großzügig für Eure Sache zu spenden.«

»Danke, Monseigneur.«

»Wie man hört, ist Euer Großmeister erfolgreich gewesen und wird aus dem alten Land demnächst Geld und weitere Freiwillige bringen«, plaudert Guillaume de Bures freudestrahlend weiter.

»Gute Neuigkeiten, in der Tat«, erwidert Raol.

Endlich gibt es für die beiden gut und reichlich zu essen. Besonders Raol kann gar nicht genug kriegen, obwohl den Templern Völlerei verboten ist. Doch selbst der Bischof von Tiberias freut sich über die Mengen an Braten, Würsten und knusprigem Brot, die Raol verschlingt, bis nichts mehr geht.

Am meisten genießt Melisende das herrliche Bad, das man ihr bereitet. Von oben bis unten lässt sie sich von einer Magd abseifen und sich dann stöhnend vor Wollust bis zum Hals ins warme Wasser sinken. Am liebsten würde sie gar nicht mehr aus dem Zuber steigen, und so verlangt sie wiederholt, ihr heißes Wasser nachzugießen.

Endlich gibt es auch neue, saubere Kleider, auch wenn sie weiterhin nach Reiterhosen verlangt. Denn obwohl der Fürst ihr einen bequemen Reisewagen zur Verfügung stellen will, besteht sie darauf zu reiten, und zwar auf Qilitschs feinem Hengst, mit dem sie sich inzwischen angefreundet hat. Ihre alten Kleider will sie nicht hergeben. Sie lässt sie waschen und als Erinnerung zusammen mit Raols Graskrone vorsichtig einpacken.

In Begleitung des Fürsten und eines Trupps seiner Ritter machen sie sich auf den Weg nach Jerusalem. Guillaume will es sich nicht nehmen lassen, die Tochter seines Königs höchstpersönlich heimzuführen.

Nun, nach dreitägigem Ritt, sind sie an der Stelle angekommen, wo Jesus einst vom heiligen Johannes getauft wurde. Melisende hat darauf bestanden, sich hier vor ihrer Ankunft in Jerusalem ein zweites Mal taufen zu lassen. Der Ort ist bei Pilgern sehr beliebt und liegt nicht weit von den Ufern des Toten Meeres entfernt. Die Taufstelle selbst liegt an einem kleinen, vom Jordanwasser gefüllten Teich an der Ostseite des Flusses. Ein paar Schritte weiter befinden sich die Unterkünfte eines bescheidenen Klosters, dessen Brüder Spenden sammeln und sich um den Erhalt der heiligen Stätte kümmern. Der Priester, der die Taufen vornimmt, kann sich über mangelnden Andrang nicht beklagen.

Warum sie das dringende Bedürfnis nach einer Taufe verspürt, kann sie sich selbst nicht erklären. Vielleicht liegt es daran, dass es bei der Johannestaufe um eine Reinigung geht. Sie hofft, im Taufwasser die nagenden Schuldgefühle abzuwaschen, angesichts dessen, was sie mit ihrer übereilten Flucht angerichtet hat. Auf dass die Fluten des Jordans ihre Sünden forttragen, um sie rein und wie neugeboren aus dem Wasser steigen zu lassen, bevor sie sich dem Zorn des Vaters stellt! Dass ihr Verhalten Folgen haben wird, dessen ist sie sich sicher.

In einem Anbau des Klosters darf sie sich umziehen. Man gibt ihr ein langes weißes Taufhemd, mit dem sie ihre Blöße bedecken kann. Dann führt man sie zur Taufstelle. Sie ist überrascht, wie viele Menschen sich versammelt haben, um dem Geschehen beizuwohnen. Natürlich sind Guillaume und Raol zugegen, viele von Guillaumes Rittern, aber auch Pilger und anderes neugieriges Volk. Schließlich sieht man nicht alle Tage die Tochter des Königs im Büßerhemd.

Der Priester ist ein alter Mann mit langem grauen Bart. Er hat weise, wässrige Augen, und seine Stirn ist von tiefen Furchen durchzogen. Auch er trägt ein einfaches langes Gewand, denn er wird mit ihr ins Wasser steigen.

»Meine Tochter, es ist mir eine Ehre, Euch zu taufen«, sagt er. Dann fragt er leise: »Möchtet Ihr vorher beichten und Euer Herz erleichtern?«

Einen Augenblick lang starrt sie ihn an. Natürlich. Bei dieser Taufe geht es um Reinigung und Erneuerung. Aber dem alten Mann Dinge zu erzählen … sie wirft einen raschen Blick zu Raol hinüber … nein, dazu ist sie nicht bereit.

»Ich denke, das ist nicht nötig, Vater.«

»Es muss nicht hier sein. Im Kloster steht ein Beichtstuhl. Wir hätten Euch natürlich schon früher fragen sollen. Ich weiß nicht, was unsere Novizen im Kopf haben.«

Sie sieht ihn an und schüttelt den Kopf. »Nein.«

»Aber du bist dir deiner Sünden hoffentlich bewusst.«

»Natürlich, Vater. Gott kennt sie alle ohnehin. Vor ihm gibt es keine Geheimnisse.«

»Das ist wahr, mein Kind.« Er lächelt und reicht ihr die Hand. »Schreiten wir zur Tat.«

Der Priester klettert leise ächzend vor ihr die Stufen hinunter, hält sie aber weiterhin an der Hand, als wolle er ihr helfen, sollte sie straucheln. Dabei sieht eher er so aus, als könnten seine alten Knochen eine hilfreiche Hand brauchen. Sie steigen zusammen in das mehr als hüfthohe kalte Wasser, das den dünnen Stoff ihres Büßerhemds sofort durchnässt und ihren nackten Leib erschauern lässt.

Der Priester legt die Linke in ihr Kreuz und die Rechte auf ihr Brustbein. Die vielen Beobachter am Ufer sind ihr unangenehm. Sie schließt die Augen, um sie zu verbannen, und versucht, sich ganz auf Gott zu konzentrieren.

»Im Namen des Vaters, des Sohnes und des Heiligen Geistes«, hört sie den Priester mit lauter Stimme rufen »seien dir hiermit alle Sünden vergeben. Und so taufe ich dich, Melisende von Jerusalem, im heiligen Wasser des Jordan, wie Johannes es uns gelehrt hat.«

Sie erschrickt, als er sie ohne Warnung hintenüber beugt und ihren Kopf unter die Oberfläche drückt. Er hält sie sicher in dieser Stellung. Der Mann ist kräftiger, als sie vermutet hätte. Doch ihr dringt Wasser in die Nase. Sie hat vergessen, sie sich zuzuhalten. Sie reißt die Augen auf, will nach Luft schnappen. Einen Augenblick lang erfasst sie Panik. Doch dann hebt er sie schon wieder hoch. Sie atmet erleichtert ein, fährt sich mit der Hand übers nasse Gesicht, wischt sich das Wasser aus den Augen.

Während der Priester weiter von Vergebung spricht, von geretteten Seelen und von Erneuerung, versucht sie, seinen Worten zu folgen und die nötige Ehrfurcht zu empfinden. Doch alles, was sie spürt, sind ihre Brustwarzen, die sich in dem kalten Wasser zusammengezogen haben. Ein Prickeln erfasst sie, durchläuft ihren ganzen Leib und lässt sie an Raol denken und an seine Lippen.

Noch zwei Mal wird sie untergetaucht. Diesmal ist sie darauf vorbereitet, diesmal kann sie auch den Worten folgen vom Opfer Jesu, der für alle Menschen und auch für sie gestorben ist, um ihre Sünden auf sich zu nehmen. *Auch die mit Raol?* Sie findet Gefallen an diesem Ritual, das sie reinwaschen soll, ihr einen neuen Anfang im Leben bescheren und sie für alles, was da kommen mag, wappnen soll. Ja, es war gut hierherzukommen. Sie fühlt sich, als sei sie in den letzten Wochen durch tausend Feuer gegangen, am Ende aber errettet und nun von Jesus selbst gesegnet worden. Was auch immer die Zukunft bringt, sie kann ihr nun gestärkt entgegensehen.

»Friede und Gottes Segen sei mit Euch, Melisende«, sagt der Priester und nimmt ihre Hand, um sie zu den Treppen zu führen. Das dünne Hemd klebt ihr am Leib. Wahrscheinlich starren die Kerle jetzt alle auf meine Brüste, denkt sie. Sollen sie den Anblick ruhig genießen, ein zweites Mal wird es ihn nicht geben.

Oben angekommen bemerkt sie, wie Raol ihr zulächelt. Dann legt ein Mönch ihr einen weichen Umhang um die Schultern und begleitet sie zurück zum Kloster.

✠

Nach einem hastigen Morgenmahl und dem Abbruch des Nachtlagers macht sich die Reisegesellschaft auf den Weg nach Jerusalem. Die Straße führt aus dem tiefen Jordantal hinauf in die zerklüfteten Berge Judäas. Schon am Vormittag leiden Mensch und Tier unter der glühenden Hitze. Die steinige, wüstenähnliche Landschaft und das grelle Licht erinnern Melisende an die Osthänge des Libanon. Sie ist froh, ihre Kufija zu haben, um ein wenig vor der Sonne geschützt zu sein. Am schlimmsten müssen die Ritter unter ihren Rüstungen leiden. Wenigstens tragen sie darüber leichte Umhänge, damit sich der Stahl nicht zu sehr erhitzt.

Melisende hat kaum Gelegenheit, mit Raol zu sprechen, denn Guillaume weicht nicht von ihrer Seite. Anscheinend glaubt er, sie unterhalten zu müssen. Klatsch und Neuigkeiten aus dem Königreich folgen ausführlichen Berichten über seine Reise ins alte Land und seine Begegnung mit dem König der Franken. Sie bemüht sich, höflich zuzuhören, obwohl sie alldem wenig abgewinnen kann. Stattdessen wandern ihre Gedanken immer wieder zu Raol, der hinter ihr reitet. Obwohl sie kein Wort miteinander wechseln, spürt sie seine Gegenwart nur zu deutlich und dazu eine tiefe Verbundenheit mit ihm.

Gegen Mittag rasten sie an einem Bächlein im Schatten einiger dürftiger Bäume und Sträucher. Guillaume scheint des Redens müde zu sein und legt sich abseits unter einen Busch, um ein wenig die Augen zu schließen. Raol nutzt die Gelegenheit und setzt sich zu ihr.

»Wie fühlst du dich jetzt?«, fragt er.

»Du meinst, nach der Taufe?«

»Ja.«

»Zuerst sehr gestärkt. Als stünde ich von nun an unter Jesu Schutz und nichts könnte mir etwas anhaben.«

»Und jetzt nicht mehr?«

Melisende blickt hinunter ins Jordantal. »Ich fürchte mich, Raol.«

»Wovor?«

»Vor allem, was vor uns liegt. Besonders vor meinem Vater und vor der Haute Cour. Sie werden mich verdammen und mir den Titel nehmen. Was man ihnen nicht verdenken kann.«

»Guillaume scheint dich nicht zu verdammen.«

»Das stimmt.« Sie scheucht eine lästige Fliege weg. »Das wundert mich eigentlich, bin ich doch gewiss für alle die unverantwortliche, widerspenstige Tochter, die dem ganzen Land Schaden zugefügt hat.«

»Nichts, was sich nicht beheben lässt.«

»Und das viele Gold, das es gekostet hat?«

»Dafür hat Jerusalem den Frieden mit Schaizar bekommen. Das solltest du nicht unterschätzen.«

»Aber ich habe die Ehre meines Vaters befleckt.«

»Doch hoffentlich nicht meinetwegen!«

»Natürlich nicht. Nein, weil ich ihn vor aller Welt bloßgestellt habe. Von Foulques gar nicht zu reden. Der muss mich wirklich hassen.«

»Die werden's überleben.«

»Und was wird aus uns?«, fragt sie kleinlaut.

Darauf weiß Raol keine Antwort. Es gibt keine. Jedenfalls keine befriedigende.

Sie sieht ihn an. »Werden wir uns ab und zu sehen können?«

»Du meinst, aus der Ferne?«

»Was immer möglich ist.«

Beide wissen, dass auch das nur sehr beschränkt möglich sein wird und ihnen vielleicht mehr Schmerzen bereiten wird als Freude.

»Ich werde den Orden verlassen«, sagt Raol unvermittelt.

Sie sieht ihn überrascht an. »Warum?«

»Beim Zweikampf ist mein Schwert, mit dem ich jahrelang für die Templer gekämpft habe, zerbrochen. Ich sehe das als Zeichen, dass es reicht. Dass ich genug für Gott getan habe. Ich bin schon länger des Kämpfens müde. Des Tötens und des Mordens. Du hast dich gerade taufen lassen. Hätte Christus von uns verlangt, für ihn zu morden?«

Sie schüttelt den Kopf. »Wohl kaum.«

»Da siehst du's.«

»Aber was bleibt uns denn anderes übrig, als dieses Land zu verteidigen?«, wendet sie ein. »Wir können es doch nicht den Sarazenen überlassen.«

»Ich weiß. Aber für diesen Kampf habe ich zehn Jahre meines Lebens gegeben. Das sollte genügen.«

»Und was wirst du tun, wenn du nicht mehr Templer bist?«

Raol zuckt mit den Schultern. »Ich weiß es nicht.«

Plötzlich grinst sie ihn an. »Dann bist du ja nicht mehr an das Keuschheitsgelübde gebunden.« Schon während sie das sagt, ist ihr bewusst, was für ein schaler Scherz das ist.

»Das habe ich ja schon gebrochen«, erwidert er leise.

»Bereust du's etwa?«

Er lächelt. »Natürlich bereue ich es. Wie kann ich denn jetzt ohne dich jemals glücklich werden? Und das meine ich so, wie ich es sage.«

»Ach, Raol ...« Am liebsten würde sie jetzt ihren Kopf an seine Schulter legen und sich von ihm umarmen lassen. Aber das geht nicht. Sie sind ja nicht allein.

Verstohlen streicht sie über seine Hand. »Wenn du kein Templer mehr bist ...« Sie überlegt. »Könntest du nicht Hauptmann meiner Leibwache werden? Dann könnten wir uns täglich sehen.«

Raol schüttelt den Kopf. »Ich weiß nicht. Das würde sicher bald auffallen und uns beiden schaden.«

Melisende kaut nachdenklich auf der Unterlippe. »Ich werde Vater bitten, dich zu adeln. Das wäre ja wohl das Mindeste, was wir dir schulden.«

»Ich bin schon von Adel.«

»Aber natürlich. Wie dumm von mir! Dann soll er dir eine Baronie geben, als Dank dafür, dass du mich gerettet hast.«

»Eine Baronie?«

»Du wärst ein wohlhabender Mann, hättest Land und Ritter und wärst ein ehrenvolles Mitglied der Haute Cour.«

»Das könntest du durchsetzen?«

»Warum nicht? Du hast dich mehr als verdient gemacht. Später könnte ich dich zu meinem militärischen Berater ernennen.«

»Dafür gibt es doch schon genug fähige Männer. Und Foulques würde es nicht gern sehen.«

Melisende seufzt. »Ach ja, Foulques. Der ist ja auch noch da. Was mach ich nur mit dem?«

»Du wirst ihn heiraten.«

»Muss ich wohl. Aber nur zu meinen Bedingungen, das sage ich dir. Der wird sich noch wundern.«

Was sie damit meint, erklärt sie nicht.

Wenig später geht es weiter. Am Nachmittag verändert sich die Landschaft. Es ist immer noch bergig, aber es wird grüner. Olivenhaine und Weinberge tauchen auf, dann die ersten Dörfer inmitten von Gemüsegärten und schmalen Terrassenfeldern, in denen Fellachen unter der heißen Sonne arbeiten.

»Ich werde einen Boten vorausschicken«, sagt Guillaume. »Damit man Euch gebührend empfängt, Altesse.«

Er will, dass ich gebührend empfangen werde? Bei dem Gedanken überfällt sie erneut die Furcht vor dem Zorn des Vaters, vor der Ablehnung des ganzen Hofs. Am liebsten würde sie niemandem begegnen und sich unbemerkt durch ein Hintertürchen in den Palast schleichen. Doch dann fallen ihr Raols Worte ein. Er hat recht, es wird schon nicht so schlimm werden. Und wenn doch, wird sie Haltung zeigen. Das verspricht sie sich. Sie wird sich vor niemandem erniedrigen, auch nicht vor ihrem Vater.

Die Sonne steht schon tief über den Bergen, als der Reitertrupp sich den Mauern der Stadt nähert. Schon von Weitem sieht Melisende, dass sich auf der Straße vor dem Osttor ganze Scharen von Menschen versammelt haben.

Gilt das mir?, fragt sie sich überrascht. Wenn ja, dann muss die Nachricht des Boten sich in Windeseile in der ganzen Stadt verbreitet haben. Sind das alles Schaulustige, die sie auf den Knien sehen und sich an ihrer Scham und Schande ergötzen wollen? *Seht her, das ist die Ungehorsame, deren Unvernunft so vielen das Leben gekostet hat.*

Doch als sie näher kommen, wird deutlich, dass die Leute ihr begeistert zuwinken. Besonders die Frauen drängeln sich

471

vor, danken Gott und werfen Kusshände, als sei sie ihre Heldin. Dann fällt Melisende ein, dass die Menschen in Jerusalem ja noch gar nicht wissen können, was alles geschehen ist, dass sie nur froh sind, ihre Prinzessin wiederzuhaben.

Dennoch berührt die Freude der Leute sie und stärkt ihr Selbstvertrauen. Ab und zu lächelnd und zurückwinkend, aber mit geradem Rücken und stolz erhobenem Haupt, reitet sie neben Guillaume de Bures durch das Spalier der jubelnden Menschen auf das Tor zu.

Als sie ihren Vater dort stehen sieht, sinkt ihr erneut der Mut, und ihr Herz schlägt heftiger. Aufrecht und breitbeinig steht er da, mit vor der Brust verschränkten Armen, ganz der König. Neben ihm warten Hodierna und Ioveta und der Patriarch, Robert de Craon von den Templern und andere Adelige. Und natürlich Foulques d'Anjou.

Die Ritter, die vor ihr reiten, lenken ihre Pferde zur Seite, um ihr den Vortritt zu lassen. So auch Guillaume. Sie lässt den Hengst weitergehen, bis sie zwanzig Schritt vom König entfernt ist. Es ist still geworden. Sämtliche Jubelrufe sind verklungen. Alle halten den Atem an. Wie wird das Wiedersehen mit dem Vater ausgehen? Wird er sie verstoßen? Oder kann er ihr verzeihen?

Langsam steigt Melisende vom Pferd. Sie nimmt die Kufija ab, löst den Knoten im Haar und streicht sich die verschwitzten Strähnen aus der Stirn. Schließlich klopft sie dem Pferd noch einmal sanft auf den Hals.

Raol, der ebenfalls abgestiegen und ihr gefolgt ist, übergibt sie die Zügel. Erst jetzt wagt sie, hinüber zu ihrem Vater zu blicken. Zu ihrer Überraschung entdeckt sie ein breites Grinsen auf seinem Gesicht. Er tritt ein paar Schritte vor und breitet die Arme aus.

Beim Anblick dieses Bären von Mann, mit seinen kräftigen Armen, breiten Schultern und dem langen blonden Bart, vor allem aber mit dem Grinsen im Gesicht, das sie so gut kennt, ist Melisende plötzlich wieder Kind. Es ist wie damals in Edessa, wenn er heimkam, und sie am Tor auf ihn gewartet hat, wenn er sie lachend gepackt und im Kreis geschwungen hat. Da kommen ihr die Tränen. Sie rennt los und wirft sich ihm in die Arme. Gleichzeitig bricht unter dem einfachen Volk lauter Jubel aus.

»Mein Kind!«, murmelt Baudouin. Seine Stimme klingt vor Freude und Aufregung brüchig. »Endlich bist du da! Endlich hab ich dich wieder!« Er zerquetscht sie fast, so fest drückt er sie an sich. »Wie sehr haben wir um dich gebangt! Aber nun ist alles gut. Du bist zurück, und alles ist gut!«

Melisende klammert sich an ihn. »Verzeihst du mir, Vater? Ich war dumm. Es tut mir leid.«

Er schiebt sie von sich, hält sie aber weiter bei den Schultern und sieht ihr ins Gesicht. Auch er hat feuchte Augen. »Es muss dir nicht leidtun«, sagt er. »Du hattest deine Gründe. Ich hätte dich nicht so behandeln sollen. Aber lass uns später darüber reden. Das Wichtigste ist, du lebst und wir haben dich wieder.« Dann drückt er sie noch einmal fest an sich.

»Die verlorene Tochter ist heimgekehrt«, sagt der Patriarch, auch er mit bewegter Stimme. Er lässt es sich nicht nehmen, sie ebenfalls zu umarmen und auf beide Wangen zu küssen.

Dann ist Hodierna an der Reihe. »Schwester!«, murmelt sie und schlingt die Arme um Melisende. »*Mon Dieu!* Ich war verrückt vor Sorge. Konnte kaum noch schlafen. Du musst mir alles erzählen.«

»Das werde ich«, sagt Melisende und beugt sich zu ihrer kleinen Schwester Ioveta.

»Ich hab jeden Tag gebetet, dass du heil nach Hause kommst«, flüstert ihr Ioveta ins Ohr. »Und Gott hat mich erhört.«

»Ich danke dir, Liebes«, erwidert Melisende und küsst sie herzlich. Dann schweift ihr Blick über die vielen Leute, die sich hinter den Leibwachen des Königs drängeln. Neugierige und fröhliche Gesichter überall, viele, die sie erkennt. Händler vom Markt, Soldaten, adelige Ritter, Bedienstete aus dem Palast. Da ist Maria, die ihr begeistert zuwinkt. Neben Maria steht ein breit grinsender Dawud. Melisende hebt beide Arme und lässt sich einen Augenblick lang feiern.

Schließlich wendet sie sich Foulques zu, der mit einer nicht gerade freundlichen Miene dem Geschehen zusieht. Sie hat sich vorgenommen, Burgfrieden mit ihm zu schließen.

»Monseigneur Foulques«, sagt sie, als sich der Jubel legt, »ich muss mich auch bei Euch entschuldigen. Es war nie meine Absicht, Eure Ehre zu verletzen. Ich hoffe, Ihr könnt mir verzeihen.«

Er verbeugt sich steif. »Als Christ sollte ich Euch vergeben, Altesse. Allerdings muss ich gestehen, dass es mir schwerfällt. Vielleicht findet sich für Euch ein Gemahl, der Euch besser passt als meine Wenigkeit.«

Melisende wie auch andere starren ihn erstaunt an, der König aber wirft ihm einen ärgerlichen Blick zu. »Verdammt noch mal, Foulques!«, knurrt er. »Das besprechen wir später. Jetzt ist nun wirklich nicht der Moment dafür.«

»Wie du meinst, Baudouin. Aber ich habe es nicht nötig, mich irgendjemandem aufzudrängen. Auch nicht deiner Tochter. Das wollte ich nur klarstellen.« Damit dreht er sich brüsk um und geht in Richtung Tor davon.

Unter den Näherstehenden hebt ein Geraune an. Heißt das, es wird keine königliche Hochzeit geben? Hat Melisendes Flucht den Mann nun endgültig vertrieben? Gerüchte genug hat es ja gegeben.

Bevor Melisende sich von ihrem Erstaunen erholen kann, hört sie Robert de Craon rufen: »Aber wo sind unsere Kameraden, Raol? Wieso bist nur du hier? Wo sind die anderen?«

Bei diesen Worten wird es still. Natürlich, sie wissen ja noch nichts von Qilitschs Überfall, sagt sich Melisende. Der Bote wird nichts davon gesagt haben. Sie will schon antworten, als Raol ihr zuvorkommt. Er tritt vor und beugt das Knie vor dem König. »Sire! Darf ich sprechen?«

»Ich bitte darum. Und erhebt Euch, Montalban.«

»Die Übergabe in Schaizar lief wie geplant. Daran gab es nichts zu beanstanden.« Er reicht dem König die Dokumentenrolle. »Dies ist das unterschriebene Abkommen.«

Baudouin nimmt es entgegen. »Danke. Und weiter?«

»Auf der Rückreise, nördlich des Libanon, eigentlich schon auf christlichem Gebiet, wurden wir von Seldschuken überfallen. Ihr Anführer, ein gewisser Qilitsch ad-Din Mahmud, hatte von dem Austausch Wind bekommen und uns einen Hinterhalt gelegt. Wir waren an Anzahl weit unterlegen, und so sind alle meine Kameraden umgekommen. Dennoch bin ich stolz auf sie. Denn sie haben mit großer Tapferkeit gekämpft und sich selbst geopfert, um Eurer Tochter die Flucht zu ermöglichen.«

»Sie sind alle gefallen?«, murmelt Robert entsetzt.

»So ist es. Auch mein Sergeant ist unter den Toten. Genauso wie Charles de Montoire und Henri d'Aubusson. Sie alle sind als Helden gestorben.«

Nach seiner Erklärung geht ein Raunen durch die Reihen der Zuschauer. Die besten Krieger des Königreichs, dahingeschlachtet, weil man die Thronerbin rauben wollte. Man ist in diesem Land an Krieg und Verderben gewöhnt. Und doch ist dies ein Schlag, der schwer hinzunehmen ist.

»Und ihr beide?«, fragt schließlich der König, auch er tief betroffen. »Wie ist es euch gelungen zu entkommen?«

»Sire, das ist eine lange Geschichte.«

Melisende legt die Hand auf Raols Arm, zieht sie jedoch schnell wieder zurück. Vorsicht, denkt sie. Ich darf mir nichts anmerken lassen. Sie wendet sich an den König: »Der Chevalier Montalban ist ein bescheidener Mann, Vater. Was er nicht sagt, ist, dass ihm allein der Dank für meine Rettung gebührt.

Wir konnten dem Massaker zwar knapp entgehen, wurden aber von diesem Qilitsch verfolgt und haben eine gefährliche Flucht hinter uns. Der Chevalier hat alles getan, um die Verfolger zu verwirren und von unserer Spur abzulenken. Trotzdem hat nicht viel gefehlt, und sie wären meiner habhaft geworden. Ohne Chevalier Montalban stünde ich jetzt nicht vor dir, Vater.«

»In diesem Fall gebührt Euch mein ganzer Dank, Montalban!«, sagt der König tief bewegt. »Und wo ist dieser Qilitsch jetzt?«

»Er ist tot, Sire«, erwidert Raol.

»Nun, das müsst Ihr uns alles ganz genau erzählen. Aber kehren wir erst einmal in den Palast zurück. Dort warten Speis und Trank auf euch. Du, Tochter, siehst mir etwas mager aus. Du hast wohl die letzten Wochen nichts Ordentliches zwischen die Zähne bekommen.« Er wendet sich an die Menge. »Das war's, Leute. Danken wir Gott für Melisendes glückliche Heimkehr!«

»Was ist mit der Hochzeit?«, ruft ein Mann. »Findet sie jetzt nicht mehr statt?«

Der König wirft dem Mann einen grimmigen Blick zu. »Es hat sich nichts verändert. Mehr ist nicht zu sagen. Und jetzt geht nach Hause!«

DER PAKT

Aber natürlich hat sich alles verändert. Der König will nur nicht darüber sprechen. Nicht bevor er Melisendes ganze Geschichte gehört hat.

Selbst dann sagt er nur: »Was willst du, Tochter? Der Mann ist verärgert. Du hast seinen Stolz verletzt. Deine Flucht hat ihn in aller Öffentlichkeit gedemütigt. Ein Graf von Anjou muss sich nicht gefallen lassen, dass man so mit ihm umspringt. Eigentlich überhaupt kein Mann.«

»Ich weiß, Vater. Und es tut mir leid.«

Der König seufzt. »Tja. Dafür ist es nun zu spät. Natürlich ist es auch meine Schuld. Ich habe diese Heirat eingefädelt, ohne dich zu fragen. Das war falsch von mir. Deine Mutter, Gott hab sie selig, hätte das niemals zugelassen.«

»Und was geschieht nun?«

»Ich weiß es nicht. Es heißt, Foulques habe Anweisungen gegeben, seine Heimreise vorzubereiten. Trotzdem glaube ich, man kann ihn noch umstimmen.«

Melisende schaut ihrem Vater in die Augen. »Liegt das denn überhaupt noch auf dem Tisch? Es muss doch peinlich für dich sein. Vielleicht solltest du mich lieber aus der Thronfolge nehmen. Was sagen die Mitglieder der Haute Court dazu?«

»Als deine Flucht bekannt wurde, war die Empörung groß. Aber seit man weiß, dass du Opfer einer Geiselnahme wurdest, hat man deiner Befreiung entgegengefiebert. Du hast die Menge heute erlebt. Du bist beliebter als je zuvor. Nein, nein, so leicht kommst du mir nicht davon.«

»Du wünschst dir weiterhin eine Verbindung mit Foulques?«

Baudouin stellt den Becher ab, aus dem er getrunken hat und lehnt sich zurück. »Natürlich wünsche ich mir das. Aber ich mische mich nicht ein. Es hängt jetzt allein von dir ab, mein Kind.«

»Aber du willst doch wohl nicht, dass ich mich ihm zu Füßen werfe und um Vergebung winsele?«

»Du entscheidest selbst. Ich habe dich dazu erzogen, deinen Verstand zu gebrauchen. Du weißt selbst, was für das Königreich auf dem Spiel steht.«

Melisende seufzt und entscheidet sich, das Thema zu wechseln. »Verzeih, Vater, wenn ich das sage, aber du solltest weniger von Foulques reden und mehr von dem Mann, dem ich meine Freiheit und vielleicht sogar mein Leben zu verdanken habe. Hast du dir schon überlegt, wie du ihm deine Dankbarkeit zeigen kannst?«

»Melisende hat recht, Vater«, pflichtet Hodierna bei.

Baudouin hebt abwehrend die Hände. »Schon gut, schon gut, ihr beiden. Ich habe nicht vor, Raol de Montalbans Mut und Beharrlichkeit zu vergessen. Wir verdanken ihm viel, und ich bin froh, dass ich gerade ihn ausgesucht habe, dich zu holen. Er hat uns nicht enttäuscht.«

✠

Vor dem Abendessen macht Melisende die Runde im Palast, wandert durch Küchen und Ställe, um ein paar Worte mit allen Bediensteten zu wechseln. In der Wäschekammer trifft sie auf Maria. »O Herrin, ich bin überglücklich, Euch wohlbehalten wiederzusehen«, sagt die Magd. »Wir alle waren sehr besorgt.«

Die beiden umarmen sich. »Ich muss mich bei euch bedanken«, sagt Melisende. »Das werde ich euch nie vergessen.«

»Es war eine aufregende Reise. Aber wir haben's geschafft.«

»Und? Seid ihr beiden jetzt zusammen?«

Maria strahlt. »Dawud hat hier Arbeit gefunden. Und wir ha-

ben geheiratet. Leider ohne den Segen meiner Kirche, aber …«
Sie zuckt mit den Schultern, als mache es ihr nichts aus.

»Das ist schön. Wenigstens du hast dein Glück gefunden. Ich freu mich für dich.«

»Darf ich wieder Eure Magd sein, Domina?«

»Aber natürlich. Ich bestehe darauf!«

Später am Abend sitzen die beiden Schwestern in Melisendes Gemach beisammen. »*Nom de Dieu!*«, murrt Melisende. »Man sollte meinen, unser Königreich ist dem Untergang geweiht, wenn ich nicht diesen Angeviner heirate.«

»Natürlich nicht«, erwidert Hodierna.

»Aber so hört es sich an.«

»Es war eben alles darauf ausgerichtet. Natürlich ist es keine Liebesheirat. Das wissen wir alle, auch Foulques. Aber irgendjemanden wirst du ja wohl heiraten müssen. Wenn nicht Foulques, dann einen anderen, der von der Haute Court gebilligt wird. Du glaubst, du hast eine Wahl? Im Grunde hast du sie nicht.«

Natürlich weiß Melisende, welcher Druck auf ihr lastet, auch wenn ihr Vater ihr gegenüber jetzt ganz andere Töne anschlägt. Die Haute Court, das Volk, der ganze Adel erwarten von ihr, dass sie Foulques heiratet. Das heißt, wenn der überhaupt noch will. Und wenn nicht, wird man für das Scheitern allein sie verantwortlich machen. Sie hat schließlich seine Ehre verletzt, ihn bloßgestellt. »Ich soll also in den sauren Apfel beißen«, sagt sie bitter.

»Vielleicht ist es nicht so schlimm, wie du denkst«, beschwichtigt Hodierna. »Du musst schließlich nur für einen Erben sorgen. Darüber hinaus –«

»Einen Erben?« Melisende holt tief Luft. Dann sieht sie ihre Schwester an. »Vielleicht hab ich das schon.«

Hodierna reißt die Augen auf. »Was soll das heißen?«

»Meine Monatsblutungen sind verspätet.«

Ihre Schwester schlägt erschrocken die Hand vor den Mund.

»Du meinst … Hat man dich vergewaltigt? Haben die verdammten Araber etwa gewagt …?«

Melisende schüttelt den Kopf. »Nein. Im Gegenteil. Die waren sehr höflich und respektvoll.«

»Aber dann …« Schließlich dämmert es Hodierna, und sie fängt an zu lachen. »Du hast doch nicht …«

»Doch. Hab ich«, murmelt Melisende kleinlaut. »Ich konnte mir nicht helfen. Ich hab mich in meinen Retter verliebt.«

»In den Templer? In Raol de Montalban?«

Melisende nickt. »Es ist einfach so passiert. Aber du darfst niemandem etwas sagen.«

»Natürlich nicht. Kein Wort!«

»Schwör's mir!«

»Ich schwöre es! Du kannst dich auf mich verlassen. Und er? Erwidert er deine Liebe?«

»Mehr als das. Wir haben uns vier Tage lang in der Wildnis am Jordan versteckt. Es waren himmlische Tage, das kannst du dir gar nicht vorstellen. Mein Herz ist immer noch voll davon, und in meinem Kopf dreht sich alles. Ich kann noch gar nicht klar denken.«

»Jetzt muss ich mich nicht mehr darüber wundern, wie du diesen Mann bei eurer Ankunft angeschaut hast.«

»Oh Gott! Ist es so offensichtlich? Hat Vater etwas gemerkt?«

»Nein, das glaube ich nicht. Männer sind in solchen Dingen doch ohnehin halb blind.«

Melisende bekreuzigt sich. »Ich hoffe, du hast recht.«

»Das heißt, dieser Raol hat sein Gelübde gebrochen?«

Melisende schlägt verlegen die Augen nieder. »Ja. Und ich habe ihm kräftig dabei geholfen.«

»Gott im Himmel!« Hodierna stößt einen entzückten Schrei aus. »Und wie war's? Du musst mir alles erzählen.«

Mit irgendjemandem muss Melisende ja reden. Ihr Herz ist so voll, dass sie ihre Gefühle nicht für sich behalten kann. Und bei wem wären sie besser aufgehoben als bei ihrer Schwester, der sie voll und ganz vertraut? Sie reden Stunden bis tief in die Nacht. Für Melisende ist es eine Gelegenheit, das Erlebte noch einmal zu durchleben, und für Hodierna ein aufregender Kitzel, sich alles genau vorzustellen.

»Und jetzt?«, fragt die Schwester schließlich. »Du sagst, er will sich von den Templern zurückziehen. Was habt ihr vor?«

»Nichts. Was sollen wir schon vorhaben? Es ist traurig, aber wir wissen beide, dass unsere Liebe keine Zukunft hat. Sollte ich Raols Kind in mir tragen, dann bleibt mir nichts anderes übrig, als Foulques zu heiraten.«

»Geschieht dem machtgierigen Bastard recht, dass man ihm ein Kuckucksei ins Nest legt. Aber willst du Raol wirklich so schnell aufgeben?«

»Du weißt doch, dass es niemals sein kann. Schon allein wegen des Standesunterschieds.«

Hodierna macht eine wegwerfende Handbewegung. »Sein Stand? Das ließe sich regeln. Vater schuldet ihm etwas. Er könnte ihm einen stattlichen Adelssitz überschreiben. Vielleicht sogar eine Baronie.«

»Hab ich auch schon dran gedacht. Trotzdem, eine Heirat wäre ausgeschlossen.«

Hodierna seufzt. »Schade. Ein stattlicher Mann. Sei froh, denn du hast die Liebe erlebt. Uns Frauen ist das nicht so oft beschieden. Allein dafür hat sich deine Flucht doch schon gelohnt. Jedenfalls fühle ich mich jetzt nicht mehr so schuldig, dich angestiftet zu haben. Ich beneide dich, Schwester. Schließlich sitze ich den ganzen Tag hier herum und langweile mich zu Tode. Ich hocke vor dem Spiegel, mache mich hübsch. Und wofür? Du hast wenigstens was erlebt.«

Melisende nickt. »Es wird für immer in meinem Herzen bleiben. Aber nun ist es zu Ende.«

Hodierna runzelt die Brauen. »Wieso eigentlich? Warum solltest du verzichten? Heirate Foulques, und behalte Raol als deinen Liebhaber.«

»Hodierna!«, ruft Melisende empört. »Du hast wirklich einen boshaften Geist und willst mich wieder anstiften.«

»Na, hör mal, Schwester! Ich will dir doch nur zu deinem Glück verhelfen. Glaubst du wirklich, so was kommt nicht vor? Denkst du im Ernst, diese Troubadoure an den Höfen lassen es bei ihren Liedern bewenden? Ich wette, hinter verschlossenen Türen werden mehr als Gedichte ausgetauscht.«

»Nein, das geht nicht. Es ist zu gefährlich. Stell dir vor, man erwischt uns! Außerdem würde Raol niemals zustimmen. Er ist ein Mann von Charakter.«

»Raol hat Charakter, aber du bist bereit, deinem Zukünftigen ein fremdes Kind unterzuschieben.«

Das hat gesessen. Melisende schweigt verlegen. Dann sagt sie: »Damit wäre doch allen gedient. Wenn es ein Junge wird, hat Foulques seinen Erben, und mir bleibt etwas von Raol. Ein Kind der Liebe. Dafür würde ich sogar einen wie Foulques ertragen.«

»Und damit willst du dich begnügen?«

»Was bleibt mir denn anderes übrig?«

✠

Doch auch das ist Melisende nicht vergönnt, denn drei Tage später fließt ihr Monatsblut. Sie hockt in ihrer Kammer mit der Graskrone in den Händen und weint vor Enttäuschung bittere Tränen. Es kommt ihr vor, als wende sich alles im Leben gegen sie. Nicht einmal auf ihren Körper kann sie sich verlassen.

Hodierna richtet sie wieder auf. »Nun bist du nicht mehr gezwungen, Foulques zu heiraten. Du bist nicht schwanger, und niemand weiß von Raol. Du kannst dich frei entscheiden.«

✠

»Robert, ich muss mit dir reden«, sagt Raol. »Aber nicht hier vor den anderen. Gehen wir ein paar Schritte.«

Sie befinden sich in den Ställen der Templer unterhalb des ehemaligen salomonischen Tempels. Einige Ordensbrüder misten gerade aus und streuen den Pferden frisches Futter hin. Raol und Robert treten ins Freie.

»Was hast du mir denn so Geheimnisvolles zu sagen?«, fragt Robert de Craon.

Raol antwortet mit einer Gegenfrage: »Werden wir eine Trauerfeier für unsere Gefallenen abhalten? Da wir sie schon nicht würdig begraben konnten, sollten wir wenigstens eine Feier haben, um ihres Mutes und ihres selbstlosen Opfers zu gedenken.«

Robert nickt. »Das hab ich schon veranlasst, Raol. Am nächsten Sonntag in der Grabeskirche. Der Patriarch wird eine Gedenkmesse abhalten.«

»Gut.« Raol starrt verlegen auf seine Stiefelspitzen. »Da ist noch etwas. Am besten sag ich's geradeheraus.« Er holt tief Luft. Dann sagt er: »Ich werde den Orden verlassen, Robert.«

»Du willst den Orden verlassen?« Robert sieht ihn erstaunt an. »Wie kommst du dazu? Du hast einen Eid geschworen.«

»Ich habe geschworen, den Templern treu zu dienen, aber nicht, wie lange. Und manchmal ändern sich die Dinge.«

»Was soll sich denn geändert haben?«

»Sieh her!« Raol zieht sein Schwert aus der Scheide. Heraus kommt nur die obere Hälfte der Klinge mit Griff und Parierstange. »Das ist während meines Kampfes mit Qilitsch geschehen. Als ich damals die Schlacht von *Ager Sanguinis* überlebte, hatte ich dieses Schwert bei mir. Und es war Qilitsch, der mir eine fast tödliche Wunde beibrachte. Aber Gott hat mich errettet, und zum Dank habe ich ihm Arm und Schwert geweiht. Zehn lange Jahre habe ich für den Orden gekämpft. Mit diesem Schwert. Und nun hat Gott es zerbrochen. Ausgerechnet im Kampf mit Qilitsch. Ein deutlicheres Zeichen kann es doch wohl kaum geben. Meine Schuld dem Herrn gegenüber ist getilgt. Nun hat er anderes mit mir vor. Ich gehöre nicht mehr hierher.«

Robert sieht ihn betreten an.

»Entschuldige die lange Rede«, fügt Raol noch hinzu. »Ist sonst nicht meine Art.«

Robert will Raols Entschluss nicht so einfach hinnehmen. »Das muss doch nichts bedeuten, Bruder. Ein Schwert lässt sich ersetzen. Schwerter sind nichts als unsere Werkzeuge. Bricht dem Schmied ein Hammer, macht er sich einen neuen.«

»Nein, nein. So einfach ist das nicht, Robert. Dieses Schwert hatte eine große Bedeutung für mich. Schon lange bevor ich ins Heilige Land kam.«

»Du musst da nicht so viel hineinlesen. Wir brauchen dich, Raol. Besonders jetzt, nachdem wir so viele Kameraden verloren haben.«

Doch Raol schüttelt den Kopf. »Es werden andere kommen. Davon bin ich überzeugt.«

Robert seufzt. »Irgendwie kann ich das nicht glauben, mein Freund. Da steckt doch etwas anderes dahinter. Hast du vielleicht Schuld auf dich geladen und fühlst dich deshalb nicht mehr berechtigt, für Gott zu kämpfen? Möchtest du beichten?«

»Nein«, widerspricht Raol. »Wenn ich gesündigt habe, dann ist das eine Sache zwischen Gott und mir. Außerdem bist du kein geweihter Priester und kannst mir keine Beichte abnehmen. Keiner von uns kann das.«

»Was immer deine Sünde sein mag, Gott wird sie dir vergeben, wenn du in dich gehst und bereust.«

»Ich weiß das, Bruder.«

»Großmeister Payns wird bald wieder unter uns weilen. Unser Orden wurde vom Konzil anerkannt. Sobald er unser Gelübde erneuert, sind wir richtige Ordensbrüder.«

»Ich hab davon gehört. Umso wichtiger ist es, dass ich mich vorher zurückziehe.«

»Aber wieso? Ich versteh dich wirklich nicht.«

Raol überlegt einen Moment, ob er mehr sagen soll. Dann zuckt er mit den Schultern und seufzt. »Robert, mein Freund. Du weißt, dass ich dich schätze, genauso wie deinen unverrückbaren Glauben an die Heiligkeit unseres Auftrags. Aber mir geht es anders, auch wenn es mich schmerzt, dir das zu sagen.«

»Du zweifelst an Gottes Auftrag?«

»Ist es denn wirklich Gottes Auftrag? Bist du dir da ganz sicher? Denk an Jesus und daran, was er uns gelehrt hat: ›Schlägt man dich auf die rechte Wange, sollst du die andere hinhalten.‹ Das hat er uns gelehrt. Hätte er es gutgeheißen, in seinem Namen Blut zu vergießen? Denk nach, verdammt noch mal! Das hätte er niemals von uns verlangt. Im Gegenteil, er hätte es verboten.«

Robert starrt ihn entgeistert an. »Aber, Raol –«

»Tut mir leid. Ich habe schon zu viel gesagt. Ich will dich nicht beeinflussen oder gar überzeugen. Nur, dass du meine Gründe kennst. Ich habe schon lange darüber nachgedacht. Ein Erlebnis der letzten Tage hat es mir besonders vor Augen geführt. Melisende und ich wurden verfolgt und mussten zwei Seldschuken töten. Sie hat sich gewundert, wie leicht ich den Tod dieser Männer genommen habe, und mich gefragt, ob man als Krieger zwangsläufig gefühllos und kaltschnäuzig wird. Ich habe das natürlich abgestritten, aber sie hatte recht, Robert. Man stumpft ab und bricht Gottes Gebot, ohne sich Gedanken darüber zu machen. Das zerbrochene Schwert hat mich dann endgültig davon überzeugt, dass meine Zeit als Tempelritter zu Ende ist.«

Robert seufzt. »Ich sehe, du bist entschlossen.«

»Das bin ich.«

»Und was hast du jetzt vor?«

Raol hebt die Arme in einer Geste der Unschlüssigkeit. »Das wird sich zeigen. Ich möchte dich nur um eines bitten. Du weißt, ich besitze nicht viel. Nicht einmal ein Pferd. Sogar mein Hengst gehört dem Orden ...«

Robert lächelt. »Ich weiß, du liebst den Gaul. Und du bist schließlich ein Ritter, wenn auch ein armer. Da können wir dich ja nicht zu Fuß laufen lassen. Du hast viel für uns getan, Raol. Dir dein Pferd zu schenken ist das Mindeste, was ich für dich tun kann.«

✠

In der Grabeskirche drängen sich die Menschen. Der Patriarch zelebriert die heilige Messe, während der der toten Templer gedacht werden soll. An jeder Seite des Altars brennen hohe Kerzen. Sie stehen für die Seelen der toten Ritter, die heute ins Himmelreich aufsteigen sollen.

Ganz vorn, auf den wenigen Bankreihen, haben der König und seine Töchter Platz genommen: Melisende, Hodierna und die neunjährige Ioveta. Neben ihnen sitzen Vertreter des Hochadels wie auch Robert de Craon, dahinter sind die Tempelritter versammelt. In der ersten Reihe steht Raol, der heute zum letzten Mal das Habit des Ordens trägt. Viele Adelige sind in Begleitung ihrer Damen gekommen. Ganz hinten drängt sich das Volk.

Melisende hat ihm beim Eintritt in die Kirche nur einen kurzen Blick zugeworfen, aus dem sich jedoch nichts lesen ließ. Hodierna dagegen hat ihn einer eingehenden Musterung unterzogen, nicht ohne ein kleines Lächeln auf ihren schönen Zügen. Sie weiß es, denkt er. Melisende hat ihr von uns erzählt. War das klug?

Etwas verspätet, man hat schon die erste Hymne angestimmt, betritt Foulques die Kirche. Man öffnet ihm eine Gasse bis zur ersten Reihe, wo er sich ganz weit links niederlässt, nachdem ihm jemand den Platz frei gemacht hat. Foulques ist wahrlich kein hübscher Mann, denkt Raol. Darüber können auch seine feinen Kleider nicht hinwegtäuschen.

Aber er soll ein guter Kriegsherr sein. Gut für das Königreich, einen erfahrenen Anführer zu haben, denn an bewaffneten Konflikten wird es auch in Zukunft nicht mangeln. Ob er auch die Weisheit hat, ein guter König zu sein? Und ein Gefühl für Menschen, wie Baudouin es hat? Bisher hat es nicht so ausgesehen. Und doch soll Melisende ihn heiraten. Die Vorstellung schmerzt Raol mehr, als er es jemals für möglich gehalten hätte. Obwohl er selbst ihr zu dieser Ehe geraten hat.

Der Patriarch hält eine Predigt und sagt schöne Worte in Gedenken an die Toten, nur Raol hört nicht zu. Zu beschäftigt ist er mit den eigenen Gedanken, mit der Entscheidung, die er zu treffen hat.

Seine Augen ruhen verstohlen auf Melisende, die sich nach der Predigt wie alle zum Gebet erhoben hat und etwas rechts von ihm steht. So nah, dass er sie fast berühren könnte. Sie trägt eine modische Kopfbedeckung. Darunter ist ihr Haar aufgetürmt, sodass er ihre feinen Nackenhärchen sehen kann. Er bildet sich ein, den Duft ihrer Haut wahrzunehmen. Natürlich ist das eine Täuschung, aber er weiß nur zu gut, wie sie sich anfühlt, wie im Augenblick der Leidenschaft ihre Augen leuchten und ihr Antlitz erblüht. Er sehnt sich nach dem kleinen Schmerz, wenn sie vor Lust die Zähne in seine Schulter gräbt. Sie ist so nah und doch so fern.

Er bemüht sich, die verstörenden Erinnerungen abzuschütteln. Heimkehren sollte er, sich mit seiner Familie aussöhnen und Melisende ihr Leben leben lassen. Nicht zuletzt ist sie es gewesen, die ihm die Augen dafür geöffnet hat. Und natürlich das Schwert, das er sich als junger Bursche vom Feind seiner Familie hat schenken lassen und nicht hat hergeben wollen. Nun ist es endlich zerbrochen. Damit ist vielleicht auch dieser elende Fluch seiner unrühmlichen Vergangenheit aufgehoben.

Ja, es ist Zeit, sich mit dem Vater zu versöhnen. Was zum Teufel soll er denn noch in Jerusalem? Den Orden hat er schon verlassen, und seine weitere Anwesenheit könnte für Melisende peinlich werden. Und für ihn zur Qual. Schlimmer noch. Einer wie Foulques würde, wenn sie entdeckt würden, keinen Nebenbuhler dulden. Man würde ihn verbannen und vorher bis aufs Blut züchtigen, vielleicht sogar als Ehebrecher hinrichten. Und für Melisende wäre es eine Schande. Man würde sie als Hure brandmarken und in ein Kloster stecken. Er sollte verschwinden, so bald wie möglich, um ihr solch Ungemach zu ersparen.

Und doch ist es die schwerste Entscheidung seines Lebens. Sie für immer verlassen? Bringt er das übers Herz? Eigentlich hätte er sich schon längst auf den Weg machen sollen. Aber dann war die Gedenkfeier abzuwarten. Da durfte er ja nicht fehlen. Soll er noch heute reiten? Nein, er wird noch warten. Auf einen Tag oder zwei wird es nicht ankommen. Wenn sie sich jetzt nur ein Mal umdreht und ihn ansieht, dann wird er alle Gedanken an Heimkehr in den Wind schlagen und bei ihr bleiben. Auch wenn sie sich nur, so wie jetzt, aus der Ferne sehen können.

Er wartet, dass sie sich umdreht, starrt in ihren Nacken, fiebert geradezu darauf, dass sie sich umdreht. Aber sie dreht sich nicht um.

Sein Blick fällt auf Foulques. Den wird sie also heiraten. Angeblich will er seine Werbung zurückziehen. Aber daran glaubt Raol nicht. Dafür ist der Kerl zu machtbesessen. Er wird sich nicht die Gelegenheit entgehen lassen, König von Jerusalem zu werden. Auf einmal sieht Raol ihn mit Melisende im Bett. Mit seiner Melisende. Der Gedanke, dass dieser Widerling sie besteigt, verursacht ihm plötzliche Übelkeit. Mit der Hand vor dem Mund zwängt Raol sich durch die Reihen und verlässt die Kirche.

Doch auch die frische Luft hilft nicht, denn das verfluchte Bild ist immer noch in seinem Kopf. Er lehnt sich an die Mauer und kotzt sich den Magen leer.

✠

Am Nachmittag nach der Messe erscheint ein Bote in den Unterkünften der Templer und sucht nach Raol. Der König wünsche, ihn zu sprechen, und zwar im Audienzsaal des Palastes. Raol hilft gerade einem der Brüder dabei, Ghalib neu zu beschlagen. Eigentlich ist das keine Arbeit für den Tag des Herrn, aber die Templer nutzen den Ruhetag nicht selten, um ihre Ausrüstung auszubessern. Und nach der Messe am Morgen tut die Arbeit gut, um auf andere Gedanken zu kommen.

Aber wenn der König ruft, darf man ihn nicht warten lassen. Raol klopft Dreckspuren von seinem Habit, geht zum Trog und wäscht sich die Hände. Dann macht er sich auf den Weg. Unterwegs fragt er sich, was man von ihm will – und ob er vielleicht Melisende antreffen wird.

Doch als die Leibwache ihm die Tür zum Audienzsaal öffnet, ist außer Baudouin niemand zugegen. Das ist ungewöhnlich, denn meist ist der König von Höflingen und Adeligen umgeben. Baudouin hat sich auch nicht auf dem Thronsessel, sondern an der Seite des Saals auf einem der vielen gepolsterten Stühle niedergelassen, auf denen normalerweise Besucher sitzen. Es soll wohl eine private, ungezwungene Unterhaltung werden, denn auf einem Beistelltisch stehen eine Karaffe mit Wein und zwei herrliche Glaskelche aus einer der berühmten Jerusalemer Glaswerkstätten.

»Setzt Euch zu mir«, sagt der König jovial, nachdem Raol eingetreten ist und die Tür hinter sich geschlossen hat. Auf seinem Gesicht liegt ein breites Lächeln. »Mögt Ihr ein Glas Wein mit mir teilen?«

Raol freut sich über den freundlichen Empfang, aber er ist auch ein wenig misstrauisch, um was es wohl gehen mag. Obwohl er nur selten Wein trinkt, will er nicht unhöflich sein.

»Danke, Sire. Ein halbes Glas will ich gern probieren.«

Baudouin schenkt großzügig ein, weit mehr als ein halbes Glas. »Ein feiner Tropfen«, sagt er. »Von einem meiner Weingüter nicht weit von hier. Ich denke, er wird Euch munden.« Er hebt seinen Kelch aus buntem Glas. Raol tut es ihm nach. Sie nicken einander zu und nehmen einen Schluck.

»Na, wie findet Ihr den?«, fragt der König. Er behält den Kelch in der Hand, während Raol den seinen abstellt.

»Ausgezeichnet, Sire. Ihr habt nicht übertrieben. Vollmundig, aber auch ein wenig fruchtig, würde ich sagen.« Er lächelt. »Jedenfalls sehr viel besser als das, was wir Templer für gewöhnlich vorgesetzt bekommen.«

Baudouin freut sich über das Lob. »Die Fruchtsäure gibt dem Wein die besondere Note. Ich merke, Ihr seid ein Mann, der Gutes zu schätzen weiß.«

Will er mir schmeicheln?, fragt sich Raol. Das hat er doch gar nicht nötig. Irgendetwas führt der Mann im Schilde.

»Aus welcher Gegend im Süden stammt Ihr, Montalban?«, fragt Baudouin weiter. »Aus Toulouse oder aus Carcassonne?«

»Aus der Corbières, Sire.«

»Ja, ja, ich erinnere mich. Daher Euer Verständnis für den Wein. Ich habe mir sagen lassen, es soll dort einige recht gute Tropfen geben.«

»Im Osten der Corbières. Aber da ich meine Heimat sehr jung verlassen habe, kann ich das selbst nicht beurteilen.«

»Wie alt wart Ihr damals?«

»Sechzehn.«

»Das ist in der Tat sehr jung.«

»Ich war schon zu voller Größe aufgeschossen und konnte mit Waffen umgehen.«

»Und wo seid Ihr dann hier bei uns untergekommen?«

»Bei den Grafen von Tripolis. Ich habe erst Bertrand gedient und dann seinem Sohn Pons. Mein Vater war einmal Kastellan von Mons Peregrinus. Er hat mir ein Empfehlungsschreiben mitgegeben.«

Der König hebt erstaunt die Brauen. »Ach, tatsächlich? Dann müsste ich Euren Vater eigentlich kennen.« Plötzlich schlägt er sich mit Hand gegen die Stirn. »Aber natürlich – Jaufré de Montalban. Kann das sein?«

»Ganz recht. Das ist mein Vater.«

»Na, so was! Ich bin ihm einmal, glaube ich, sogar persönlich begegnet. Er war seit der ersten Stunde dabei, soviel ich weiß.«

»Er ist Urbans Aufruf gefolgt, wie so viele. Ich war nicht einmal zwei Jahre alt.«

»Und später ist er heimgekehrt.«

Raol nickt. »Wir hatten ihn schon für tot gehalten, als er plötzlich wieder vor uns stand.«

»Und? Geht es ihm gut?«

»Ich hab ihn seit achtzehn Jahren nicht mehr gesehen.«

»Mm, ja.« Der König nickt bedächtig. »So ist das. Mir geht es nicht anders. Bei mir sind es nun schon vierunddreißig Jahre, seit ich die Heimat verlassen habe. Mein Gott, wir waren so jung und voller Abenteuerdrang! Ich war einundzwanzig, als wir aufgebrochen sind, nicht ahnend, wie hart und entbehrungsreich es werden würde. Und wie viele es dahinraffen würde.« Baudouins Blick verliert sich im Ungefähren. Er schüttelt den Kopf und seufzt.

Langsam fragt sich Raol, was das belanglose Gerede eigentlich soll. »Sire. Wenn Ihr erlaubt, warum habt Ihr mich herbestellt?«

»Was?« Raols Frage scheint den König aus seinen Erinnerungen gerissen zu haben. Stirnrunzelnd sieht er Raol an. Doch dann lächelt er wohlwollend. »Ich sehe, Ihr seid ein Mann der Tat und nicht für langes Herumreden zu haben. Das gefällt mir.«

Er nimmt einen weiteren Schluck aus seinem Kelch und stellt ihn ab. »Ich habe Euch herbestellt, um Euch ein wenig näher kennenzulernen. Vor allem aber, um Euch für die Rettung meiner Tochter zu danken. Auch den Männern von Schaizar haben wir am Ende zu danken, aber vor allem Ihr habt großen Mut bewiesen. Melisende hat mir alles erzählt. Sie ist voll des Lobes.«

»Das freut mich. Aber ich habe nur meine Pflicht getan.«

»Das habt Ihr. In der Tat.« Des Königs Miene wird plötzlich ernst, sein Blick bohrend. »Vielleicht sogar mehr als Eure Pflicht.«

Raol runzelt die Brauen. »Wie darf ich das verstehen, Sire?«

»Nun, meine Tochter scheint Gefallen an Euch gefunden zu haben.«

Raols Kehle ist plötzlich eng geworden. Ihm steigt eine leichte Röte ins Gesicht. Verdammt! Weiß der König etwa Bescheid? Erst Hodierna, jetzt das! Was geht hier vor?

»Hat sie das gesagt, Sire?«

»Oh nein! Ganz im Gegenteil. Sie hat nichts dergleichen gesagt. Aber ihre verstohlenen Blicke am Tag eurer Ankunft waren nicht zu übersehen. Auch wenn sie heute Morgen in der Kirche so tat, als ob sie Euch gar nicht zur Kenntnis nehmen würde. Allein das ist schon verdächtig. Sie hält mich wahrscheinlich für einen alten Trottel, der so was nicht bemerkt. Aber ich bin nicht erst gestern geboren.«

Raol öffnet den Mund, doch der König hebt abwehrend die Hand. »Sagt jetzt besser nichts, mein Lieber, denn ich hasse es, belogen zu werden.«

Unter Baudouins strengem Blick wird es Raol ziemlich ungemütlich.

»Ich sehe das so«, fährt der König fort. »In diesem Harem hat man sie nicht angerührt. Dafür muss man Gott danken. Aber dann ... Zwei junge Menschen auf der Flucht. Allein, ganz auf sich gestellt. Es geht ums Überleben. Einer vertraut dem anderen. Man kommt sich näher. Nachts ist es kalt, man teilt sich eine Decke. Schließlich kommt das eine zum anderen. Kaum zu vermeiden, nicht wahr, mein Lieber? Es würde mich schon sehr wundern, wenn es anders gewesen wäre. Am besten, Ihr streitet es gar nicht erst ab.«

Raol weiß darauf nichts zu sagen. Er spürt, wie ihm das Blut in den Kopf steigt. Mit so einem direkten Angriff hat er nicht gerechnet. Er starrt auf seine Stiefelspitzen. Soll er es verneinen? Wäre sicher besser. Schon allein, um Melisende zu schützen. Doch seine Tochter wird der König schon nicht verdammen. Und lügen mag Raol nicht. Außerdem, was würde es nützen? Der König ist nicht auf den Kopf gefallen.

»Es ist, wie Ihr vermutet, Sire!«, sagt er leise und hebt den Blick. »Ich werde Euch nicht belügen. Ich kann nur sagen, es tut mir leid.«

»Mmh«, brummt Baudouin und nickt. »Hab ich's doch gewusst!« Er nimmt einen Schluck Wein zu sich. »Es mag Euch leidtun, aber das hilft uns nicht weiter. Ich hoffe nur, dass diese Episode keine unerwünschten Folgen haben wird.«

Wieder fixiert der König ihn mit einem strengen Blick. Herrgott, ja!, denkt Raol. An so was hat er in den letzten Tagen gar nicht mehr gedacht. Natürlich könnte sie schwanger sein. Sie sind ja nicht gerade vorsichtig gewesen. Rächt sich das jetzt? Und wieso ist der König so ruhig geblieben? Raol hätte nach seiner Beichte eher mit einem Tobsuchtsanfall gerechnet. Oder kommt der erst noch?

Beide schweigen. Der König starrt nachdenklich in seinen Weinkelch. Raol weiß nicht, wohin er den Blick richten soll. Die Stille kommt ihm fast unnatürlich vor. Peinlich auf jeden Fall. Wird der König Melisende zur Rede stellen? Wird er ihr vorhalten, zu was sie sich hat hinreißen lassen? Wie sich das anhört: sich hat hinreißen lassen! Dabei lieben sie sich. Zählt das etwa nicht? Nein, für einen König zählt das wohl nicht.

»Wie Ihr Euch denken könnt«, nimmt Baudouin das Gespräch wieder auf, »zähle ich weiterhin auf eine Vermählung mit dem Grafen von Anjou. Das wäre das Beste für unser Königreich. Natürlich wird Melisende selbst entscheiden. Ich werde mich diesmal nicht einmischen. Das habe ich ihr versprochen. Aber ich hoffe darauf, dass sie das Richtige tut. Und das hängt auch von Euch ab.«

»Ich bin ganz sicher, sie wird das Richtige tun«, murmelt Raol. Was soll er auch anderes sagen. Für das Königreich wäre es das Richtige.

»Ich hoffe es«, erwidert Baudouin. »Ich glaube, ich muss es nicht extra betonen: Nichts, aber auch gar nichts von dem, was zwischen euch vorgefallen ist, darf an die Öffentlichkeit geraten. Vor allem darf der Graf d'Anjou nichts davon erfahren.«

»Natürlich nicht.«

»Sollte trotzdem etwas durchsickern und meine Tochter in Verruf bringen, dann sehe ich mich gezwungen, Euch als gemeinen Verführer einer braven Jungfrau von der Haute Court verurteilen zu lassen.«

»Von mir erfährt niemand etwas«, erwidert Raol erschrocken.

»Gut!«, sagt der König mit Nachdruck. »Das ist das eine. Was wir aber auch nicht brauchen können, ist, dass Melisendes Geist durch die Gegenwart eines jungen Mannes verwirrt wird, in den sie glaubt, verliebt zu sein. Mache ich mich verständlich?«

»Ich denke schon, Sire.«

»Sosehr ich Euch zu ewigem Dank verpflichtet bin, muss ich doch leider sagen, dass Ihr meinem Zweck im Wege steht, junger Mann, den Interessen des Königreichs. Die Gefühle meiner Tochter, wenn ich sie richtig einschätze, und Eure weitere Gegenwart in Jerusalem könnten alles zunichtemachen.«

Raol beginnt zu ahnen, auf was der König hinauswill. »Ich habe den Orden verlassen.«

»Das habe ich gehört. Das macht es aber nicht besser. So tapfer und verdient Ihr seid und so gut wir Euch hier als Krieger und Anführer brauchen könnten, so denke ich doch, es wird Zeit, dass Ihr Euch um Eure Familie in der Corbières kümmert.«

»Ihr wollt mich loswerden.«

Der König nickt. »Ihr habt's erfasst.«

»Ich soll Jerusalem verlassen.«

»Nicht nur Jerusalem. Entfernt Euch gefälligst so weit wie möglich. Bis ans Ende der Welt wäre am besten.«

Raol starrt dem König ins Gesicht. Baudouin will ihn vom Hof jagen wie einen unliebsamen Gast. Raol ist verärgert. Es regt sich Widerstand in ihm. *Ist das der Dank dafür, dass ich seine Tochter vor den Seldschuken gerettet habe?*

»Und wenn ich es nicht tue?«

Des Königs Brauen ziehen sich drohend zusammen. Die beiden Männer messen sich mit zornigen Blicken. »Das würde ich dir nicht raten, Raol.« Plötzlich ist er zum Du und zum Taufnamen übergegangen. »Nein, das wäre nicht ratsam. Wir leben in einem gefährlichen Land, wie du weißt.«

»Soll das eine Drohung sein?«

»Nein. Aber ein väterlicher Rat.«

Zwischen ihnen herrscht jetzt eine Spannung wie in einem Gewitter, das kurz davor ist, sich zu entladen. Baudouin versucht, allein durch seinen durchdringenden Blick, Raol niederzuringen, ihn zum Nachgeben zu zwingen. Raol aber hält dagegen. Sein ganzer Körper steht unter Spannung. Aber dann ist der Moment auf einmal vorbei, denn plötzlich entspannt sich Baudouins Gesicht.

»Regen wir uns nicht auf, mein Sohn. Denn es soll dein Schaden nicht sein.« Baudouin greift neben sich und öffnet eine kleine Truhe, die Raol bisher gar nicht bemerkt hat, und holt einen umfangreichen, prall gefüllten Lederbeutel hervor. Offensichtlich ziemlich schwer. Als er ihn auf das Tischchen legt, klingt es dumpf und doch leicht metallisch, wie sich aneinanderreibende Münzen eben anhören.

»Das ist für dich, Raol. Du wirst als reicher Mann heimkehren. Das hast du dir redlich verdient. Sieh meine Gabe als Dank für die Rettung meiner Tochter an.«

Raol starrt auf den schweren, mit Gold gefüllten Beutel. Plötzlich überkommt ihn die Wut. »Mit ein bisschen Gold wollt Ihr mich kaufen, Sire?«

Baudouin ist zuerst erstaunt. Dann runzelt er ärgerlich die Brauen. »Ein bisschen Gold? In dem Beutel steckt ein verdammtes Vermögen! Aber wenn du mehr willst, dann sag es nur. Ich will nicht knausrig sein.«

Raol hat genug. Jetzt reißt es ihn vom Stuhl. »Ich will Euer Gold nicht! Ihr könnt es Euch sonst wo hinschieben.«

»Ach!«, schnauzt Baudouin zurück. »Erst verführst du meine Tochter, und dann bist du auch noch frech obendrein?«

»Ich habe sie nicht verführt. Es ist einfach so gekommen. Aber seid unbesorgt, ich hatte ohnehin vor, diesem Land den Rücken zu kehren. Und zwar für immer. Aber dazu muss ich mich nicht bestechen lassen. Das habe ich nicht nötig. Und das könnt Ihr auch Eurer Tochter ausrichten, falls sie dahintersteckt.«

Mit diesen Worten stürmt er aus dem Saal und lässt die Tür ins Schloss krachen.

Sprachlos bleibt Baudouin zurück. So hat schon lange niemand mehr mit ihm geredet.

»Zu stolz, mein Gold zu nehmen«, murmelt er schließlich und schüttelt den Kopf. »In den Arsch schieben soll ich es mir.«

Doch dann muss er grinsen. »Nun, das tu ich doch gerne. Das Ganze hat mich schließlich schon viel zu viel gekostet.« Er nimmt den schweren Beutel vom Tisch und steckt ihn mit einem zufriedenen Brummen wieder in die Truhe. »Na, dann wünsche ich gute Reise, *mon cher* Chevalier!« Plötzlich lacht er so laut und heftig, dass sein Bart zittert und sein Bauch wackelt.

Es klopft lauter als üblich an Melisendes Kammertür. Erschrocken fährt sie herum. »Wer ist das?«, ruft sie.

Durch die Tür dringt eine Männerstimme. »Verzeiht, Herrin, aber der König wartet auf Euch. Schon seit geraumer Zeit.«

»Nur Geduld!«, erwidert Hodierna scharf. »Sie kommt ja schon!«

»Sehr wohl«, hört man den Mann sagen.

»Warte!«, ruft Melisende. »Ist Graf Foulques beim König? So wie ich es verlangt habe?«

»Jawohl, Herrin.«

»Gut. Dann geh, und sag, ich bin gleich da!«

Sie hören, wie seine Schritte sich entfernen.

»Jetzt sitz still«, befiehlt Hodierna, die ihrer Schwester zusammen mit Maria beim Ankleiden geholfen hat. »Ich bin noch nicht fertig.«

Während von verheirateten Frauen erwartet wird, dass sie eine Kopfbedeckung tragen, zumindest ein Gebende, gilt dies nicht für Unverheiratete. Im Gegenteil. Eine schöne Haartracht gehört zur Erscheinung einer Unvermählten dazu. Hodierna hat Melisendes seidiges Haar sorgfältig ausgekämmt. Es fällt ihr über den Rücken bis unterhalb der Schulterblätter.

Hodierna nimmt ein kostbares Diadem vom Schminktisch, das einst ihrer Mutter gehört hat. Es ist ein fein ziselierter doppelter Goldreif mit einem großen Rubin auf der Stirnseite, fast so etwas wie eine Krone. Dieses setzt sie nun vorsichtig auf Melisendes Haupt. Sie begutachtet ihr Werk noch einmal von allen Seiten und klatscht in die Hände. »Fertig, Schwester!«

Melisende erhebt sich. Sie trägt eine lange, eng anliegende Robe aus bester byzantinischer Seide, hochgeschlossen, mit weiten Ärmeln, und doch körperbetont. Mit Ausnahme des Diadems trägt sie keinen Schmuck. Sie ist geschminkt, aber nur leicht, um die natürliche Frische ihrer Haut hervorzuheben. Sie möchte Eindruck machen. Deshalb auch das Diadem ihrer Mutter. Und doch will sie auch schlicht erscheinen. Vor allem aber würdevoll.

»Wie sehe ich aus?«

»Majestätisch, Domina!« Marias Augen leuchten, als sie das sagt. »Wie eine Königin.«

Hodierna nickt lächelnd. »Wirklich, Meli. Du siehst wunderbar aus. Aber achte auf deine Haltung. Rücken gerade, und leg den Kopf nicht in den Nacken. Und achte auf deine Hände. Keine unruhigen Gesten.«

»*Mon Dieu*, wie soll ich mich an all das erinnern?«

»Weißt du, was du sagen sollst?«

»Natürlich. Ich hab's mir genau überlegt.«

»Du wirst Vater überraschen, das ist dir hoffentlich klar.«

»Ich weiß«, murmelt Melisende.

»Er wird nicht glücklich sein. Der Graf noch viel weniger. Sie werden mit dir streiten.«

»Sollen sie doch.«

»Du bist also entschlossen? Wirst du es auch durchstehen?«

Melisende atmet tief durch. »Das werde ich.«

»Gegen alle Widerstände?«

»Gegen alle Widerstände.«

»Gut, Meli. Dann geh, und zeig's ihnen.« Hodierna küsst ihre Schwester ganz leicht auf beide Wangen. »Viel Glück! Ich warte hier auf dich.«

Maria hält ihr die Tür auf, und Melisende verlässt das Gemach. Auf dem Treppenabsatz holt sie noch einmal tief Luft. Dann steigt sie vorsichtig die Treppe hinunter, um nicht auf den Saum ihres langen Gewands zu treten und zu stolpern. Unten angekommen wandert sie durch die Hallen bis zum Audienzsaal. Zwei Leibwachen verbeugen sich ehrerbietig und öffnen ihr die Saaltüren. Mit klopfendem Herzen tritt sie ein. Ihre Miene ist ernst. Sie versucht, sich an Hodiernas Empfehlungen zu erinnern, und schreitet erhobenen Hauptes auf die Männer zu, die dort auf sie warten.

Alle drei – Baudouin, Foulques und Guillaume de Bures – reißen angesichts ihrer blendenden Erscheinung die Augen auf und erheben sich spontan von ihren Stühlen. Foulques und Guillaume deuten eine Verbeugung an. Selbst der König scheint von ihrem Auftritt beeindruckt zu sein.

Die Mühe hat sich also gelohnt, denkt Melisende. Nur eines missfällt ihr: Dass Guillaume an dem Treffen teilnimmt, ist gegen die Abmachung. Besser, sie zeigt den Männern von Anfang an, dass sie entschlossen ist, sich durchzusetzen.

Sie wendet sich mit einem freundlichen Lächeln an Guillaume. »Sosehr ich Euch schätze, Monseigneur, aber diese Unterredung betrifft nur meinen Vater, Graf Foulques und mich. So war es vereinbart. Und darauf muss ich leider bestehen.«

»Aber Kind«, sagt der Vater. »Guillaume genießt unser ganzes Vertrauen.«

»Natürlich. Auch meines. Trotzdem wünsche ich, dass wir die Abmachung einhalten.« Ihr Ton ist bestimmt, auch wenn sie dazu lächelt.

»Tja«, sagt der König. »Tut mir leid, alter Freund. Ich hatte vergessen ...«

»Schon gut«, brummt Guillaume leicht verstimmt. »Ich lasse euch dann allein.«

Melisende setzt sich erst, nachdem sich die Tür hinter Guillaume geschlossen hat. Sie lehnt sich nicht zurück, legt die Hände in den Schoß und bemüht sich um eine aufrechte Haltung. Dann sieht sie ihren Vater an. »Möchtest du zu Beginn ein paar Worte sagen, Vater?«

Baudouin räuspert sich. »Nun ja, die Sache ist so, mein lieber Foulques. Du weißt, es ist mir wichtig, dich als Schwiegersohn in unserer Familie willkommen zu heißen. Die Edlen des Landes wünschen dies ebenso. Als König habe ich mit dir darüber verhandelt, und wir waren uns einig. Leider habe ich außer Acht gelassen, das Einverständnis meiner Tochter einzuholen.«

»Für gewöhnlich werden Frauen nicht gefragt«, erwidert Foulques kühl. »Es ist eine Angelegenheit des Königreichs und hat mit persönlichen Vorlieben wenig zu tun.«

Melisende wirft ihm einen scharfen Blick zu. »Da irrt Ihr, Monseigneur. In dieser Familie liegen die Dinge anders.«

»Bleiben wir ruhig«, versucht der König zu beschwichtigen. »Der Fehler liegt allein bei mir. Ich hätte Melisende um ihr Einverständnis bitten sollen. Nur weil ich das versäumt habe, ist uns das ganze Ungemach der letzten Monate geschehen.«

Überrascht sieht Melisende ihren Vater an. Er nimmt die ganze Schuld auf sich? Das hat sie nicht erwartet. Dann wird ihr klar, dass er versucht, Foulques' Zorn von ihr abzulenken, um Streit zu vermeiden.

»Du meinst wohl eher, sie ist dir weggelaufen«, sagt Foulques gehässig.

»Nenn es, wie du willst. Meine Tochter hat ihren eigenen Kopf. Und das ist gut so. Du solltest froh sein, zukünftig eine starke Frau an deiner Seite zu haben.«

»Solange sie nicht übermütig wird.«

»Und wie soll ein Weib an Eurer Seite sein?«, fragt Melisende.

»Sanft und fügsam, wie es sich gehört.«

»Ich bin Euch also nicht fügsam genug.«

»Nun, Ihr seid in letzter Zeit wohl eher durch Ungehorsam aufgefallen. Oder irre ich mich da?«

Langsam reicht es Melisende. »Wenn Ihr weiter in diesem Ton mit mir redet, Monseigneur, ist unser Gespräch sehr schnell beendet.«

Er funkelt sie ärgerlich an. Doch dann nickt er. »Tut mir leid, Altesse. Ich versuche, mich zu benehmen.«

»Und dich, Vater«, fährt sie fort, »möchte ich daran erinnern, dass wir noch lange nicht verheiratet sind.«

Der König grinst verlegen. »Richtig. Verzeih, mein Kind. Mir gehen wieder mal die Pferde durch.« Er wendet sich an den Grafen: »Mein lieber Foulques, du musst wissen, ich habe versprochen, mich zurückzunehmen und diese gewichtige Entscheidung allein Melisende zu überlassen. Das ist der Zweck des heutigen Gesprächs.«

Foulques' Brauen ziehen sich zusammen. Er wirft dem König einen gereizten Blick zu. »Und was heißt das?«

»Es heißt«, sagt Melisende rasch, bevor der König antworten kann, »dass mein Vater und ich uns nicht abgesprochen haben. Er weiß nicht, wie meine Entscheidung ausfallen wird. Ob ich mich für oder gegen Euch entscheide.«

»Aha«, sagt Foulques. »Das ist aber eine neue Entwicklung, das muss ich sagen. Nun denn, ich höre.«

»Ich nehme an, Ihr werdet erfreut sein, dass ich mich entschlossen habe, Euch zu ehelichen. Allerdings nur unter gewissen Bedingungen. Und die sind nicht verhandelbar.«

»Was für Bedingungen?«

»Wir alle wünschen uns, dass mein lieber Vater noch viele Jahre unter uns weilt und das Königreich weiterhin so weise verwaltet wie bisher.«

Foulques nickt gnädig. »Natürlich.«

»Es geht hier also allein um die Regelung der Thronfolge. Um Krone und Titel.«

»Die laut Vertrag mir zustehen«, erwidert Foulques.

»Eben das muss geändert werden«, sagt Melisende mit Bestimmtheit. »Schließlich bin ich die Thronerbin und nicht Ihr.«

Der König sieht sie überrascht an. »Was redest du da, Kind? Ich meine, ich freue mich, dass du den Grafen heiraten willst, aber was zum Teufel willst du denn ändern?«

Foulques beugt sich vor. Sein Gesicht hat sich gerötet.

Gleich springt er mir ins Gesicht, denkt Melisende.

»Vertrag ist Vertrag!«, ereifert sich Foulques. »Dass mir Thron und Titel zukommen, steht nicht nur im Ehevertrag, es ist auch seit Ewigkeiten so üblich. Das dürfte Euch doch wohl nicht unbekannt sein. Wer die Erbin eines Fürstentums ehelicht, auf den fallen Erbe und Titel! Mit allem, was dazu gehört – ausgenommen natürlich die Mitgift. Die gehört der Ehefrau, wird aber ebenfalls vom Ehemann verwaltet. Nur damit das klar ist.«

Nun sind wir schon mitten im Streit, denkt Melisende. Ihr Herz klopft heftiger, als ihr lieb ist, aber sie versucht, sich nicht aufzuregen und die Ruhe zu bewahren. Wer sich aufregt, hat verloren.

»Es ist mir, ehrlich gesagt, gleich, was üblich ist«, sagt sie betont ruhig. »Ich bin die Thronerbin, und ich bestehe darauf, dass meine Stellung und mein Recht respektiert werden. Wäre ich ein Sohn, würde die Krone mir zufallen. Mir allein, Monseigneur!«

Der König folgt erstaunt dem Schlagabtausch, mischt sich aber nicht ein, wofür Melisende ihm dankbar ist. Vielleicht ist er einfach neugierig, wohin das Ganze führt.

»Aber Ihr seid nun mal kein Mann«, knurrt Foulques. »Das ändert alles.«

»Tut es nicht! Es gibt genug Frauen, die Burgen, Adelssitze und ganze Fürstentümer regieren. Es mangelt ihnen also nicht an Fähigkeiten. Warum sollte es hier anders sein?«

Foulques hebt genervt den Blick zur Decke, als suche er Beistand beim Allmächtigen. »Was sind das für absonderliche Ideen? Hat Euch etwa dieser Templer angestiftet? Wie heißt er noch?«

»Er heißt Raol de Montalban«, erwidert Melisende ärgerlich. »Und er hat nichts mit diesem Gespräch zu tun.«

»Ihr wart lange Zeit allein mit ihm.«

»Zwangsläufig. Schließlich wurden wir überfallen und mussten uns durch die Wildnis schlagen.«

»Lassen wir den Templer aus dem Spiel«, sagt Baudouin rasch. »Er ist ein ehrenwerter Mann. Und soviel ich weiß, hat er Melisende zu dieser Ehe sogar ermutigt.«

»Ist das so?« Foulques hebt die Brauen und starrt Melisende misstrauisch an. »Na schön, wenn du's sagst, Baudouin.«

»Wir sprachen über Frauen als Herrscherinnen«, erinnert Melisende ihn.

»Richtig. Was Frauen als Regentinnen betrifft – ich sage Regentinnen und nicht Herrscherinnen –, so etwas geschieht nur aus Not, weil sie Witwen geworden sind und der Sohn noch zu jung ist. Es ist nicht mehr als eine Notlösung.«

»Hier ist es aber keine Notlösung.«

»Was soll das heißen?«

»Ich heirate Euch nur, Monseigneur Foulques, wenn ich nach Ableben meines Vaters an Eurer Seite gekrönt und in Folge als gleichberechtigte Königin herrschen werde.«

Foulques ist zu erstaunt, um gleich zu antworten. Nicht so der König. »Was meinst du mit ›gleichberechtigt‹, mein Kind?«

»Es heißt, wir herrschen gemeinsam. Foulques kann nichts ohne mich entscheiden und ich nichts ohne ihn. Und wenn er nicht erreichbar ist, etwa weil er sich auf einem Kriegszug befindet, und die Angelegenheit Eile verlangt, dann genügt mein Wort.«

»Das willst du durchsetzen?«, fragt der König.

»Ich will es schriftlich, Vater. Auf Pergament, vom Patriarchen beglaubigt und von der Haute Court formell bestätigt.«

»Heiliger Himmel!«, stöhnt Baudouin. »Das ist aber sehr ungewöhnlich.«

»Ungewöhnlich?«, zischt Foulques aufgebracht. An seiner Schläfe pocht eine Ader. »Du scherzt wohl, Baudouin. Das ist noch nie vorgekommen. Dazu werde ich mich niemals bereiterklären!«

»Dann wird es nichts mit dieser Heirat«, sagt Melisende, äußerlich beherrscht, obwohl es in ihr brodelt. Jetzt nur nicht die Oberhand verlieren.

»Mein Gott, Baudouin!«, brüllt Foulques erregt. »Was zum Teufel wird hier eigentlich gespielt? Bring deine Tochter endlich zur Vernunft! Ich werde mich doch nicht von einem Weib herumkommandieren lassen!«

»Ganz ruhig, mein Freund«, sagt der König. »Melisende redet nicht von Herumkommandieren, wenn du genau hingehört hast. Sie redet von gleichberechtigtem und gemeinsamem Herrschen. Ich weiß, es ist ungewöhnlich. Aber doch irgendwie machbar, wenn ihr euch versteht.«

Melisende schöpft Hoffnung. Ihr Vater scheint ihr die Sache nicht ausreden zu wollen. Selbst wenn, sie ist entschlossen, nicht nachzugeben. Sie braucht diesen Foulques nicht. Vater braucht ihn. Soll er ihn doch überreden.

»Nein, kommt nicht infrage!«, schnaubt Foulques. »Dann ziehe ich meine Bewerbung zurück.«

Melisende erhebt sich würdevoll. »Nun, jeder muss wissen, was er tut. Jedenfalls danke ich Euch für dieses Gespräch, Monseigneur Foulques. Ihr kennt nun meine Bedingungen. Mehr ist nicht zu sagen.« Sie nickt ihrem Vater zu und schreitet in Richtung Ausgang.

Beim Öffnen der Tür hört sie den König sagen: »Reg dich ab, Foulques, und lass uns wie vernünftige Leute darüber reden.«

✠

Raol sammelt seine Habseligkeiten zusammen. Es ist nicht viel. Ein zweites Paar Socken, etwas Unterwäsche, zwei Baumwolltuniken, ein warmer Umhang, ein Wollschal und eine Kufija, die er auf dem Markt erstanden hat. Seine alte Decke schenkt er dem Bettnachbarn. Dafür behält er die wärmere Kamelhaardecke, die sie in den Bergen dem toten Seldschuken abgenommen haben.

Wie andere Krieger machen auch Templer Beute, doch die wird zum Unterhalt ihrer Gemeinschaft verkauft – mit Ausnahme einiger Erinnerungsstücke, die man behalten darf. Bei Raol sind es ein arabischer Dolch in einer schönen, mit Halbedelsteinen verzierten Scheide und ein Paar silberne Sporen türkischer Herkunft. Davon abgesehen ist ihm der Rosenkranz seiner Mutter besonders heilig, den sie ihm vor achtzehn Jahren mitgegeben hat, und neuerdings auch der Hornkamm, den er Melisende vorübergehend geliehen hat. Der soll ihn für immer an sie erinnern.

Münzgeld oder Hacksilber besitzt er kaum, nur einen kleinen Beutel mit mehr Kupfer- als Silbermünzen. Lange wird das nicht reichen, aber deshalb macht er sich keine Sorgen. Er ist gewohnt, mit wenig auszukommen. Natürlich hat er noch seine Ausrüstung: Dolch, Helm, Kettenhaube und Ringpanzer. Das zerbrochene Schwert wird er ebenfalls mitnehmen, um es später feierlich im Meer zu versenken.

Den Schild hat einer der Sergeants für ihn schwarz übermalt. Es könnte sein, dass das Kreuz mit der Zeit wieder durchkommt, hat der Mann ihn gewarnt. Sei's drum, war Raols Antwort. Auch einen Surcot ähnlicher Farbe hat er auf dem Markt gefunden. »Warum ausgerechnet schwarz?«, hat der Händler ihn gefragt. Weil mir danach zumute ist, hätte er sagen sollen, aber er hat nur mit den Schultern gezuckt.

Gambeson und Ringpanzer hat er bereits angelegt. Sein Helm hängt am Gürtel. Die Kettenhaube verstaut er obenauf in einer der Satteltaschen, bevor er sie verschließt. Nachdem auch Decke und Umhang zusammengerollt sind, versammeln sich die Brüder um seine Lagerstatt, um ihn zu verabschieden. Die Stimmung ist gedämpft, sie sehen ihn ungern gehen.

»Hier, ein wenig Silber für dich«, sagt ein altgedienter Templer. »Damit du mir unterwegs nicht verhungerst.«

Auch andere spenden ein paar Münzen, die sie erübrigen können, denn sie wissen, dass er eine lange Reise vor sich hat.

Schließlich umarmen sie ihn reihum. »Grüß mir die Heimat«, sagt ein Provenzale.

»Und die hübschen Weiber!«, ruft ein anderer. »Du darfst ja jetzt wieder.« Das zaubert ein Grinsen auf die Gesichter.

»Halt dein loses Maul, Gilbert!«, knurrt Robert de Craon, aber auch er meint es nicht ernst. Zu Raol sagt er: »Du hast kein Schwert mehr. Ich würde dir gern eins geben, aber Schwerter sind teuer. Nimm dir einen Speer, wenn du möchtest.«

»Nicht nötig, Robert. Du hast mir den Gaul geschenkt. Das ist genug. Irgendwo werde ich schon eine Waffe auftreiben, keine Sorge.«

Robert legt ihm beide Hände auf die Schultern. »So ein Abschied tut weh. Aber du hast dich entschieden, und wir müssen das respektieren. Leb wohl, Bruder. Möge Gott dich beschützen!«

Robert ist nicht der Einzige, dem die Augen feucht werden, als Raol nach seinen Satteltaschen greift und sich die Deckenrolle über die Schulter wirft. Sie begleiten ihn bis in die Stallungen. Einer der Sergeants bringt Raols Schild, Bogen und Köcher und einen Beutel mit Proviant, den sie in der Küche für ihn gefüllt haben.

Ghalib ist schon gesattelt und nach Tagen der Untätigkeit begierig, endlich aus dem Stall zu kommen. Raol verzurrt Satteltaschen und Deckenrolle auf dem Pferd, hängt sich den Köcher um und den Bogen in seinem Futteral über den Sattelknauf. Schließlich schlingt er sich den Schild über den Rücken. Er führt den Hengst aus den Stallungen und sitzt auf. Ein letztes Mal blickt er zurück, winkt seinen Kameraden noch einmal zu, dann reitet er davon, dem Jaffator entgegen.

Er ist nicht unglücklich darüber, dass seine Zeit bei den Templern zu Ende ist. Aber es stimmt ihn auch traurig. Am meisten wird er die Kameradschaft vermissen. Er muss an die Männer denken, die bei Qilitschs Überfall ihr Leben ließen. Ob eine fromme Seele sie begraben hat? Oder hat man sie einfach vom Wegrand weg in den Wald gezerrt und den Tieren überlassen? Vielleicht sollte er nachschauen und nach Bernatz suchen und, was auch immer von ihm übrig ist, würdig bestatten. Bernatz war in den letzten Jahren immer an seiner Seite. Der Verlust nagt an ihm. Aber das ist nichts gegen den Schmerz, der ihn jedes Mal überfällt, wenn er an Melisende denkt. Und das geschieht oft. Eigentlich ständig.

Nun muss er Jerusalem verlassen, ohne Abschied zu nehmen. Denn im Palast darf er sich wohl kaum sehen lassen. Nicht nach seinem letzten Gespräch mit dem König. Er weiß, dass er sich ungehörig benommen hat. Aber der König nicht weniger. Hat sogar gedroht, ihn ermorden zu lassen, sollte er nicht bis ans Ende der Welt verschwinden. Wie ein Hund vom Hof gejagt, so fühlt er sich. Aber natürlich ist es besser, dass er ohne Aufhebens geht. Melisende hat ihr Leben zu leben. Eines Tages wird sie Königin sein, und dem darf er nicht im Wege stehen.

Während er durch die geschäftigen Gassen Jerusalems reitet, ist ihm bei jedem Schritt schmerzlich bewusst, dass es das letzte Mal ist. Er kommt an Kirchen und Plätzen vorbei, an den Marktständen der Händler, an den Brunnen, wo Kinder spielen und Weiber ihr Wasser holen. Fast entvölkert war Jerusalem nach der Eroberung durch die Christenritter. Grausam hatten sie gewütet. Und doch hat sich die Stadt schnell erholt. Viele, die geflohen waren, sind zurückgekehrt. Fremde sind gekommen, von überall her. Denn Jerusalem ist einzigartig in der Welt, eine Stadt dreier Religionen und vieler Sprachen, von Christen beherrscht, und doch eine Stadt des Orients, in der Muslime, Juden und Christen friedlich zusammenleben. Zumindest in den letzten zwanzig Jahren. Man kann nur hoffen, dass es so bleibt.

Raol lauscht noch einmal den vielen Stimmen, dem Feilschen der Händler, dem Gezeter streitender Weiber, dem Kreischen der Kinder, die durch die Gassen rennen. Und er atmet die Gerüche ein, die ihm so vertraut sind, aus Kantinen und Garküchen, von den Ständen der Weihrauchverkäufer und den stinkenden Bottichen der Fäkaliensammler.

Dann hat er das Jaffator erreicht. Er hält sein Pferd an und schaut ein letztes Mal zurück.

✠

Kaum hat Raol das Jaffator passiert, stellt sich ihm ein Reiter in den Weg. »So schleicht Ihr Euch davon, Montalban?«

»Was geht Euch das an?«, erwidert Raol mürrisch.

»Ich habe auf Euch gewartet, Chevalier.«

»Und wieso?«

»Na, wieso wohl? Erkennt Ihr mich denn nicht?«

Raol mustert den Mann genauer. Er trägt keine Rüstung, ist ausgesprochen gut gekleidet. Auch sein Reittier ist von edlem Geblüt. Offensichtlich ein Edelmann. Und plötzlich wird Raol bewusst, wen er vor sich hat. »Verzeiht, Monseigneur le Comte. Ich war in Gedanken.«

»Macht nichts. Jedenfalls bin ich froh, Euch noch rechtzeitig abgefangen zu haben.«

»Wozu? Ich verlasse Outremer. Wollt Ihr mich daran hindern?«

»Keineswegs«, erwidert Hugues de Jaffa. »Aber glaubt Ihr wirklich, sie erlaubt Euch, einfach so zu verschwinden?« Hugues deutet auf einen schmalen Pfad entlang der Stadtmauer, der sich schon nach wenigen Schritten im dichten Gestrüpp verliert. »Da geht's lang, mein Lieber.«

Er grinst und nickt Raol aufmunternd zu. Dann wendet er sein Pferd und reitet zurück in die Stadt.

Verwirrt schaut Raol dem Grafen nach. Er hat ›sie‹ gesagt. Meint er Melisende? Raols Herz schlägt plötzlich heftiger. *Der Mann kennt unser Geheimnis.* Dann erinnert er sich, dass es

Hugues war, der ihr damals bei der Flucht geholfen hat. Offensichtlich vertraut sie ihm.

Der Pfad wird gelegentlich von den Stadtwachen benutzt, wenn sie einen Rundgang um die Mauern machen. Nicht sehr oft anscheinend, denn er ist von Gras überwuchert. Sollte sie wirklich da irgendwo im Gebüsch auf ihn warten? Einen Augenblick lang ist er unschlüssig, ob es vernünftig ist, sie noch einmal zu treffen. Doch dann holt er tief Luft und lenkt den Hengst auf den Pfad.

Schon nach wenigen Schritten ist er von hohen Sträuchern und jungen Bäumen umgeben. Immer öfter muss er sich im Sattel bücken und mit dem Arm Zweige wegschieben. Bald hängen sie so tief, dass er gezwungen ist, abzusteigen und den Hengst am Zügel zu führen. Wahrscheinlich wird man diesen Wildwuchs bald mal wieder entfernen müssen.

Der Pfad führt dicht an der hohen Stadtmauer vorbei. Manchmal ist sie zum Greifen nahe, und wenn er hochblickt, sind über ihm die Zinnen zu sehen. Dann wieder ist sie durch dichten Blätterwuchs verdeckt. Vögel schwirren im Gebüsch und machen sich lautstark bemerkbar. Doch Raol achtet nicht darauf.

Immer noch ist nichts von Melisende zu sehen. Auch nach zwei- oder dreihundert Schritt nicht. Hat Graf Hugues ihn an der Nase herumgeführt? Fast ist er versucht aufzugeben, als er etwas zwischen den Blättern zu sehen glaubt. Er geht langsam weiter … und dann sieht er sie und bleibt stehen.

Melisende sitzt in Gedanken versunken und mit den Ellbogen auf den Knien gestützt auf einem klappbaren Feldstuhl und starrt vor sich hin. Seltsamerweise trägt sie ihre alte Kleidung, Tunika, Reithosen und Stiefel und um den Kopf die Kufija, die er ihr gegen die Sonne gegeben hat. Als wären sie immer noch zusammen auf der Flucht. Was will sie damit andeuten? Sie will doch wohl nicht mit ihm weglaufen!

Hinter ihr auf dem Pfad hebt ihr Hengst den Kopf und gibt einen Warnlaut von sich. Melisende blickt herüber und sieht ihn. Im selben Augenblick erhellt sich ihr Gesicht, sie springt auf, rennt und fliegt ihm in die Arme. »Endlich!«, murmelt sie und küsst ihn stürmisch auf den Mund. Es wird ein langer, leidenschaftlicher Kuss.

»Du bist gekommen«, murmelt sie schließlich außer Atem.

»Hast du lange warten müssen?«

»Nicht lange. Aber es kam mir wie eine Ewigkeit vor. Ich hatte Angst, Hugues hätte dich verpasst.«

»Woher wusstest du …?«

»Dawud hat dir nachgestellt und mir berichtet.«

Sie legt den Kopf an seine Brust und presst sich an ihn. Raol hält sie fest umschlungen. Der verdammte Kettenpanzer stört. Am liebsten würde er sich alles vom Leib reißen und sie gleich hier unter den Büschen lieben. Die Gefühle, die in seiner Brust toben, drohen ihn zu überwältigen. Lange verbleiben sie so, eng aneinandergepresst.

Schließlich blickt sie zu ihm auf. »Ach, Raol«, flüstert sie. Ihre Augen sind feucht. »Musst du mich denn wirklich verlassen? Du brichst mir das Herz! Gibt es keinen anderen Weg?«

Seine Stimme ist belegt, sodass er sich räuspern muss, bevor er antworten kann. »Nicht, wenn du Foulques heiratest.«

Sie nickt bekümmert. »Könntest du nicht trotzdem im Land bleiben? Ab und zu würden wir uns sehen.«

Widerstrebend schüttelt er den Kopf. »Das wäre nicht gut. Weder für dich noch für mich. Man könnte uns entdecken. Das würde Schande über dich bringen. Nein, es ist Zeit, dass ich nachhole, was ich schon vor Jahren hätte tun sollen. Ich werde heimkehren, mich mit meiner Familie versöhnen und mich um unseren Besitz kümmern.«

»Aber dann trennt uns ein ganzes Meer.«

»Es ist besser so. Dich nur aus der Ferne zu sehen, und

dann auch noch an der Seite dieses Mannes, das könnte ich nur schwer ertragen.«

»Ich verstehe«, flüstert sie und wischt sich über die Augen. »Auch wenn es weh tut.«

»Dein Vater weiß über uns Bescheid.«

Sie nickt. »Er hat es mir gesagt.«

»Weißt du auch, womit er mir gedroht hat?«

»Das war im Zorn, Raol. Das hat er nicht so gemeint. Und dass er dir Gold geboten hat, weiß ich auch.«

Raol sieht sie an. »Zumindest ist er ehrlich zu dir. Aber ich lasse mich nicht kaufen.«

»Das ehrt dich, Raol. Etwas anderes hätte mich auch verletzt. Und trotzdem war es dumm, sein Gold auszuschlagen. Mein Vater hat genug davon, auch wenn er etwas anderes sagt. Ich kann ihn überreden, es dir bringen zu lassen. Du müsstest nicht mit leeren Händen gehen.«

»Ich brauche sein Gold nicht.«

»Warum müsst ihr Männer immer so stolz sein?«

»Was haben wir denn ohne unsere Ehre und unseren Stolz?«

»Und unserem Glauben. Vergiss das nicht.«

Er nickt. »Und unserem Glauben.«

Sie holt tief Luft und seufzt. »Zumindest freue ich mich, dass du dich mit den Deinen versöhnst. Sie werden überglücklich sein, dich wiederzuhaben.« Bei den Worten werden erneut ihre Augen feucht. »Ach, jetzt heul ich schon wieder!«

Raol streicht ihr sanft über die Wange. »Du warst es doch, die mir die Augen geöffnet hat.«

»Zu meinem Leidwesen. Wie dumm von mir!«

»Im Gegenteil. Ich habe dir viel zu verdanken. Durch dich habe ich wieder gelernt zu lieben. Und über mein Leben nachzudenken, zu erkennen, was wichtig ist.«

»Und was ist das, Raol?«

»Es sind die Menschen, Melisende. Ich hatte das vergessen,

511

vielleicht nie gelernt. Aus Eigensinn habe ich die Meinen verlassen. Für Gott zu kämpfen schien mir die Rechtfertigung dafür zu sein. Dabei habe ich nur mir selbst geschadet. Meine Selbstsucht hat mich einsam gemacht. Ich habe nicht einmal gemerkt, was mir fehlt. Ich war wie versteinert. Erst durch dich habe ich wieder gespürt, wie wichtig Liebe und Wärme sind. Du hast mir so viel davon geschenkt. Und ich will etwas davon weitergeben. Es sind die Menschen um uns herum, die zählen. Menschen, die wir lieben, die uns brauchen, für die wir verantwortlich sind.«

»Und deshalb kehrst du heim.«

»Deshalb kehre ich heim. Aber auch, um dir nicht im Weg zu stehen. Du hast eine wichtige Aufgabe. Und die heißt Jerusalem.«

Melisende sieht ihn lange nachdenklich an. »Ich habe mich mit Vater und Foulques geeinigt«, sagt sie schließlich und erzählt von ihrem Abkommen über die Thronfolge. »Der Patriarch ist schon dabei, die Dokumente aufzusetzen.«

»Das ist gut«, sagt Raol. »Besser als erwartet. Du hast dich durchgesetzt. Darauf kannst du stolz sein.«

»Du warst es, der mir Mut gemacht und den Rücken gestärkt hat.«

»Ach was! Das hat schon immer in dir gesteckt. Eines Tages wirst du die Landesmutter sein. Als Königin hast du die Gelegenheit, Gutes zu tun und für Gerechtigkeit zu sorgen.«

Melisende lächelt. »Du hast gesagt, ich sei deine Königin. Vielleicht sollte ich mich mit deiner Graskrone krönen lassen. So wie am Jordan.«

»Du hast sie noch?«

»Natürlich. Ich werde sie in Ehren halten.«

»Von dir bleibt mir leider gar nichts.«

»Oh doch!« Sie geht zu ihrem Pferd und holt ein Schwert, das dort samt Gürtel am Sattel gehangen hat. Sie reicht es ihm.

»Deines ist doch zerbrochen. Da habe ich gedacht, ich schenk dir dieses.«

Erstaunt nimmt Raol das Schwert entgegen. Er fährt mit der Hand über die mit feinem Leder bezogene Scheide, in das Arabesken eingeprägt sind. »Ein arabisches Schwert?«

»Sieh es dir an.«

Der Griff ist ebenfalls mit Lederstreifen umwickelt, der Knauf aus Silber. Langsam zieht Raol die Waffe aus der Scheide. Die Klinge ist lang und schlank und verjüngt sich leicht zur Spitze hin. Sie schimmert bläulich und weist eine feine Maserung auf. »Mein Gott, ein Damaszenerschwert!«, sagt Raol ehrfürchtig. »Das Beste vom Besten. Wo hast du das her?«

»Frag mich nicht. Es ist jetzt deins.«

Voller Freude legt Raol sich den Schwertgürtel um. »Wie kann ich dir nur danken?«

»Indem du das hier an dich nimmst.« Sie holt einen Lederbeutel aus ihrer Gürteltasche. »Für deine Reise.«

Er runzelt die Brauen. »Das Schwert will ich gerne nehmen. Aber Gold von deinem Vater will ich nicht.«

»Es ist nicht von meinem Vater. Ein Geschenk von mir und Hodierna. Eigentlich nur eine Handvoll Golddinare und etwas Schmuck, den du verkaufen kannst. Der ist wahrscheinlich mehr wert. Für deine Reise. Nimm es, Raol! Sonst bin ich dir gram!«

»Wenn du es so wünschst«, sagt er mit einem dankbaren Lächeln und steckt den Beutel in eine seiner Satteltaschen. Dann dreht er sich wieder zu ihr um. »Ich danke dir. Und auch deiner Schwester.«

»Sie wünscht dir Glück und Gottes Segen.«

»Gut, dass du so eine treue Schwester hast.«

»Ja. Wir lieben uns. Und was dich angeht, Raol, such dir eine gute Frau und heirate. Ich möchte, dass du glücklich wirst.«

Ihre Augen sind leicht gerötet und feucht. Es scheint ihr schwerzufallen, das zu sagen. Und doch sieht Raol, dass sie es ernst meint. Er zuckt mit den Schultern. »Ich weiß nicht«, sagt er. »Ich war so lange ohne Frau. Ich hab's verlernt.«

»Lügner. Du hast doch mich glücklich gemacht.«

Sie halten sich bei den Händen und sehen sich lange an. Beide tief bewegt und verlegen. »Tja«, sagt Raol. »Nun ist es wohl so weit, und wir müssen Abschied nehmen.«

Melisende nickt. »Das müssen wir wohl.« Ihre Augen füllen sich mit Tränen. Eine läuft ihr an der Wange herunter.

Auch Raol ist das Herz zum Bersten schwer. Es fällt ihm unendlich schwer, sie weinen zu sehen. Er breitet die Arme aus. »Komm und küss mich. Ein letztes Mal.«

Doch Melisende zögert und hebt abwehrend die Hand. »Nein, das ertrage ich nicht«, sagt sie weinend. »Noch ein Kuss, und ich zerbreche!« Hastig wischt sie sich über die Augen und flüchtet zu ihrem Pferd. »Leb wohl, Raol!«, ruft sie über die Schulter und fasst das Tier beim Zügel.

Sie will sich schon entfernen, als Raol ihr zuruft: »Vergiss nicht deinen Feldstuhl!« Als ob das blöde Ding eine Bedeutung hätte.

Melisende bleibt stehen. Sie birgt das Gesicht in den Händen, er hört sie schluchzen. Plötzlich dreht sie sich um und kommt auf ihn zugerannt, schlingt ihre Arme um ihn und küsst ihn so leidenschaftlich, als würde ihr Leben davon abhängen.

»Ich werde dich immer lieben«, flüstert sie.

Dann reißt sie sich los. Auch diesmal lässt sie den Feldstuhl stehen. Benommen blickt Raol ihr nach, bis sie zwischen den Büschen verschwunden ist.

Das war's also, denkt er. Nun ist sie für immer aus meinem Leben. Wir werden uns nie wiedersehen. Ist das zu glauben? Es tut weh. Sehr sogar. Und doch muss er Gott danken, dass er ihr begegnen durfte. Melisende von Jerusalem. Sie wird eines Tages über dieses Land gebieten und hoffentlich mit Herz und Weisheit regieren.

Das Herz ist ihm schwer. Aber es ist Zeit zu gehen. Erst einmal wird er Tripolis und alte Freunde besuchen. Im nächsten Frühjahr wird er dann aufbrechen. Mit dem Gold könnte er sich eine Schiffsreise leisten. Aber er wird den Landweg nehmen, um mehr von der Welt zu sehen. Konstantinopel, Athen, Rom, Marseille. Das wird ihn ablenken.

Er klopft seinem Hengst auf den Hals. »Komm, alter Junge. Machen wir uns auf den Weg.«

ANMERKUNGEN DES AUTORS

Die Geschichte von Melisendes Reise nach Antiochia, ihrer Geiselnahme und Flucht durch die Berge des Libanon ist frei erfunden. Die allermeisten Figuren in diesem Roman sind jedoch historisch, ebenso wie die Darstellung dieser unruhigen Epoche zwischen den ersten beiden Kreuzzügen.

Melisende von Jerusalem ist eine berühmte Persönlichkeit dieser Zeit. Tatsächlich wurde sie Königin, nachdem ihr Vater Baudouin zwei Jahre nach den Geschehnissen dieses Romans starb.

Melisendes Ehe mit Foulques d'Anjou ist, wie man sich denken kann, keine glückliche gewesen. Sie haben sich oft und schrecklich gestritten. Einmal bezichtigte Foulques sie sogar des Ehebruchs. Darüber wäre es beinahe zum Bürgerkrieg gekommen. Am Ende musste Foulques jedoch nachgeben. Fortan geschah in Jerusalem nichts mehr ohne Melisendes Einwilligung.

Nach Foulques' Tod herrschte sie allein bis zur Krönung ihres Sohns, Baudouin III. Selbst danach war sie noch lange die dominierende Figur im Königreich Jerusalem. Sie muss eine beeindruckende Persönlichkeit gewesen sein. Ich habe hier versucht, sie als junge Frau darzustellen, die noch ihren Weg sucht.

Als Königin Melisende hat sie auch einen kurzen Auftritt in meinem Roman *Die Hure Babylon*, der den desaströsen Hergang des zweiten Kreuzzugs erzählt, in dem Raols Neffe, Arnaut de Montalban, die Hauptfigur ist und mit dem Heer des französischen Königs aufbricht, um Edessa zu befreien.

Der vorliegende Roman spielt zur Zeit der Anfänge des Templerordens, der später sehr mächtig wurde. Raol de Montalban ist allerdings eine fiktive Figur. Wer meinen Roman *Der Bastard von Tolosa* gelesen hat, wird wissen, wie es zum Bruch mit seiner Familie kam. Mit diesem Roman wird die Montalban-Reihe um eine vierte Geschichte erweitert. Die ersten Ritter des Ordens waren sehr arm. Daher das Siegel des Ordens mit zwei Rittern auf einem Pferd. Die meisten Ordensbrüder waren von glühendem Eifer beseelt. Raols Zweifel an der Sinnhaftigkeit, Jesu Lehren mit dem Schwert zu verbreiten, sind sicher eine Ausnahme.

Auch Qilitsch ist fiktiv. Nicht aber die politischen Machtverhältnisse und Spannungen zwischen den Kreuzritterstaaten, den Fürsten der Seldschuken und dem arabischen Fürstentum Schaizar. Bei den Seldschuken gab es keine klaren Nachfolgeregelungen. Starb ein Fürst, kam es meist zu blutigen Auseinandersetzungen unter seinen Söhnen und anderen Männern, die einen Anspruch zu haben glaubten. Diese internen Machtkämpfe unter Seldschuken spielten den Fürsten der Kreuzritterstaaten in die Hände.

Prinz Usama hat wirklich gelebt und war ursprünglich ausersehen, Emir Sultans Nachfolger zu werden. Das änderte sich wenige Jahre nach meiner Geschichte, als dem Emir doch ein Sohn geboren wurde. Neben Beteiligungen an kriegerischen Unternehmungen gegen die Christen agierte Usama später auch als Diplomat. Er wurde dreiundneunzig Jahre alt, war ein sehr gebildeter Mann, sprach mehrere Sprachen, schrieb Verse und sogar ein Buch, eine Sammlung von Ereignissen und teilweise kuriosen Geschichten, die ihm in seinem langen Leben widerfahren waren. Es ist amüsant zu lesen, besonders seine pointiert dargestellten Eindrücke von den Christen im Heiligen Land.

In der Zeit des Romans, zwischen dem ersten und zweiten Kreuzzug, ging es nicht mehr ganz so wild zu wie in den Jahren kurz nach der Eroberung Jerusalems. Die neuen Kreuzritterstaaten hatten sich gefestigt. Und doch gab es immer wieder Überfälle, Scharmützel, Kämpfe um Burgen und Schlachten, auch unter Muslimen. Geiselnahmen kamen dabei häufig vor und waren eine beliebte Einnahmequelle. Wie im Buch beschrieben, war Melisendes Vater tatsächlich selbst zweimal in Geiselhaft und musste für viel Gold ausgelöst werden. Auch der berühmte Normanne Bohemund, Eroberer von Antiochia, war jahrelang Geisel der Seldschuken.

Daher wäre Melisendes Geiselnahme nicht so ungewöhnlich gewesen. Auch anderen hochrangigen Frauen auf beiden Seiten ist es ähnlich ergangen. Es gibt sogar eine Überlieferung, die erzählt, dass dem ersten König Baudouin die Reisegesellschaft einer reichen Muslima in die Hände fiel. Obwohl sie ein gutes Lösegeld wert war, hat er sie ihrem Ehemann wohlbehalten zugeführt, ohne etwas zu verlangen. Das hat ihm später das Leben gerettet, als er und seine Getreuen sich, von Ägyptern verfolgt, in einen Turm retten mussten. In der Nacht erschien heimlich der Ehemann dieser Muslima, um ihn zu warnen, dass am Morgen der Turm gestürmt werden soll. Dem König gelang es, sich noch in der Nacht mit seinem Schildträger aus dem Turm zu schleichen. Seine Kameraden, die die Flucht des Königs deckten, opferten sich und fanden den Tod.

Die Zeit der Kreuzzüge ist eine Fundgrube für jeden Autor. In den alten Chroniken werden zahllose faszinierende Begebenheiten erwähnt, so wie die von Melisendes Vater, der sich den Bart von seinem Schwiegervater teuer bezahlen ließ. Auch Melisendes weiteres Leben enthält spannendes Material.

Ich danke meinem Agenten Joachim Jessen und dem Lübbe-Verlag, der mir Gelegenheit gab, diesen Roman zu schreiben. Und ich danke meiner Lektorin, Dr. Stefanie Heinen, für ihre wie immer großartige Mitarbeit und Unterstützung.

GLOSSAR

Ädikula	von lat. *Aedicula* – ein Schrein in der Form eines Häuschens oder Tempelchens
Altesse (frz.)	Hoheit
atabeg (türk.)	*ata* = Vater, *beg* = Herr. So wurden die Erzieher von Prinzen der Seldschuken genannt, später ein Titel von Regenten und Heerführern
bey (türk.)	oder *beg*, türkischer Adelstitel, bedeutet »Herr«
Chevalier (frz.)	Ritter
Dieu soit loué (frz.)	Gelobt sei Gott
Domina (lat.)	Herrin
Estrade (frz.)	Podium oder Bühne
Fatimiden	ismailitische Dynastie, die in Nordafrika, Ägypten und Syrien herrschte
Fellache	Bauer, Mitglied der Landbevölkerung
franji	Franke (in der Lingua franca), allgemeiner Begriff für alle aus dem Westen
Gambeson (frz.)	dickes ledernes und gefüttertes, abgestepptes Bekleidungsstück, das unter einem Kettenpanzer getragen wurde, um Schläge abzufedern
ghulam (arab.)	Sklave, bezeichnet Sklavenkrieger, meist geraubte Kinder, die zu Kämpfern ausgebildet wurden
Grabeskirche	Kirche in Jerusalem, die über der Stelle

	der Kreuzigung und dem Grab Jesu steht
Haute Cour (frz.)	der hohe Rat und Gerichtshof des Königreichs Jerusalem, bestehend aus allen Adeligen des Landes
Ismailiten	eine Religionsgemeinschaft innerhalb des schiitischen Islams
khol (arab.)	schwarzes Pulver (aus Ruß und anderen Zutaten) zur Augenumrandung, um sie größer erscheinen zu lassen
Kufija	ein von Männern getragenes Kopftuch in der arabischen Welt
merci (frz.)	danke
Misbaha (arab.)	Gebetskette
Nom de Dieu! (frz.)	in etwa »Herr im Himmel!«
Outremer (frz.)	bedeutet »Übersee«, so wurde von den Kreuzrittern die Levante (Syrien, Libanon, Palästina) bezeichnet
Reisiger	bewaffneter Dienstmann oder berittener Krieger als Begleitschutz
Rotunde	Baukörper mit kreisförmigem Grundriss
Sarazene	Bezeichnung im Westen für alle muslimischen Bewohner Spaniens und des mittleren Ostens
Schaitan (arab.)	Satan
schia (arab.)	zweitgrößte Strömung des Islams
Seldschuken	aus Mittelasien eingewanderte Turkstämme, die große Teile des Mittleren Ostens eroberten und Fürstendynastien bildeten und Hauptgegner der christlichen Ritter waren
Sergeant	von frz. sergeants à cheval = berittene Krieger nichtadeliger Herkunft

shukraan (arab.)	danke
Sire (frz.)	Anrede für höchste Adelsträger, ganz besonders für einen König oder Kaiser
Surcot (frz.)	ärmelloser Überwurf, meist aus Leinen, der über der Panzerung getragen wurde

HANDELNDE PERSONEN

Nur die hier mit * gekennzeichneten Personen sind fiktiv, alle anderen sind historisch.

Die königliche Familie & Anhänger

Baudouin II., König von Jerusalem, erbte das Königreich, nachdem sein Vetter Baudouin I. gestorben war. War zuvor Graf von Edessa gewesen

Morphia von Melitene, seine armenische Gemahlin

Melisende, älteste Tochter und Thronerbin

Alice, zweite Tochter und nach ihrer Heirat mit dem jungen Bohemund Fürstin von Antiochia

Hodierna, dritte Tochter und spätere Gräfin von Tripolis

Ioveta, vierte Tochter und spätere Äbtissin des Klosters von Bethanien

Armand d'Artois*, Gefolgsmann des Grafen von Jaffa

Dawud*, Pferdeknecht aus Jaffa

Maria*, Melisendes Magd und Zofe

Die Tempelritter

Raol de Montalban*, langgedienter Ritter des Tempels

Bernatz*, sein Sergeant und Schildträger

Robert de Craon, Vertreter des Großmeisters, wurde später selbst auch Großmeister

Charles de Montoire*

Henri d'Aubusson*

Wichtige Adelige & Würdenträger

Foulques d'Anjou, Melisendes designierter Bräutigam, gut vernetzt mit den Königen von Frankreich und England

Ètienne de la Ferté, Patriarch von Jerusalem

Hugues du Puiset, Graf von Jaffa, Jugendfreund von Melisende und Hodierna

Guillaume de Bures, Prinz von Galiläa

Gauthier de Brisebarre, Baron von Beirut

Die Muslime

Usama ibn Munqidh, Neffe des Emirs von Schaizar, Heerführer und Diplomat

Yusuf ibn Baran*, Kurde und Usamas Gefolgsmann

Sultan ibn Munqidh, Emir von Schaizar

Murschid ibn Munqidh, Usamas Vater, Sultans Bruder

Qilitsch ad-Din Mahmud*, ein Verwandter des Emirs von Damaskus

Nasir ad-Din Masud*, ein *ghulam* und Anführer von Qilitschs Söldnertruppe von Seldschuken

Houda*, erste Gemahlin des Emirs von Schaizar

Ahmed*, der Eunuch und Aufseher des Harems

Lele*, tscherkessische Sklavin

Weitere im Text erwähnte Personen

Baudouin I., erster König des im Jahre 1099 eroberten Jerusalems und Vetter von Melisendes Vater

Bohemund von Antiochia, Sohn des gleichnamigen Eroberers von Antiochia, Gemahl von Alice

Buri (Tadsch al-Muluk Buri), Emir von Damaskus

Gauthier Grenier, Baron von Cäsarea

Gerard Grenier, Baron von Sidon

Godefroy de Saint-Omer, neben Hugues de Payns Gründer des
Ordens der Tempelritter
Henri d'Auric*, Baron von Hebron
Hugues de Payns, Großmeister des Ordens der Tempelritter
Jaufré de Montalban*, Raols Vater
Onfroy, Baron von Toron
Payens, Baron von Oultrejordain
Robert de Brun*, Baron von Nabalus
Robert de Troyes*, Baron von Akkon
Roger de Salerno, Regent von Antiochia, starb in der berüchtigten
Schlacht Ager Sanguinis
Timurtasch, vorübergehend Fürst von Aleppo, hielt Baudouin II.
bis zu seinem Austausch gefangen
Warmund de Picquigny, ehemaliger Patriarch von Jerusalem
Zengi (Imad ad-Din Zengi), Fürst von Mossul und Aleppo

Das Mysterium der Himmelsscheibe, eine
Hochkultur im Herzen Europas und der
Kampf zwischen Gut und Böse

Ulf Schiewe
DIE KINDER VON NEBRA
Historischer Roman

624 Seiten
ISBN 978-3-404-18428-6

Nebra vor 4000 Jahren: Lange haben sich die Menschen der Willkür des mächtigen Fürsten Orkon gebeugt, der das Volk quält und ausbeutet, sich nimmt, wonach immer es ihn gelüstet. Jetzt endlich regt sich Widerstand. Die junge Priesterin Rana will Orkons dunkle Herrschaft brechen und die Menschen befreien. Das Werk ihres Vaters soll ihr dabei helfen: eine bronzene Scheibe, die den Sternenhimmel zeigt und eine geheime Botschaft der Götter enthält. Sie steht für die Göttin des Lichts, die dem Hass Liebe entgegensetzt. Doch Ranas Weg ist gefährlich, viel steht auf dem Spiel. Auch das Leben derjenigen, die ihr am liebsten sind ...

Lübbe

*Ein großer Historischer Roman über den
Ausbau Amsterdams zur Weltmetropole*

Sabine Weiß
KRONE DER WELT
Historischer Roman

688 Seiten
ISBN 978-3-404-18307-4

Vincent will als Architekt prächtige Stadthäuser bauen. Ruben
sehnt sich nach Abenteuern auf hoher See. Betje ist eine begnadete
Köchin. Zusammen sind die Geschwister in Amsterdam
gestrandet, einem Ort der märchenhaften Möglichkeiten. Doch
es ist auch die Zeit der großen Auseinandersetzungen. Katholiken
und Calvinisten streiten um den rechten Glauben, Engländer und
Spanier um den Einfluss auf das Land am Meer, Kaufleute um die
wirtschaftliche Macht. Können sich die Geschwister in dieser
schwierigen Situation behaupten?

*Folgen Sie Sabine Weiß' Helden ins spannende 16. Jahrhundert, und
erleben Sie Amsterdam, wie Sie es noch nie gesehen haben!*

Lübbe